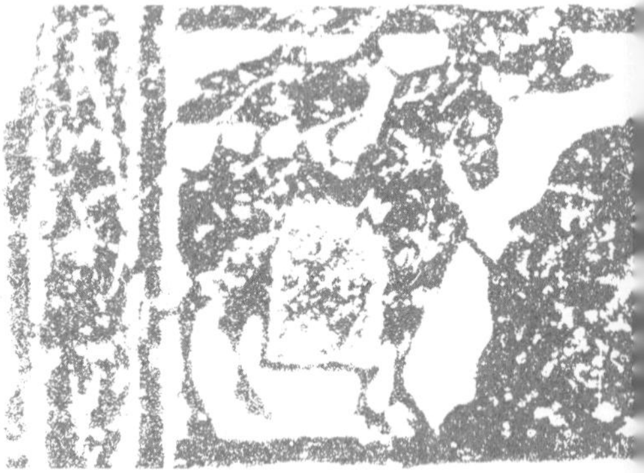

中国礼制变迁及其现代价值研究

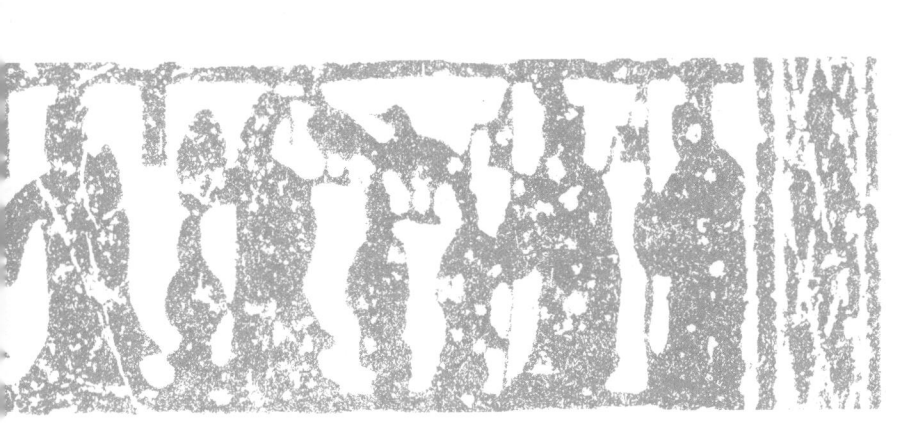

·东北卷·

汤勤福 主编

上海三联书店

目 录

中国家书的源流、体例、礼仪 　　　　　　　　　　赵和平　1
中国古代的社神祭祀与民间结社活动 　　　　　　　赵　旭　6
乞师礼初探 　　　　　　　　　　　　　　　　　　钟兴龙　29
东周社会变迁中儒家婚姻伦理的构建 　　　　　　　曹建墩　38
论汉代礼学两种趋势的分别与融合 　　　　　　　　张　涛　48
郑玄注《仪礼》今古文正误考略 　　　　　　　　　陈居渊　60
东汉丧礼送葬考 　　　　　　　　　　　　　　　　张鹤泉　75
魏晋南北朝时期书信礼仪的社会影响 　　　　　　　梁满仓　93
魏晋南北朝时期礼学思想的发展与转向 　　　　　　刘　丰　106
南北朝交聘记的基础研究 　　　　　　　　　　　　史　睿　128
从唐代礼书的修订方式看礼的型制变迁 　　　　　　吴丽娱　144
士族的延续与唐代科举的过渡性特征 　　　　　　　陈秀宏　170
家礼与国礼之间：《朱子家礼》的时代意义探析 　　　王美华　178
宋代乡村社会的生存秩序与权力结构 　　　　　　　耿元骊　190
虚实之间：宋儒对礼之名实的探索 　　　　　　　　王志跃　209
明代文官恤典中的祠祀 　　　　　　　宋继刚　赵克生　221
唐宋时期落第士人问题研究综述 　　　　　　　　　黄云鹤　236
百年来大陆两宋礼制研究综述 　　　　　　　　　　汤勤福　254

后记　　　　　　　　　　　　　　　　　　　　　　　　278

中国家书的源流、体例、礼仪

赵和平

华夏文明,号称五千年,若以甲骨文为有文字之始,则汉字文明总在三千年之上,而且始终未曾中断,在世界文明史上是独一无二的。文字是人类交往及文明传承的重要手段,书信既是散文中具有实用性质的文体,又是人与人之间互通信息、交流思想感情的一种工具。家书,是书信中最具特色的一种文学形式,迄今也有二千几百年的历史,名篇佳作,层出不穷,许多家书至今仍有极强的生命力。

梁代刘勰《文心雕龙·书记》中说:"三代政暇,文翰颇疏,春秋聘繁,书介弥盛"。他认为书信产生于春秋时期,产生的原因则是交往频繁的需要。从物质层面上说,甲骨文时代,以龟版及牛肩胛骨为书写材料,主要内容为占卜;青铜时代,以钟鼎为材料,主要内容为纪功、纪事;春秋战国时代,以竹简、木牍以致缣帛为主要书写材料,"书介"也随之产生。由于物质层面的限制,同时为了避免麻烦,使者往往是面受辞语,书信的普及流通尚无法实现。汉代以后,纸张发明,一般的说法是东汉蔡伦造纸,考古学的发掘已经证明,在公元前一世纪,中国的麻纸已经出现。

纸张的发明对人类文明的发展是一场革命,它的出现真正使文字的流通得到了普及。与此对应,书信也凭借纸张而迅速的普及。家书作为书信的一种形式也普及开来。在记载秦汉时代的古书中,如司马相如《报文君书》、司马迁《与杨恽书》等都是家书,只不过原书的格式不易看到和恢复。汉、三国时代的一些家书,有不少已成为流传近二千年的名言警句,比如东汉名将马援"戒兄子严敦书"中,谆谆告诫他的侄子马严、马敦,让他们要向龙伯高学习,不要学杜季良,"效〔龙〕伯高不得,犹为谨敕之士,所谓刻鹄不成尚类鹜者也;效〔杜〕季良不得,陷为天下轻薄子,所谓画虎不成反类狗者也"。中国历史上最聪明的人诸葛亮的"戒子书"更是流传千载,脍炙人口:

夫君子之行,静以修身,俭以养德,非澹泊无以明志,非宁静无以致远。夫学须静也,才须学也,非学无以广才,非志无以成学。淫慢则不能励精,险躁则不能治性。年与时驰,意与日去,遂成枯落,多不接世,悲守穷庐,将复何及!

"画虎不成反类狗"、"澹泊以明志"、"宁静以致远",早已成为人们耳熟能详的佳句,谁能想到这是汉代人在家书中告戒子侄的谆谆嘱咐呢。

家书,作为一种独特的文体,在体例和格式上都有具体要求,在行文上因接受书信者的身份地位、长幼尊卑不同而有许多不同的讲究,在遣词用句上也有具体规定,许多讲究和规定一直延续到现在(台湾省、香港及海外华侨之中多见,而大陆内地已不多见)。由于纸张的不易保存,汉代的纸质家书笔者未曾见过,就管见所及,传世法帖之中,以二王父子的"帖"为最早,王羲之、王献之父子的法帖中,多为书信短札,即与亲友的书信,因残损过多,书信的完整格式不十分清楚。二十世纪初,日本大谷探险队在罗布泊地区,发现了著名的"李柏文书",是西晋末西域长史李柏发出的一封信的草稿,虽然是"公函",但我们可以从中大致推断出"家书"的格式,因为"家书"是承袭"公函"的格式而来。

为了便于人们撰写书信时参考,西晋著名书法家索靖《月仪帖》流传至今,此帖可能是唐人摹写,文字本身仍当出于晋人之手。王羲之也著有相似内容的书。从晋至唐,一直到宋代,教人们如何写公私书信的书统称之为"书仪",一直在社会上广泛流传。在1900年发现的敦煌藏经洞中,就保留了几十种共一百多件写本的"书仪",更有一批唐代的"家信"抄件或原件,这些珍贵的文献,使我们对如何写"家书",有了明确而直观的了解。

晚唐时代,张敖撰《新集诸家九族尊卑书仪》中,收有夫妻之间一往一复的两封"家书样文",今抄录于下:

 与妻书
　　自从面别,已隔累旬;人信劳通,音书断绝。冬中甚寒,伏惟几娘子动止康和,儿女佳健,此某推免,今从官役,且得平安,唯忧家内如何存济。努力侍奉尊亲,男女切须教训。今因使往,略附两行,不具一一。

 妻答书
　　拜别之后,道路遥长,贱妾忧心,形容憔悴。当去之日,云不多时,一别已来,早经晦朔。翁婆年老,且得平安,家内大小,并得寻常。时候,伏惟某郎动止万福,事了早归,深所望也。

想念、问候、嘱托、家内情况等皆在其中,具有浓厚的生活气息。

在敦煌藏经洞所出"书仪"一类文献中,除去上文所引的"夫与妻书"、"妻与夫书"外,还保存了祖父母与孙儿女、父母与儿女、孙儿女与祖父母、儿女与父母、兄姐对弟妹、弟妹对兄姐、公婆对儿媳、儿媳对公婆、妯娌之间、亲家之间等等亲属之间在婚事、丧事、平时各种场合应用的"家书"样文,使我们知道了每个人用什么样的表达方法写出适合其身份的家书。

这里仅为读者举两个例子,说明在唐五代时,尊卑、上下、亲疏的关系在撰写"家书"时必须严格遵守,不得淆乱。

唐宪宗(约九世纪初)时宰相郑余庆所撰《大唐新定吉凶书仪》中有一篇叫"公私平阙式"。"式"是一种法律规定,"平"指行文遇到特定的字要提行另写,称为"平出","阙"指行文中遇到特定的字要在此字上空两字格或一字格,"不阙"指行文中遇到特定的字可以不必阙文。什么字平出、空格、不阙均有法令规定,称为"平阙式"、"不阙式"。这里我们不谈公文中的平出、空格等问题,仅谈家私书札中的规定。郑余庆《书仪》中记载,"高祖、曾祖、祖、翁婆(指父母)、外族耶娘"等字"准式并平阙",就是说遇到上列规定的字词要提行或在字前空两格,以示对长辈的尊敬。"墓所、茔所、望问、清誉"等规定的数十个词要"准式阙二字",即在上述词前空二格。这种规定,后世发展到"双抬",即不仅遇到特殊的字要提行高出其他行两个字;"单抬",提行高出其他行一个字;"平出",即提行另书;行文中遇到特殊字仍要上空两字或一字格。这种影响直到1949年新中国成立前。这是一例。

在家书中,受信人不同,应用轻重不等的语词,这里从略,仅举"家书"信尾处用语:

> 凡书末,尊行皆告,长皆报疏,长加敬字;舅云问疏;加丈人云敬;谓女婿云白,平怀云谨咨,小重云呈,云疏,皆为姑族以上。凡重长通称吾、小重平怀皆称名,平怀以上通用谨字。

这里是告诉写家书的人,你的身份是什么,结尾就用哪个字。信写完后,在"封题"上,即我们今天的信封上最后一个字怎么写也有规定:

> 凡书题,父母云几前,尊长云座前,小重云前或云谨通,平怀云谨咨,小重云呈简,卑幼云省,孙云发。

即是说,若写给父母,封面最后两个字是"几前",若父母写给儿女,封面最后一个字是"发"。我们今天看到有人给长辈写信,在信封上写"×××教授敬启",真不知这里的"敬"字是"敬"谁,令人哭笑不得。

上两则是想说明在中国传统社会中,因受信人和写信人的身份关系,从书信的文字、称呼及信封上的用字都有十分严格的规矩,而大陆内地多数人已不甚了了。

家书写完之后要送达受信人,在清末新式邮局出现之前,虽然从秦汉开始就设有驿站,但那完全是为政府公文运转服务的,私人信件则大多是托人携带,"柳毅传书"就是一个著名的例子。

汉代之后的书信多用"函",即小木盒盛。《世说新语·任诞》中讲东晋殷羡字洪乔,由建康(今南京)出为豫章(今江西)太守,都下士人托他给豫章的亲属带信共有百余函,殷羡走到石头,将所带百余函"书"悉投水中,并说"沉者自沉,浮者自浮,殷洪乔不为致书邮。"因此,后世称那些丢失别人书信者为"付诸洪乔"或"洪乔之误"。直到唐代,重要的书信必须装到木盒里。盒子也有讲究,这里从略。唐代之后,多数的一般家书只要封起来即可,敦煌文献中即有折叠的样式,这里也不再罗嗦。宋代以后直至20世纪50年代,大多数的信封是直筒式,因为繁体字多为竖写故。横写信封是受到西洋影响后才产生的,不过,在台湾、香港等地仍可见竖写信封。

"烽火连三月,家书抵万金",人们认为是战火影响了通信,其实,在新式邮局出现之前,除去有钱有势之家可派专人送信外,一般均为托人捎带,旅途艰难,在外游子得信不易,收到平安家信的心情可想而知。

家书作为散文的一种形式,是亲人之间互报平安、倾诉衷情、议论时政的一种私密性文字,真情实感最易流露,社会真相也极少遮掩,所涉及的又均为真人真事,其中透出的历史、文化、社会变迁等内容具有重要的历史与文化价值,它是社会的一面未扭曲的镜子。这里再举一例:曾国藩是近代史上有名的大人物,他的《曾文正公家书》业已出版,笔者在《花随人圣庵摭忆》一书中看到他给弟弟曾国荃的三封信,时间是在同治三年(1864年,攻陷太平军首都天京那一年),三封信中一封未收入文集,其中两封在收入文集中有删改,信中除一般家事外,在要不要请淮军帮助攻打金陵的问题上可以说说了许多真话,甚至说出了请淮军一同"会剿"协助曾国荃攻打天京时,曾国藩说:"余亦必将赶到金陵会剿,看热闹也。""看热闹"三字即已删去。但这恰恰是曾国藩的真实想法,其史料价值不言而喻。

鲁迅先生说,书信是"较近于真实"的文字,"从作家的日记和尺牍(书信)上,往往能得到比看他的作品更明晰的意见",也就是他自己的简要注释(《鲁迅全集》卷六,北京:人民文学出版社,1981年,第414页)。俗语云

"文如其人",家书正是作者流露内心的文字,就是作者的真实自己。

最后要说的是,电脑普及之前,书信主要是手写的,笔者不谙书法,已故北京大学教授,本师周一良先生曾在笔者专著《敦煌写本书仪研究》的序言最后写道:

> 清代道光年间,吴修收集清初以来名人长短书札,仿阁帖方式,用手书真跡刻石拓印,名为《昭代名人尺牍》。比起木刻楷体,手书显得远为亲切,是一大进步。到清末陶湘辑《昭代名人尺牍续集》,收道光以后到宣统年间人物的信札,改用手跡照相石印,较之刻石更为亲切近真。我国自古有句话:"字如其人"。石印尺牍真跡,使读者不仅得觐信札首尾全貌,而且从手跡想见其人格风貌,有"如亲馨欬"之感。以后出了不少这类石印尺牍手跡,有依时代汇集的,如《道咸同光名人手札》;有依作者汇集的,如翁同龢、张之洞、吴昌绶等;有按收信人所保存来汇集的,如陈叔通氏影印其父陈豪所存信札——《冬宣草堂师友牋存》;也有以一人的收藏付印的,如王迪谞所藏《清代名人信稿》。这些石印尺牍手跡,其内容作为史料,价值固不待论,从中国尺牍的发展来看,也是极有意义的。清代以来的尺牍留存于世者谅不在少数,听说上海图书馆即收藏甚富,将来如有人广为搜罗,统统付之石印,传播流通,岂非大好事,跂予望之。

《家书抵万金》将手写原件及释文对照刊出,不仅见"文",又能见"字",想必会使读者更觉亲切,"家书"作者又多为普通人,则亲切感更近一层。这种大好事值得大力提倡。

中国古代的社神祭祀与民间结社活动
——以唐宋时期礼俗之变为核心的考察

赵 旭

在先秦古史的研究领域,对"社"的崇拜有两种解说,一是自然力中的丛林崇拜,二是祖、社同源一体的男性生殖崇拜("以根或牡器为神"),因此,其神主可以是树木、石头或者土坛。[1] 本文所谓"社"者,可以指社神(后土),也指因社神崇拜而结成的官府组织或民间自发的社会组织。目前学界对于唐宋之际敦煌社邑的研究成果颇丰。一般认为,敦煌社邑是以丧葬互助、农业生产协作、救灾减灾为其社会功能,以采取集体礼仪来祭祀社神和共同消费作为实现这种功能的方式。其中,互助为其主要功能。其类型有里巷社、渠社、互助社、佛社等,并对官社和私社做了甄别和讨论。[2] 唐代政府对于民间结社的政策是时禁时弛,但最终没有遏制民间的结社活动。自元以后,政府对民间结社的控制能力增强了,社成了政府控制地方的有效手段,并由元初的劝农之职守发展到隶属于乡都之下的基层行政系统,具备了一定调节民间诉讼的职能[3]。结社活动尽管有宗法色彩,但"社长"或其他管理者一般是以公众推举的方式产生,超越了家族界限,且具有相当的自治性,一般都定立了规约,可以对轻微的违法行为进行管理和处罚[4]。

---

[1] 〔日〕守屋美都雄著,钱杭等译:《中国古代的家族与国家》第八章《社的研究》,上海:上海古籍出版社,2010年,第182~197页。
[2] 参见郝春文《再论唐末五代宋初敦煌社邑的几个问题》,《中国史研究》2005年第2期;杨际平《唐末五代宋初敦煌社邑几个问题的再商榷》,《中国史研究》2005年第2期;孟宪实《唐宋之际敦煌的民间结社与社会秩序》,载《唐研究》第十一卷,北京:北京大学出版社,2005年,第543~558页;(日)金井德幸《宋代的村社与社神》,《东洋史研究》第38期,1979年。
[3] 参见孟宪实《唐朝政府的民间结社政策研究》,《北京理工大学学报》2001年第1期;胡兴东《元代"社"的职能考辨》,《云南师范大学学报》2001年第4期;白钢主编:《中国政治制度史》(下),天津:天津人民出版社,2002年,第684~685页。
[4] 参见刘笃才《中国古代民间规约引论》,《法学研究》2006年第1期;孟宪实《论唐宋时期敦煌民间结社的组织形态》,《敦煌研究》2002年第1期。

本文拟从社神的祭祀礼仪出发,从礼俗之变探讨社神祭祀的文化内涵——礼学意义和社会功能,确论"社"作为基层社会组织所发挥的社会控制功能。"社"的组织最早源于对社神的祭祀,其组织虽然打破了家族界限,但其主流的统合思想仍然是中国传统的乡党自治思想,间或掺杂了外来宗教意识和民间迷信。从典制的意义上讲,对神祇的祭祀需要"国家的在场",而唐以后却存在着另一种现象,即在许多国家祭祀仪式上"民众的在场"。在地方政府举行的许多祭祀活动中,都有民众的参与,代表特定地域文化和信仰传统的众多民间神祠,在唐代也开始被纳入国家礼典,从而被赋予合法地位。[①] 笔者认为,在宋代时期的基层社会,尽管出现了社神祭祀被乡先生别立之祠堂、"土地爷"、城隍、五龙神崇拜等所取代的现象("社稷神的神权被众神所分割")[②],从国家典制的意义上讲,州县社稷的祭祀在唐宋时期仍然有突出的发展,则社神祭祀在唐以后对于地域社会的形成有着重大意义。最终,"社"的祭祀归结于宗法色彩比较浓重且由乡绅领导的社学、社仓等组织,其影响贯穿于整个中国古代社会。

一、唐宋时代的社神及其祭祀仪轨溯源

(一) 社神祭祀的源流及其在唐代国家典礼中的地位

社神起源于原始民居中的"中霤"祭祀,汉儒在编订"三礼"的过程中则把它定义为土地神。社在广义上可以代表地神。对天子而言,社就是地,与天对应。对于诸侯与大夫而言,社只是代表他管辖"国"或"家"的那部分土地。《礼记·郊特牲》:"社,所以神地之道也"、"社祭主土而主阴气"。《礼记·运礼》:"天子祭天地,诸侯祭社稷。"社与稷往往同时祭祀。关于社稷,唐贾公彦因循《左传》的观点,以为:"共工氏有子曰句龙,为后土……后土为社;稷,田正也,有烈山氏之子,曰柱,为稷。"[③]社者,土地之主。土地广博不可徧敬,封五土以为社。《春秋》称公社,汉代人谓社神为社公,有别于"地祇"[④]。南北朝时,即有"然则社自祀勾龙,非土之祭

---

① 雷闻:《礼制、宗教与民间社会》,《中国社会科学院院报》2007年5月10日,第2页。
② 杨建宏:《宋代礼制与基层社会控制研究》,四川大学博士论文,2006年,第224~228页。
③ 《周礼注疏》之《周礼正义序》,唐朝贾公彦等奉敕撰,北京:中华书局,1980年,第633页。
④ (汉)郑氏注,陆德明音义,孔颖达疏:《礼记注疏》卷25《郊特牲》注释,北京:中华书局,1980年,第1449页。

也"①。即对土地的祭祀具体化为对勾龙的祭祀,从规格上讲,有别于天子(或皇帝)对地祇的祭祀。这种分野一直延续到宋代。"二程"说:"古人祭社之外,更无所在有祭后土之礼。"②如果从缘起上讲,社神与地祇更是有区别的。

据清人秦蕙田考证,社神祭祀的起源与上古时人类的居住条件有关:社"始于上古穴居之时也。故《礼记》云:家主中霤,而国主社者。古人掘地而居,开中取明雨水霤入,谓之中霤。言土神所在,皆得祭之。在家为中霤,在国为社也"③。唐代彭泽县令张鋋使巫祝于宅堂后之神祠曰:"所为土地之神,当洁清县署以奉居人。"④可见,唐代人仍然认为土地神有保佑和护持居所的职能。明代人黄佐直接称"中霤"为"中宫土地神"⑤是符合社神的缘起的一种解说,也是对有唐以来"土地神"观念的发挥,尽管这种解说并不被奉为正统的汉儒学说及其推崇者所认同。清代学者秦蕙田认为:"自汉诸儒论勾龙即是社主,或云是配,其议甚众"⑥,由是掩盖了社神祭祀起源的真相。及至宋代,人们依然认为:"五土之名物不云五土,为社,盖社之所祭,祭邦国郊原之土神也。社既土神,不曰祇而曰社者,盖以土地人所践履,而无崇敬之心,故合其字,从示,其音为社,皆所以神明之也。"⑦唐宋时期,尽管人们在概念上仍然对社神和地祇的祭祀加以区别,但按照传统礼制,从规格上讲,社神祭祀是中祀,而地祇是大祀。唐玄宗天宝以后,社神的祭祀规格由中祀提升为大祀,特别是对于国家祭祀中的太社。⑧

对于社神的祭祀,按照祭祀规格分为天子(或皇帝)立于京城的太社、州郡县的官社和百姓的私社⑨。按照上古礼制的规定:"天子将出,类乎上帝,宜乎社,造乎祢。诸侯将出,宜乎社,造乎祢……天子社稷皆大牢,诸侯

---

① 《世说新语》卷中之上《方正第五》注释,文渊阁《四库全书》本,第1035册第91页。
② 程颢、程颐:《二程遗书》卷1《二先生语一》,上海:上海古籍出版社,2000年,第57页。
③ 秦蕙田:《五礼通考》卷41《吉礼·社稷》,文渊阁《四库全书》本,第135册1045页。
④ 徐铉:《稽神录》卷6,北京:中华书局,2006年,第100页。
⑤ 黄佐:《泰泉乡礼》卷1《乡礼纲领》,文渊阁《四库全书》本,第142册第601页。
⑥ 秦蕙田:《五礼通考》卷41《吉礼·社稷》,文渊阁《四库全书》本,第135册1043页。
⑦ 宋卫湜撰:《礼记集说》卷64,文渊阁《四库全书》本,第118册第371页。
⑧ 王溥:《唐会要》卷22《社稷》,《丛书集成初编》本,北京:中华书局,1985年,第425页。
⑨ 关于私社与公社、民社与官社的概念分野,素来聚讼不已。清人秦蕙田以为:"言公社以别私,言民社以别官。王与诸侯为群姓立者,公也;自为立者,私也。里社,民社也,百室以上官社也。命民社则下通于二十五家之里社。"(《五礼通考》卷42《吉礼·社稷》,文渊阁《四库全书》本,第135册第1076页)笔者认为这种分析非常有道理。但是唐代以后的文献中,称私社者,即指民社(民间之社)。而治秦汉史的学者在行文中也把私社等同于民社。因此,本文笔者为表述方便,每称私社者,即指民社(民间私社)而言。

社稷皆少牢。大夫、士宗庙之祭祀,有田则祭;无田则荐。"①可见,在传统礼制中,对社神的祭祀是掌握"天下"的天子和掌握"国"的诸侯才有的礼制特权。然而清代学者孙诒让在注疏《周礼》时,总结了社神祭祀的历史因由及发展层次,即社神祭祀是上至天子,下至农夫的共同祭祀,是地祇崇拜的衍生:"祭地专于天子,而祭社下达于士大夫,至于庶人,亦得与祭。盖祭地是全载大地,社则有大小。天子大社,祭九州之土,王社畿甸内之土,诸侯国社祭国内之土,侯社祭籍田之土,与全载地异。又地有上中下,上为山岳,中为平原,下为川渎。社虽兼王土,而为农民祈报,当以平原谷土为主,是社与岳、渎各分地之一体,与全载之地尤异,此社神与地神所以分也。"②

社神之祭祀下移于民间,自汉代始。自汉以后,社神的祭祀发展到地方的州郡县,称为"官社"。汉高祖时,"因令县为公社。"(《集解》李奇曰:"犹官社")③这里的"公社"即是官方为祭祀社神为目的而创立的基层团体,一般是社稷同立同祀。汉初,太社之旁已有官社,未立官稷。王莽时又立官社,配以夏禹,所谓王社也。于时,官社后立官稷,以夏禹配食官社,后稷配食官稷。④但王莽改制并不长久,旋即废除,因此,汉至魏、晋唯独太社有稷,而官社无稷,"故常二社一稷也"⑤。

无论是官社抑或私社,都是在地方对社神的祭祀活动或组织,其祭祀仪轨既有对传统礼制的承袭,又有民间历代的历史积淀。

《大唐开元礼》卷一规定:"州县社稷、释奠(笔者按《开元礼》目录,释奠是对"释奠于孔宣父"、"释奠于齐太公"的简称)及诸神祠并同小祀"。这意味着州县的各类祭祀活动被纳入国家祭祀的范畴。正统的士人以州县社稷之祭祀(同时包括传统的"文圣"和"武圣")压制其他杂祠淫祀,且认为这样的传统祭祀应优越于佛道的庙宇。北宋真宗大中祥符二年(1009)正月八日甲子,诏礼院定州县祭社稷及释奠文宣王礼器数。十月十日,礼院定《诸州祭社稷仪》,约《开宝通礼》定仪注,摹印颁之,从知白州曾世南之请。⑥三年(1010)二月诏:"开封府诸县祭社稷、玄圣文宣王庙,礼料并从官给。"⑦南宋叶适指出了州县祭祀社神的必要性:"社,土也;稷,谷也。非

---

① 《礼记注疏》卷12《王制》,《十三经注疏》本,第1332,1337页。
② 孙诒让:《周礼正义》卷33《大宗伯》疏,北京:中华书局,1987年,第1316~1317页。
③ 《史记》卷28《封禅书六》,北京:中华书局,1982年,第1378页。
④ 《汉书》卷25下《郊祀志下》,北京:中华书局,1962年,第1269页。
⑤ 《宋书》卷17《礼志四》,北京:中华书局,1974年,第480页。
⑥ 王应麟:《玉海》卷99《社稷》,南京:江苏古籍出版社、上海:上海书店出版社,1987年,第1081页上。
⑦ 李焘:《续资治通鉴长编》卷73,大中祥符三年二月甲辰条,第1656页。

土不生,非谷不育。国始建则壝以祀,示民有命也。风云雷雨随地而兴,禾黍菽麦随种而生……(然)怪淫诬诞之说起,乞哀于老、佛,听役于鬼、魅。巨而龙罔微而鳝蝎执水旱之柄,擅丰凶之权,视社稷无为也。呜呼!岂民悖而不知礼哉?乃长吏导之非其义也。盖温州之社稷,昔者莫能详矣。某自童年见其坛陛颓缺,旁无四埔,敝屋三楹,饮博嬉遨聚焉。祭且至,徐剃茀蔓草,燔燎甫毕,已丛生过其旧矣……古之治其国者,社稷之臣;今之守其地者,社稷之守。"①

(二) 社主

"主"是中国传统礼制中对鬼、神祭祀的具体对象,社主就是社神的威灵所在。社主以木还是以石是关于社神祭祀的一个重要争论。《晋书》记载:"(晋)武帝咸宁元年(275)八月丁酉,大风折大社树,有青气出焉,此青祥也。"②《世说新语》载:阮宣子伐社树,有人止之。宣子曰:"社而为树,伐树则社亡,树而为社,伐树则社移矣。"③阮宣子显然是把社树比喻为社之"主",是社神的威灵所在。这是社主当用木的学理依据,也表明在晋代的礼制实践中社主大抵用木。南宋人朱申以为,"树立木以为表也。案州社经有明文,党立禜蜡,亦宜有社树之田主,似谓树木于社壝以表一方之田名社与野,即为田主之义也"。并且清代人认为"朱氏申之说似较注疏为近理"④。

对于百姓而言,社神是司土之神,"社主土神,司空土官,故祭社使司空行事。"故时人解释《礼记·祭法》时,以为太社和置社具为"人间之社"⑤。对于国家而言,社神执掌杀伐,是国家威严的象征。如启之征有扈氏,于《甘誓》曰:"用命,赏于祖;不用命,僇于社"(《集解》,孔安国曰:"又载社主,谓之社事。奔北,则僇之社前。社主阴,阴主杀也。")⑥,可见,社主之立对于社的功能的发挥起到了重大的作用。清代人秦蕙田指出了社树为主和石主的礼学依据,并竭力主张以木为社主:"案古者立社树,以土之所宜木,为依神也。神无依不止,树有生意,又土之所生,其气相得,恐木不盛不足以久,故必以所宜木。圣人之意微矣。后世依郑注,易以石主,殊为弗

---

① 叶适:《水心集》卷11《温州社稷记》,文渊阁《四库全书》本,第1164册第221页。
② 《晋书》卷27《五行志上》,北京:中华书局,1974年,第828页。
③ 《世说新语》卷中之上《方正第五》,文渊阁《四库全书》本,第1035册第91页。
④ 乾隆年间官修:《钦定周官义疏》卷9《地官司徒第二之二》,文渊阁《四库全书》本,第98册第264页。
⑤ 《宋书》卷17《礼志四》,第468,479页。
⑥ 《史记》卷2《夏本纪》,第84~85页。

类。元社坛植松一株,犹得古之遗意,似可法也。"①但与秦蕙田说法不同的是,唐宋乃至元代,社主皆以石,斯可见郑注影响之深远。

宋代的《周礼集说》中说:"《书》曰:用命赏于祖,不用命戮于社。社主用石为之奉,谓将行也。"②社主用石是依循郑注设定的,进而造就了唐宋时期社神祭祀的礼制传统,影响延续至元代。唐代时,张齐贤议定东都太社规制,"社主宜长五尺,以准数五。方二尺,以准阴偶。剡其上,以象物生。方其下,以象地体。埋半土中,本末均也。请度以古尺","天子太社,度广五丈,分四方,上冒黄土,象王者覆被四方,然则当以黄土覆坛上。旧坛上不数尺,覆被之狭,乖于古"③。宋代时,非但太社之主用石,而且推及了州县,"先是,州县社主不以石。礼部以谓社稷不屋而坛,当受霜露风雨,以达天地之气,故用石主,取其坚久。又礼,诸侯之坛半天子之制。请令州县社主用石,尺寸广长亦半太社之制……而坛当受霜露风雨,以达天地之气,故用石主,取其坚久。又《礼》诸侯之坛半天子之制。请令州县社主用石尺寸广长亦半太社之制,遂下太常修入祀仪"④。社主用石的传统延续至元代:"社主用白石,长五尺,广二尺,剡其上如钟。于社坛近南,北向,埋其半于土中",但是元代人也强调了树亦是社主的理念,又另立祝版四,以彰显社神的威严:"社树以松,于社稷二坛之南各一株,此作主树木之法也。祝版四以楸木为之,各长二尺四寸,阔一尺二寸,厚一分。文曰:维年月日嗣天子敬遣某官某敢昭告于太社之神,配位曰后土之神;稷曰太稷之神,配位曰后稷之神。"⑤

(三) 社坛及其位向

唐《开元礼》规定诸州祭社稷:"其坛方二丈五尺,高三尺四,陛三等";"为瘗埳二于坛西门之外,道北,南向"⑥。宋代的《政和五礼新仪》没有规定社坛的规格,大概因循唐制。

《礼记·郊特牲》:"礼之所尊,尊其义也。失其义,陈其数,祝史之事也。"在州县对社神的具体祭祀仪式上,唐宋时期的理念是一本于《礼记》的。南宋人在注解《周礼》时引《礼记》之《祭法》篇云:"《祭法》曰:王为群姓

---

① 秦蕙田撰:《五礼通考》卷44《社稷》,文渊阁《四库全书》本,第135册第1115页。
② 佚名著,(元初)沈则正序:《周礼集说》卷4《春官宗伯》引郑玄注,文渊阁《四库全书》本,第95册第438页。
③ 《新唐书》卷199《儒学列传中·张齐贤传》,北京:中华书局,1975年,第5674页。
④ 《宋史》卷102《礼制五·吉礼五·社稷》,北京:中华书局,1985年,第2484,2485页。
⑤ 《元史》卷76《祭祀志五·太社太稷条》,北京:中华书局,1976年,第1880页。
⑥ 《开元礼》卷68《吉礼·诸州祭社稷》,文渊阁《四库全书》本,1986年,第646册446页。

立社,曰大社;自为立社,曰王社;诸侯为百姓立社,曰国社;自为立社,曰侯社;大夫以下成群立社,曰置社。"①即言社神的祭祀等级分明。在唐代的《开元礼》中,未见"王社"与"侯社",说明唐代之立社完全是出于为民祈福的目的。尤其是州县社,其渊源乃是大社和国社,是尊者如王、诸侯为"群姓"或"百姓"所立的,所以州县官在祭祀社神时,是"以东为上"的,行宾主之礼。南宋人在解释《仪礼》的"燕礼"时说:"席以东为上,席下谓席西,云席下,席西也者。宾与卿大夫席皆南面,统于君,皆以东为上。"②对于社神的祭祀,主要是按宾主之礼展开的,即刺史与参与亚、终献及祝的官员初始皆南向。这里的南向不是针对社神的尊位,而是"宾与卿大夫席皆南面,统于君"的礼义体现,即祭祀的官员与社神的"瘗埳"皆南向。在献祭时唐宋礼制有具体的差别,唐礼规定的情况是祭祀者东向,待社神以宾待主之礼;宋代仍然是东向为主,但在"瘗位"之时,北向,以卑敬尊之礼敬社神,最终西向,以主待宾之礼待社神。这些细微的礼数差异与社神的略微升格有一定的关系。

《开元礼》卷六八(《四库全书》第646册第446页以降)规定:"瘗埳二于坛西门之外,道北,南向,设刺史次于社坛西门之外,道北、南向,设祭官以下次于刺史次西北,俱南向,以东为上。前一日晡后,本司帅其属守社坛四门,去墰九十步所禁止行人,本司设刺史位于北门之内,道西、南向(若刺史有故摄祭,初献位于亚献之前,东向)。"

北宋前期,因袭唐制,于社神祭祀之际,主祭的官员东向,皇帝南向。元丰四年(1081)十月六日,详定礼文所言:"古者祭社,君南向于北墉下,所以答阴也。今社墰内不设北墉,而有司摄事,乃设东向之位,于礼非是。伏请太社墰内设北墉,以备亲祀南向答阴之位,其有司摄事,谓宜立北墉下少西。"宋神宗从其议请。③ 宋神宗时代的社神祭祀强调了皇帝对于社神南向的尊为,而《开元礼》中则无须强调,说明了社神地位的些许提升。《政和五礼新仪》卷九三规定:"祭日丑前五刻执事者设神位,席神位版于坛上,设神位南方、北向(稷坛设稷神位准此),席以槁秸,后土勾龙氏位于其西,东向(稷坛设后稷位准此),席以槁秸……初献在南,北向;亚、终献及祝在北,南向,俱西上(祝位稍却)又设三献官席位于北阶之地,南向,西上,祝席位于其后,又设祝位于社坛上,在西,东向",在献祭过程中,"初献饮福,席位

---

① 王与之:《周礼订义》卷15《地官司徒上》,文渊阁《四库全书》本,第93册第236页。
② 魏了翁:《仪礼要义》卷15《燕礼二》,文渊阁《四库全书》本,第104册第490页。
③ 《续资治通鉴长编》卷317,元丰四年十月己未条,第7662~7663页。

于社坛神位之东北,南向",在"开瘗坎各于逐坛之北"后,"瘗位于其南,三献官在南,北向,西上,在东,西向"。可见在行礼的多数时候,无论是主祭祀的刺史、执事者还是献官,其位向对于社神而言多数时候都处在主宾之礼中"宾"的地位:东向。宋代的三献官作为具体执行礼数的职官,有北向之时(在"瘗位"之时),最终西向,处在主宾之礼中"主"的地位。这是唐宋时期对社神祭祀的位向确立,社神由"主"位变为"宾"位亦是社神地位略微提升的表现。

另外,据《政和五礼新仪》卷九三增加了乐舞和祭器的陈设:"下设登歌之乐于社稷坛上稍北、南向"、"赞礼者诣初献之右,赞请行事宁安之乐"和"嘉安之乐"和"设牺尊三、象尊三在坛上西北隅,南向,东上"的礼数。在作"宁安之乐"时,"作八成止,次有司瘗血。赞礼者赞,再拜,在位者皆再拜次引祝升坛,就位立定,次引初献,诣社坛盥洗位,正安之乐作(凡初献升降行止皆作正安之乐)至洗位南向立,搢笏、盥手、帨手、执笏升,诣社神位前,南向立,乐止",继之,"嘉安之乐"作,"次引祝诣神位前,东向。搢笏跪执事者,以币授祝,祝奉币授。初献讫,执笏兴,先诣后土勾龙氏神位前,南向立,初献受币奠讫,执笏俛伏兴,再拜,次诣后土勾龙氏神位前,奠币并如上仪。祝先诣稷神位前,东向立。初献将降坛,乐作复位,乐止"。

在祭祀社神时,《政和五礼新仪》还增加了"设牺尊三、象尊三在坛上西北隅,南向,东上"的礼数。据考,阮湛《礼图》云:牺尊饰以牛,象尊饰以象。于尊腹之上画为牛、象之形。聂崇义(云:尊腹画牛),苏辙从之(苏云:牺尊,尊之以牛饰者也)。王肃以礼牺尊、象尊形如牛、象,而背上负尊。又云太和中鲁郡于地中得齐大夫子尾送女器,有牺尊,以牺牛为尊。李迂仲云(王说为优)冯嗣宗从之(引宋蔡绦云:徽宗崇尚古器,政和间尚方所贮,尽三代冢墓中物,今《博古图》所载是也。其牺尊正如王肃所云)。[①] 徽宗朝的政府积极追求三代典范,企图通过朝廷的力量施行古礼、制作乐器,来实现"移风俗、一道德"的目的。但是由于宋徽宗的道家信仰,礼乐实际上多由道士来实行,以致其结果多与先儒相违。[②] 那么,宋代《政和五礼新仪》中增加的祭祀社神用乐和礼器的规定,并非针对社神地位之提升而设,"牺尊三、象尊三"的意义也未必是对传统礼制的发扬,对牲牢之礼的替代,而是宋徽宗乐于搜罗古器以回向于三代的政治理念的表现。

---

① 黄中松:《诗疑辨证》卷6《牺尊》,文渊阁《四库全书》本,第88册第482页。
② 方震华:《唐宋政治论述中的贞观之政——治国典范的论辩》,《台大历史学报》第40期,2007年12月,第42页。

（四）祭祀社神的规格

　　唐《开元礼》与宋《政和五礼新仪》卷一都规定州县社稷的祭祀为"小祀"。如是，其规格提升的问题似乎无从谈起。但笔者所见，唐宋时期国家社稷祭祀规格的提升也或多或少地影响到地方上对社稷的祭祀规格。唐代有明确的对社稷的祭祀进行升格的诏敕。唐武德、贞观之制："仲春、仲秋二时戊日，祭太社、太稷。社以勾龙配，稷以后稷配。社稷各用太牢一，牲色并黑。"[1]可见，在《开元礼》颁行以前，国家对太社、太稷的祭祀已然是比较隆重的。社稷的祭祀在《开元礼》中则被列为中祀。于是出现了太社、太稷祭祀规格的升级问题。天宝三载（744）二月十四日诏："社稷列为中祀，颇紊大猷。自今以后，社稷及日月五星并升为大祀。仍以四时致祭，诸星为中祀。"[2]《元和曲台礼》的编者王彦威[3]于长庆二年（822）奏请"牲用太牢，太尉摄行事，祭之日不坐。"请升为大祠。[4] 这种升格的理论依据大概是《礼记·王制》中的"天子社稷皆大牢，诸侯社稷皆少牢"[5]。这种升格的必要性在哪里呢？从总体上讲，唐宋时期社神的祭祀有没有真正地升格呢？按照一般意义上对传统礼经的解释，大祀、次祀（中祀）和小祀是有区别的，区别不是在用大牢还是少牢，而是在于玉帛和币。《周礼》称："立大祀用玉帛、牲牷；立次祀用牲币；立小祀用牲。"大司农郑众的解释是："大祀天地；次祀日月星辰；小祀司命已下。"郑玄补充说："大祀又有宗庙；次祀又有社稷、五祀、五岳；小祀又有司中、风师、雨师、山川百物。"[6]宋人对于"二郑"的学说没有反驳，只是解释说："（后郑）云次祀又有社稷、五祀、五岳者，此后郑特举社稷已下者，以先郑次祀中不言血祭社稷已下故也。"[7]可见宋人在学理上并不认同对社神的升格，只是强调应该血祭而已。然而，建炎年间的诏令中有"祭太社、太稷。免牲、玉，权用酒脯，仍依方色奠币"之语。[8] 可见，至少在国家祭祀太社、太稷时，已然用玉——大祀的标志。这说明在祭祀的观念中，社神是略有升格的，只是变礼从简（以酒、脯代牲牢、

---

[1] 《旧唐书》卷24《礼仪志四》，北京：中华书局，1975年，第910页。
[2] 王溥：《唐会要》卷22《社稷》，《丛书集成初编》本，北京：中华书局，1985年，第425页。
[3] 《新唐书》卷58《艺文志》，第1492页。
[4] 王应麟：《玉海》卷99《郊祀》，第1082页。
[5] 《礼记注疏》卷12《王制》，北京：中华书局，1980年，第1332、1337页。
[6] 《周礼注疏》卷19"肆师"条，北京：中华书局，1980年，第768页。
[7] 杨复：《仪礼经传通解续》卷28上《祭物上·祭礼十二上》，文渊阁《四库全书》本，第132册第694页。
[8] 《宋史》卷98《礼志一》，第2426页。

玉帛的作法)之后使得我们不能洞察到这种隐微的升格了。

　　清代学者对"郊特牲"的解说时,谈到了对社稷的祭祀规格:"郊,祭天之名。用一牛,故曰特牲","社,五土总神;稷,原隰之神。功及于人,人赖其功,故以大牢报祭。其牲则黝色。"① 对于大牢的解释"大牢,牛、羊、豕不耦,故羊豕不得变也。"②可见,在对于社稷的祭祀位向上,州县官员是以等尊之位临之的,但由于社、稷的重要性,在祭祀规格上又采取大牢,甚至隆重于祭天的特牲(一牛)。③ 祭天时用"骍犊",祭社稷时用"黝色",则是天为阳、地为阴的阴阳学说在礼制中的反映。但祭天之礼反映的是礼制中"有以少为贵者"的原则:"天子无介,祭天特牲。"④

　　关于地方对社神的祭祀,曾一度有牲牢之祭祀。唐代自玄宗以后的州县社神祭祀已然用酒脯替代了牲牢。开元十九年(721)正月二十日敕:"普天率土,崇德报功。飨祀惟殷,刲割滋广。非可以全惠养之道,协灵祇之心。其春秋二时社及释奠,天下诸州府县等并停牲牢,惟酒用脯……自今以为例程。"至二十二年(724)三月二十五日敕:"春秋祈报郡县常礼,比不用牲,岂云血祭,阴祀贵臭,神何以歆。自今以后州县祭祀特以牲牢,宜依例程。"⑤可见,在开元年间,曾经有过为州县的官社祭祀用什么礼仪的争论:或云酒脯,或云牲牢。因为按照传统的礼制,《礼记》对于"天子将出,类乎上帝,宜乎社,造乎祢"的解释中有"社主杀戮,故求其便宜"(也有注疏者认为这可能是"宜"的本义⑥。从传统来看,开元二十二年(724)三月二十五日敕更加反映了传统礼制。

　　北宋元丰四年(1081)十月十一日,详定礼文所的礼官征引《礼记·王制》,否定了当时太社、太稷的祭祀用少牢的做法:"《熙宁祀仪》……春秋祈报社稷,用羊、豕各二……太社为天下报功。后汉郡县社稷太守令长侍祠,牲用羊豕。唐礼,社稷用太牢。(贞元五年九月十二日,国子祭酒包佶奏:"春秋祭社稷,准礼,天子社稷皆太牢。至大历六年十月三日敕'中祀少

---

① 朱彬:《礼记训纂》卷11《郊特牲第十一》,北京:中华书局,1996年,第381页。
② 《仪礼注疏》卷21《聘礼第八》注释,北京:中华书局,1980年,第1060页。
③ 据清代学者赵翼考证,《礼记》"太牢"注:牛、羊、豕也。是羊、豕亦在太牢内矣。其不兼用二牲而专用一羊、一豕者,则曰特羊、特豕。而自三国韦昭《国语》注以来,世人多误以牛为太牢,羊为少牢。唐人《牛羊日志》小说称牛僧孺为"太牢",杨虞卿为少牢。(参见赵翼《陔余丛考》卷3《太牢、少牢》,石家庄:河北人民出版社,1990年,第55页)可见,唐代人称"太牢"者,可能亦指一牛,其于礼制文本上"太牢"故尊于"特牲",然于实践层面上,太牢实于特牲等,只用一牛耳。
④ 陈戍国:《中国礼制史》(先秦卷),长沙:湖南教育出版社,2002年,第22页。
⑤ 王溥:《唐会要》卷22《社稷》,《丛书集成初编》本,第424、425页。
⑥ 《礼记注疏》卷12《王制》,《十三经注疏》本,第1332页。

牢'。社稷是中祀,至今未改。"勅旨:宜准礼用太牢。)①今自社稷下至郡县社稷皆用少牢而祭,殊不应礼。夫为一郡邑报功者当用少牢,为天下报功者当用太牢。所有春秋祈报太社、太稷,谓宜于羊豕之外加以角握牛二。"宋神宗从其议请。②牲牢之礼反映了太社、太稷和州县社稷的礼制规格。尽管太社、太稷的祭祀在唐末和北宋前期的一段时期有所降格——从太牢变为少牢,而社稷祭祀总体规格却略有提升,州县社稷更加受到重视。这从官方典礼及其实践中有所体现。

于是,社稷祭祀当用牲牢——甚或是太牢之礼。然而,民间对社神的祭祀可以"求其便宜",故用酒脯也是可以的。如初唐,与李贺同时代的刘言史诗:"消渴天涯寄病身,临邛知我是何人。今年社日分余肉,不值陈平又不均。"③可以反映出初唐时期州县祭祀社神用牲牢时的情况,即使像刘言史这样一个外乡的贫病士人也能分到社祀之"余肉",足见社神祭祀的普遍社会参与性以及使用牲牢祭祀的奢侈浪费。贯休诗:"精灵应醉社日酒"可以证实州县祭祀社神用酒。④另外,宋代人"孺子从渠均胙肉"⑤说明未成年人也可以在祭祀过后以平均的原则分得胙肉。斯为唐宋时期地方州县祭祀社神的真实写照。

在唐代后期,社会基层的财力更加有限,而淫祠泛滥却成为基层社会的痼疾。如元稹诗所反映:"村落事妖神,林木大如村。事来三十载,巫觋传子孙。村中四时祭,杀尽鸡与豚。主人不堪命,积燎曾欲燔",后来终于是"主人恶淫祀,先去邪与憯","德胜妖不作,势强威亦尊"。⑥因此,酒脯之奠取代牺牲之祭,往往是出于节省社会财力的角度出发的,当官方制礼要求使用酒脯之奠时,酒脯之奠和牺牲之祭往往成为了正祀和淫祀的区别。北宋时曾经有过社稷祭祀当用血祭(适用牲牢)的动议。元丰四年(1081)十月六日,详定礼文所言:"又《周礼·大宗伯》'以禋祀祀昊天上帝,以血祭祭社稷。'……社者神地之道……地道者,祀皆为阴祀。然而阴祀必以血为歆神之始者。血者,阴幽之物,阴祀而用幽阴之物,所谓本乎地者亲下,各从其类,是以类求神之意也。今祭社稷仪注不用血祭,皆违经礼。伏

---

① 王溥:《唐会要》卷22《社稷》,《丛书集成初编》本,第424,425页。
② 《续资治通鉴长编》卷317,元丰四年十月甲子条,第7671页。
③ 《全唐诗》卷468,刘言史《嘉兴社日》,北京:中华书局,1960年,第5321,5331页。
④ 《全唐诗》卷826,贯休《江边祠》,第9310页。
⑤ 吴之振等编:《宋诗钞》南宋刘宰《漫塘诗钞》之《社日僧舍风雨》,北京:中华书局,1986年,第2619页。
⑥ 《全唐诗》卷396,元稹《赛神》,第4453页。

请社稷以埋血为始。"宋神宗从其议请①。《周礼》在宋神宗与王安石为君相的时代被奉为《三礼》之首，祭祀社神用血祭的动议必然得到认可。② 如果是国家礼典中的大社稷无疑会遵从牲牢之礼的血祭，但如果是地方州县的社稷则因财力有限未必能够周全了。

南宋建炎四年（1130）十一月，命礼部太常裁定：春秋二社及腊前一日祭太社、太稷。免牲、玉，权用酒脯，仍依方色奠币。以辅臣为初献，礼官为亚、终献。③ 可见，太牢之礼已然不再适用于社神的祭祀。尤其是唐宋以来的禁止屠牛之法律使然。"出为盗贼，聚为博弈⋯⋯大者椎牛发冢"④是苏轼对于盗贼之大者的描述，椎牛甚至与发冢一样被视为大罪，则太牢之礼无从具备。在宋代时偶值丰年，宰牛祭祀社神、聚饮、联欢的情形也是有的。如北宋哲宗、徽宗之际的张耒有诗记载："社南村酒白如饧，邻翁宰牛邻媪烹。插花野妇抱儿至，曳杖老翁扶背行。淋漓醉饱不知夜，裸股掣肘时谨争。去年百金易斗粟，丰岁一饮君无轻。"⑤不管怎么样，官方对于祭祀社神礼的简约说明了对社神的祭祀已然普遍于地方州县，有时不得不变礼从简了。

（五）祭祀的频度与时间

祀社一般都是春秋二祀，但不同时代对社日的选取不尽相同。按照《礼记·月令》：择元日命民社。（注：祀社日用甲）后世如"汉用午；魏用未；晋用酉，各因其行运"。关于祀社的月份历代也不同。西晋潘尼《皇太子社诗》："孟月涉初旬，吉日惟上酉。"可见晋用孟月（正月）行祀社礼。唐武后长寿元年（692）制：更以九月为社。唐玄宗开元十八年（730）诏移社日就千秋节。⑥ 史载开元十七年（729）八月癸亥，唐玄宗以降诞日，燕百寮于花萼楼下，百寮表请以每年八月五日为千秋节，王公已下献镜及承露囊，天下诸州咸令燕乐，休暇三日，仍编为令。"唐玄宗诏准。⑦ 社日虽然日程不定，但大抵在每年的春秋两季，又由于是自上而下的吉日，所以往往与宴饮和庆

---

① 《续资治通鉴长编》卷317，元丰四年十月己未条，第7662页。
② 惠吉兴：《宋代学者对〈周礼〉的争论》，《管子学刊》2001年第4期。
③ 《宋史》卷98《礼志一》，第2426页。
④ 苏轼著，孔凡礼点校：《苏轼文集》卷8《策别安万民六》，北京：中华书局，1986年，第265页。
⑤ 《宋诗钞》張耒《宛丘詩鈔》之《田家三首》之二，第1003页。
⑥ 顾炎武著，黄汝成集释：《日知录集释》卷6《社日用甲》，上海：上海古籍出版社影印本，1985年，第11、12页。
⑦ 《旧唐书》卷8《玄宗本纪上》，第193页。

祝活动相联系。《大唐开元礼》卷三三标题为《吉礼·皇帝仲春仲秋上戊祭大社》,可知按照国家典制,皇帝应该是仲春仲秋第一个戊日祭大社。又《宋书》记载:"祠太社、帝社、太稷,常以岁二月、八月二社日祠之。"①于慎行《笔尘》载:唐制,二月八月及生日忌日,公卿朝拜诸陵,又有忌日行香于京城宫观。② 可见,二月、八月是皇家祭祀诸陵的时间。如果说皇家祭祀诸陵是为了彰显祖先的荣光,同一月份祭祀社稷则是为万姓祈福。有时社日可能与寒食节重合,如唐德宗大历年间的坊州鄜城县陈润:"江南寒食早,二月杜鹃鸣……浴蚕当社日,改火待清明。"③这个社日和寒食节都在二月末。有时社日也与春分重合,如权德舆诗,题目即为《二月二十七日社兼春分,端居有怀简所思者》:"社日双飞燕,春分百啭莺。"④有时亦有秋社,如白居易诗"晚景函关路,凉风社日天"⑤。总之,唐代的社日一般是在二月或八月的月末的一个"戊日"。另外,南宋官方则规定一年三次祭祀社稷,建炎四年(1130)十一月,寻命礼部太常裁定:春秋二社及腊前一日祭太社、太稷。⑥但这对于州县和民间的祀社没有约束力。

宋代学者马晞孟(字彦醇)更从阴阳的角度解析了社日的选择问题:"《祭法》言:天子诸侯立社而不言稷,亦以此日用甲,用日之始;则郊用辛,用日之成也。以乾知大始,坤作成物,则郊宜用甲,社宜用辛。天虽主于生物,亦有以成之,则天之道所以明。地虽主于成物,亦有以生之,则地之道所以神。盖郊所以明天道,故用辛;社所以神地道,故用甲。《曲礼》曰:外事用刚日,内事用柔日。郊者,外事也;社者,内事也。而此言郊用辛日之柔,社用甲日之刚者,说者以为郊社至尊之祭,不可同于内外,此说得之。"⑦马氏仍然是以"主于成物"的土地神来解释社神祭祀的,但他的理论却一反乾、坤分别为阳、阴的传统学说,认为祭祀社神和郊天一样重要,天主生物,为阴,故祭祀用柔日;地主成物,为阳,故祭祀用刚日。按照《开元礼》,唐代祭祀社神不用甲日,选择了戊日,也属于刚日。按《礼记集说》卷九:"外事以刚日,内事以柔日。"按照天干纪日法,"十日有五奇五偶,甲、

---

① 《宋书》卷14《礼志一》,第350页。
② 徐乾学:《读礼通考》卷78《丧仪节四十一·国忌》,文渊阁《四库全书》本,第113册第784页。
③ 《全唐诗》卷272,陈润《东都所居寒食下作》,第3061页。
④ 《全唐诗》卷325,权德舆《二月二十七日社兼春分,端居有怀简所思者》,第3648页。
⑤ 《全唐诗》卷436,白居易《社日关路作》,第4833页。
⑥ 《宋史》卷98《礼志一》,第2426页。
⑦ 《礼记集说》之《集说名氏》,文渊阁《四库全书》本,第117册第14页;《礼记集说》卷64,文渊阁《四库全书》本,第118册375页。

丙、戊、庚、壬五奇为刚；乙、丁、己、辛、癸五偶为柔"。外事如治兵、巡狩、朝聘、会盟之类；内事如宗庙之祭、冠昏之礼。① 这同汉儒的说学(《甘誓》曰："用命,赏于祖；不用命,僇于社,《集解》孔安国曰：又载社主,谓之社事。奔北,则僇之社主前。社主阴,阴主杀也。"②)大相径庭。社神定位的由阴转阳尽管只是停留在学理方面的问题,但也突出了唐宋时期对社神的重新定位。

汉代时,"民间三月、九月又社,号曰私社"③。唐代天宝元年(742)十月戊寅诏则规定："百姓私社宜与官社同日致祭。"④从传统民俗来讲,社日是一个有庆祝色彩的节日。如三国时有王修者,字叔治,北海营陵人也。年七岁丧母。母以社日亡,来岁邻里社,修感念母,哀甚。邻里闻之,为之罢社。⑤ 晋代时,仲春的社日还是"祀皋陶于廷尉寺"和"以同祭先圣于太学"的日子。⑥ 隋初,李氏宗党豪盛,每至春秋二社,必高会极欢,无不沉醉喧乱。⑦ 在唐代,社日是允许有宴享活动的,并且这种宴享是可以适当打破民与官,官与宗室贵族之间等级界限的。如杜甫诗："田翁逼社日,邀我尝春酒",并且描写了田翁"回头指大男,渠是弓弩手。名在飞骑籍,长番岁时久。前日放营农,辛苦救衰朽。差科死则已,誓不举家走"的豪迈情态,最后向杜甫提出邀请"今年大作社,拾遗能住否"⑧。如唐末天祐二年(905),"是月(二月)社日,枢密使蒋玄晖宴德王裕已下九王于九曲池,既醉,皆绞杀之"⑨。同时,社日也是官员之间进行交往的一个重要契机。如窦庠诗："白社会中尝共醉,青云路上未相逢。"⑩如柳堂诗："未向燕台逢厚礼,幸因社会接余欢。"⑪社日对于唐代南方的妇女而言,是可以暂停针黹女红的日子。如张籍诗："今朝社日停针线,起向朱樱树下行。"⑫在民间的生产活动中,社神的祭祀往往带有祈祷丰收的性质。如唐高宗咸亨五年(674)五月己未,诏："春秋二社,本以祈农,如闻此外别为邑会。此后除二

---

① 卫湜：《礼记集说》卷9,四库全书本,第117册第175页。
② 《史记》卷2《夏本纪》,第84～85页。
③ 《汉书》卷27中之下《五行志》注释,第1413页。
④ 《册府元龟》卷33《帝王部·崇祭祀第二》,第362页。
⑤ 《三国志》卷11《王修传》,北京：中华书局,1959年,第345页。
⑥ 《晋书》卷19《礼制上》,第600页。
⑦ 《隋书》卷77《隐逸传·李士谦传》,北京：中华书局,1973年,第1752页。
⑧ 《全唐诗》卷219,杜甫《遭田父泥饮美严中丞》,第2311页。
⑨ 《旧唐书》卷20下《哀帝纪》,第790页。
⑩ 《全唐诗》卷271窦庠《醉中赠符载》,第3047页,窦庠与韩愈同时代。
⑪ 《全唐诗》卷516柳堂《答杨尚书》,第5902页。
⑫ 《全唐诗》卷386张籍《吴楚歌词》,第4360页。

社外,不得聚集,有司严加禁止。"①如韩愈诗反映了没有徭役差派的士人祭祀社神的情景:"白布长衫紫领巾,差科未动是闲人。麦苗含穟桑生葚,共向田头乐社神。"②如元稹诗则反映了农人祭祀古社的情形:"绕坛旧田地,给授有等伦。农收村落盛,社树新团圆。社公千万岁,永保村中民。"③北宋时,民间的社日还有各种祈福的习俗。如北宋中期,方偕迁汀州判官,权知建安县。"县产茶,每岁先社日,调民数千鼓噪山旁,以达阳气。偕以为害农,奏罢之。"④此外,社日还被宋代人赋予了许多新的色彩,如梅尧臣诗《次韵和长文社日禖祀出城》⑤反映出宋代人有于社日拜祭求子嗣的信仰。社日是击鼓联欢的日子,如王安石诗:"百钱可得酒斗许,虽非社日长闻鼓。"⑥在越州,社日是小儿可以暂停肄业的日子:"幼学已忘那用忌(乡俗:小儿女社日忌习业)";社日之酒是可以治愈耳聋的:"微聋自乐不须医(古谓社酒治聋)。"⑦

二、私社的兴起与结社的社会功能

(一) 私社的衍生与官、私社的混一

社之名起于古之田社、里社,故古人以乡为社。田社、里社都是国家的基层管理体系。田社有时是私社,有时是官社;里社则一般是官社,且带有贵族的等级色彩。对此,后人对《周礼》的注疏可见一斑。"大司徒设社稷之壝而树之,田主各以其野之所宜木,遂以名其社……故古之社稷,恒依树木松柏栗,各以其野之所宜,宜松者以松名,宜柏者以柏名,宜栗者以栗名……田主者,田社也。薛瓒曰:民间或十家、五家共为田社,谓之私社;然田主设于地官,则非私社矣。"⑧宋代人关于"田"字的解释是:"今人亦呼作田为佃田。呼农家为佃户,皆作去音。"⑨就是说,田社是受官方管理和控

---

① 《旧唐书》卷5《高宗纪》,第98,99页。
② 《全唐诗》卷343《游城南十六首·赛神》,第3850页。
③ 《全唐诗》卷396《古社》,第4451页。
④ 《宋史》卷304《方偕传》,第10069页。
⑤ 《宋诗钞》梅尧臣《宛陵诗钞》之《次韵和长文社日禖祀出城》,第248页。
⑥ 《宋诗钞》王安石《临川诗钞上》之《后元丰行》,第565页。
⑦ 《宋诗钞》陆游《剑南诗钞》之《社日》,第1833页。
⑧ 惠士奇:《礼说》卷3《地官一》,文渊阁《四库全书》本,第101册426页。
⑨ 王质:《诗总闻》卷13《谷风》,文渊阁《四库全书》本,第72册第631页。

制的社,是基层的民间组织,宋代人甚至认为田社是租佃制的源起。另外,通过汉代人对《礼记》的注疏,在上古时期,"大夫以下成群立社,曰置社。注:群,众也。大夫以下,谓下至庶人也"。这种下层贵族和庶人的立社活动就是汉代"里社"的前身:"大夫不得特立社,与民族居,百家以上则共立一社,今时里社是也。"①汉元帝建昭五年(前34),兖州刺史浩赏禁民私所自立社(张晏曰:"民间三月九月又社,号曰私社。")②。可见,私社与官社并存至少是开始于汉代的事情,且社在汉代即具有组织农民进行生产劳动的功能。从战国至汉代,虽然里、社合一之制基本得到沿续,然而里、社分离的历史趋势已明显存在。《汉书·五行志》记载,西汉晚期出现了民间百姓在里社(官社)之外另立私社的现象。③ 私社是从官社中衍生出来的。因此,后世地方官府对于社神祭祀也格外重视。

唐永徽年间,张文琮出为建州刺史。州境素尚淫祀,不修社稷,文琮下教书曰:"春秋二社,盖本为农,惟独此州,废而不立。礼典既阙,风俗何观?近年已来,田多不熟,抑不祭先农所致乎。神在于敬,何以邀福。"于是示其节限条制,百姓欣而行之。④ 可见,对于社神的祭祀是州县官优化风俗的必须职责。及至唐代,官社与私社的并立乃成为不争的事实,地方官府通过树立社神的权威,打击淫祠杂祀,以求得"和气丰年",同时也是镇抚地方的手段。如天宝元年(742)十月戊寅诏曰:"天下郡邑所置社稷等,如闻祭事或不备礼,苟崇敬有亏,岂灵祇所降。欲望和气丰年,焉可致也?……自今已后,应祭官等庶事,宜倍加精洁,以副朕意。其社坛侧近,仍禁樵牧。"⑤

唐代之有私社,见于官方文书。天宝五载(746)七月,河南道采访使张倚奏:"诸州府今后应缘春秋二时私社,望请不得宰杀,如犯者,请科违敕罪。"从之。⑥《天宝七载册尊号赦》:"自今以后,天下每月十斋日不得辄有宰杀。闻闾阎之间,例有私社,皆杀生命,以资宴集。仁者之心有所不忍,亦宜禁断。"⑦这里的私社也是以祭祀土地神为目的而集结的,可以明显看出官方对私社管理的不断强化,即要求私社按照官方典制,以酒脯之祭代替牲牢祭祀,尽管牲牢祭祀更符合"三礼"的传统。

---

① 《礼记注疏》卷46《祭法》郑玄注,北京:中华书局,1980年,第1598,1599页。
② 《汉书》卷27中之下《五行志》,第1413页。
③ 杨华:《战国秦汉时期的里社与私社》,《天津师范大学学报》2006年第1期。
④ 《旧唐书》卷85《张文琮传》,北京:中华书局,1975年,第2816页。
⑤ 王钦若等撰:《册府元龟》卷33《帝王部·崇祭祀二》,北京:中华书局,1960年,第361~362页。
⑥ 王溥:《唐会要》卷41《断屠钓》,《丛书集成初编》本,第732页。
⑦ 宋敏求编:《唐大诏令集》卷9,文渊阁《四库全书》本,第426册第79页。

(二) 民间结社的互助功能——以敦煌社邑为例

目前,学界对于唐宋之际敦煌社邑的研究已然非常成熟。考之唐宋之际的敦煌之地,时而受吐蕃控制,佛教文化的影响比较浓郁。其思想基础是将宗法、门第意识与佛教文化融为一炉。如其社文中称"惟诸社众乃并是高门胜族,百郡名家……出忠于国,入孝于家……加以倾心三宝,摄念无生……志在归依,情存彼岸,遂乃共结良缘"。然而,这些社邑又是打破了宗族界限的,社文称"惟诸公等,并是宗枝豪族,异姓孔怀,兰是良朋"[①]。

早在20世纪30年代,日本学者那波利贞在研究了敦煌文书之后,就对唐代社邑的类型做出了划分。民间私社在汉代即已出现,在魏晋南北朝时期得到发展,至唐代达到兴盛阶段。这比佛教结社活动的出现要早许多。晚唐时期存在着以佛教信仰为中心,由在家的佛教信徒组成的佛教社团、由百姓自愿结成的民间互助团体和既从事祭社、互助活动又从事佛教活动的民间团体等三种不同类型的社邑。[②]

关于唐代的敦煌社邑是私社还是官社,历来聚讼不已,但对于社邑的民间互助色彩则基本达成了共识。社邑作为民间的团体,其突出的功能就是互助。敦煌的社邑虽是以各阶级、阶层混合结社为主,但按阶级、阶层结社的现象也确实存在。依据具有实用性质的敦煌社邑文书进行量化研究,敦煌社邑的活动是丧葬互助活动最为频繁,也最为重要,春秋二社和佛事活动的频率大体持平,亦均属社邑的重要活动。如其中的"三驮"就是丧葬互助中的一项重要规定。[③] 杨际平先生的观点是敦煌社邑的类型很多,最常见的有里巷社、渠社、互助社、佛社等。绝大多数的社邑与寺院的联系只是思想上(信仰上)的联系。如燃灯社、行像社为燃灯、行像活动付出的人力、财物,应属社会的文化消费范畴。寺院上层部分,僧侣、吏民之间诚然存在剥削与被剥削的关系。但寺院上层剥削的是对象是部分僧俗吏民,而不是"社"。剥削的方式是出租田土、碾硙、油粱与房贷活动,而不是燃灯、行像等社邑活动。立社文书中所见的义聚是社邑的同义语,而不是公共积累。其中,里巷社很可能是官社,而互助社则有了民间私社的性质。[④]

对于敦煌社邑而言,春秋祭祀社神及其后的宴饮(局席)活动仍然是社

[①] 宁可、郝春文:《敦煌社邑文书辑校》四社文,南京:江苏古籍出版社,1997年,第514、575页。
[②] 宁可、郝春文:《敦煌社邑文书辑校》前言,南京:江苏古籍出版社,1997年,第2~3页。
[③] 郝春文:《〈唐末五代宋初敦煌社邑的几个问题〉商榷》,《中国史研究》2003年第1期。
[④] 杨际平:《唐末五代宋初敦煌社邑的几个问题》,《中国史研究》2001年第4期。

邑的主要活动,频度居首;互助则是其主要功能,频度居次;然后才是神祇崇拜或宗教的活动。如《蓝田县志》记载了唐代乡村立社的一个普遍情况:各处乡村人民每里一百户内立坛一所,祀后土、五谷之神。每岁一户轮为会首,遇春秋社日,用羊豕各一牵,祭毕,会饮。先令一人读锄强扶弱之誓,其词曰:"凡我同里之人,各遵守礼法,毋恃力凌弱,违者先共制之,然后经官。或贫无可赡,周给其家,三年不立,不使与会。其婚姻丧葬之资,随力相助,如不从众及犯奸盗诈伪一切非为之人,并不许入会。"读誓词毕,长幼以次序坐尽欢,而退又制每里立坛一所,祭无祀孤魂。"凡此盛典皆所以礼鬼神、敦风俗。"①当然,这里的祭祀不止包括中国原始崇拜("后土、五谷之神"),而且包括了带有民间迷信色彩的鬼神崇拜,但通过祭祀来敦化风俗的传统却与社神祭祀一脉相承。杨际平先生通过"社司转帖事由"对社邑活动进行了二次的统计,认为春秋等局席的活动频率略有下降(从41.6%降为39.66%),丧葬互助活动的频率略有上升(从24%上升为27.01%),佛事活动的频率也略有下降(从15%下降为14.36%)。②

(三) 民间结社的防卫功能——以弓箭社为例

宋代民间私社的活动较之唐代更加活跃,出现了"乡社"。更兼社会动荡、兵戈不息,国家权力衰落,无力控制地方,乡社组织就成为基层民众抵御内贼外寇的组织。北宋初期,乡社组织进一步扩大。如宋初禁军之一的广锐军,其前身就是"河州忠烈、宣勇能结社买马者,马死则市补,官助其直。"至道元年(995)成军,"咸平(998~1003)以后选振武兵增之,老疾者以亲属代。"③著名的河北地区的"弓箭社"也是民间武装结社的重要代表。王安石变法时,推行保甲法,力图把乡社组织纳入到国家可以控制的体系之内。史称:"弓箭社河北旧有之。熙宁三年(1070)十二月,知定州滕甫言:'河北州县近山谷处,民间各有弓箭社及猎射人,习惯便利与夷人无异。欲乞下本道逐州县,并令募诸色公人及城郭乡村百姓,有武勇愿习弓箭者,自为之社。每岁之春,长吏就阅试之。"④元祐八年(1093)十一月十一日,知定州苏轼状奏乞修立《弓箭社条约》:"今已密切取会到本路极边定、保两州,安肃、广信、顺安三军,边面七县一寨,内管自来团结弓箭社五百八十八

---

① 刘于义等监修:《陕西通志》卷45《风俗·化导》,文渊阁《四库全书》本,第553册第584页。
② 杨际平:《唐末五代宋初敦煌社邑几个问题的再商榷》,《中国史研究》2005年第2期。
③ 《宋史》卷187《兵志一》,第4591页。
④ 《宋史》卷190《兵志四》,第4725页。

村六百五十一火,共计三万一千四百一十一人,若朝廷以为可行,立法之后,更敕将吏常加拊循",然后规定:"如无盗贼非时不得勾集。每社及百人以上选少壮者三人,不满百人者选二人,不满五十人者选一人,充急脚子,并轮番,一月一替,专令探报盗贼。如探报不实,及稽留后时有误捕捉者,并申官乞行严断。逐社各置鼓一面,如有事故及盗贼并须声鼓勾集。若寻常社内声鼓不到者,每次罚钱一百;如社内一两村共为一火,地理稍远,不闻鼓声去处,即火急差急脚子勾唤;若强盗入村,声鼓勾唤不到及到而不入贼者,并罚钱三贯。如三经罚钱一百,一经罚钱三贯。而各再犯者,并送所属严断。如能捉获强盗一名,除依条支赏外,更支钱二十贯。如两次捉获依前支赏外,仍与免户下一年差徭,如三次以上更免一年,无差徭可免者各更支钱十贯折充。如获窃盗一名,除依条支赏外,更支钱二贯以上。钱用社内罚钱充。如不足,并社众均备……社内所纳罚钱,令社长等同共封记、主管,须遇社会合行酬赏者,方得对众支给破使,即不得衷私别作支用。社内遇丰熟年,只得春秋二社聚会,因便点集器械,非时不得乱有纠集、搔扰。"①按照苏轼的建议,除了盗贼之外,唯有春秋二社可以聚集,并且规定了赏罚原则,且与朝廷的"差徭"联系起来。这是典型的利用春秋社神祭祀的契机,由官方来组建和管理结社活动,发动基层民众的力量进而巩固北方边防的倡议。

但是,政府对于私社亦时常采取防范的态度,而民间的反抗活动亦往往以结社为组织形式。如南宋赵崇度知桂阳军时,上言:"请罢湖南义丁,禁立私社,以杜奸民鸠聚之渐。"②又如元代规定:"诸以白衣善友为名,聚众结社者,禁之……诸以非理迎赛祈祷,惑众乱民者,禁之。诸俗人集众鸣铙作佛事者,禁之。诸军官鸠财聚众,张设仪卫,鸣锣击鼓,迎赛神社,以为民倡者,笞五十七,其副二十七,并记过。"③后来,明代则有"白莲结社,遍及四方,教主传头,所在成聚"的情况。④

(四)民间结社的基层社会控制功能——以社学为例

从社神祭祀到社规的创立与丰富,是一个漫长的历史过程。从唐代的敦煌社邑到宋代的吕氏乡约,再到明代的乡礼,地方乡绅的文化意识不断

---

① 《苏轼文集》卷36《奏议·乞增修弓箭社条约状二首》,第1026,1027,1028页。
② 真德秀:《西山文集》卷43《提举吏部赵公墓志铭》,文渊阁《四库全书》本,第1174册第688页。
③ 《元史》卷105《刑法志四》,第2684页。
④ 《明史》卷226《吕坤传》,北京:中华书局,1974年,第5937页。

强化,以经学(尤其是礼学)整合和控制基层社会的主观愿望不断强烈。从宋代的规约到明代的乡礼,社学的创制集中反映了民间结社中文化功能的加强。而规约的明细与成文化,则反映了地方乡绅对乡党控制的严密。这些活动往往是以祭祀后土、五谷之神为契机展开的,或是由此衍生出来的。

首先,"乡先生"祭祀是从社神祭祀分别出来的。古礼云:"乡先生没则祭于社。"将乡先生置于社神庙中接受祭祀是对乡先生的一种荣誉性的褒美,自汉唐以来行之不辍。在宋代情况则有不同,人们把"乡先生没则祭于社"的古训当作理论依据,但并不为乡先生立社庙或将乡先生置于社庙接受祭祀,而是别立祠堂祭祀,或者在州县学校中接受祭祀。[①] 这自然对民间社学的产生有先导和示范的作用。

其次,由宋代社邑规约的半强制原则衍生出社学的规约。其间最为著名的是北宋的吕氏礼学及其乡约仪。北宋人吕賁为比部郎中,其父吕通葬京兆蓝田,吕氏"遂家焉"。吕賁第三子吕大钧,仁宗年间中进士乙科,曾历三原知县等职。[②] 后回乡,撰有《吕氏乡约仪》一卷。[③] 史称,吕大防与兄大忠及其弟大临同居,"相切磋论道考礼,冠昏丧祭一本于古,关中言《礼》学者推吕氏"[④]。张载(字子厚)言:"关中学者用礼渐成俗。"程颐(字正叔)言:"自是关中人刚劲敢为,子厚言亦是,自家规矩宽大。"[⑤]吕氏的文化素养不容忽视:

> 与叔(吕大临字与叔)虽程正叔之徒,解经不尽用其师说。《大学》一卷(俱吕大临注)。《孟子讲义》十四卷(吕大临撰)。《中庸》一卷(吕大临撰)。《考古图》十卷(吕大临撰)。晁氏曰:吕大临与叔衷诸家所藏三代秦汉尊彝鼎敦之属,绘之于幅,而辨论形制、文字。[⑥]

吕氏不但有高深的文化修养,于乡党之构建方面则采取了半强制的乡约组织形式。《蓝田吕氏乡约》规定:"犯义之过六,犯约之过四,不修之过五,犯义之过六。一曰酗博斗讼;二曰行止逾违;三曰行不恭逊;四曰言不

---

① 参杨建宏:《宋代礼制与基层社会控制研究》,四川大学博士论文,2006年,第206页。
② 《宋史》卷340《吕大防传》,北京:中华书局,1985年,第10847页。
③ 《宋史》卷205《艺文志四》,北京:中华书局,1985年,第5176页。
④ 《宋史》卷340《吕大防传》,北京:中华书局,1985年,第10844页。
⑤ 刘于义等监修:《陕西通志》卷45《风俗·化导》引《程氏遗书》,文渊阁《四库全书》本,第553册第548页。
⑥ 刘于义等监修:《陕西通志》卷74《经籍第一·经类、史类》,文渊阁《四库全书》本,第555册第448页。

忠信;五曰造言诬毁;六曰营私太甚。犯约之过四:一曰德业不相劝;二曰过失不相规;三曰礼俗不相成;四曰患难不相恤。不修之过五:一曰交非其人;二曰急惰;三曰动作无仪;四曰临事不恪;五曰用度不节。已上不修之过,每犯皆书于籍,三犯则行罚。"其《礼俗相交》篇则规定了"此行婚姻丧葬祭祀之礼,礼经具载,亦当讲求。如未能遵行,且从家传、旧仪世不经者当渐去之。凡与乡人相接及往还书问,当众议一法共行之。凡遇庆吊每家只家长一人,与同约者皆往。其书问亦如之,若家有故或与所庆吊者不相识,则其次者当之"。

《丧葬》一篇则规定:"始丧则用衣服或衣段以为禭礼,以酒脯为奠礼,计直多不过三千,少至一二百。葬则用钱帛为赙礼,用猪羊酒蜡烛为奠礼,计直多不过五千,少至三四百。灾患如水火、盗贼、疾病、刑狱之类,助济者以钱帛米谷薪炭等物计直,多不过三千,少二三百。"《患难相恤》一篇则规定:"患难之事七。一曰水火;二曰盗贼;三曰疾病;四曰死丧;五曰孤弱;六曰诬枉;七曰贫乏。凡同约者之财物、器用、车马、人仆皆有无相假,若不急之用及有所妨者,亦不必借。可借而不借及逾期不还,及损坏借物者皆有罚。凡事之急者自遣人徧告同约;事之缓者,所居相近者及知者告于主事。主事徧告之,凡有患难虽同约其所知者,亦当恤事。重则率同约者共行之。"《罚式》一篇则规定:"犯义之过,其罚五百,不修之过及犯约之过,其罚一百。凡轻过规之而听及能自举者,止书于籍,皆免罚。若再犯者不免其规之不听,听而复为及过之大者,皆即罚之。其不义已甚,非士论所容者及累犯重罚而不悛者,特聚众议,若决不可容,则皆绝之。"《聚会》一篇则规定:"具每月一会,具食,每季一会,具酒。所费率钱令当事者主之,遇聚会则书其善恶,行其赏罚,若约有不便之事,共议更易主事。约正一人或二人,众推正直不阿者为之,专主平决赏罚当否,直月一人,依长幼轮次为之,一月一更,主约中杂事。"①于是,在严密的乡党文化和乡约规制的建设下,社学、社仓得以完备。据《蓝田县志》:天下各州县之乡设立社学、社仓以养蒙正、以备饥荒。②

众所周之,"明季社事盛行",有贺贻孙者与万茂先、陈士业、徐巨源、曾尧臣辈结社豫章。"及明亡,遂不出。"③明代尤其有社学之规制,其组织亦

---

① 刘于义等监修:《陕西通志》卷45《风俗·化导》引《蓝田吕氏乡约》,文渊阁《四库全书》本,第553册第574～575页。
② 刘于义等监修:《陕西通志》卷45《风俗·化导》,文渊阁《四库全书》本,第553册第584页。
③ (民国)赵尔巽:《清史稿》卷484《胡承诺传》,北京:中华书局,1977年,第13334页。

仿照宋代之乡约体制，只是明确提出了社学在"乡礼"的体系约束之下。如明代中叶黄佐的《泰泉乡礼》规定："一曰乡约，以司乡之政事；二曰乡校，以司乡之教事；三曰社仓，以司乡之养事；四曰乡社，以司乡之祀事；五曰保甲，以司乡之戎事。"如此，则一乡之内，文武、政事、礼制并举。

值得注意的是，对于地方的祭祀，仍然强调土地神是正神，与祠堂一样，是正祀："凡上户准古礼，庶士得祭门、户、井、灶、中霤（即中宫土地神），是为五祀。有疾病惟祷于祠堂及五祀。或里社中户、下户惟祷于祠堂。里社不许设醮禳星，听信巫觋，违者罪之。"①黄佐把"中霤"解释为"中宫土地神"的说法为清儒秦蕙田所承袭，但却并不为崇汉唐之学者所接受。《礼记注疏》对"五祀"之考证载："《明堂》、《月令》：春祀户，夏祀灶，中央祀中霤，秋祀门，冬祀行②……又按《汉书·郊祀志》：周大夫祭门、户、井、灶、中霤五祀。"③《白虎通义》载："五祀者何谓也？谓门、户、井、灶、中霤也。所以祭何人之所处出入，所饮食，故为神而祭之……《月令》曰：其祀户。又曰：其祀灶，其祀中霤，其祀门，其祀井，独大夫已上得祭之，何士者位卑禄薄但祭其先祖耳。"郑玄以为："中霤，主宫室居处也。"④可见，"五祀"是日常生活中的五种主家居或屋宇之神，"霤"就是取其本义"屋檐"的意思。黄佐把"中霤"解释为中宫土地神，无疑是对社神祭祀起源的一种理解，虽昧于经典，而暗合于民俗者，也合于我们今天对民俗起源的认识。黄佐的解说也合于汉儒对大夫以下的"士"（"庶士"）亦当备五祀之祭的呼吁。黄佐的《泰泉乡礼》对于社学的规定有："凡在城四隅大馆统各社学以施乡校之教，子弟年八岁至十有四者皆入学。约正、约副书为一籍，父兄纵容不肯送学者有罚，有司每考送儒学肄业，非由社学者不与。凡在城坊厢、在乡屯堡每一社立一社学，俱设于闾巷民居聚处，不必拘定道里，须择宽大地基建之。其制前为大门，大门之左为东塾，右为西，塾中为馆堂，后为寝环之。以垣已经拆毁淫祠寺观改建者，约正丈量界至画图送官。若有名无实，有司查出治罪。"其学规则沿袭自唐宋的社学："右件出明道程子《文集》、东莱吕氏《学规》及见行礼部《学政》，参用昆山魏氏、泰和欧阳氏社学条约，而润色之。"⑤《泰泉乡礼》的作者黄佐字才伯，泰泉其号也，香山人。明正德辛巳（1521年）进士，其《泰泉乡礼》当为其在嘉靖年间"以广西提学佥事，乞休

---

① 黄佐：《泰泉乡礼》卷1《乡礼纲领》，文渊阁《四库全书》本，第142册第601页。
② 《白虎通疏证》卷2《五祀》，北京：中华书局，1994年，第78页。"行"为"井"之误。
③ 《礼记注疏》卷5《曲礼下》附考证，文渊阁《四库全书》本，第115册第124页。
④ （东汉）班固著，陈立疏证，吴则虞点校：《白虎通疏证》卷2《五祀》，第77、78页。
⑤ 黄佐：《泰泉乡礼》卷3《乡校》，文渊阁《四库全书》本，第142册第615页。

家居时所著。"①其社学之规矩上法宋儒——明道(程颢)、东莱(吕本中)②,中取当时官方的学规,更法于当世的昆山魏校、泰和欧阳铎③。可以说,黄佐规划的社学是宋明以来民间文化事业发展的集萃。结社的民间活动连绵不断,把唐宋地方文化与明清地方文化联系了起来。

当然,结社文化也形成了林林总总的民间文化。如戏曲文化,唐代时,秦地妇女"好游观、赛社演剧,男女杂沓无别。"唐代,京城游手夏月采蝉货之,妇妾小儿争买以笼悬窗户间,有验其声长短为胜负者,谓之"仙虫社"④。当然,这些文化往往与社神祭祀相去甚远,但却衍生于民间的祀社稷活动,且以"社"作为聚会的名称,足见社神祭祀之影响历久弥深。

结 论

社神祭祀是贯穿了整个中国古代的文化现象。唐宋时期是社神祭祀的重要发展阶段。尽管在执行中普遍适用变礼从简的原则,但社神祭祀却在礼制规格上略有升格。由社神祭祀衍生出来的基层民间组织在唐宋时期开始丰富起来,佛教思想的掺入虽然没有改变这种文化的主流,但却使得民间祭祀文化有了新内容——鬼神的神秘色彩。以互助、约束、自卫为目的的民间社会组织时而被官方利用,成为戍卫疆土、安靖地方的重要手段。民间的结社活动又时而以反政府的目的非法集结,成为下层群众反抗斗争的组织形式。但从总体上看,以社神祭祀为目的的结社活动传承了主流文化思想,且在地方上形式了文人结社、乡规民约和社学等现象,在基层社会中推扬了正统文化。

---

① 文瑢:《四库全书总目》卷22《礼类四·书仪》,北京:中华书局,1965年,第181页上。
② 据《宋史》卷376《吕本中传》,第11637页:吕本中生活于两宋之际,"学者称为东莱先生",有《童蒙训》三卷传世者,盖指黄佐所提及的《学规》。
③ 《明史》卷282《魏校传》,第7250页:魏校字子才,昆山人。弘治十八年(1505)成进士……嘉靖初起为广东提学副使。《明史》卷203《欧阳铎传》,第5363,5364页:"欧阳铎,字崇道,泰和人。正德三年(1508)进士……历工部郎中,改南兵部出,为延平知府,毁淫祠数十百所,以其材葺学宫。"
④ 刘于义等监修:《陕西通志》卷45《风俗·习尚、时令》,文渊阁《四库全书》本,第553册第554,561页。

乞师礼初探

钟兴龙

一、"乞"字解

乞师者,乞求军队也。乞者何?《公羊传》云:"卑辞也"[1],《谷梁传》云:"重辞也"[2],虽"卑"、"重"不同,但皆谓"重师也"、"重人之死也"。盖"师出不必反,战不必胜",不能保证军队无损,战争全胜,故加"乞"以重之。《左传》杜预注云:"侯伯当召兵;而乞师,谦辞。"[3]侯伯当征召小国,然言"乞"者,以为谦虚之辞,"执谦以逼成其计"也。另,本国以"征召"为讳,故言"乞"以书之,避讳之也,犹僖公二十八年"天王狩于河阳"[4]之例也。

《春秋》、《左传》中记载乞师有21次,遣出使有16次,其中乞师之使15次,乞旅之使1次。下面列述乞师史料:

隐公四年宋公使来乞师,桓公六年齐使乞师于郑,僖公二十六年,公子遂如楚乞师,宣公十八年,公使如楚乞师,成公二年,孙桓子还於新筑,不入,遂如晋乞师,成公十三年,晋侯使郤锜来乞师,成公十六年,晋侯使栾黡来乞师,成公十七年,晋侯使荀罃来乞师,成公十八年,晋侯使士鲂来乞师,宣公九年,秦景公使士雃乞师于楚,定公四年,申包胥如秦乞师,襄公九年,秦景公使士雃乞师于楚,襄公二十四年,使陈无宇从薳启强如楚辞,且乞师,昭公二十一年,使(宋)华登如楚乞师,哀公二十四年,侯将伐齐,使来乞师。还有乞旅一例,襄公十一年,楚子囊乞旅于秦。

---

[1] 李学勤:《春秋公羊传注疏》,北京:北京大学出版社,2000年,第294页。
[2] 李学勤:《春秋谷梁传注疏》,北京:北京大学出版社,2000年,第169页。
[3] 杜预:《春秋经传集解》第一册,上海:上海古籍出版社,1997年,第721页。
[4] 杨伯峻:《春秋左传注》第一册,北京:北京:中华书局,2009年,第450页。

二、乞师的种类

侯伯乞师 平王东迁,周王室的军事、经济实力遭受重创,政治地位也急剧下降,周王已无力控制诸侯,各国之间相互攻伐,霸主代之而起。孔子云:"名不正,则言不顺;言不顺,则事不成"①,因而中原诸侯称霸总是要把"尊王攘夷"当作自己号令诸侯的旗帜。虽名为"尊王",实际上是挟天子以令诸侯,周王甚至不得不屈服于方伯之下。《史记·孔子世家》云:"践土之会实召周天子,而春秋讳之曰'天王狩于河阳'"②,这即是方伯"尊王"幌子的最好明证。但不得不承认,方伯在维持各国稳定,防止夷狄入侵,提高周王地位等方面,确实起到了一定作用。而方伯在征召诸侯时,虽曰"乞师",不过以为谦虚之辞,"执谦以逼成其计"也。

诸侯乞师于侯伯 春秋时期,侯伯具有维持现存社会秩序和社会制度的力量。侯伯主持会盟,其盟辞大多以约束列国和睦相处为主要内容。齐桓公主持的葵丘会盟,其盟辞为:"凡我同盟之人,既盟之后,言归于好"③,晋悼公主持的亳之盟,其盟辞为:"凡我同盟,毋蕴年,毋壅利,毋保奸,毋留慝,救灾患,恤祸乱,同好恶,奖王室。"④晋平公主持的督扬之盟,其盟辞则明确表明了"大毋侵小"。侯伯作为盟会的主持者,必然要求与盟国遵守盟辞,维持会盟国秩序。当一些盟国公然侵略其他盟国时,受侵略的国家向侯伯乞师,侯伯为维持会盟秩序将出师讨伐侵略国。《左传》成公二年云:"二年春,齐侯伐我北鄙,围龙。"⑤卫国为鲁侵齐,齐师大败卫师。卫卿"遂如晋乞师",鲁卿"臧宣叔亦如晋乞师"⑥。晋国派军队出师讨伐齐国,维护盟会后的诸侯秩序。

在此,需要进一步指出,诸侯与侯伯之间的乞师多是出于一种权利与义务的规定。《左传》僖公元年言:"凡侯伯,救患、分灾、讨罪,礼也。"⑦齐桓公葵丘之会,其盟誓为:"凡我同盟之人,既盟之后,言归于好。"⑧晋悼公

---

① 程树德:《论语集释》第三册,北京:中华书局,2012年,第892页。
② 司马迁:《史记》卷47《孔子世家》,北京:中华书局,1982年,第1943页。
③ 杨伯峻:《春秋左传注》第一册,北京:中华书局,2009年,第327页。
④ 杨伯峻:《春秋左传注》第三册,北京:中华书局,2009年,第989页。
⑤ 杨伯峻:《春秋左传注》第二册,北京:中华书局,2009年,第786页。
⑥ 杨伯峻:《春秋左传注》第二册,北京:中华书局,2009年,第789页。
⑦ 杨伯峻:《春秋左传注》第一册,北京:中华书局,2009年,第278页。
⑧ 杨伯峻:《春秋左传注》第一册,北京:中华书局,2009年,第327页。

毫之盟,郑重起誓:"凡我同盟,毋蕴年,毋壅利,毋保奸,毋留慝,救灾患,恤祸乱,同好恶,奖王室。"①晋平公督扬之盟则明确规定:"大毋侵小"②。这其实明确规定了诸侯与侯伯之间的权利与义务。诸侯之间,"既盟之后,言归于好",本应互不侵犯。但是一旦本国受到他国侵略,而本国又难以应付的时候,势必要向同盟国尤其是侯伯乞师。而"救患"则是侯伯的义务。当然,如果出现"大侵小","危王室"的情况时,侯伯当征召诸侯,一同"讨罪"。同盟之诸侯亦应本着"毋保奸,毋留慝,救灾患,恤祸乱,同好恶"的原则和义务,欣然应召,随侯伯出师。归根到底,乞师所反映出的权利与义务的关系,体现的是当时的一种国与国之间的政治关系。

诸侯之间乞师　诸侯国之间乞师,可分为同盟国之间的乞师和非同盟国之间的乞师。同盟国之间因为是同盟的关系,双方有一定的义务约束和利害牵扯,当一国战不胜其他国家或它遇到外敌入侵时,它便会向盟国乞师。《春秋》隐公元年云:"九月,及宋人盟于宿"③,正是有了这种同盟关系,在隐公四年,为了进攻郑国,宋国便派使者来鲁国乞师。鲁桓公六年,"北戎伐齐,齐使乞师于郑"④。齐向郑乞师也是因为在鲁隐公三年,齐与郑盟于石门,齐、郑是同盟的关系。

非同盟国家间的乞师。两国虽没有结盟,但由于两国有利益关系,也会出现乞师。非同盟国家间的乞师主要以夷夏为主,中原非同盟国家间的乞师由于史料有限,暂时尚未发现。鲁僖公二十六年,齐师侵犯鲁国西部边境与北部边境,鲁国派"公子遂如楚乞师"⑤。盖鲁国举行洮、向之盟时,都没有邀请齐国参加。而此时齐国仍以霸主身份自居,这种侮辱是不可容忍的。因此,在僖公二十六年齐师侵犯鲁国的西部边境,以讨二盟。但鲁国实力不敌齐国,因而寻求别国的帮助。鲁国权衡再三,认为此时能与齐国抗衡的只有楚国,因而向楚国乞师。楚国一直想北上称霸诸侯,但在齐桓公时期,楚北上受阻。齐桓公病逝之后,齐国因内乱实力受到严重的削弱,此时中原无霸主,故楚国蠢蠢欲动,伺机再次逐鹿中原。鲁国乞师正好给楚国提供了北上的契机,楚国因而出师。《左传》宣公十八年云:"公使如楚乞师,欲以伐齐",杜注:"公不事齐,齐与晋盟,故惧而乞师于楚"⑥,此时

---

① 杨伯峻:《春秋左传注》第三册,北京:中华书局,2009年,第989页。
② 杨伯峻:《春秋左传注》第三册,北京:中华书局,2009年,第1045页。
③ 杨伯峻:《春秋左传注》第一册,北京:中华书局,2009年,第8页。
④ 杨伯峻:《春秋左传注》第一册,北京:中华书局,2009年,第113页。
⑤ 杨伯峻:《春秋左传注》第一册,北京:中华书局,2009年,第438页。
⑥ 杜预:《春秋经传集解》第一册,上海:上海古籍出版社,1997年,第631页。

在中原孤立无强援,再次向楚乞师。然而楚庄王病逝,无法出师。除上述夏向夷乞师外,《左传》中尚有夷向夏乞师的个例。鲁昭公十三年,楚国发生内乱,楚王被驱赶出国都。其臣子劝谏曰:"若入於大都,而乞师於诸侯",王曰:"皆叛矣。"①而这些背叛的诸侯中就有蔡国,而蔡国是姬姓诸侯,此次乞师虽未成功,但从中却可看出楚国有向诸夏乞师的可能。

三、乞师人员

春秋时期,由于诸侯之间相互攻伐,各国之间的使者往来也在不断增加。而乞师人员则当中扮演重要的角色,所谓"受命以求师,将社稷是卫"也。而乞师人员的选择则要考虑其职位的高低、是否善于外交辞令、是否知礼仪等几个面。现将分条叙述如下。

(一) 乞师人员的职位

侯伯向诸侯乞师时,侯伯一般派遣本国的卿向诸侯借军队。《春秋》成公十三年云:"晋侯使郤锜来乞师"②,《春秋左传》成公十三年云郤锜为"且先君之嗣卿也"③。郤锜,为郤克之子,郤克晋景公上卿,郤锜又为其子厉公之公之卿,故云"嗣卿"。《春秋经》成公十六年、十七年、十八年先后记载晋国派栾黡、荀罃、士鲂向鲁国乞师,此三人都是晋国的卿臣。

诸侯向侯伯乞师时,诸侯一般派遣本国的主政的卿向侯伯借军。《春秋左传》成公二年云:"孙桓子还於新筑,不入,遂如晋乞师。臧宣叔亦如晋乞师。皆主郤献子"④。卫、鲁两国受楚国侵伐,向晋侯求救,请求出兵。当时卫国的执政为孙桓子,鲁国的执政为臧宣叔。《春秋左传》成公十八年云:"楚子重救彭城,伐宋。宋华元如晋告急。韩献子为政"⑤,此段记载虽无"乞师"二字,但却暗含其意思。当时宋国的执政正是华元。

诸侯之间的乞师的人员就比较混乱,没有一定礼制规定。《春秋》僖公二十六年云:"公子遂如楚乞师"⑥,公子遂为当时鲁国执政。而在宣公十

---

① 杨伯峻:《春秋左传注》第四册,北京:中华书局,2009年,第1347页。
② 杨伯峻:《春秋左传注》第二册,北京:中华书局,2009年,第859页。
③ 杨伯峻:《春秋左传注》第二册,北京:中华书局,2009年,第860页。
④ 杨伯峻:《春秋左传注》第二册,北京:中华书局,2009年,第789页。
⑤ 杨伯峻:《春秋左传注》第二册,北京:中华书局,2009年,第913页。
⑥ 杨伯峻:《春秋左传注》第一册,北京:中华书局,2009年,第438页。

八年时,鲁国再次向楚乞师其记载为"公使如楚乞师,欲以伐齐",杜预注:"《《春秋》》不书,微者行。"①,此时"微者"的级别可能只是大夫或士而已。《春秋左传》襄公十一年云:"楚子囊乞旅于秦"②,子囊为当时楚国的令尹。定公四年,楚派申包胥到秦乞师,而申包胥只是大夫。

春秋时期,为了更好的完成使命,使节一般都会有自己的副使,称为介。《仪礼·聘礼》中代表国君的聘问之使的卿,要配有上介一人,有大夫担任,士介四人,由士担任。介不仅要在邦交礼仪中协助使节完成各种礼节,而且有时还要替使节与主人应答周旋。而乞师之使的使命至关重要,国君在委派使者时,一定会选派副使。由于史料有限无法得知,选派副使的规格。

乞师之使往往也会带有军队,既作为仪仗,又保护其安全。《左传》襄公二十四年:"齐侯闻将有晋师,使陈无宇从薳启强如楚,辞,且乞师。崔杼帅师送之,遂伐莒,侵介根。"③护送乞师之使的军队竟然可以顺路侵伐他国,其规模是很大。齐侯派大量的军队,正是为了确保两国使节的安全。《左传》昭公二十一年云:"使华登如楚乞师,华貙以车十五乘、徒七十人犯师而出,食於雎上,哭而送之,乃复入"④,此时宋国的形势很危急,华貙率领军队护送华登到楚乞师。

(二) 外交辞令

春秋之际,各国往来频繁,使者扮演着重要角色。子曰:"颂《诗》三百,授之以政,不达;使於四方,不能专对;虽多,亦奚以为?"⑤可见对使者来说,外交辞令是很重要的,要根据不同的场合、不同的人来说话,所谓"受命不受辞",就是这个道理。但是,要想说出得体的外交辞令,则需要有文采、诗赋、礼仪等各方面的知识。当年晋文公避难到秦,秦王要宴请文公,文公想让子范同行,但子范说:"吾不如衰之文也,请使衰从。"⑥于是便让赵衰去了。可见,文采对外交人员的重要。昭公十二年,宋国华定聘鲁,鲁公享宴他,为他赋《蓼萧》,他不知道是什么,又不答赋。所以昭子说他"宴语之不怀,宠光之不宣,令德之不知,同福之不受"⑦,将来"必亡"。赋诗在春秋

---

① 杜预:《春秋经传集解》第一册,上海:上海古籍出版社,1997年,第631页。
② 杨伯峻:《春秋左传注》第三册,北京:中华书局,2009年,第990页。
③ 杨伯峻:《春秋左传注》第三册,北京:中华书局,2009年,第1091页。
④ 杨伯峻:《春秋左传注》第四册,北京:中华书局,2009年,第1430页。
⑤ 程树德:《论语集释》第三册,北京:中华书局,2012年,第900页。
⑥ 杨伯峻:《春秋左传注》第一册,北京:中华书局,2009年,第411页。
⑦ 杨伯峻:《春秋左传注》第四册,北京:中华书局,2009年,第1332页。

时期的外交活动中是必不可少的,所谓"诗言志",不会赋诗,在外交活动中肯定会被取笑的。而不知礼仪,同样如此。宣公十六年,晋侯使士会平王室,定王享之。但是他不知道殽烝是什么。定王便说:"而弗闻乎?王享有体荐,宴有折俎。公当享,卿当宴。王室之礼也。"①士会不知礼仪,在周王面前很没面子,更是丢晋侯的脸,丢晋国的脸,不是件小事。所以他"归而讲求典礼,以修晋国之法。"

  外交辞令既然对使者如此重要,而对于"受命请师,将国是卫"的乞师的使者来说,其外交辞令更显得不同寻常,因为它直接关系到一个国家的存亡,万千百姓的生死。隐公五年,郑伐宋,宋使人来告命,隐公听说郑军攻入宋之外城,想去救援,便问使者郑军现在打到哪里了?宋使却说"未及国"②。隐公一怒之下不再出兵,使宋国遭受很大打击。可见乞师人员的外交辞令何等重要。定公四年,吴侵楚,楚几乎亡国,便派申包胥如秦乞师。秦初不欲出兵,申包胥痛陈利害,"依於庭墙而哭,日夜不绝声,勺饮不入口七日。"③秦侯终为之感动而出兵,解了楚国之危。以上二例,一反一正,乞师人员的外交辞令不同,其结果也有天壤之别,不可不慎!

四、乞师的军队

(一) 乞师军队的数量

  侯伯向诸侯乞师,出兵的多少,是与担任乞师之使之人的身份高低密切相关的。《左传》成公十八年云:"晋士鲂来乞师。季文子问师数於臧武仲,对曰:'伐郑之役,知伯实来,下军之佐也。今骉季亦佐下军,如伐郑可也。事大国,无失班爵而加敬焉,礼也。'"④但诸侯之间乞师就与此不同,如《左传》襄公十一年,"楚子囊乞旅于秦,秦右大夫詹帅师从楚子",杨伯峻先生注曰:"秦少数军队以应付楚,并由楚王率领,因之经不言秦"⑤。虽子囊为楚卿,秦出兵亦不多。而定公四年,申包胥向秦乞师,秦出兵五百乘。申包胥在当时只是楚的大夫。因而诸侯之间的乞师军数量并没有一定规

---

① 杨伯峻:《春秋左传注》第二册,北京:中华书局,2009 年,第 770 页。
② 杨伯峻:《春秋左传注》第一册,北京:中华书局,2009 年,第 47 页。
③ 杨伯峻:《春秋左传注》第四册,北京:中华书局,2009 年,第 1548 页。
④ 杨伯峻:《春秋左传注》第一册,北京:中华书局,2009 年,第 914 页。
⑤ 杨伯峻:《春秋左传注》第三册,北京:中华书局,2009 年,第 990 页。

定,只是根据具体情况而定。

(二) 乞师军队的安排

乞师的军队来到乞师国,乞师国要供应其军需。《左传》桓公六年就有此记载"齐使乞师于郑……於是诸侯之大夫戍齐、齐人馈之饩"①,鲁哀公二十四年晋向鲁乞师,晋也向鲁国的军队馈人以食物,臧石帅师会之……饩臧石牛,大史谢之,曰:"以寡君之在行。牢礼不度,敢展谢之"②,凡馈人以食物,其熟者为饔,其生者曰饩。饩有牛、羊、豕、黍、粱、稷、禾等。《礼记·聘义》有"饩客于舍,五牢之具陈于内,米三十车,禾三十车,刍薪倍禾,皆陈于外。乘禽日五双,群介皆有饩牢"③,可见乞师国对乞师军队照料周到。

(三) 乞师军队的领导权

诸侯与侯伯之间的乞师,乞师军队的领导权是属于侯伯一方。侯伯征召诸侯军队,在战场上乞师军队的领导权归属侯伯卿臣来统帅。一是侯伯军队是战场上的主力,能够掌控战场全局。二是如果军队领导权归属各出师国家的话,战场上军队指挥就会出现混乱,取胜就很难。诸侯向侯伯乞师,侯伯出动大量的军队,是战场上的主力,乞师军队领导权也归属侯伯自己。成公二年,鲁卫向晋乞师,晋出兵八百乘,与齐在鞌决战,晋军一直由郤克指挥。

诸侯之间的乞师,乞师军队的领导权归属乞师国。僖公二十六年,鲁向楚乞师,"公以楚师伐齐,取谷。凡师,能左右之曰以。"④此时鲁侯能够统帅被乞师国的军队。襄公十一年,楚向秦乞师,"秦右大夫詹帅师从楚子"⑤,秦国的军队领导权归楚国。

五、乞师的影响

既已乞师,援兵已至,势必会对战争结果造成影响,进而影响交战诸国,乃至当时整个春秋时局。然因乞师种类有所不同,其影响亦当各异,现

---

① 杨伯峻:《春秋左传注》第一册,北京:中华书局,2009年,第113页。
② 杨伯峻:《春秋左传注》第四册,北京:中华书局,2009年,第1723页。
③ 李学勤:《礼记正义》第四册,北京:北京大学出版社,2000年,第1945页。
④ 杨伯峻:《春秋左传注》第一册,北京:中华书局,2009年,第442页。
⑤ 杨伯峻:《春秋左传注》第三册,北京:中华书局,2009年,第990页。

根据乞师种类列数乞师影响如下：

首先，诸侯向侯伯乞师，侯伯出兵能够挽救诸侯免受他国侵伐，树立侯伯权威。鲁成公二年，鲁卫向晋乞师，晋郤克帅八百乘军队前来救援。齐闻晋军将至，即撤军东退，晋军追至靡笄山下，两军对峙，准备决战。两军在鞌地对阵，齐师败绩。此次乞师导致鞌之战对当时春秋格局造成一定的影响。首先，齐侯派大夫带着纪国宝甗与玉磬，并割让土地以求和，齐侯听从晋侯的命令，齐楚同盟解体。其次，齐遭受重创，无法再对鲁国进行侵伐，并且鲁还从齐国获得汶阳之地。最后，晋侯完成自己复霸第一步，中原诸侯皆臣服他。从此，晋国开始联合诸侯攻打秦楚。成公三年，晋作六军，提升为卿的人，皆是鞌之战的功臣。晋军军事实力大增，中原诸侯更加听从晋侯命令。

其次，侯伯向诸侯乞师，侯伯征召诸侯军队随从自己征战，完成自己复霸伟业。成公十三年，晋侯使郤锜来鲁国乞师。同时晋也向其他诸侯乞师。《春秋》成公十三年经云："夏五月，公自京师，遂会晋侯、齐侯、宋公、卫侯、郑伯、曹伯、邾人、滕人伐秦。"①晋侯率领八国诸侯讨伐秦国。史书虽没有记载诸侯联军的军队数量，但其军事实力一定远强于秦国。秦军在麻隧被打的大败，自此以后，秦数世不振，晋国的西边界之患得到解除。晋国完成自己复霸诸侯的第二步，拆散秦楚联盟，集诸侯之兵击破秦国。紧接晋国在鲁成公十六年，开始与楚国决战，完成其复霸诸侯最后一步。鲁成公十六年，晋侯派栾黡来鲁国乞师。晋国本打算会合诸侯之兵，以优势兵力打败楚国。由于形势所迫，晋国未等到诸侯援军到，就与楚军决战。晋军以灵活战略部署取得大胜。晋本可以凭此战取得霸主之位，但在鲁成公十七年，晋国发生内乱，晋侯被杀，晋国没有控制诸侯的能力，诸侯开始出现异动。如在鲁成公十八年，楚郑侵伐郑国。鞌之战、麻隧之战、鄢陵之战虽没有使晋国称霸，但为晋悼公复霸奠定坚实的基础。

再次，诸侯之间的乞师，即有借助他国帮助自己免遭他国侵略，但又有乞师他国攻打别国者。免受他国侵略的乞师的影响是救援诸侯，抵御外国入侵。鲁桓公六年，北戎伐齐，齐向郑乞师，郑大败戎师。北戎元气大伤，无法向南侵伐。鲁定公四年，吴伐楚，攻入楚的国都郢。申包胥去秦乞师，秦军大胜吴军，将吴军驱赶出楚国，楚昭王复国。攻打别国的乞师的影响是帮助乞师国维护自己的利益。鲁僖公二十六年，鲁向楚乞师，公率领楚军攻打齐国，使鲁国免受齐国不断的侵扰与威胁。鲁襄公二十四年，由于

---

① 杨伯峻：《春秋左传注》第一册，北京：中华书局，2009 年，第 859 页。

齐晋关系恶化,齐向楚乞师,齐楚联军共同攻打晋国。

最后,乞师军队出征,会对被乞师国家的内政造成影响。鲁成公十三年,麻隧之战使曹宣公战死。曹公子负刍杀太子以自立。成公十五年,晋侯会盟诸侯于戚,晋侯执曹成公,将他送往京师,曹国的叛乱才得到解决。

东周社会变迁中儒家婚姻伦理的构建

曹建墩

婚姻的实质是一种伦理关系。婚姻伦理，即婚姻关系所应遵循的道德准则，广义上的概念指婚姻当事人缔结、维系、解除婚姻关系所应遵循的行为规范，狭义上指婚姻存续期间夫妇双方所应遵循的道德准则。周代婚姻之礼是"上事宗庙，下继后世"神圣大事，它关系到两个家族关系的和睦，并且赋予传宗接代、承续先祖之血脉与延续对先祖祭祀的重任。东周时期，王纲解纽，礼崩乐坏，传统婚姻礼制与婚姻伦理遭到破坏，上层社会淫风日炽，世风丕变，面对社会变局，儒家不仅对西周婚礼进行了整理，而且根据新的社会现实进行了创造性诠释与发挥，在思想和价值系统上对男女两性的身份限定作出了理论性的阐释，形成了儒家婚姻伦理观，对后世有着深远的影响。

一、东周社会变局中的婚礼与两性关系

东周时期，"礼崩乐坏"，由于社会的巨大变革，通过礼的实践而体现的夫妇伦理，对贵族阶级的婚姻和夫妇关系日渐难以发挥约束作用，贵族统治阶级在婚姻和两性生活中违反礼制的现象越来越普遍，导致婚姻乱象丛生。

由于失去礼制的约束，统治者奢侈淫逸，男女淫秽之事屡见载于竹帛，是时通奸宣淫，朝野不乏。《左传·宣公九年》载陈灵公、孔宁、仪行父三人共奸夏姬，"皆衷其衵服，以戏于朝"，公然宣淫于朝。《左传·襄公二十八年》记载，齐国庆封与卢蒲嫳"易内而饮酒"，即交换妻妾宣淫。《左传·昭公二十八年》记载"晋祁胜与邬臧通室"，即易妻淫乱，淫风之炽，莫此为甚。甚至周王室也不乏通淫之例，如《左传·僖公二十四年》记载甘昭公通于隗

氏。《左传》记载"淫"、"通"、"烝"、"报"之事[①]，上至王室，下达家国，足可见其普遍性[②]。春秋之世，宫闱淫乱或为了肉体之欲的满足，或出于更为实际的功利目的，如《左传·闵公二年》记载，鲁庄公死后，庆父"通于哀姜"而谋篡君位。《左传·成公十六年》载叔孙侨如"通于穆姜"，欲谋除去季孙、孟孙两人而"取其室"。如此更加剧了婚姻乱象。

另一方面则是传统的婚姻礼制遭到破坏，典型者乃是违反"同姓不婚"的婚姻制度。如晋献公娶戎女狐姬、骊姬，且立骊姬为夫人，鲁、吴两国同为姬姓国，但鲁昭公却娶吴孟姬。此外，齐国崔杼和东郭棠姜同属姜姓，崔杼却贪恋棠姜之美色而娶之为妻，如此等等，《左传》等文献记载不一而足。

宗法社会秩序下淫乱的婚姻两性关系造成政治秩序的混乱，也为时人所共睹。如鲁国桓公、哀公之死，齐国哀姜的中冓淫乱难辞其咎；崔杼攻杀庄公，也实由庄公好色而自取祸。此类因两性关系混乱导致的政治动荡之例，《左传》记载触目皆是。统治者"淫缅毁常"而乱国丧身在当时司空见惯，这不能不引起有识之士的反思。如《左传·成公二年》载申公巫臣曰："贪色为淫，淫为大罚。"《左传·隐公三年》载石碏将淫列为六逆之一："淫破义，所谓六逆也。"《国语·晋语》记载史苏言："好其色，必授之情，彼得其情以厚其欲，从其恶心，必败国且深乱。"《左传·昭公二十八年》载叔向之母说："夫有尤物，足以移人，苟非德义，则必有祸。"均将对政治秩序与社会伦理道德的崩坏归结于淫乱。同时，人们又往往以历史的镜鉴来渲染女色对国家的危害，将三代王朝的灭亡归因于女人，"三代之亡、共子之废，皆是物也"（《左传·昭公二十八年》），妹喜、妲己、褒姒等女性成为国家灭亡的罪魁祸首。此类言论在《国语·晋语》、《荀子·解蔽》、《吕氏春秋·慎大览》等文献中常可见到，可见三代之亡皆于女色，是知识精英阶层比较一致的认识。然而这种建立在历史建构与现实基础上的女色危害论，并没有让男性过多反思自己和约束自己，而是将"唯厉之阶"归结于女性，从而人们多将美女视作尤物，"好女之色，恶者之孽也"（《荀子·君道》），由此衍生出对女性妖魔化的"女祸论"。

除了淫乱的两性关系，东周两性关系与政治中引人注目的就是女性干政。周代社会将女性干政视作政治混乱、家庭不睦，社会失范的祸害之源。《尚书·牧誓》所载著名的"牝鸡无晨。牝鸡之晨，唯家之索"训诫，即其典

[①] 顾颉刚：《由烝、报等婚姻方式看社会制度的变迁》，《文史》第14、15辑，北京：中华书局，1982年，第1～30页。

[②] 汪玢玲：《中国婚姻史》，上海：上海人民出版社，2001年，第43～51页。

型之论。这种论调在先秦文献中俯拾即是,不烦枚举。由金文资料来看,王后与贵族妇女在政治领域具有合法的权威,有的作为周王的得力助手,承担着一定的政治功能①,此时女性对政治秩序的影响尚未为烈。而至于春秋时期,贵族妇女干政人数之多,涉及范围之广,社会影响之大,从而使政治秩序复杂化。② 由于嫡庶制与宗法制衰落,贵族家族中妇女与其子往往组成利益集团,争夺继承权,由此不可避免地祸起萧墙,如骊姬杀嫡立庶,导致晋国长期的政治动荡。再次,在政治性婚姻中贵族妇女在母国利益与夫国利益发生冲突时,许多妇女往往会以损害夫国的利益为代价,造成父权与夫权的矛盾与冲突③,典型者即《左传·桓公十五年》记载的雍纠谋于其妇导致被杀的结局。

由于女性干政造成政治动荡、社会秩序混乱等后果,这也导致从西周中后期一直到春秋战国时期,"禁止妇人干政"的观念不断发酵,以致齐桓公葵丘之盟时,乃将"毋使妇人与国事"等列为重要条款(《谷梁传·僖公九年》《孟子·滕文公下》)。战国时期,随着夫权的崛起,反对妇人干政的社会舆论声音在扩大。《韩非子·亡徵》认为"女子用国,刑余用事者,可亡也",主张君主应"娱其色而不行其谒,不使私请"(《韩非子·八奸》)。《管子·君臣上》认为:"大臣假于女之能,以规主情,妇人嬖宠假于男之知,以援外权,于是乎外夫人而危太子,兵乱内作,以召外寇,此危君之徵也",故他主张"妇言不及宫中之事"。

由于西周春秋社会的婚姻具有宗法性政治婚姻的性质,缔结婚姻乃出于不同势力的利益需要,故如何防止婚姻中女性对政治秩序的戕害,遂成为东周时期精英知识阶层所思考的时代课题。又由于女色、两性淫乱与妇人干政往往纠葛在一起,因此问题的焦点往往集中在如何防淫这一问题上。

二、夫妇义合与夫妇有别

面对动荡社会中两性关系之乱象,儒家认为造成这种局面的原因在于

---

① 耿超:《"女祸论"源流考》,《光明日报》2011年4月7日11版。曹兆琴:《金文与殷周女性文化》,北京:北京大学出版社,2004年。
② 王海琴:《春秋时期贵族妇女涉政问题初探》,《青海师范大学学报》1992年第2期,第48~52页。
③ 陈筱芳:《春秋婚姻礼俗与社会伦理》,成都:巴蜀书社,2000年。

"婚姻之礼"的毁坏与废弃,如《大戴礼记·盛德》篇说:"凡淫乱生于男女无别,夫妇无义。昏礼享聘者,所以别男女、明夫妇之义也。故有淫乱之狱,则饬昏礼享聘也。"《礼记·经解》云:"昏姻之礼废,则夫妇之道苦,而淫辟之罪多矣。"因此,如何以礼"坊民所淫",就成为乱世之中儒家思考的重要问题。儒家试图以周礼为基础,构筑"礼之本"的婚礼礼仪模式和婚姻伦理价值体系,以期救世于颓废淫靡,重建王道秩序。故正"夫妇之道"受到儒家的空前重视,"经夫妇,正人伦"成为儒家为政之道的重要内容,如《礼记·哀公问》记载鲁哀公问为政之道,孔子回答说:"夫妇别,父子亲,君臣严,三者正,则庶物从之矣。"《荀子·大略》说:"夫妇之道不可不正也,君臣、父子之本也。"

夫妇之间无"血气之亲","非有骨肉之恩",不同于父子之间有着天然的血缘关系,而是基于"义合"。《礼记·昏义》论述道:"男女有别,而后夫妇有义;夫妇有义,而后父子有亲;父子有亲,而后君臣有正。"上引《大戴礼记·盛德》也说:"昏礼享聘者,所以别男女、明夫妇之义也。"均提到"夫妇有义",并主张男女有别是夫妇之义的前提。郭店简《六德》将父、子、夫定为内位,君、臣、妇定为外位;内位依据的仁的原则,即亲亲之恩;外位依据的是义,也即尊尊等原则。《六德》又以丧服"为父绝君,不为君绝父。为昆弟绝妻,不为妻绝昆弟。为宗族杀朋友,不为朋友杀宗族"的原则,提出"门内之治恩掩义,门外之治义斩恩"[①],这反映出儒家重视血缘亲戚之根本地位,同时也表明儒家认为夫妇关系不是建立在血缘亲戚之爱而是建立在"义"基础上。所谓夫妇有"义",也就是夫妇双方所应遵守的伦理道德规范,这种伦理规范是双向的,它与父子之间具有天然血缘关系的伦理规范不同。

由于夫妇义合,因而婚姻家庭的稳固仰赖于夫妇双方共同努力维系,建立和谐的夫妇关系的伦理原则亦不是仅对妇人单向的要求,而是双向的。《左传·昭公二十六年》提出"夫和而义,妻柔而正",《管子·五辅》:"为人夫者,敦蒙以固;为人妻者,劝勉以贞。"《礼记·礼运》云:"夫义,妇听。"以上均要求夫"义"。《荀子·君道》:"请问为人夫?曰:致功而不流,致临而有辨。请问为人妻?曰:夫有礼则柔从听侍,夫无礼则恐惧而自竦也。"要言之,在夫妇关系上,先秦儒家尽管重点强调妇人的伦理道德与义务,但并未走向绝对化,而是规定了丈夫之职分与应具有的道德。

然而婚姻关系的凝固,毕竟不能仅仅依靠道义原则,为了维护家庭与

---

① 刘钊:《郭店楚简校释》,福建:福建人民出版社,2005年,第109页。

宗法宗族的牢固，儒家在夫妻关系中加入了情感的因素。《礼记·哀公问》："昔三代明王之政，必敬其妻子也有道。妻也者，亲之主也，敢不敬与？"虽然夫妇之间并无血缘关系，由于妻将为"社稷主"、"祖先后"，所以夫妇要相敬相亲，以情义相固来达到琴瑟和谐的目的。在婚姻礼制的建构上，儒家的这一倾向亦为明显。例如婚礼中有夫妇同牢共馔、合卺而酳的仪节，《礼记·昏义》解释道："共牢而食，合卺而酳，所以合体、同尊卑，以亲之也。"夫妇共同享用一牲体而不异牲，"欲使婿之亲妇，妇亦亲婿，所以体同为一，不使尊卑有殊也"（《礼记·昏义》孔疏），目的是建立夫妻之亲。《礼记·郊特牲》解释"婿亲御授绥"之礼说："敬而亲之，先王之所以得天下也。"同样，儒家婚姻之礼中"纳采、问名、纳吉、纳徵、请期，皆主人筵几于庙，而拜迎于门外，入揖让而升，听命于庙，所以敬慎重正昏礼也"（《礼记·昏义》），在仪式中加深婚礼主人的谨慎重视心理，从而行事如仪，"所以成男女之别，而立夫妇之义也"，有利于夫妻相亲。丧服规范方面，妻死丈夫为之服期丧，《仪礼·丧服传》解释说："为妻何以期也？妻至亲也"。《礼记·丧大记》云："期，终丧不食肉，不饮酒，父在为母为妻"。在礼辞上，如丈夫称呼妻子为"妻"、"夫人"、"内子"等称谓，皆含有尊敬、亲爱之义；即使妻妾尊卑不同，礼制也有"国君不名卿老世妇，大夫不名世臣娃娣，士不名家相长妾"的规范（《礼记·曲礼下》）。儒家婚姻伦理"敬妻"、"亲妻"的主张，可以消解男权社会中由于男尊女卑所造成的紧张，使婚姻关系呈现出一种温情，从而保证婚姻的稳固。

夫妇之间虽然义合，然而两者之间必须要确立"夫妇有别"的伦理关系。这种伦理关系是建立男女有别的原则基础之上。

周代普遍实行"同姓不婚"之制，此乃治史者之共识，毋庸展开论述。同姓不婚的原因，从根本上来说，是出于政治上的需要——通过异姓通婚，可以联合本族以外的异姓力量，约"婚姻为兄弟"，将他们纳入血缘政治关系的网络之中，通过姻亲关系来增强本族更为广泛的政治力量，同时避免了同姓集团间因婚姻关系而产生纷争，从而维护和促进政治的稳定。

而要顺利推行"同姓不婚"之制，严"男女之别"则是重要的保障，"有同姓不婚之制，而男女之别严。"[①]"男女有别"目的在于杜绝男女性接触，别淫乱，从而"坊民所淫，章民之别"，保证"同姓从宗合族属"时不亵渎其类，远离"无别无义"的"禽兽之道"。儒家主张夫妇有别的前提是男女之别，惟有男女有别，才能真正的夫妇有义。郭店简《六德》论云："男女别生言，父

---

① 王国维：《殷周制度论》，《观堂集林》卷10，北京：中华书局，1956年，第451～480页。

子新(亲)生言,君臣义生言……男女不别,父子不新(亲)。父子不新(亲),君臣无义。"①儒家认识到,人类社会的父子亲亲(父子血统关系的纯正)与君臣尊卑等种种伦理关系,无不建立在男女两性关系的基础之上,因此将严谨男女之别视作确立仁义等伦理的首要前提。

随着婚姻礼制的破坏与家庭、社会秩序的失衡,为杜绝妇人干政防止与两性关系的淫乱,儒家进一步强化了男女之别的伦理,严辨外内成为儒家强烈的礼制主张。如《孟子·万章上》将"男女居室"视作"人之大伦也",《礼记·仲尼燕居》主张"男女外内,莫敢相逾越",《礼记·内则》认为"礼,始于谨夫妇,为宫室,辩内外"。所谓"辨外内",其内容包括如下几个方面:

一,出于男女之坊,儒家主张从居所空间上严格内外之别,也即防止男女两性关系淫乱的门内与门内之辨。

从文献来看,儒家从理论上将美色视为"情"、"欲",指出要用"礼"去防范"色"②,"以礼节欲",要求君子重德轻色。《礼记》中《中庸》、《王制》两篇均有"去谗远色"之说,《荀子·乐论》也要求君子"目不视女色也"。出于对"色"的排斥态度,儒家积极倡导男女内外大防。《礼记·坊记》有很多礼制规定,如:"男女授受不亲。御妇人则进左手。姑姊妹女子,子已嫁而反,男子不与同席而坐。寡妇不夜哭。妇人疾,问之不问其疾。"在居住空间上,规定男外女内,"男子居外,女子居内。深宫固门,阍、寺守之,男不入,女不出",同时要求"外内不共井,不共湢浴,不通寝席,不通乞假"(《礼记·内则》),从而严格限制两性的接触。另外,在活动空间上,礼制规定妇人的活动不出大门。相关记载如《左传·僖公二十二年》云:"妇人送迎不出门,见兄弟不逾阈",《礼记·丧大记》亦云:"妇人迎客送客不下堂。"这种男女外内之别的具体礼规《礼记·内则》中记载较多,均在活动空间上为女性设置了藩篱,从而防范男女淫乱关系的发生。

二,所谓"辨外内",另外的内涵指男女内外职分的分别。从西周时期,周礼即规定"妇人无外事","男主外,女主内"、"内政"、"外政"有别的社会分工模式已经固定。《国语·鲁语下》载鲁国公父文伯之母云:"天子及诸侯合民事于外朝,合神事于内朝;自卿以下,合官职于外朝,合家事于内朝;寝门之内,妇人治其业焉。上下同之。"妇人之事主要是门内宫壸之事,即使是宗法社会中的王室贵族妇女以及宗妇,其所掌管的也是内政,而不参

---

① 刘钊:《郭店楚简校释》,第109页。
② 曹峰:《"色"与"礼"的关系——〈孔子诗论〉、马王堆帛书〈五行〉、〈孟子·告子下〉之比较》,《孔子研究》2006年第6期,第16~24页。

与外政。如《国语·吴语》记载勾践要求其妻子负责内政,"自今日以后,内政无出,外政无入。"据韦昭注,"内政,妇职;外政,国事。"《诗·大雅·瞻卬》:"妇无公事,休其蚕织",毛传:"妇人无与外政,虽皇后犹以蚕织为事。"在夫妇关系上,如郭店简《六德》、《礼记·郊特牲》皆重点强调妇人之事乃在于"事夫",要求妇人不参与"门外之治",这就从职分上杜绝妇女参政的合理性与合法性。也正因为此,公父文伯之母敬姜才会宣称"民事"、"神事"、"官职"和"家事"的"外朝"与"内朝"之事,则非女性"所敢言也",从而获得孔子的大加赞赏。为别内外职责,礼制尚规定"男不言内,女不言外"、"外言不入于阃,内言不出于阃"(《礼记·曲礼上》),要求互不干涉,各司其职。再者,儒家还从妇人的职分角度要求妇人必须具备顺从之德,如《礼记·昏义》说:"舅姑入室,妇以特豚馈,明妇顺也。""成妇礼,明妇顺,又申之以著代,所以重责妇顺焉也。"妇人顺从之德在宗法社会中对于维护宗族、国家的和谐稳定具有重要的意义,《礼记·昏义》云:"是故妇顺备,而后内和理;内和理,而后家可长久也。故圣王重之。"通过强化这些伦理原则,妇女的地位被牢牢地局限于闺门之内。

三、男尊女卑与从一而终

男尊女卑是我国父权制社会的大格局,传统认为自西周进入父权制社会,"男尊女卑的观念,遂铁桶一般的铸就了。"[①]东周时期,儒家对于这一伦理原则从礼制上作了具体规定并作进一步的理论论证。

这种尊卑关系首先体现在在婚姻关系的缔结与取缔等程式中,男方具有主动权。如体现在离婚方面,也是离婚决定权在男方。《仪礼·丧服》载"七出"之条:"七出者,无子一也,淫佚二也,不事姑舅三也,口舌四也,盗窃五也,妒忌六也,恶疾七也。"在此婚姻伦理中,丈夫有出妻之权,而妻子显然并没有相应的出夫权利。另一方面,与"七出"相补充的还有"有所取无所归,不去;与更三年丧,不去;前贫贱后富贵,不去"的规定,虽然这些规定保证了女方的部分权益,体现出儒家的仁爱之道,但从侧面也反映了男权的主导地位。

男女尊卑之别在丧服制度上也有鲜明体现。《仪礼·丧服传》明确称:"夫,至尊也","夫者,妻之天也","夫,妻之君",都是夫相对妻而言,其地位

[①] 陈东原:《中国妇女生活史》,上海:上海书店出版社,1984年,第3页。

至尊。因此,在丧服规制中要求妻为夫服斩衰三年。按照礼制,子为父服斩衰,为母则父若亡故服齐衰三年,如果父在而母亡则服齐衰杖期一年。以上服制规定体现出对父权和夫权的维护,同时也恰恰反映了男女在婚姻关系中的尊卑不同。

男尊女卑的婚姻伦理不仅有礼制来规范,儒家还进一步将之纳入宇宙模式为之寻找终极依据。郭店简《成之闻之》说:"天降大常,以理人伦。制为君臣之义,著为父子之新(亲),分为夫妇之辨。是故小人乱天常以逆大道,君子治人伦以顺天德。"[①]将夫妇之别归结于天之常道,乃天经地义。《礼记·丧服四制》云:"天无二日,土无二主,国无二君,家无二尊,以一治之也。故父在为母齐衰期者,见无二尊也。"《礼记·礼器》:"大明生于东,月生于西。此阴阳之分,夫妇之位也。"在儒家天人合一宇宙伦理模式中,人道乃是取法于天道,夫拟天,比日,曰阳;妇拟地,比月曰阴;天尊而处上,地卑而处下,日月东西相从,阴阳相随,是天道之必然。《周易·系辞上》曰:"天尊地卑,乾坤定矣;卑高以陈,贵贱位矣。"《周易·文言》曰:"地道也,妻道也,臣道也。地道无成而代有终也。"经过论证,儒家赋予男女尊卑关系以形而上的天道依据,使之成为具有普适性的伦理原则。

婚姻关系中,何者出于主导地位,抑或遵循两性的平等,是婚姻伦理中一个重要的问题。基于周礼男女尊卑传统,儒家进一步将夫妇关系定位为"男主女从",并要求妇人"从一而终"。

妇人"从一而终"的观念有一个发展的过程。据学者考察,春秋时期的女性改嫁是正常现象,这一时期的夫妻关系较为松散,夫权的支配力远未达到使妻子"从一而终"的程度。[②] 而且,据礼制规定,"夫死妻稚子幼,子无大功之亲,与之适人"(《仪礼·丧服传》)。另外,为了保证人口再生产,许多诸侯国都设有管理婚姻的机构以"合独",帮助鳏寡之人重新组建家庭。而管仲为齐相后制定"士三出妻,逐之境外,女子三嫁,入于舂谷"的规定,可见当时社会离婚改嫁现象已经蔚然成风。然而材料表明,春秋时期,贞洁观念意识已经萌芽,《左传·庄公十四年》记载息夫人言"吾一妇人而事二夫,纵弗能死,其又奚言?"《左传·僖公元年》记载齐人取鲁庄公夫人哀姜而杀之,君子以为齐人杀哀姜太过了,因为"女子,从人者也。"《左传·定公五年》记载楚国季芈"所以为女子,远丈夫也。"表明妇人不事二夫的观念在上层贵族妇女中开始萌芽。但襄公三十年《春秋》经记载,宋国发生火

---

① 刘钊:《郭店楚简校释》,第136~147页。
② 陈筱芳:《春秋婚姻礼俗与社会伦理》,成都:巴蜀书社,2000年。

灾,宋伯姬因待姆不肯下堂而被烧死。《左传·襄公三十年》记载"君子"评论此事认为火灾时,"女待人,妇义事也",伯姬已经嫁为人妇,自可便宜从事。据此评论,可见春秋时对妇人贞节尚未上升到道德高度。至战国时期,社会舆论对妇女贞节呼声渐高,如《管子·五辅》云:"为人妻者劝勉以贞。"据史籍载,赵襄子之姊为代王妻,当襄子击杀代王于酒宴上后,其姊遂"摩笄以自刺"殉夫(《史记·赵世家》正义引《括地志》)。另,燕将乐毅大破齐国后欲让画邑王蠋归附,王蠋宁说:"忠臣不事二君,贞女不更二夫",遂"自奋绝脰而死"(《史记·田单列传》)。这些事例表明社会舆论对于贞洁烈女的道德认可在增强。

战国儒家在婚姻伦理的建构中,一再强化女性贞节观,并积极为"男主女从"以及妇人"终身不嫁"的主张进行理论例证。为了强化春秋以来的"男主女从"观念,一些婚礼仪节被作了重新的诠释。《仪礼·士昏礼》记载有男子前往女家亲迎"婿乘其车先,俟于门外"的仪节,《礼记·昏义》的解释是"男率女,女从男,夫妇刚柔之义,自此始也",将男女关系肯定为男率女从。《礼记·郊特牲》又将此伦理上升到了哲学高度:"男子亲迎,男先于女,刚柔之义也。天先乎地,君先乎臣,其义一也。出乎大门而先,男帅女,女从男,夫妇之义由此始也。从人者也。幼从父兄,嫁从夫,夫死从子。"将夫主妇从与天地、阴阳关系相比附起来,从而为男主女从这一夫妇伦理提供了形而上的哲学论证,使之成为一种天经地义的真理。

如上文所论,春秋时期,妇人从一而终尚未成为一种道德要求,虽然出现了贞节观的萌芽,但春秋知识阶层并未有人将此上升到理论层面来解释妇人贞节的合理性依据。战国时期,儒门后学为了构建自己的婚姻伦理体系,从道德伦理等角度提出妇人之职分与妇人之德,为女性"从一而终"提供合理性依据。郭店简《六德》从夫妇双向角度提出妇人之德在于从一而终:"知可为者,知不可为者,知行者,知不行者,谓之夫,以智率人多。智也者,夫德也。能(一)与之齐,终身弗改之矣,是故夫死有主,终身不嫁,谓之妇,以信从人多。信也者,妇德也。"传世文献《礼记·郊特牲》文字与此大略相同,作:"告之以直信。信,事人也,信,妇德也。壹与之齐,终身不改,故夫死不嫁。""齐",据郑玄注:"谓共牢而食,同尊卑也。"也就是妇人一旦与丈夫同牢而食,就形成齐体关系,则以信德事夫,终身不嫁。什么是"主"?这是理解这段简文的一个关键问题。所谓主,指丈夫死后主祭者。类似说法如《礼记·哀公问》:"妻也者,亲之主也。"孔疏:"言妻所以供粢盛祭祀,与亲为主。"《穆天子传》:"以为殷人主。"郭璞注:"谓主其祭祀。"所谓夫死有"主",指主夫祭之一家之主,即妇人之嫡长子。因此简文乃"夫死从子"的另外一种表述形式。经过儒家的论证,正所谓因名而生义,因为有夫妻之实,则妇人遵信守德,恪守三从之道成为必须遵守的道德。学界一般认为郭店楚简的抄写年代在战国中期后段,公元前300年左右①,考虑到儒家文本的形成、传播等因素,则从一而终思想形成年代更早。由此可以推断,儒家"从一不嫁"观念的形成年代应至迟在战国中期。此后,《仪礼·丧服传》明确提出:"妇人有三从之义,无专用之道,故未嫁从父,既嫁从夫,夫死从子。"从思想发展的脉络看,《丧服传》无疑晚于郭店简。

需要指出的是,"男尊女卑"、妇人"从一而终"这些伦理原则从今日视角分析,无疑与新时代的婚姻伦理是格格不入,但我们如果以一种"了解之同情"的态度分析这些原则提出的"社会外缘",则这些原则无疑从理论上淡化了妇女与父族天然的血缘关系,而将夫妻之义中妇女对丈夫的信德置于重要地位,在实践上可以实现夫族对妇女的绝对控制,从而有效地遏制妇人干政的发生,防止政治权力的转移;同时也可有效地防止两性淫乱关系的发生,实现儒家所谓的"内和",从而确保社会秩序能够有条不紊的运行。因此,所谓"三从"之道、"从一而终"等伦理原则正是男权社会中儒家对于东周社会混乱的秩序作出的回应,尽管这些婚姻伦理对于中国两千年的妇权不张负有重要责任。

---

① 参李学勤:《郭店楚简与儒家经籍》,《中国哲学》第20辑,沈阳:辽宁教育出版社,1999年,第18页。

论汉代礼学两种趋势的分别与融合

张 涛

汉代礼学存在偏重古礼研究和偏重当代礼制建设的两端,前者可称为汉代礼学的学术性趋向,而后者则是实用性的趋向。这两种趋向之间,既有区分,又有联系。其区别体现在前者重古礼,而后者重今仪,前者学术性强而后者实用性强;但是两者之间优势相互融合的。笔者不揣浅陋,对这一现象加以描述分析,并尝试推究其原因。

需要预先说明的是,汉代的礼学主要是指《礼经》学,即专门研究《仪礼》的学问,包括《仪礼》本经,以及当时尚未升格为经的二戴《礼记》等融合了古礼与后师学说的传记,相对《周礼》为古学来说,又可称"今文《礼》"。由于《周礼》在两汉的大多数时期没有在官学中取得重要地位,汉代《周礼》学仅在私家流传,故本文专门围绕《礼经》学展开,并径称之为礼学。

一、简述汉代礼学两种不同趋向的区分
　　——学术史的视角

司马迁言及汉代礼学发展时,有如下一些文字(着重号为笔者所加,下同):

> 汉兴,然后诸儒始得修其经艺,讲习大射乡饮之礼。叔孙通作汉礼仪,因为太常,诸生弟子共定者,咸为选首,于是喟然叹兴于学……诸学者多言《礼》,而鲁高堂生最本。礼固自孔子时而其经不具,及至秦焚书,书散亡益多,于今独有《士礼》,高堂生能言之。而鲁徐生善为容。孝文帝时,徐生以容为礼官大夫。传子至孙徐延、徐襄。襄,其天姿善为容,不能通《礼经》;延颇能,未善也。襄以容为汉礼官大夫,至广陵内史。延及徐氏弟子公户满意、桓生、单次,皆尝为汉礼官大夫。

而瑕丘萧奋以《礼》为淮阳太守。是后能言《礼》为容者,由徐氏焉。①

《汉书》字句略同(惟"容"作"颂",字通,《史记索隐》云音"容"),并补叙了萧奋以后的礼学传习情况:

> 孟卿,东海人也。事萧奋,以授后苍、鲁闾丘卿。仓说《礼》数万言,号曰《后氏曲台记》,授沛闻人通汉子方、梁戴德延君、戴圣次君、沛庆普孝公。孝公为东平太傅。德号大戴,为信都太傅;圣号小戴,以博士论石渠,至九江太守。由是《礼》有大戴、小戴、庆氏之学。通汉以太子舍人论石渠,至中山中尉。普授鲁夏侯敬,又传族子咸,为豫章太守。大戴授琅邪徐良斿卿,为博士、州牧、郡守,家世传业。小戴授梁人桥仁季卿、杨荣子孙。仁为大鸿胪,家世传业,荣琅邪太守。由是大戴有徐氏,小戴有桥、杨氏之学。②

包括沈文倬在内,历来研讨汉代礼学的学者无不重视《史》、《汉》的记述,主要观点也都是由这两条资料生发出来。

现代学者中较早系统论述汉代礼学史者是洪业。1932年,洪氏为其主编的《〈仪礼〉引得》作序,根据《史记·儒林传》的记载对汉代礼学进行了分类:

> (司马迁)叙述汉初礼学状况,至可致信。细玩《儒林传》文,礼学盖有三途。一曰,有汉朝廷之仪节;此叔孙通参杂古礼与秦仪之论著也。一曰,鲁人颂貌威仪之礼容;此徐氏父子门徒之所以为礼官大夫者也。一曰在孔子时已不具,迫秦火而益残之《礼经》;此高堂生之所能言,徐襄之所不能通,徐延之所颇能而未善之《士礼》也。③

洪业言汉初礼学"盖有三途",分别是朝廷仪节之学、礼容之学和《礼经》之学。至于后来的礼学发展,洪业并未再作区分。自此之后,少有探讨汉代礼学分类的文章,不过学者一般将之分为两类。

1944年,钱穆发表《两汉博士家法考》,其中第十节"宣元以下博士之

---

① 《史记》卷121《儒林传》,北京:中华书局,2013年修订本,第3761~3771页。
② 《汉书》卷88《儒林传》,北京:中华书局,1962年,第3615页。
③ 洪业:《〈仪礼〉引得序》,收入《中国现代学术经典》(洪业杨联升卷),石家庄:河北教育出版社,1996年,第78页。

增设与家法兴起"对汉代中期的礼学有所论述。在引录《汉书》中与前引《史记》大致相同的一段文字后,钱氏指出:"后苍以前,治《礼》者多善为容而不通经,其人率为大夫,不为博士。大夫与博士同为礼官,同属太常,而自有别。"①尽管此处没有专论礼学分类,但观其文意,可以断言钱氏采用的是大夫、博士二分法,他所说的"大夫"对应注重实际操作的礼学学者,而"博士"则对应以传习《礼经》为业的学者。钱氏此处所论可能是受了清儒沈钦韩、王先谦的启发,沈著《汉书疏证》一书曾提出"博士、大夫皆礼官"。王先谦《汉书补注》流传颇广,该书引据沈说,还先于钱穆确认博士一职属于太常。②

1964年《武威汉简》出版,陈梦家所撰叙论谈及汉初礼学情况,也提到"当时只有讲究当世朝廷仪节的和行礼时善为仪容的礼官,少有专治《礼经》如博士伏生之于《尚书》者。"③语意和钱穆相似,且已明确将洪业所分的前两项——朝廷仪节之学与礼容之学合并,并统称他们为"礼官"。

洪业将叔孙通与徐氏区别开来,其实这两者之间颇有共通之处。所谓"鲁人颂貌威仪之礼容"应属"朝廷之仪节"的一部分,不可能离开礼仪的操作执行而单独实现,如果将礼容分离出来与"朝廷之仪节"并列,反倒破坏了礼学分类的层次,模糊了分类的标准。而且,合并礼容与朝仪,也可在史籍中找到依据。西汉成帝时刘向上书言"宜兴辟雍,设庠序,成礼乐,隆雅颂之声,盛揖攘之容,以风化天下"④,即把讲究"揖攘"的礼容纳入朝廷藉以风化天下的礼仪来讲。范晔作《曹褒传论》追述叔孙通定制汉仪,有"先王之容典盖多阙矣"之语,其中"容""典"联文,"容"为容礼,"典"是指仪式进行时的礼节法则。⑤范晔同书《刘昆传》记刘昆在王莽时"每春秋乡射,常备列典仪……王莽以昆多聚徒众,私行大礼"云云,又说昆"少习容礼",李贤注曰:"容,仪也",两厢比照可知此处所谓"容礼"是以礼容来代指全部礼仪,非限于端正容貌之学⑥。此外,叔孙通是薛县人,《索隐》云属鲁国,为汉廷制礼时尝"使征鲁诸生三十余人"(详下文),更表明叔孙通的礼学和徐氏"鲁人颂貌威仪之礼容"本为同源。他们和高堂生等以《仪礼》文本研

---

① 钱穆:《两汉博士家法考》,氏著《两汉经学今古文平议》,北京:商务印书馆2001年,第209页。
② 王先谦:《汉书补注》卷88,北京:中华书局,1983年,第1523页。
③ 甘肃省博物馆、中国科学院考古研究所:《武威汉简·叙论》,北京:文物出版社,1964年,第13页。
④ 《汉书》卷22《礼乐志》,第1033页。
⑤ 《后汉书》卷35《张曹郑列传》,北京:中华书局,1965年,第1205页。
⑥ 《后汉书》卷79《儒林列传》,第2549~2550页。

究为主要学术内容的学者的区别在于,前者更侧重把礼学应用于实际操作,文本研究则非所长,至有徐襄甚且"不能通《礼经》"的情况出现。因此,钱穆和陈梦家在论述中将叔孙通、高堂生时代的礼学分为两类的作法于分类原则更相适宜,也更为通行。

前辈礼学名家沈文倬的《从汉初今文经的形成说到两汉今文〈礼〉的传授》一文,是现代礼学研究领域具有突破性的成果(下引沈氏语在此文内者,不再出注)[1]。此文即采纳了二分法并将之推向极致。沈氏此文的一大目标是:

> 由于两汉学者对"礼"的认识很模糊,既没有分辨齐、鲁所传古礼与以秦仪为蓝本的新制汉仪有何不同,又与汉仪实行中派生的"容礼"混淆起来,以致史家对今文《礼》的传授,记事颇多失实,家法系统的纠葛亦未一一明辨;而后代礼家又踵误袭谬,罕有提出异议。对这些问题,自应钩沉索隐,切实探讨,力求回复它的本来面目。

沈氏根据汉代礼学前后期的不同特点,将其发展过程划分为三个阶段:第一阶段是汉初礼制草创和礼学在民间传授的时期,第二阶段是后苍传习今文《礼》并在征和年间(前 92—前 89)立为博士的全盛期,第三阶段是庆氏礼学的兴起和衰落。沈氏认为:

> 今文《礼》传授的第一阶段最为复杂,只有弄明白它和"汉仪"、"容礼"的区别和联系,才能确定高堂生的传授系统。

在第一阶段,沈氏力辟叔孙通所代表的"汉仪"和徐生等代表的"容礼",认为前者与礼学绝无关联,后者虽"与《礼经》传授颇多瓜葛",但却分属两个系统。以后者为例,沈氏本来意识到,"从原来的意义上理解,不应该也不可能把礼与容截然分割开来",因为容貌威仪本为礼典、礼学的重要组成部分;但是,沈氏坚持认为"秦、汉以来,古礼典不再举行,残存的在汉初只当作经书供学者们讲说研讨之用;而新创的汉仪尚未具有完备的规模,所用容貌威仪往往从古礼典里移植,善容成了个人的特长,可以不知经而在朝廷任礼官大夫、在郡国任容史。这样,《礼经》书本的传授者和汉仪的善容

---

[1] 沈文倬:《从汉初今文经的形成说到两汉今文〈礼〉的传授》,氏著《菿闇文存:宗周礼乐文明与中国文化考论》,北京:商务印书馆 2006 年,第 503～558 页。

者分离开来,成为二个并列的系统"。

在第三阶段,沈氏从后苍弟子中割裂出庆普及其后学,认为庆氏一系只是从事汉仪的学者,"本来不应属于今文《礼》范畴",与闻人通汉、大小戴及其后学徐氏、桥氏、杨氏等不同。章帝、和帝时代的曹褒习庆氏礼,《汉书》本传说他"慕叔孙通汉礼仪,昼夜研精",沈氏遂谓此人"完全继承了叔孙通的遗法",进而推论其父曹充和同习庆氏礼的董钧,"三人是一脉相传的,都是叔孙通定汉仪的继承者。他们都不是今文《礼》的学者",甚至说连庆普在内,"也属于叔孙通一流人物……都不是今文《礼》经师"。东汉庆氏学经师与其他礼学学者相比,表现出了较重实用的风貌,沈文倬认为庆氏礼学"以修订汉仪为内容",虽然其师承与《礼经》学者有关,议论汉仪亦将古礼作缘饰。沈氏认为:

> 班固、范晔等分辨不清汉代礼学同时并存齐、鲁所传《礼经》和当时创制"汉仪"两个部分,又不明白今文官学不应容纳汉仪博士,在他们的书里作了含糊笼统、自相矛盾的记述,以致悬疑千载,一直得不到解决。其实只要辨别两种礼制的对立,这个疑案就涣然冰释了。

这样,沈文倬严格将汉代礼学划分为两个系统,一是高堂生所创,后苍、大小戴等传承的今文《礼》经学博士,以古礼经传授为主业,学术性强;一是叔孙通和庆氏后学这样的汉仪博士,以及擅长容礼而未立博士的徐生等人,他们服务于当时朝廷,与古礼的关系并不密切。沈氏认为两者必须严加分别。但较之前人,沈文倬之说有两点不同。其一,前人论述多局限于汉初,沈氏将礼学二分说下延至东汉。其二,前人仅认为汉代礼学存在二分的状况,而沈氏则鲜明提出汉代礼学的两个系统之间互不相容。前人之所以对两汉中后期礼学二分语焉不详,可能主要是因为《史》、《汉》记载寡少,故不易详论,而沈氏则给予大量补正,坐实了礼学二分终两汉之世一直存在的观点,对于汉代礼学二分说是一个重要发展。

其实,沈氏在1982年分两次连载于《文史》的《略论礼典的实行和〈仪礼〉书本的撰作》一文,已表露出礼学二分思想的远源。在这篇文章中,沈氏将平常笼统所称的礼或礼学划分为"礼典"(包括礼器、礼仪)与"礼书"两个层次,实践性的礼典记录下来,便成为礼书。由于文章重在论述先秦礼典的实际情况和考证礼书文本的形成年代,并非为礼学分类而发,又由于所涉时代在汉朝以前,故所说与汉代礼学类别的用辞指向不一。但将礼学分为礼典与礼书,这一理念可谓给汉代礼学二分说提供了一个学术基点。

无论如何，汉代礼学的两大系统区分，至此已划分得异常清晰。

二、汉代礼学两种趋向的融合现象——个案研究

必须指出，从本质上讲，汉代礼学的二分状况，不应被认作是截然相反的两种类型(classification)之间的冲突对立，而应看作是在汉代礼学学者身上所显示出的各具特色的两种趋向(orientation)。"实用性"与"学术性"常会共同体现在某一个汉代礼学学者身上，尽管其人可能偏主一端；所谓的大夫与经师，并不是可以排号入座、截然区隔的两个群体，而通常是兼具两种身份，至少能够具备两种学养。汉代礼学学风实用性与学术性两种趋向存在着融合的现象。试举二例。

1. 关于叔孙通

叔孙通为汉高祖订礼仪，是汉代礼学实用性的首位代表。不过，叔孙通的礼学仍含有较强的学术性。

首先，礼制方面，叔孙通采用秦仪，事实俱在，本为学界共识。秦代礼制的创建有很深刻的社会历史文化背景，在此无法详论，但可以肯定秦代礼制决不能凭空撰作。虽然在许多地方秦仪"不合圣制"，可是却必定像汉代一样对前朝有所因袭，《史记·礼书》就承认秦代礼制"尊君抑臣，朝廷济济，依古以来"[①]。非但礼如此，乐也如此，《汉书·礼乐志》记载说："周有房中乐，至秦，名曰'寿人'……五行舞者，本周舞也，秦始皇二十六年更名曰'五行'也。"[②]据《通典》，秦人所谓"五行舞"，即西周《大武》。[③] 采用秦仪决不意味着必然与古礼古乐对立。《史记》本传中言"(叔孙通说上曰)'臣愿征鲁诸生，与臣弟子共起朝仪。'……于是叔孙通使征鲁诸生三十余人"[④]。可知制定汉仪时应有鲁地儒生赞划于其间（自然，鲁两生不在其列）。西汉建立后朝廷中尚存鲁地礼容之学，由此不难发现，叔孙通与齐、鲁所传古礼有不可磨灭的因袭关系。事实上，"汉兴，拨乱反正，日不暇给，犹命叔孙通制礼仪，以正君臣之位"[⑤]，"正君臣之位"与《史记》所言的"尊

[①] 《史记》卷23《礼书》，第1368页。
[②] 《汉书》卷22《礼乐志》，第1043~1044页。
[③] 杜佑著，王文锦、王永兴、刘俊文、徐庭云、谢方点校：《通典》卷141《乐一》，北京：中华书局，1988年，第3592页。
[④] 《史记》卷99《刘敬叔孙通列传》，第3278~3279页。
[⑤] 《汉书》卷22《礼乐志》，第1030页。

君抑臣"意同,刚好是古代《礼经》之学精神的再现,其指向虽是现实,但其本质则极具学术属性。

其次,从礼学系统言,叔孙通本为儒生,初见刘邦时曾著儒服,而且还是孔子八世孙孔鲋的弟子,叔孙通的知识构成中无疑存在着经学尤其是《礼经》的成分。叔孙通著作早佚,但从后人所辑的条文中我们还可以了解到他的礼学修养。如其《汉礼器制度》一书,唐人早有定评,《周礼·天官·凌人》疏称:"叔孙通前汉时作《汉礼器制度》,多得古之周制,故郑君依而用之也。"在三礼注疏中,引《汉礼器制度》来解释经文者尚多有之。[①] 叔孙通另一著作《傍章》中有"见姌变不得侍祠"一条,即是效仿《礼记·内则》所谓"夫斋则不入侧室之门",清末沈家本认为此即"汉法之本于周礼者",并称"说者谓汉礼全袭秦制,亦未考耳。"[②] 章太炎亦称:"汉律非专刑书,盖与《周官》、《礼经》相邻。"[③]《史记》叔孙通本传载孝惠帝春出游离宫,叔孙通曰:"古者有春尝果,方今樱桃孰,可献,愿陛下出。因取樱桃献宗庙。"[④]《会注考证》引《正义》曰:《礼记》云"仲夏之月,以含桃先荐寝庙。"[⑤]语出《月令》,虽有"春"、"夏"字异,然叔孙通所说与当即本于此。不论著作还是言行,都显示出叔孙通系统研习过儒家经典。虽然叔孙通后来热衷于政治,多从事于礼制建设,而少做传经工作,但从后人的一些评价中可以看出,叔孙通应在礼学谱系中占据特殊位置。如刘向即称赞他"为汉儒宗"[⑥];汉以后,魏张揖《上广雅表》云:"爰暨帝刘,鲁人叔孙通撰置《礼记》,文不违古。"[⑦]"文不违古"即是肯定其符合古礼。清陈寿祺《左海经辨》甚至认为叔孙通撰集了《礼记》,"(百三十一篇之)《礼记》乃先秦旧书,圣人及七十子微言大义赖(叔孙)通以不坠。"[⑧]皮锡瑞《论〈礼记〉始撰于叔孙通》

---

① 《周礼注疏》卷5,《十三经注疏》本,上海:上海古籍出版社,1997年,第671页,另参王仁俊:《玉函山房辑佚书续编·经编·通礼类》,氏著《玉函山房辑佚书续编三种》,上海:上海古籍出版社,1989年,第39~40页。
② 参见沈家本著,邓经元、骈宇骞点校:《历代刑法考·汉律摭拾卷十六·傍章》,北京:中华书局,1985年,第1660~1661页。标点与原本有异。关于《傍章》,今人有谓非叔孙通所作者,见张建国《叔孙通定〈傍章〉质疑——兼析张家山汉简所载律篇名》,《北京大学学报》1997年第6期。本文暂从旧说。
③ 章太炎:《检论》卷3《原法·附汉律考》,《章太炎全集(三)》,上海:上海人民出版社,1984年,第438页。
④ 《史记》卷99《刘敬叔孙通列传》,第3283页。
⑤ [日]泷川资言、水泽利忠:《史记会注考证附校补》,上海:上海古籍出版社,1986年,第1686~1689页。《汉书·叔孙通传》颜师古注亦云,唯引《礼记》"仲夏"作"仲春"。
⑥ 《汉书》卷22《礼乐志》,第1034页。
⑦ 严可均辑:《全上古三代秦汉三国六朝文》,北京:中华书局,1958年,第1276页。
⑧ 阮元编:《清经解》第七册,上海:上海书店出版社1988年,第205页。

亦因之附会说,今本《礼记》为叔孙通所撰。① 清人所论不免穿凿,现代学者多不之信,如王国维、洪业、刘起釪诸人对此都有所辩证,兹不具引,但叔孙通礼学从古儒而来,其学术性不容抹杀。

2. 庆氏及其后学、后苍及其师承

庆氏礼学是两汉礼学中颇具实用色彩的一支,但其本身则是两汉礼学学统中的重要组成部分。

庆普资料较少,吕思勉指出:"庆氏之学与二戴同出后苍。十七篇三家所同,而《礼记》为二戴所独,四十九篇又小戴所独,故《后汉书·曹褒传》加'又'字以别之。陈氏(寿祺)谓褒所传四十九篇亦出庆氏,误矣。"②据此可知,庆氏之学与二戴同源,而其后学更兼承小戴(戴圣)一系。东汉董钧、曹充等人"习庆氏《礼》"、"持庆氏《礼》","于是遂有庆氏学"。③ 章和元年(87)正月,章帝命曹充之子曹褒修礼,勅曰:"此制(引者案,指班固所上叔孙通《汉仪》)散略,多不合经,今宜依《礼》条正,使可施行。"就是让曹褒"依准旧典"来"次序礼事"以合于经,其不备者,则"杂以《五经》谶记之文,撰次天子至于庶人冠婚吉凶终始制度"④。这确为实用性的汉仪,却又显然与学术性的《礼经》有所关联。

对于庆氏后学,史传多记其礼制建设功绩,但也提及其在经学方面的成就。如曹充"作章句辨难",明显涉及经学博士师法、家法的争斗。曹褒著作甚富,《演经杂论》百二十篇,沈文倬先生认为必然援引了《礼经》。曹褒教授千余弟子,"为儒者宗"。他们参与过汉朝的礼制建设,就像在石渠阁、白虎观争论礼制的经师一样,治学的同时注重实用。

求索庆氏礼学的学统,就必须追到后苍。后苍礼学最鲜明的特点就是"推士礼而至于天子"⑤,这正说明了后苍礼学从学术出发,以实用为指归的特点。《汉书·儒林传》载"(后)苍说《礼》数万言,号曰《后氏曲台记》",服虔注:"在曲台校书著记,因以为名。"⑥《后氏曲台记》,汉志作"《曲台后苍》九篇"。颜注引如淳曰:"行礼射于曲台,后苍为记,故名《曲台记》。《汉

---

① 皮锡瑞:《经学通论》,北京:中华书局,1954年,第64～65页。
② 吕思勉:《吕思勉读史札记·乙帙·论二戴记上》,上海:上海古籍出版社,1982年,第733页。
③ 《后汉书》卷35《张曹郑列传》,第1201～1205页;卷79《儒林列传》,第2576页。
④ 《后汉书》卷35《张曹郑列传》,第1203页。
⑤ 《汉书》卷30《艺文志》,第1710页。
⑥ 《汉书》卷88《儒林传》,第3615页。

官》曰：大射于曲台。"①南朝任昉《齐竟陵文宣王行状》"至若曲台之礼，九师之易"句，李善注云"《七略》曰：'宣皇帝时行射礼，博士后苍为之辞，至今记之，曰《曲台记》。'"②刘歆、如淳都点明《曲台记》与汉代射礼有关，与服虔"校书"之说有别。《后氏曲台记》应该是结合《仪礼·大射》等经文对汉代礼典所作的传记。后来庆普后学曹充所立礼仪中，有"大射"一项③，应当说绝非偶然，从后苍到庆普，再到曹充，其礼学表现出来的实用性与学术性相融合的现象，前后一脉相承。在融合今文《礼》与汉仪这一点上，庆氏礼学正可谓是渊源于后苍。事实上，汉志"经十七篇"句下班固自注云"后氏、戴氏"④，分列后氏、戴氏，显系分家之后，而不数庆氏，可能就是将庆氏视为后氏今文《礼》的传经人；《经典释文序录》有"今庆氏《曲台》久亡"之句⑤，将《曲台记》归于庆氏，当亦此意。

  庆氏礼学出于后苍，后苍出于孟卿，而孟卿又出于萧奋。从郑玄起，学者便多认为萧奋乃是高堂生的弟子，典型的说法如《礼记正义》大题下疏引"郑君《六艺论》云：'案《汉书·艺文志》、《儒林传》云：传礼者十三家，唯高堂生及五传弟子戴德、戴圣名在也……'《六艺论》云'五传弟子'者，熊氏云：'则高堂生、萧奋、孟卿、后苍及戴德戴圣为五也。'此所传皆《仪礼》也。"⑥贾公彦《序周礼废兴》亦谓"郑云'五传弟子'，则高堂生、萧奋、孟卿、后苍、戴德戴圣是为五也。"⑦但覆按《史记》原文可见，其实太史公把萧奋放在了言礼为容的徐氏弟子之间来叙述。洪业最先发现这一问题，在《〈仪礼〉引得序》中就认为郑玄等人的看法是"未细读《史记》之过也"⑧。四年后又作《〈礼记〉引得序——两汉礼学源流考》重申此说。洪氏论据为：

---

① 《汉书》卷30《艺文志》，第1709~1710页。王念孙谓汉志原文"'后仓'下脱'记'字"，当据如淳说补，见王念孙著，徐炜君、樊波成、虞思徵、张靖伟点校：《读书杂志·汉书第七艺文志下》，上海：上海古籍出版社，2014年，第698页。
② 《文选》卷60《齐竟陵文宣王行状》，北京：中华书局，1977年，第826页。六臣注本"士"讹"上"。
③ 《后汉书》卷35《张曹郑列传》，第1201页。
④ 《汉书》卷30《艺文志》，第1709页。
⑤ 吴承仕：《经典释文序录疏证》，北京：中华书局，1984年，第107页。吴承仕疏证曰："此云'庆氏《曲台》'盖专以后《记》属之，恐为微误。"似未达此意。陈梦家云"庆氏之学可能是直接承受后氏礼而少所更易的"，"庆氏学应该视作后氏学的嫡传"，见《武威汉简·叙论》，第14~15页。沈文倬解汉志此文，则谓戴德《礼经》篇次同于后苍，承后氏之名，"后氏、戴氏"乃后氏与小戴不同之意，见氏著《从汉初今文经的形成说到两汉今文〈礼〉的传授》，第530页。两说各有理致，今据《释文叙录》判陈氏于意为长。
⑥ 《礼记正义》卷前，《十三经注疏》本，第1226页。
⑦ 《周礼注疏》卷前，《十三经注疏》本，第635页。
⑧ 洪业：《〈仪礼〉引得序》，第81~82页。

《史记》言,"奋以礼为淮阳太守。"句前,叙徐氏弟子也。句后又云,"是后,能言《礼》为容者由徐氏焉。"

故而推论说,"依《史记》文气观之","是(萧)奋亦徐氏门徒,所传经亦徐氏之经也"①。此后一些论著如《西汉经学与政治》②等,都延续了这个论点。沈文倬则提出三条依据来反驳洪业:一是徐氏一系皆言"以容",萧奋言"以礼",二者不应混为一谈;一是萧奋再传弟子后苍是《礼经》大师,"容与礼既属不同系统,萧奋就不可能属于徐氏弟子";一是洪业从《史记》文气作出的判断,沈氏给出了相反的解读。谨案,《史记》明言"(徐)延颇能(通《礼经》)",又说"是后能言礼为容者,由徐氏焉",表明徐氏学统中确实存在《礼经》学的成分。设若认定萧奋是徐氏弟子,兼传礼、容,亦不悖于史文叙事,并能很好的解释萧氏后学既体现出学术性又体现出实用性的原因。

三、汉代礼学两种趋向融合的原因探析

以上通过考察叔孙通、庆氏后学等所谓"汉仪学者"具有的《礼经》学要素,重在那些被认为是倾向于实用的学者身上寻绎出若干学术性的特征,同时兼及后苍等人,指出他们不可能完全脱离礼制建设,与叔孙通所作所为并无实质不同,两汉《儒林传》中那些以经义传习为主业的经师,也不乏实用色彩。在某种程度上说,汉代礼学这种学术性与实用性两种趋向既有分别又有融合的特征,是由礼学特质所预先决定了的。

古代中国,所谓学术多半可称为"治术"。诸子百家之学,汉志谓其源出王官,而儒家尤得前代诗书礼乐以传教。王官之学主于实用,《礼记·王制》云:"乐正崇四术,立四教,顺先王《诗》、《书》、《礼》、《乐》以造士"③,就是要培育可以经济邦国的人才。诸经之中,"礼"的性质尤为特殊。礼与《诗》、《书》等经典不同,本无意义自足的文本可供凭借,流传下来的《仪礼》一书所载皆为现实指向的礼典仪节,难以与实际操作脱钩。《左传》隐公十一年云:"礼,经国家,定社稷,序民人,利后嗣者也。"桓公二年:"礼以体

---

① 洪业:《〈礼记〉引得序——两汉礼学源流考》,收入《中国现代学术经典·洪业杨联升卷》,石家庄:河北教育出版社,1996年,第96页。
② 汤志钧等:《西汉经学与政治》,上海:上海古籍出版社,1994年,第101页。
③ 《礼记正义》卷13,《十三经注疏》本,第1342页。

政。"杜注:"政以礼成。"襄公二十一年:"礼,政之舆。"杜注:"政须礼而行。"①这些说法都明确显示了礼学与政事的密切关系。而许慎《说文》以"履"训"礼"②,更点明礼学的实践意义。《汉书·礼乐志》:"六经之道同归,而礼乐之用为急"③,也还是突出了礼学的实用性。现代学者对此也有深刻认识,钱玄就曾以"经国济世,实践致用"八个字来概括古代礼学思想。④ 而正是礼,在古代士大夫阶层形态混溶——分化——融合的过程中发挥了重要作用,阎步克对此有深入研究。倘若借用阎氏的话语体系,叔孙通与高堂生的不同,便不是文吏与儒生的差距,而仅仅是儒生内部现实主义和理想主义的分别。"在两汉四百年的漫长历程之中,儒生与文吏之间既充满了矛盾、冲突,然而对立之中这二者又在日益接近,彼此交融"⑤,文吏与儒生尚且如此,更遑论同以礼学为宗旨的诸多汉儒。

汉代儒家经学立为官学,官学的精神并不在于研诵书本、计较文字,而侧重在实际政治事务中发挥作用。汉武帝的"独尊儒术",使经术与吏治的扭结大为强化,本质上成为一种划定知识标准基础之上的官方养士行为,标志着汉代在政治推动下学术整合的完成。⑥ 尽管汉代确立了专门传授经学的博士制度,体现出一定程度的学术自觉,但当时的学术仍然不可能摆脱注重实用的倾向。汉廷一方面"独尊儒术",促使儒学、经学不断发展壮大;另一方面,又每每"以经术缘饰吏治",任官多选"通于世务,明习文法"的儒者。⑦ 其实质即是将经术与吏治二者相结合,确立统治的合法性。汉代经学、礼学不能独立于汉代的礼制之外而存在。

汉代经学在此氛围之下,一开始就带有若干实用的特色,并必然染上浓厚的政治色彩,以致有学者认为以礼治国的传统肇始西汉。⑧ 演化到极致,就是"其学极精而有用,以《禹贡》治河,以《洪范》察变,以《春秋》决狱,

---

① 《左传正义》卷4,《十三经注疏》本,第1736页;卷6,第1743页;卷34,第1972页。
② 许慎:《说文解字》卷1上,北京,中华书局,1963年,第7页。《礼记·祭义》有"礼者,履此者也"之说,见《礼记正义》卷48,《十三经注疏》本,第1598页。
③ 《汉书》卷22《礼乐志》,第1027页。
④ 钱玄:《三礼通论》,南京:南京师范大学出版社,1996年,第1页。
⑤ 阎步克:《士大夫政治演生史稿》,北京:北京大学出版社,1996年,第451页。
⑥ 王刚:《学与政:汉代知识与政治互动关系之考察》,哈尔滨:黑龙江人民出版社,2012年,第365~366页。
⑦ 《汉书》卷89《循吏列传》,第3623~3624页。
⑧ 参考承载:《西汉经学的"致用"之功》,《史林》1989年第3期,第8~14、72页;华友根:《西汉礼学新论》,上海:上海社会科学院出版社,1998年,第402~416页。

以三百五篇当谏书"①。徐复观曾经指出,"(汉廷)设置博士的原来目的,在使其以知识参与政治,而不在发展学术"②,后来博士制度日趋完善,经学传习的作用逐渐加强,但仍未偏离汉廷设置博士的初衷;博士参与朝中礼制的讨论、建设本为份内之事,原无需别立所谓"汉仪博士"。所以,就连被沈文倬认作《礼》学博士正宗的小戴一脉经师也不能局限于《仪礼》的研究与传授,必须对实际政治有所顾及。汉文帝使博士诸生刺取六经作《王制》,"谋议巡狩封禅事"③,已不纯为古礼,更非《礼经》十七篇的内容,实在难以看出与所谓"汉仪博士"有何分别。倘若洪业对萧奋师承的看法得以成立,那么学术性与实用性两种趋向相互交织的情况,在汉初礼学兴起之际便已出现。无论如何,实用性与学术性两种倾向相互交织影响的礼学风貌,正是植根于汉代这一特殊的社会政治文化土壤中。

  前辈学者的汉代礼学二分说,为理解汉代礼学发展建立起一个可行的分析框架。采纳汉代礼学二分说,并不意味着必然将汉代礼学经师严格划分为两个系统,同时应注意到,汉代礼学的两种趋向,既有所区分,又相互融合,呈现出不可截然割裂的关系,汉初的叔孙通、西汉中期的后苍、后期的庆普和东汉的董钧、曹充、曹褒都有很有代表性的例证。汉代礼学的两种趋向,经常体现在统一为经世身上,汉代礼学的二分绝不能被视为是两类学术群体、两个学统的对立。班固、范晔看似"含糊笼统"的历史记述,正体现出史家客观如实的反映了汉代礼学的两种趋向。

---

① 皮锡瑞著,周予同注释:《经学历史》,北京:中华书局,1959年,第90页。案此是论汉今文学熟语,清初人以倡之,魏源以降,晚清人屡有化用,章太炎、梁启超皆有此言。
② 徐复观:《中国经学史的基础·西汉经学史·博士性格的演变》,《徐复观论经学史二种》,上海:上海书店出版社2002年,第58~65页。
③ 《史记》卷28《封禅书》,第1654页。

郑玄注《仪礼》今古文正误考略

陈居渊

汉代学者郑玄对《仪礼》、《周礼》、《礼记》的注释，一直被学界推崇备至，尤其是他对《仪礼》的注释，更被视成为汉代训诂学的典范之作。《仪礼》是儒家十三经之一，内容记载着周代的各种礼仪，其中以记载士大夫的礼仪为主。《仪礼》在汉代有今文和古文两种文本，汉代初期高堂生传《仪礼》十七篇是今文本，另有古文本《仪礼》五十六篇，相传出于孔壁，即《汉书·艺文志》所录的《礼古经》五十六篇，所以郑玄在注释《仪礼》时，往往兼采今、古两种文本，而在注文中以某字为今文、或某字为古文而加以说明。对此，前人有很多的研究，并且形成古代礼学中的一种专门学问。如清代段玉裁的《仪礼汉读考》，宋世荦的《仪礼古今文疏证》，徐养原的《仪礼今古文今古文异同疏证》，胡承珙的《仪礼古今文疏义》，李调元的《仪礼古今考》，程际盛的《仪礼古今文考》，颜可均的《仪礼古今文异同说》等等。现代学者杨天宇所著《郑玄三礼学研究》，尽索《仪礼》全书今古文字之例，一一加以考辨，新意迭出，颇多创获。然而综观这些著作，往往滞留于郑玄注释《仪礼》中的从古、从今、异同之非的考察，又或将其归纳为若干条例，而就郑玄所判断的今古文字本身是否准确或者有误，由于受限于传世数据的不足，则至今鲜有讨论，从而也给现在的读者带来不少的疑惑。近年来，随着出土文献的大量涌现，为我们提供了详实的第一手数据。笔者不揣浅陋，仅就目前所储备的有限的古代经学知识，在前贤研究成果的基础上，利用出土文献及古代汉碑、汉石经、字书、韵书等相关资源，对郑玄注释《仪礼》中的今古文字作一些正误的考证，以求正于同道。

1.《仪礼·士冠礼》："赞者奠纚、笄、栉于筵南端。"郑玄注："古文栉为节。"又《仪礼·士虞礼》："沐浴栉搔翦。"郑玄注："古文沐浴节搔翦。"

案，郑玄以"栉"为今文，以"节"为古文。"节"通"即"。《大戴礼记·保傅》："进退节度无礼。"卢辨注："节度或为即度。""即"同"卽"。《说文·卩部》："卽，即食也。从皀，卪声。"《玉篇·皀部》："卽，今作即。"《字汇·卩部》:"即,俗卽字。"古代文献中多作"卽",今"即"字通行。"卽"亦通"节"。今本《周易》夬卦卦辞"不利即戎",帛书本作"不利节戎"。又今本《周易》鼎卦九二爻辞"不能我即",帛书本作"不我能节"。《玉篇·卩部》:"卩,信也。今作节。"《玉篇》以"卩"为古文,以"节"为今文。再考郭店楚墓竹简本《性自命出》:"善其即。"释文谓:"即似读为次或节"。由此知作"卽"、"即"、"卩"同为古文,郑玄以"节"为古文,不确。

2.《仪礼·士冠礼》:"主人酬宾,束帛俪皮。"郑玄注:"俪皮,两鹿皮也,古文俪为离。"

案,郑玄以"俪"为今文,以"离"为古文。"离"通"罹"。《史记·管蔡世家》:"无离曹祸。"司马贞《索隐》:"离即罹。""罹"亦通"罗"。《尚书·汤诰》:"罹其凶害,弗忍荼毒。"《经典释文》:"罹,本作罗。"《汉书·于定国传》:"罗文法者于公所决皆不恨。"颜师古注:"罗,罹也。""罗"亦通"离"。《大戴礼记·五帝德》:"历离日月。"《史记·五帝本纪》引作"旁罗日月"。司马贞《索隐》:"离即罗也。"《方言》卷七:"罗谓之离,离谓之罗。"徐灏《说文新附》:"罹即罗之别体,古通作离。"《集韵·霁韵》:"俪,或从离,亦省。"商承祚《殷虚文字类编》:"古罗与离为一字。"考今本《周易》小过卦上六爻辞"飞鸟离之",上博楚竹书本作"飞鸟罗之"。由此知作"罗"同为古文,郑玄以"离"为古文,不确。

3.《仪礼·士冠礼》:"醮辞曰:'旨酒既清,嘉荐亶时。'"郑玄注:"亶,诚也。古文亶为癉。"

案,郑玄以"亶"为今文,以"癉"为古文。"亶"通"但"。《汉书·贾谊传》:"非亶倒县而已。"《汉书·五行志下》:"亶日食,则妾不见;亶志震,则后不见。"颜师古皆注:"亶读曰但。"又《文选·羽猎赋》:"亶观夫剽禽之绁隃。"李善注:"亶,古但字。"由李善注,知作"亶"为古文,郑玄注"亶"为今文,不确。

4.《仪礼·士冠礼》:"壹揖、壹让升。"郑玄注:"古文壹作一。"《仪礼·聘礼》:"公于宾壹食飧。"郑玄注:"古文壹皆为一。"

案,郑玄以"壹"为今文,以"一"为古文。"一"通"壹"。《尚书·武成》:"一戎衣。"《礼记·中庸》作"壹戎衣"。《说文·一部》:"一,惟太始,道立于一,造分天地,化成万物。弌,古文一。"《玉篇·一部》:"一,或作壹。弌,古文。"《集韵·质韵》:"一,或作弌。"考今本《周易》萃卦初六爻辞"一握为笑"之"一",上博楚竹书本亦作"一"。由此知作"一"、"弌"同为古文,郑玄以"壹"为今文,至确。

61

5.《仪礼·士婚礼》:"宾人授如初礼。"《仪礼·聘礼》:"记礼不拜至。"郑玄皆注:"今文礼为醴。"又《仪礼·聘礼》:"礼玉束帛乘皮。"郑玄注:"今文礼皆作醴。"

案,郑玄以"礼"为古文,以"醴"为今文。《说文·示部》:"礼,古文作礼。"《玉篇·示部》:"礼,体也,理也。礼,古文。"《集韵·荠韵》:"礼、礼,古作礼。"又考郭店楚墓竹简本《尊德义》:"豊不隶于小人。"《成之闻之》:"君子不經人于豊。"释文"豊"字皆作"礼",是"豊"为"礼"之古文。由此知作"礼"为今文,郑玄以"礼"为古文,不确。

6.《仪礼·士昏礼》:"腊一,肫。"郑玄注:"肫或作纯,古文纯为均。"

案,郑玄以"纯"为今文,以"均"为古文。"肫"通"屯"。阜阳汉墓本《周易》、马王堆汉墓帛书《衷》引《易》"屯"字皆作"肫"。"屯"亦通"敦"。《汉书·扬雄传上》:"敦万骑于中营兮。"《文选·甘泉赋》作"屯万骑于中营兮",李善注:"敦与屯同。"《诗·大雅》:"铺敦淮濆。"郑玄注:"敦当作屯。"考郭店楚墓竹简《老子》甲本:"屯虖其奴朴",今本《老子》"屯"字作"敦"。由此知作"屯"为古文,郑玄以"均"为古文,不确。

7.《仪礼·士昏礼》:"御衽于奥,媵衽良席在东,皆有枕,北止。"郑玄注:"止,足也。古文止作趾。"

案,郑玄以"趾"为古文,以"止"为今文。"趾"通"止"。《汉书·刑法志》:"当斩左止者。"《后汉书·崔骃传》引作"当斩左趾者"。《经典释文》:"本亦作趾,趾,足也。"《广韵·止韵》:"止,足也。"吕祖谦《古易音训》:"晁氏曰:'案,止,古文。'"考今本《周易》艮卦初六爻辞"艮其趾"之"趾",上博楚竹书本作"止"。由此知作"止"亦为古文,郑玄以"止"为今文,不确。

8.《仪礼·士昏礼》:"某子之蠢愚民,又弗能教。"郑玄注:"今文弗为不,无能字。"

案,郑玄以"不"为今文,以"弗"为古文。宋人卫湜《仪礼集说》考证云:"'今文',今注疏本作'古文'。"考《仪礼·士昏礼》:"又不能教吾子。"郑玄注:"古文弗为不。"郑玄以"弗"为今文,以"不"为古文。又《仪礼·士相见礼》"主人对曰:'某不敢为仪。'"郑玄注:"今文不为非。"若依郑玄注,则作"不"为古文,作"非"为今文。"弗"通"不"。《春秋公羊传》桓公十年:"弗者,不之深也。"《玉篇·不部》:"不,鸟飞上翔不下来也。又弗也,词也。丕,古文。"《玉篇·丨部》:"弗,桥也,不正也。亞,古文。"考今本、帛书本《周易》诸卦爻辞凡言"不"字,上博楚竹书本亦皆作"不"。如蛊卦九二爻辞"不可贞",上博楚竹书本亦作"不可贞"。又鼎卦上九爻辞"无不利",上博楚竹书本亦作"无不利"等等。由此知郑玄以"不"为古文,以"弗"为今文,至确。

9.《仪礼·士昏礼》:"启会却于敦南。"郑玄注:"今文启作开。"

案,郑玄以"开"为今文,以"启"为古文。"开"同"启"。《逸周书·武顺》:"一卒居前曰开。"孔晁注:"开谓启。"《说文·门部》:"开,张也。从门,从开。閞,古文开。"《玉篇·口部》:"启,开也。本亦作启。"考今本《周易》师卦上六爻辞"开国承家"之"开",上博楚竹书本作"启"。由此知郑玄以"开"为今文,"启"为古文,至确。

10.《仪礼·士昏礼》:"子为事故,至于某之室。"《仪礼·大射仪》:"士御于大夫。"《仪礼·既夕礼》:"寝东首于北墉下。"郑玄皆注:"今文于为于。"

案,郑玄以"于"为今文,以"于"为古文。然《仪礼·士丧礼》:"抽局予左手。"郑玄又注:"古文予为于。""于"通"于"。《说文》:"亏,于也。象气之舒亏。"徐铉注:"今隶变作于。"段玉裁注:"凡《诗》、《书》用亏字,凡《论语》用于字,盖于、于二字在周时为古今字。"考今本、帛书本《周易》需卦初九、九二、九三、六四、九五、上六诸爻辞"于"字,上博楚竹书本皆作"于"。由此知作"于"为古文,郑玄注"于"为今文,不确。

又,《仪礼·士冠礼》:"宜之于假,永受保之。"郑玄注:"于,犹为也。"《说文·爪部》:"为,母猴也。王育曰:'爪,象形也。'𤓰,古文为,象两母猴对形。"《字汇补·曰部》:"𤓰,古文为字。"王引之《经义述闻》:"于当读曰为,谓作为此宫室也。古声于与为通。"考今本《周易》萃卦初六"一握为笑"之"为",上博楚竹书本作"于",此"于"为古文之又一证。

11.《仪礼·士昏礼》:"视诸衿鞶。"郑玄注:"视乃正字,今文作示,俗误行。"

案,《诗·鹿鸣》:"视民不恌。"郑玄注:"视,古示字。"《礼记·曲礼上》:"幼子常视无诳。"郑玄注:"视,今之示字。"郑玄以"视"为古文,"示"为今文。"视"通"示"。《春秋左氏传》宣公二年:"赵盾弑其君,以视于朝。"《吕氏春秋·宣公》引作"赵盾弑其君,以示于朝。"《庄子·徐无鬼》:"中之质若视日。"《经典释文》:"视,音示。司马(彪)本作视。""示"亦通"视"。《汉书·项羽传》:"视士卒必死无还心。"颜师古注:"视,读曰示。"《汉书·赵充国传》:"以视羌虏。"颜师古注:"视,亦作示。"《说文·见部》:"视,瞻也。从见、示。眂,古文视;眎,亦古文视。"《玉篇·目部》:"眂,古文视。"《广韵·至韵》:"视,看视。视,古文。"考郭店楚墓竹简本《语丛二》:"自视其所不䞶,益。"又《语丛三》:"自视其所能,员。"其二"视"字,释文皆作"示"。又,今本《周易》颐卦六四爻辞"虎视眈眈"之"视",上博楚竹书本作"见","见"

63

即"视"之省。又,《仪礼·士相见礼》:"固辞不得命将走见。"郑玄注:"古文曰:'某将走见。'"考今本《周易》蒙卦六三爻辞"见金夫",上博楚竹书本亦作"见金夫"。由此知郑玄以"视"、"见"为古文,以"示"为今文,至确。

12.《仪礼·士相见礼》:"夙夜毋违命。"郑玄注:"古文毋作无。"

案,郑玄以"毋"为今文,以"无"为古文。"无"通"無"。《淮南子·人间训》引《易》"无咎"作"无咎",是其明证。汉代每每借"亡"为"无"。《汉书·五行志下之上》引《乾》上九《文言》"亢龙有悔,贵而亡位,高而亡民,贤人在下位而亡辅",其三"亡"字,今本《文言》皆作"无"字。《玉篇·无部》:"旡,古文无。"考今本《周易》凡卦爻辞作"无咎"者,上博楚竹书本皆作"亡咎"。由此知作"旡"、"亡"同为古文,郑玄以"无"为古文,不确。

13.《仪礼·乡饮酒礼》:"坐挩手,遂祭酒。"《仪礼·乡射礼》:"坐,挩手,执爵。"《仪礼·特牲馈食礼》:"坐,挩手。"《仪礼·有司彻》:"坐,挩手,祭酒。"郑玄皆注:"古文挩作说。"

案,郑玄以"说"为古文,以"挩"为今文。"说"通"脱"。《礼记·文王世子》:"武王不说冠带而养。"《经典释文》:"说,本又作脱。"《说文·手部》:"挩,解挩也。"段玉裁注:"今人多用脱,古则用挩,是则古今字之异也,今脱行而挩废矣。"考《仪礼·士昏礼》:"主人税服。"郑玄注:"今文说皆作税"。朱骏声《说文通训定声·手部》云:"经传以说、以税、以脱为之。"考今本《周易》大畜卦九二爻辞"舆说輹",上博楚竹书本作"车敓复"。由此知古"敓"与"说"皆因从兑,可以互借,又知作"敓"同为古文。

14.《仪礼·乡射礼》:"上射既发,挟弓矢,而后下射射。"郑玄注:"后,后也。当从后。"

案,郑玄以"后"为今文,以"后"为古文。"后"通"后"。《仪礼·士冠礼》:"古者五十后爵。"今本《礼记·郊特牲》作"古者五十后爵。"胡培翚《仪礼正义》考证云:"郑君于《礼经》多从古文。此经古文作后,故郑君辨之,谓古文当作后,不作后也。"《说文·彳部》"后,迟也。逯,古文后从辵。"《玉篇·辵部》:"逯,古文后。"考今本、帛书本《周易》比卦卦辞"后夫凶",上博楚竹书本作"逯夫凶"。由此知作"逯"为古文,郑玄以"后"为古文,不确。

15.《仪礼·乡射礼》:"适堂西。"郑玄注:"今文曰适序西。"又《仪礼·公食大夫礼》:"宾立于阶西。"郑玄注:"今文曰西阶。"

案,郑玄以"西"为今文。《说文·西部》:"卤,古文西。"《玉篇·西部》:"卥,《说文》西,卤,古文。"考今本《周易》随卦上六爻辞"王用亨于西山"、既济卦九五爻辞"不如西邻之禴祭",其二"西"字,上博楚竹书本亦皆作"西",由此知作"西"、"卤"同为古文,郑玄以"西"为今文,不确。

16.《仪礼·乡射礼》:"各以其耦进。"郑玄注:"今文以为与。"又《仪礼·既夕》:"商祝执功布以御柩。"郑玄注:"今文无以。"

案,郑玄以"以"为古文,以"与"为今文。"以"通"已"、"㠯"。《史记·高祖本纪》:"乃以竹此为冠。"《汉书·高帝纪》作"㠯竹皮为冠"。颜师古注:"㠯,古以字。"王引之《经传释词》卷一"㠯以已"条云:"㠯,或作以,或作已。"《诗·小雅·何人斯》:"作此好歌,㠯极反侧。"《经典释文》:"㠯,音以,古以字,本作以。"汉碑中"㠯"、"以"字多混用。如《北海相景君铭》作"㠯",《尹宙碑》作"以"。《正字通·己部》:"以,与㠯古共一字。隶作㠯、以。"《玉篇·已部》:"㠯,用也,实也,今作以。"《广韵·止韵》:"以,用也,与也,为也,古作㠯。㠯,古文。"考今本《周易》姤卦九五爻辞"以杞包瓜"之"以",上博楚竹书本作"㠯"。由此知作"以"为今文,作"㠯"为古文,郑玄以"以"为古文,不确。

17.《仪礼·乡射礼》:"豫则钩楹内。"郑玄注:"今文豫为序。"《仪礼·乡射礼》:"从宾不与射者不降。"《仪礼·聘礼》:"介皆与。"《仪礼·公食大夫礼》:"鱼、腊不与。"《仪礼·士虞礼》:"主人不与。"郑玄皆注:"古文与作豫。"

案,郑玄以"豫"为古文,以"与"为今文。"豫"通"忬"。《穆天子传》卷五:"天子使孟忬如毕讨戎。"郭璞注:"忬,音豫。"《玉篇·心部》"忬,豫也。"《尚书·金縢》:"王有疾,弗豫。"《说文·心部》引《周书》作"王有疾,不忬"。段玉裁注:"《金縢》文,今本作'弗豫'。许所据者壁中古文,今本则孔安国以今文字易之也。"段玉裁以"忬"为古文,以"豫"为今文,不确。通今本《周易》作"豫",帛书本作"余",马王堆汉墓帛书本《系辞》、《衷》作"余",上博楚竹书本作"余"。由此知"余"、"余"、"忬"、"余"、"豫"古音同属鱼韵,可以互借。又知"余"亦为古文,郑玄以"豫"为古文,不确。

18.《仪礼·燕礼》:"宾所执脯以赐钟人于门内溜。"郑玄注:"古文赐为锡。"《仪礼·觐礼》:"天子赐舍",郑玄注:"今文赐作锡。"

案,郑玄既以"赐"为今文,以"锡"为古文,又以"锡"为今文。再考《仪礼·燕礼》:"用绤若锡。"郑玄注:"今文锡为緆。"若依郑玄此注,作"锡"为古文,作"赐"、"緆"同为今文。"锡"通"赐"。《春秋公羊传》庄公元年:"王使荣叔来锡桓公命。锡者何?赐也。"《尔雅·释诂上》:"锡,赐也。"《尚书·禹贡》:"锡土姓。"《史记·夏本纪》引作"赐土姓",《汉书·地理志上》引作"锡土姓"。王国维《观堂集林》:"古文以为赐字,古锡、赐一字。"孙堂《汉魏二十一家易注》考证云:"《书序》'平王锡晋文侯秬鬯圭瓒',马融本'锡'作'赐'。《左氏春秋经》'王使毛伯卫来锡公命',唐石经作'来赐'。古

65

本'锡'字多作'赐'。"今本、帛书本《周易》"锡"字皆作"赐",然考上博楚竹书本"锡"字亦作"赐"。由此知作"赐"为古文,郑玄以"锡"为古文,不确。

19.《仪礼·大射仪》:"相者皆左何瑟后首。"郑玄注:"古文后首为后手。"又《仪礼·士丧礼》:"左首进髺。"郑玄注:"古文首为手。"

案,郑玄以"首"为今文,以"手"为古文。"首"通"手"。《春秋左氏传》襄公二十五年:"授手于我。"《孔子家语·正论解》引作"授首于我"。又《春秋左氏传》成公二年:"曹公子首。"《春秋公羊传》、《春秋谷梁传》均作"曹公子手"。《说文·首部》:"首,百同。古文百也。"《玉篇·䭫部》:"䭫,《说文》与首同。古文首也。首,今文。"商承祚《说文中之古文考》云:"百者篆文,䭫者古文。曷以古篆别出为部首?以各有隶之字故也。其字从古文者多,篆文者少,又肖其形,遂篆废而古文行矣。"然考今本《周易》既济卦上六爻辞"濡其首",上博楚竹书本作"濡丌首"。由此知作"首"亦为古文,郑玄以"首"为今文,不确。

20.《仪礼·聘礼》:"贿在聘于贿。"郑玄注:"古文贿皆作悔。"

案,郑玄以"悔"为古文,以"贿"为今文。《玉篇·卜部》:"外卦曰悔,内卦曰贞,今作悔。"考郭店楚墓竹简《语丛四》:"君又悔臣。""悔"即"愗"字,释文"悔"作"谋"。《集韵·尤韵》:"谋,或作愗。"《仪礼·士冠礼》:"某有子某,将加布于其首。"郑玄注:"古文某为谋。"朱骏声《说文通训定声》谓"今《洪范》作悔,卫包所改经传皆以悔为之。"今本《周易》"悔"字,上博楚竹书本皆作"愗"。由此知作"悔"、"愗"同为古文,作"悔"为今文,郑玄以"悔"为古文,不确。

21.《仪礼·聘礼》:"使者朝服,帅众介夕"、"帅大夫以入。"郑玄并注:"古文帅皆作率。"《仪礼·觐礼》:"伯父帅乃初事。"郑玄注:"古文帅作率。"

案,郑玄以"率"为古文,以"帅"为今文。"帅"通"率"。《诗·周颂·噫嘻》:"率时农夫。"《文选·秋兴赋》引作"帅时农夫"。《荀子·富国》:"将率不能则兵弱。"杨倞注:"率,与帅同。"又《通行本作"帅",今帛书本作"衞",上博竹简本作"衞"。考《隶续·魏三体石经左传遗字》:"诸侯衞师。"洪适注:"衞即率字。"《汉幽州刺史朱龟碑》:"不衞天常。"甘扬声《汉隶异同·玄部》释"率"字云:"此碑反以将衞之衞为遵循之遵。"《说文·行部》:"衞,从行,率声。"段玉裁注:"今之率字,率行而衞废矣。"《玉篇·行部》:"衞,循也,导也。今或为率。"又《辵部》:"遵,先道也,引也。今为帅。"《集韵·质韵》:"率,古作衞。"邵瑛《群经正字》:"古衞、率多通,经传尝有之,是率即衞字也。"又考上博竹简本《孔子诗论》:"七衞智难。"通行本《诗·唐风》"七衞"作"蟋蟀"。知"衞"、"衞"、"衞"、"衞"皆读"率"声可以互借,今帛书本、石经、汉碑之"衔",应是"衔"或"衞"字之省。由此知作"帅"为今文,郑玄以"率"为古文,至确。

22.《仪礼·聘礼》:"义之至也。"郑玄注:"今文至为砥"。

案,郑玄以"至"为古文,以"砥"为今文。"至"通"砥"。"至"、"砥",因声近可以互借。《说文·至部》:"坙,古文至。"《玉篇·至部》:"至,通也,到也。坙,古文。"《集韵·至韵》:"至,古作坙。"然考今本《周易》需卦六三爻辞"致寇至",上博楚竹书本作"至寇至",知作"至"、"坙"同为古文,郑玄以"至"为古文,至确。

23.《仪礼·聘礼》:"归饔饩五牢。"郑玄注:"今文归或作馈。"

案,郑玄或以"归"为古文,以"馈"为今文,或又以"馈"为古文,以"归"为今文。"归"通"馈"。《论语·阳货》:"归孔子豚。"《经典释文》:"归,郑本作馈,鲁读为归,今从古。"又《论语·先进》:"咏而归。"《经典释文》:"归,郑本作馈。馈,酒食也。鲁读馈为归,今从古。"《仪礼·士虞礼》:"特豕馈食。"郑玄注:"馈,犹归也。"考《集韵·至韵》:"馈,或作归,古作𠪚。"今本、帛书本《周易》讼卦九二爻辞"归而逋"之"归",上博楚竹书本作"逞"。考《古文苑·石鼓文》:"舫舟西逞。"章樵注引郑樵云:"逞,即归字。"由此知作"逞"、"𠪚"为古文,作"归"、"馈"同为今文,郑玄以"馈"为古文,不确。

24.《仪礼·公食大夫礼》:"坐奠于鼎西南。"郑玄注:"今文奠为委。"

案,郑玄以"奠"为古文,以"委"为今文。"委"通"威"、"愇"。今本《周易》大有卦六五爻辞"威如",帛书本作"委如",上博楚竹书本作"㥯女",马王堆汉墓帛书本《二三子》"委"字写作"畏"。"威"、"畏"、"委"、"㥯"皆因古声韵相同可以互借。《尚书·洪范》:"威用六极。"《史记·宋微子世家》、《汉书·五行志上》、《汉书·谷永传》所引皆作"畏用六极"。《尚书·康诰》:"威威显民。"王应麟《汉书艺文志考证》"威威"引作"畏畏"。《周礼·考工记·弓人》:"夫角之中,恒当弓之畏。"郑玄注:"故书畏作威。"又《尚书·皋陶谟》:"天明威,自我民明威。"蔡沈注:"威,古文作畏,二字通用。"《说文·甶部》:"畏,恶也。𤰇,古文。"梅鷟《尚书考异》:"古文威作畏。"《集韵·微韵》:"威,古作𤰇、畏。"《说文·是部》:"愇,籀文趃,从心。"考上博楚竹书本《孔子论诗》:"不可不韦也。"释文"韦"作"畏"。由此知"畏"、"𤰇"、"㥯"同为古文,郑玄以"委"为古文,不确。

25.《仪礼·丧服》:"布八十缕为䡍升。"郑玄注:"升字当为登,登,成也。今之《礼》皆以登为升,俗误已行久矣。"

案,郑玄以作"登"为今文,以作"升"为古文。"升"通"登"。《尚书·书序》:"有飞雉升鼎耳而雊。"《史记·殷本纪》引作"有飞雉登鼎耳而响"。

《尔雅·释诂下》:"登,升也。"《玉篇·阜部》:"升,《声类》:'今升字。'"《说文·癶部》:"登,上车也。从癶、豆,象登车形。𤼷,籀文登从収。"段玉裁注:"引伸之,凡上升曰登。"《春秋公羊传》:"公曷为远而观鱼?登来之也。"徐彦疏:"齐人急语之时,得声如登矣。至著竹帛时乃作登字。故言由口授矣。""升"亦通"升"。《说文新附·日部》:"升,日上也。从日,升声。古只用升。"《玉篇·日部》:"升,或升字。"《广韵·蒸韵》:"升,日早。本亦作升。《诗》曰:'如日之升。'升,出也。俗加日是。"又,《玉篇·癶部》:"登,升也,上也,进也。𤼷,古文。"今本《周易》作"升"、帛书本作"登",上博楚竹书本作"陞"。由此知作"𤼷"、"陞"同为古文,郑玄以"升"为古文,不确。

26.《仪礼·士丧礼》:"牢中旁寸。"郑玄注:"今文旁为方。"

案,郑玄以"方"为今文,以"旁"为古文。"方"通"旁"。《尚书·皋陶谟》:"方施象形。"《白虎通·圣人篇》引作"旁施象形"。《墨子·天志上》"方施天下",孙诒让《墨子闲诂》云:"方、旁古通。"惠士奇《礼说·地官一》:"《吕刑》'旁告',旁作方,盖古文也。"与郑玄注异。考《玉篇·宀部》:"㝏,古文旁。"若依《玉篇》,知作"方"、"旁"同为今文,作"㝏"为古文,郑玄以"旁"为古文,不确。

27.《仪礼·士丧礼》:"设决丽于掔。"郑玄注:"古文掔作捥。"

案,郑玄以"掔"为今文,"捥"为古文。"掔"通"牵"。《汉书·郊祀志上》:"燕齐之间,莫不搤掔,而自言有禁方能神迁矣。"颜师古注:"掔,古手腕之字也。"《汉书·扬雄传》:"摼象犀。"颜师古注:"摼,古牵字。"《集韵·先韵》:"掔,牵也。""牵,古作摼。"《庄子·徐无鬼》:"君将黜耆欲,掔好恶,则耳目病矣。"《史记·郑世家》:"郑襄公肉袒掔羊以迎。"其二"掔"字,吴玉搢《别雅》卷二考证云:"掔并同牵"。《说文·手部》:"掔,固也。"段玉裁注:"掔,或假借为牵字。"清姚文田、严可均《说文校议》:"《一切经音义》卷十三《邪祇经音义》引《三苍》云:'掔亦牵字,引前也。'"考吕祖谦《古易音训》:"晁氏曰:'掔,古文。'"郭忠恕《汗简》卷五《手部》亦云"牵"字之古文作"掔"。由此知作"掔"为古文,郑玄以"掔"为今文,不确。

28.《仪礼·士丧礼》:"浴用巾,挋用浴衣,渜濯弃于坎。"郑玄注:"古文渜作缘,荆、沔之间语。"

案,郑玄以"渜"为今文,以"缘"为古文。"渜"通"濡"。《礼记·丧大记》:"濡濯弃于坎。"《汉书·地理志下》:"玄水东入濡水。"颜师古注:"濡,官乃反。"王先谦《汉书补注》:"段玉裁曰:'濡乃渜字之伪。'《集韵》:'渜,水名,在辽西。'《类篇》亦同。是知宋初班、郦之书尚未误,丁度温公所据可考也。至脱脱《宋史》乃易其字这渜,易其音为卢丸切,而渜之音义亦亡矣。"

考贾公彦疏云:"《禹贡》云:'荆河惟豫州。'则郑见豫州人语渜为缘,是以古文误作缘也。"由此知郑玄以"缘"为古文,不确。

29.《仪礼·士丧礼》:"环幅,不凿。"郑玄注:"古文环作还。"

案,郑玄以"环"为今文,以"还"为古文。"旋"通"还"。《庄子·庚桑楚》"巨鱼无所还其体",《经典释文》:"还,音旋。"《广雅·释诂四》:"旋,还也。"古代典籍往往以"还"代为"旋"。《汉书·晁错传》:"前死不还踵矣。"《汉书·董仲舒》:"此皆可使还至而有效者也。"《汉书·史丹传》:"恐不能自还。"《汉书·贡禹传》:"不复自还。"其四"还"字,颜师古皆注:"还,读曰旋。""还"亦与"环"通。睡虎地秦墓竹简《秦律杂抄》:"虎未越泛薛,从之,虎环(还),赀一甲。"又马王堆汉墓帛书《经法·称》:"天有环(还)刑,反受其央(殃)。"前者为秦篆,后者为汉隶,由此知作"环"亦为古文,郑玄以"环"为今文,不确。

30.《仪礼·士丧礼》:"设决丽于掔。"郑玄注:"古文丽亦为连。"

案,郑玄以"丽"为今文,以"连"为古文。"连"通"涟"、"澜"。《说文·水部》:"澜,大波为澜。澜,或从连。"段玉裁注:"古阑、连同音,故澜、涟同字。"《战国策·齐策四》"管燕连然流涕",鲍彪注:"'连'与'涟'同,泣下也。""连"亦通"悡"。孟喜《周易章句》作"悡",九家《周易集注》作"连",是其明证。《说文·心部》:"悡,泣下也。从心,连声。《易》曰:'泣涕悡如。'"王筠《说文句读》:"经典借连字。《诗·氓》:'泣涕涟涟。'"考《隶释·堂邑令费凤碑》"梨仪瘁伤,泣涕连漉",《隶释·陈球后碑》作"泣涕涟如"。惠栋《九经古义》卷一《周易古义》云:"涟本波澜之字,《说文》引作悡,或古从立心,篆书水心相近,故误为涟。"惠栋以"悡"字为古文,不确。通行本作"涟",今帛书本作"连"。"连"亦通"辇"。《周礼·春官·巾车》:"连车。"《经典释文》:"连,音辇,本亦作辇。"《说文·辵部》:"连,负车也。"段玉裁注:"连即古文辇也。"《周礼·地官·乡师》:"与其輂辇。"郑玄注:"故书辇作连,郑司农云:'连读为辇。'"考今本《周易》蹇卦六四爻辞"来连",上博楚竹书本作"㱯连"。由此知作"悡"、"涟"、"丽"同为今文,郑玄以"连"为古文,至确。

31.《仪礼·士丧礼》:"男女奉尸侇于堂。"郑玄注:"今文侇作夷。"

案,郑玄以"夷"为今文,以"侇"为古文。"夷"通"侇"。《礼记·丧大记》:"男女奉尸夷于堂。"《经典释文》:"夷本或作侇。"《玉篇·人部》:"侇,夷也。"《汉书·地理志上》:"㞏江在西北。"颜师古注:"㞏,古夷字。"《玉篇·尸部》:"㞏,古文夷字。《说文》曰:'古文仁字。'"吕祖谦《古易音训》:"说之案,夷,古文,眱,篆文。睇,今文。睇又作瞴,又作眱,皆通迎亲也,合

69

象数。"考今本《周易》丰卦九四爻辞"遇其夷主"之"夷",上博楚竹书本作"𡰥"。由此知作"𡰥"、"侇"同为古文,郑玄以"夷"为今文,至确。

32.《仪礼·既夕礼》:"士处适寝。"郑玄注:"今文处为居。"

案,郑玄以"居为今文",以"处"为古文。"居"、"凥"通"尻"。《孝经》第一章:"仲尼居。"《说文·几部》引作"仲尼凥"。《楚辞·天问》:"其凥安在?"洪兴祖补注:"凥与居同。"《说文·几部》:"居,蹲也。从尸,古者居从古。"段玉裁注:"凡今人居处字,古只作凥处。"又《说文·几部》:"凥,处也。"段玉裁注:"既以蹲、居之字代凥,别制踞为蹲、居字,乃致居行而凥废矣。"《玉篇·几部》:"凥与居同。"考《玉篇·尸部》:"居,屈,古文。"《集韵·鱼韵》:"凥,或作屈。"今本《周易》颐卦六五爻辞"居贞吉",上博楚竹简本作"凥贞吉"。由此知作作"凥"、"屈"、"处"同为古文,郑玄以"居"为今文,至确。

33.《仪礼·既夕礼》:"木镳。"郑玄注:"古文镳作苞。"

案,郑玄以"苞"为古文,以"镳"为今文。"苞"通"包"。《仪礼·既夕礼》:"苞牲取下体。"《经典释文》:"包,本亦作苞。"《庄子·天运》:"其形充满天地,苞裹六极。"《经典释文》:"苞,本或作包。"陆贾《新语·道基》"苞之以六合,罗之以纲纪",注:"苞与包同。"《周礼·夏官·量人》贾公彦疏引"苞"作"包"。段玉裁《说文解字注·艹部》:"苞,假借为包裹。凡《诗》言'白茅苞之',《书》言'厥苞橘柚',《礼》言'苞苴',《易》言'苞蒙'、'苞荒',皆用此字。近时经典凡训包裹者,皆径改为包字。""包"通"彪"。今本《周易》蒙卦九二爻辞"包蒙"之"包",孟喜《周易章句》、京房《周易章》、陆绩《周易述》"包"字皆作"彪"。蔡邕《蔡中郎集》卷六《处士圂叔则铭》:"童蒙来求,彪之用文。"同卷《司徒袁公夫人马氏灵表》:"俾我小子,蒙昧以彪。"又《东汉文纪》卷十二《征士法高卿碑》:"彪童蒙,作世师。"王引之《经义述闻》认为此"皆用蒙卦之辞"。《鹖冠子·世贤》"申麃胥",即"申包胥"。《礼记·曲记下》:"苞屦不入公门。"郑玄注:"苞,藨也。""苞"、"彪""藨"皆从包声转借。项安世《周易玩辞》考证云:"凡称包者,皆以阳包阴也。蒙之'包蒙',泰之'包荒',否之'包承'、'包羞'、'包桑',义亦同此。包,古苞苴字,后人加草以别之,故子夏传与虞翻本皆作苞字。"又阮元《周易注疏校刊记·蒙》云:"古经典'包容'字多从艹。"李富孙《易经异文释》:"彪包声相近,古音尤幽部,亦转读萧宵肴,豪部,义通……包里字古作勺,今经典作包,或假作苞,皆以同音通用也。"然考今本《周易》姤卦九二爻辞"包有鱼"、九四爻辞"包无鱼"之"包",汉石经《周易》亦作"包",上博楚竹书本作"橐"。《广韵·豪韵》:"橐通"包"。承培元《广说文答问疏证》:"《石鼓文》:'其鱼佳何,佳鱮佳鲤,可目橐之,佳杨及柳。'是包鱼叓籀作橐鱼也。《易》释文云:包郑作庖,荀作胞,虞云读为'白茅苞之'之苞,字各不同。橐训勹裏,义正与虞同也。"杨慎《升庵集》卷六十三释"橐鱼"亦云:"橐,包也。今之渔者多以木杨或箬叶作包,覆鱼入市,《易》曰:'包有鱼。'是也。"《说文·橐部》:"橐,囊张大貌。橐从省,缶声。"是"橐"与"包"亦可通假,其义相同。由此知作"橐"亦为古文,郑玄以"苞"为古文,不确。

34.《仪礼·士虞礼》:"荐此常事。"郑玄注:"古文常作祥。"

案,郑玄以"祥"为之古文,以"常"为今文。"裳"通"常"。《吕氏春秋·去尤》:"为甲裳以帛。"《太平御览》卷八百十九引作"为甲常以帛"。《说文·巾部》:"常,下帬也。裳,常或从衣。"段玉裁注:"今字裳行而常废矣。"《玉篇·巾部》:"常,帬也。今作裳。"项安世《周易玩辞》卷十六云:"晁以道《古易》常即裳字。"吕祖谦《吕氏家塾读诗记》卷二十二云:"董氏曰:'裳,古文作常。'今为裳者,或篆体也。"考今本《礼记·缁衣》:"从容有常。"郭店楚墓竹简本《缁衣》作"口颂又棠",上博楚竹书本《缁衣》作"口容又棠"。由此知作"棠"为古文,郑玄以"常"为今文,不确。

35.《仪礼·士虞礼》"明日,以其班祔",郑玄注:"古文班或为辨,辨氏姓或然,今文为胖。"《仪礼·少牢馈食礼》:"司马升羊右胖。"郑玄注:"古文胖皆作辨。"又《仪礼·乡饮酒礼》:"众宾辩有脯醢。"郑玄注:"今文辩皆作徧。"

案,郑玄以"辨"、"辩"为古文,以"班"、"胖"为今文。"班"通"辨"、"辩"。《史记·五帝纪》"辩于群神",徐广注:"辩音班。"《后汉书·祭祀上》引作"班于群神。"《汉书·王莽传》"辩社诸侯",颜师古注:"辩读为班。"据此,"班"、"胖"、"辨"、"辩"等皆以音同声近而可以互借。《字汇·午集·癶部》:"奜,古文班字。"由此知郑玄以"班"为今文,至确。

36.《仪礼·士虞礼》:"他,用刚日。"郑玄注:"今文他为它。"

案,郑玄以"它"为今文,以"他"为古文。"它"通"他"。《经典释文》:"它,本亦作他。"《汉书·高帝纪》:"曰项它。"颜师古注:"它与他同。"又《春秋左氏传》襄公三十一年:"将有他志。"《汉书·五行志》卷中之上引作"将有它志"。"它"又通"佗"。《春秋左氏传》隐公元年:"虢叔死焉佗邑唯命。"《战国策·宋卫策》:"愿王博事秦,无有佗计"。《玉篇·它部》:"它,今作佗。"《玉篇》以"它"为古文,以"佗"为今文,与郑玄注异。考《诗·鹤鸣》:"它山之石。"《经典释文》云:"它,古他字。"又与郑注异,与《玉篇》同。段玉裁《说文解字注·它部》云:"它,其字或假佗为之,又俗作他,经典多作它,犹言彼也。"徐灏《说文解字注笺》:"古无他字,假它为之,后增人旁作佗而

71

隶变为他。"今本《周易》比卦初六爻辞"有它吉"之"它",帛书本作"池","池"衍"它"声,朱骏声《说文通声定训》释"池"云:"即沱之变体,又或他字之假借。"考上博楚竹书本于此条爻辞作"又它吉"。"它"、"佗"、"他"、"池"皆声近可以通假。由此知作"它"为古文,郑玄以"它"为今文,不确。

37.《仪礼·特牲馈食礼》:"盛两敦,陈于西堂,藉用萑。"郑玄注:"古文用为于。"

案,郑玄以"用"为今文,以"于"为古文。《说文·用部》:"用,可施行也。从卜,从中。卫宏说。甩,古文用。"《玉篇·用部》:"用,施行也。甩,古文。"《集韵·用韵》:"用,古作甩。"司马光《类篇》引《说文》云:"用,古作用。"《六书正讹》卷四:"用,古镛字,钟也。后人借为施用字。"考今本《周易》蒙卦六三爻辞"勿用取女",上博楚竹书本亦作"勿用取女"。由此知作"用"、"甩"同为古文,郑玄以"用"为今文,不确。

又案,今本、帛书本《周易》谦卦初六辞"用涉大川",上博楚竹书本作"甬涉大川"。"甬"通"用"。《礼记·缁衣》引《甫刑》曰:"匪用命,制以刑。"郭店楚墓竹简本本《缁衣》作《吕型》员:'非甬逗,折以型。'"又郭店楚墓竹简本《成之闻之》:"古之甬民者。"《六德》:"生死之甬。"《性自命出》:"其甬心各异。"其"甬"字,释文皆作"用",知"甬"亦"用"之古文,或为"甬"字之省。

38.《仪礼·特牲馈食礼》:"宾出主人出皆复外位。"郑玄注:"今文复为反。"

案,郑玄以"反"为今文,以"复"为古文。"复"通"覆"。《荀子·臣道》:"以德复君而化之。"俞樾《群经平议》:"《韩诗外传》复作覆,当从之。"《战国策·秦策三》:"后无反复于王前耶?"《史记·范睢蔡泽列传》:"无反复于王邪。"《经典释文》:"复,音服,反也。"古时从辵、彳之字可以互借,如"徼"可作"邀"。《荀子·儒效》:"小则日徼其所恶。"杨倞注:"徼与邀同。"即是一例。《玉篇·彳部》:"復,古文复字。"今本、帛书本《周易》复卦之"复",上博楚竹书本作"返"。由此知作"复"、"復"、"返"同为古文,郑玄以"复"为古文,至确。

39.《仪礼·特牲馈食礼》:"乃宿尸。"郑玄注:"古文宿皆作羞。"

案,郑玄以"宿"为今文,以"羞"为古文。"羞"通"宿"。《汉书·百官公卿表》:"属官有上林、均输、御羞。"颜师古注:"如淳曰:'御羞,《扬雄传》谓之御宿。'羞、宿声相近,故或云御羞,或云御宿。"《玉篇·宀部》:"宿,夜止也。宿,古文。""宿"隶变作"宿"。《玉篇·肉部》:"膳,或羞字。"唐玄应《一切经音义》卷十九:"珍羞,古文作膳。"《集韵·尤韵》:"羞,或从肉作膳。"

《曾子大孝》："不忧其亲。"阮元注："小戴忧作羞。"今本《周易》恒卦九三爻辞"或承之羞",之"羞",帛书本亦作"羞",上博楚竹书本作"忧",古"忧"、"羞"同属尤韵可以互借。由此知"羞"、"䞓"、"忧"同为古文,郑玄以"宿"为今文,至确。

40.《仪礼·有司彻》："若是以辩。"郑玄注："今文若为如。"

案,郑玄以"如"为今文,以"若"为古文。"如"通"若"。《说文·艸部》："若,择草也。从草右,右手也。"段玉裁注："又假借为如也,然也,乃也、汝也。"《广雅·释言》："如,若也。"《玉篇·女部》："如,往也,若也。"王引之《经传释词》卷七云："如,犹然也。如,然,语之转。"商承祚《殷虚文字类编》："案,若字象人举手而踑足,乃象诺时巽顺之状,古'诺'与'若'为一字,故'若'字训为'顺'。古金文'若'字与此略同。"然考今本《周易》大有卦六五爻辞"交如威如"之二"如"字,上博楚竹书本"如"字皆作"女"。《玉篇·女部》："女者,如也。"《集韵·鱼韵》："如,古作女。"由此知作"女"同为"如"之古文,郑玄以"如"为今文,至确。

综上所考,可以得出如下几点认识:

一、东汉末年,郑玄根据自己所见今古文献而运用今古来注释《仪礼》,并非是先秦古文原本,故有上述诸多的失误,致使后来的学者亦盲目从其所见而据以辨析今古文。所以唐人颜师古有这样一种观察:"夫六经残缺,学者异师,文义竞驰,各守所见。而马、郑群儒皆在班、扬之后,向、歆博学,又居王、杜之前,校其是非,不可偏据。其《汉书》所引经文,与近代儒家往往乖别,既自成义指,即就而通之,庶免守株,以申贤达之意,非苟越异,理固然也,它皆类此。"也正因此,如今我们在诠释《仪礼》时应该重新审视《仪礼》的今古文本的差异。

二、汉代的今文、古文只是文字之别,学者之间并没有古今之争的明显意识,但是随着今文为官方认定的经学文本后,因名利之争而逐渐酝酿出经学领域的今古文之争。《汉书·匡张孔马传》载:"自孝武兴学,公孙弘以儒相,其后蔡仪、韦贤、玄成、匡衡、张禹、翟方进、孔光、平当、马宫及当子晏咸以儒宗居宰相位,服儒衣冠,传先王语,其酝藉可也,然皆持禄保位,被阿谀之讥。被以古人之迹见绳,乌能胜其任乎。"这说明所谓的今古文之争,说事实上已沦为"学"与"术"的争论,虽然"术"与纯经学研究岔开歧路,但是它仍然滞留在"六经"内寻求古代圣贤修身治政之道,在某种意义上可以说是传统儒学与经学的一种外延和互补。但是,也不难看到,由于汉代今古文之争本身不仅具有既传播经学的活动,而且也能起到扭曲与阻碍经学重建的双重特性。

三、汉代的今古文字在经学研究中并不完全泾渭分明,往往采用混杂的方式注释经典。不仅体现在文字方面,而且在具体的诠释方面也与今文如同一辙。如被认为传承古文经学的贾逵就说孔子作《春秋》乃"览史记,就是非之说,立素王之法",这显然与董仲舒以《公羊传》诠释《春秋》的指导思想完全一致。又如被认为传承古文《周易》的马融、荀爽、王弼等人的易学注释中也不泛今古文字混杂的痕迹。再如荀爽《周易注》在诠释乾卦象辞"大明始终"时说:"乾起坎而终于离,坤起于离而终于坎。离坎者,乾坤之家而阴阳之府,故曰'大明终始'也。"这与出土的帛书《易传》大致接近。限于篇幅,这里不一一枚举。这也预示汉代的今古之争在形式与内容上在东汉末已趋于消解。也正因此,所谓今古文之争也仅仅是汉代经学的一个侧面,以往的经学史研究中,每每视汉代的经学史就是一部今古文之争的断代经学史而加以渲染,不免有过分诠释之嫌。

四、古代往往以汉代石经(《熹平石经》)为今文模板,并藉此作为考定当时经书中的今古文字。如现代学者金德建先生的《经今古文字考》就以汉石此来参校经学文献中的今古文字,从而判定某书为今文,某书为古文。现在看来汉石经同样今古文字杂而用之,并非板上钉钉的今文。

东汉丧礼送葬考

张鹤泉

东汉国家丧礼中包括送葬仪节。在文献记载中,也将当时的送葬活动记为"会葬"、"会丧"、"送丧"。东汉丧礼送葬仪节,实际是从西汉沿袭来的,但是又为了适应东汉丧葬活动的特点,对送葬仪节做了一些改变。应该说,东汉的送葬仪节是国家丧礼中的重要活动,而且,这一仪节的实行对表现国家丧礼的规格起到不可忽视的重要作用。杨树达先生注意到实行这一仪节的重要性,所以他对汉代的送葬活动做了比较细致的考证[①]。陈戍国考察东汉丧礼时,也提及送葬仪式。[②] 尽管前人对东汉丧礼送葬仪节做了一些研究,可是,对东汉丧礼送葬仪节实行的诸问题仍然有深入探讨的必要。因此,本文拟对东汉国家送葬仪节相关问题再做进一步的考察,希望能够对这一问题的研究得到深化。

一、国家丧礼送葬仪节的实行范围及等级层次的区分

在东汉国家丧礼中,送葬是重要的仪节。既然这个仪节是东汉国家丧礼的组成部分,因而,这一仪节就要适应当时社会的等级构成,并且,也不是所有社会阶层都可以实行的,而是要有限定的范围。实际上,东汉国家对丧礼送仪节实行范围的规定是明确的。从东汉的社会等级来看,东汉皇帝是国家最高统治者,具有至尊的地位,所以,驾崩皇帝的丧礼必须要有送葬仪式。在东汉皇室中,太皇太后、皇太后占有突出的地位,因而,她们的丧礼也都有送葬仪节。皇帝、太皇太后、皇太后的丧礼送葬仪式在《续汉书·礼仪志下》中都有比较详细的记载。当然,东汉后宫丧礼送葬仪式并

[①] 杨树达:《汉代婚丧礼俗考》,上海:上海古籍出版社,2000年,第71~75页。
[②] 陈戍国:《中国礼制史(秦汉卷)》,长沙:湖南教育出版社,1993年,第334~335页。

不只限于太皇太后、皇太后。《后汉书》卷一〇上《皇后纪上》："及光武中兴,斫雕为朴,六宫称号,唯皇后、贵人。又置美人、宫人、采女三等,并无爵秩,岁时赏赐充给而已。"由于美人、宫人、采女没有爵秩,所以应当在国家丧礼规定的范围之外,而贵人则与之不同。《续汉书·礼仪志下》："诸侯王、贵人、公主、公、将军、特进皆赐器,官中二十四物。使者治丧,穿作,柏椁,百官会送,如故事。"说明东汉国家的丧礼规定,是将贵人与诸侯王、三公、将军、特进编制在同一等级序列中的,所以她们亡故后的送葬仪式规格,应该与他们是大体相同的。

东汉社会的上层主要是贵族和官僚。当时国家实行的丧礼自然要将他们包括在内。但是,东汉国家对社会上层是有等级区分的。这种等级的区分所依据的,主要是爵位等级和职官秩级,因为汉代社会是爵本位与官本位并行的社会。① 正因为如此,爵位等级与职官秩级也就成为确定丧礼送葬仪节规格的根据。然而,东汉国家实行的爵位,不是一个而是两个系统,也就是诸侯王、列侯系统和二十等爵系统。东汉国家确定国家礼仪的实行范围,依据的则是诸侯王、列侯爵位系统。而二十等爵系统只起到确定社会成员地位的作用,是与国家礼仪的实行的规定没有联系的。关于诸侯王、列侯爵位系统,正如《史记》卷一七《汉兴以来诸侯王年表》："汉兴,序二等。"韦昭注："汉封功臣,大者王,小者侯也。"但是,东汉国家对列侯的规定,已经与西汉不同。《续汉书·百官志五》："列侯,所食县为侯国。本注曰:承秦爵二十等,为彻侯,金印紫绶,以赏有功。功大者食县,小者食乡、亭,得臣其所食吏民。"可见东汉列侯已经分为县、乡、亭侯三级别。实际上,东汉国家确定的这种爵位系统是二等次四级别的制度。东汉国家正是依据这种等次与级别确定丧礼送葬仪节的规格。诸侯王作为这一爵位序列中的最高等级,当然,他们的丧礼要有送葬仪节。《后汉书》卷四二《光武十王·东海恭王彊传》:东海王刘彊薨,"诏楚王英、赵王栩、北海王兴、馆陶公主、比阳公主及京师亲戚四姓夫人、小侯皆会葬"。由此可知,东汉国家不仅为诸侯王规定了固定的送葬仪式,对地位特殊的诸侯王,还能够特别指定其他的诸侯王、公主和贵戚参与送葬仪式。

东汉国家对列侯丧礼送葬仪节的规定也是同样重视的。《后汉书》卷二〇《祭遵传》:"(祭遵)建武二年春,拜征虏将军,定封颍阳侯……遵丧至河南县,诏遣百官先会丧所,车驾素服临之,望哭哀恸。"又《后汉书》卷一五

---

① 阎步克:《从爵本位到官本位——秦汉官僚品位结构研究》,北京:生活·读书·新知三联书店,2009年,第70~87页。

《邓晨传》:"(邓晨)定封西华侯,复征奉朝请。二十五年卒,诏遣中谒者备公主官属礼仪,招迎新野主魂,与晨合葬于北芒。乘舆与中宫亲临丧送葬。"祭遵所任征虏将军,不是固定设置的职官,正如《续汉书·百官志》说:"及前、后、左、右杂号将军众多,皆主征伐,事讫皆罢。"邓晨所领奉朝请,《晋书》卷二四《职官志》:"汉东京罢三公、外戚、宗室、诸侯多奉朝请。奉朝请者,奉朝会请召而已。"实际东汉奉朝请只是一种没有职掌的荣誉职称。因此,可以确定,东汉国家能够为祭遵、邓晨举行丧礼送葬仪式,正是由他们拥有列侯爵位决定的。由于祭遵封于颍阳县、邓晨封于西华县,所以他们丧礼送葬仪式,应该是县侯等次。在东汉列侯爵中,乡侯、亭侯的级别低于县侯,但他们的地位却并不低。《后汉书》卷一〇下《皇后纪下》李贤注:"汉法,大县侯位视三公,小县侯位视上卿,乡侯、亭侯视中二千石也。"显然乡侯、亭侯的等次可以与中二千石的职官相比照。而东汉国家秩级二千石职官的丧礼,当时被视为"大夫礼"①。东汉职官秩级中二千石高于二千石,因此,乡侯、亭侯的丧礼的规格不会低于"大夫礼",自然他们丧礼送葬仪式的规格也是很高的。

东汉国家同样注意为担任执事的官员规定丧礼送葬仪节。并且,将他们丧礼送葬仪式的等次与所任职官的秩级密切结合起来。《续汉书·礼仪志下》:"自王、主、贵人以下至佐史,送车骑导从吏卒,各如其官府。载饰以盖,龙首鱼尾,华布墙,纁上周,交络前后,云气画帷裳。"这一记载是东汉国家对丧礼送葬所用车辆的规定。但从这一规定可以看出:一是东汉国家将爵位等级与职官秩级编为统一的等级序列,并以此来确定送葬仪式等级差别。二是东汉国家允许不同秩级的官员都实行送葬仪式,最低秩级的佐史也包括在内。所谓"佐史",正如《汉书》卷一九上《百官公卿表序》:"百石以下有斗食、佐史之秩,是为少吏。"这就是说,除了不任职官的平民之外,全部官员都包括在可以实行丧礼送葬仪节的范围之内。尽管如此,东汉国家却将官员的送葬仪式在等级上做了区分。也就是说,要使送葬仪式划分明显的层次。

实际上,东汉国家在区分丧礼送葬礼仪的等级层次上,确定了明确的秩级界限。《后汉书》卷七七《酷吏·董宣传》:"(董宣)年七十四,卒于官……以宣尝为二千石,赐艾绶,葬以大夫礼。"这就是说,为秩级二千石的职官所举行的丧礼,被视为大夫礼。显然这一秩级应该是将丧礼的实行划分为不同等级层级的界限。从当时丧礼的具体仪节来看,《后汉书》卷三一

---

① 范晔:《后汉书》卷77《酷吏·董宣传》,北京:中华书局,1965年,第2490页。

《羊续传》:"旧典,二千石卒官赙百万。"可见秩级二千石以上官员可以获得固定的丧葬赏赐,表明丧葬赏赐仪节也是以秩级二千石为界限的。由此可以确定,丧礼送葬仪节的等级层次,应该与丧葬赏赐不会有太大的差别。

东汉国家不仅将秩级二千石作为区分丧礼的等级层次的界限,而且,也是划分其他礼仪等级层次区分的界限。《续汉书·舆服志上》:"公、卿、中二千石、二千石,郊庙、明堂、祠陵,法出,皆大车,立乘,驾驷。"说明东汉国家规定只有秩级二千石以上的官员才能参加祭祀礼仪活动。《续汉书·礼仪志中》:"每月朔岁首,为大朝受贺。其仪:夜漏未尽七刻,钟鸣,受贺。及贽,公、侯璧,中二千石、二千石羔,千石、六百石雁,四百石以下雉。"据此可见,以秩级二千石为界限,不仅国家丧礼是这样规定的,就是朝贺瑞贽礼也实行同样的界限标准。东汉其他的礼仪规定,基本也都采取这种等级层次界限。不过,应该看到,东汉国家在规定的这种礼仪等级序列中,特别排除了比二千石这一职官秩级。东汉国家采取这种做法,就造成统一的等级序列在职官秩级上的不连续情况的出现。东汉国家做出这种规定,除了比二千石秩级所处的特殊位置之外[①],更重要的是,要在礼仪活动中,更凸显秩级二千石以上官员等级层位的特殊性,进而使二千石以上与二千石以下官员分属不同的等级层位的状况得到更明显的表现。

当然,东汉国家将丧礼送葬仪节的等级层位的划分并不只限于礼仪原则的文本规定上,从送葬仪式的具体实行情况来看,秩级二千石以上与秩级二千石以下官员的活动的区分也是明显的。《后汉书》卷二五《卓茂传》:"(卓)茂为太傅……建武四年,薨,赐棺椁冢地,车驾素服亲临送葬。"《后汉书》卷一八《吴汉传》:"(吴汉)拜为大司马,更封武阳侯……(建武)二十年,汉病笃……及薨,有诏悼愍,赐谥曰忠侯。发北军五校、轻车、介士送葬"。东汉太傅为上公、大司马则为三公之一。颜师古认为"汉制,三公号称万石。"[②]就是说,东汉最高秩级的太傅、三公亡故后,要遵照国家的规定举行送葬仪式。与太傅、三公在同一等级层位的职官也是如此。《后汉书》卷三四《梁统传附梁商传》:"(梁商)为大将军,固称疾不起……及薨,帝亲临丧……及葬,赠轻车介士,赐谥忠侯。中宫亲送,帝幸宣阳亭,瞻望车骑。"《后汉书》卷七八《宦者·单超传》:"(单超)病,帝遣使者就拜车骑将军。明年薨……及葬,发五营骑士,将军侍御史护丧,将作大匠起冢茔。"梁商生前

---

① 阎步克:《从爵本位到官本位——秦汉官僚品位结构研究》,第434~460页。
② 班固:《汉书》卷19上《百官公卿表序》,北京:中华书局,1962年,第721页。

任大将军、单超则任车骑将军,秩级都与三公相同。① 很显然,尽管东汉国家对他们的送葬仪式都有特殊的规定,但是他们送葬活动都是按国家确定的方式进行的。东汉的特进地位特殊,"功德优盛,朝廷所敬异者,赐特进,在三公下。"②因而,特进也与三公在同一等级序列,所以,其送葬仪式也是国家丧礼规定的仪节。《后汉书》卷三二《樊宏传》:"(樊宏)拜光禄大夫,位特进,次三公……(建武)二十七年,卒……赙钱千万,布万匹,谥为恭侯,赠以印绶,车驾亲送葬。"说明东汉皇帝对有特进职位者的送葬仪式也是很重视的,并且,还可以做出一些特别的规定。秩级低于三公的中二千石、二千石官员,由于他们在丧礼中的等次与三公编制在同一层位序列中,所以,他们的送葬仪式也就要符合国家丧礼的规定。《后汉书》卷一九《耿弇传附耿秉传》:"(耿秉)永元二年,代桓虞为光禄勋。明年夏卒,时年五十余。赐以朱棺、玉衣,将作大匠穿冢,假鼓吹,五营骑士三百余人送葬。"《东留太守胡硕碑》:"(胡硕)即拜陈留太守……奄忽而卒,时年四十一。天子悯悼,诏使者王谦送葬"③。桓虞所任光禄勋为中二千石,胡硕所任陈留太守则为二千石。这些情况表明,秩级中二千石、二千石官员的送葬仪式,是要依据东汉国家丧礼规定的原则,才能做出必要的规定。

东汉国家不仅使二千石以上等级层位的官员的送葬仪式要遵照国家统治者的意志,而且,还要使礼仪活动有规定的标准。《汉官旧仪》:"丞相有病,皇帝法驾亲至问病,从西门入。即薨,移居第中,车驾往吊,赐棺、敛具,赠钱、葬地。葬日,公卿以下会送。"④说明东汉国家对参与三公送葬仪式的官员是有明确标准规定的。当然,这种规定不只限于参与送葬人员,应该对送葬过程中的一些环节的确定也应该有规格标准。东汉国家为送葬仪式确定明确的标准,应该是这一等级层位官员丧葬活动的重要特点。

东汉国家所以要确定秩级二千石以上官员送葬仪式有明确规定的标准,一方面是出于使这一等级层位官员的送葬活动遵守丧礼规定的需要。但更重要的是,与这一等级层位官员所处的特殊位置有很密切的关系。宫崎市定认为,汉代的俸秩分为十几个等级,大的区分可以归纳为二千石以上、六百石以上、二百石以上和百石以下四个级别。它大致与儒家所说公卿大夫、上士、下士和庶民四个等级相对应。⑤ 这就是说,东汉国家将二千

---

① 《续汉书·百官志一》,第3563页。
② 《续汉书·百官志五》刘昭注引胡广《汉制度》,第3630页。
③ 《蔡邕集》,严可均:《全上古三代秦汉三国六朝文》,北京:中华书局,1958年,第882页。
④ 《太平御览》卷204引。
⑤ 宫崎市定:《九品官人法研究——科举前史》,北京:中华书局,2008年,第45页。

石以上等级层位的官员视为儒家理念中的公卿大夫,因而他们的丧礼也就可以与古制中对公卿大夫的规定相比照。这表明,东汉国家是将这一等级层位作为国家丧礼主要实行的范围的,因此,也就需要比较严格掌控他们的送葬仪式的实行。

东汉国家对秩级二千石以下层位的官员,一方面,并不限制他们实行国家送葬仪式。但另一方面,则使他们实行的送葬仪式多有一些不固定的标准。《后汉书》卷二六《伏湛传附伏隆传》:"(光武帝)拜隆光禄大夫,复使于步,并与新除青州牧守及都尉俱东,诏隆辄拜令长以下……其后,步遂杀之,时人莫不怜哀焉。五年,张步平,车驾幸北海,诏隆中弟咸收隆丧,赐给棺敛,太中大夫护送丧事,诏告琅邪作冢。"《后汉书》卷三九《赵孝传》:"(赵礼)为御史中丞。礼亦恭谦行己,类于孝……数年,礼卒,帝令孝从官属送丧归葬。"伏隆所任光禄大夫秩级为比二千石,赵礼所任御史中丞秩级则为千石。① 这些事例说明,秩级二千石以下官员送葬活动的规格,必需要由皇帝下诏来确定。而且,担任丧主的职官以及送葬官员的人数,都是临时确定的。也就是说,东汉国家使他们送葬仪式的规格,包含一些不明确、不固定的因素,因而,与秩级二千石以上官员实行送葬仪式的差别,自然是比较明显的。

不仅如此,在东汉国家实行丧礼送葬仪式的同时,民间丧葬的送葬活动是很活跃的。如郭太"家世贫贱……明年春,卒于家,时年四十二。四方之士千余人,皆来会葬。"② 又如郑玄"其年六月卒,年七十四。遗令薄葬。自郡守以下尝受业者,缞绖赴会千余人。"③ 很明显,在私家的丧葬中,也是要举行送葬活动的。由于东汉时期的这种私家送葬活动的规模,是由亡故者生前的声望和丧家的财力决定的,并且,私家送葬也同样能够使亡故者的声誉得到很大的提高,所以这种送葬活动自然受到当时人的重视,并且,也得到很大的发展。由于这种形势的出现,当然要影响到官员葬礼的举行,特别是对秩级二千石以下官员的影响也就更为显著。其中明显表现就是,当时一些二千石以下官员的送葬活动出现了变化。《后汉书》卷三九《赵咨传》:"(赵咨)征拜议郎。抗疾京师,将终,告其故吏朱祇、萧建等,使薄敛素棺,籍以黄壤……朱祇、萧建送丧到家。"东汉议郎秩级为六百石。④ 说明在赵咨的送葬活动的丧主是自行选择的,丧家并不刻意追求国家的委

---

① 《续汉书·百官志三》,第 3599 页。
② 《后汉书》卷 68《郭太传》,第 2227 页。
③ 《后汉书》卷 35《郑玄传》,第 1211 页。
④ 《续汉书·百官志二》,第 3577 页。

派。《后汉书》卷七九下《儒林下·楼望传》："(楼望)建初五年,坐事左转太中大夫,后为左中郎将。教授不倦,世称儒宗,诸生著录九千余人。年八十,永元十二年,卒于官,门生会葬者数千人,儒家以为荣。"据此可知,大多数参与楼望的送葬者都是他的门生,因而,明显属于私家的送葬活动。然而,楼望生前担任左中郎将的秩级为比二千石,实际并没有按国家丧礼的规定实行送葬活动。这说明,对亡故的秩级二千石以下的官员,丧家能够对送葬活动做出选择,并不一定必须要将送葬活动纳入国家丧礼范围之中。因此,可以明确,东汉二千石以下官员既能够选择国家规定的送葬仪式,也可以采取私家的送葬做法,这样,也就使他们的送葬活动表现出很大的随意性。由于这种情况的出现,实际表明二千石以下的官员与二千石以上等级层位的官员的送葬活动的差别就更加明显了。

总之,东汉送葬仪式是国家丧礼的重要组成部分。皇帝及太皇太后、皇太后及贵人亡故后,都要举行送葬仪式。东汉国家还依据爵位和职官秩级,确定丧礼送葬的实行范围,使有诸侯王、列侯爵位以及有秩级的官员的丧礼都可以举行送葬仪式。然而,由于诸侯王、列侯及二千石以上官员的地位与二千石以下的官员有较大差异,所以丧礼送葬仪式的规定也就存在明显的等次界限。诸侯王、列侯和秩级二千石以上官员需要按国家的规定举行丧礼送葬。而二千石以下官员既可以按国家规定举行丧礼送葬,也能够以私人的方式送葬。可以说,尽管国家确定的丧礼送葬范围的规定,可以对秩级二千石以下官员的送葬活动起到约束作用,但是并不能使私人送葬活动的介入得到有效的限制。

二、皇帝及后宫丧礼送葬仪式的特点

东汉皇帝是国家最高统治者,而太皇太后、皇太后则在后宫中占有突出的地位,所以在他们亡故后,东汉国家为他们规定了完整的丧礼送葬仪式。以下分别对驾崩皇帝与亡故太皇太后、皇太后的丧礼送葬仪式的特点做一些阐释。

(一)驾崩皇帝的送葬仪式。东汉驾崩皇帝的送葬活动,是指在吊祭结束后,将皇帝灵柩送至陵墓这一过程所举行的活动。当时国家为驾崩皇帝的送葬过程规定了完整的礼仪程式。《续汉书·礼仪志下》比较详细地记载了为驾崩皇帝送葬的仪式。归纳《续汉书·礼仪志下》的记载,可以明确,为驾崩皇帝送葬仪式必须要有不可缺少的环节。

一是为驾崩皇帝送葬之前,皇太子要在驾崩皇帝灵柩前举行即位礼。《续汉书·礼仪志下》:"三公奏《尚书·顾命》,太子即日即天子位于柩前,请太子即皇帝位,皇后为皇太后。奏可。群臣皆出,吉服入会如仪。太尉升自阼阶,当柩御坐北面稽首,读策毕,以传国玉玺绶东面跪授皇太子,即皇帝位。"就是说,驾崩皇帝的送葬仪式的丧主,不是以皇太子身份,而是以新即位皇帝的身份担任的。

二是在驾崩皇帝送葬开始时,必须要有读谥策、收藏谥策和"传哭"的仪式。《续汉书·礼仪志下》:"太尉诣南郊。未尽九刻,大鸿胪设九宾随立,群臣入位,太尉行礼。执事皆冠长冠,衣斋衣。太祝令跪读谥策,太尉再拜稽首。治礼告事毕。"这是在送葬仪式开始时的第一次读谥策。由于这一活动在南郊举行,并且,谥策涉及到对驾崩皇帝一生活动的评价,尽管太尉不亲自读谥策,但却要主持这一活动的进行,说明第一次读谥策是送葬仪式中很重要的活动。皇帝送葬仪式中读谥策,不只举行一次。《续汉书·礼仪志下》:"太尉奉谥策,还诣殿端门。太常上祖奠,中黄门尚衣奉衣登容根车。东园武士载大行,司徒却行道立车前。治礼引太尉入就位,大行车西少南,东面奉策,太史令奉哀策立后。太常跪曰'进',皇帝进。太尉读谥策,藏金匮。皇帝次科藏于庙。"可见在送葬仪式中,还要举行第二次读谥策的活动。也就在收藏谥策前,对驾崩皇帝生前活动作再一次认定。然后,谥策由太尉收入金匮,再由皇帝亲自送至宗庙。这正是对驾崩皇帝的最高敬意,足见收藏谥策也是非常重要的仪式。这个仪式举行之后,"太尉旋复公位,再拜立哭。太常跪曰:'哭',大鸿胪传哭,十五举音,止哭。太常行遣奠皆如礼。请哭止哭如仪。"[1]这正是"传哭"仪式。也就是在收藏谥策后,通过使送葬官员的哭泣来表达对驾崩皇帝的深切的哀思。

三是在驾崩皇帝灵柩下葬前,有读哀策和"传哭"的仪式。《续汉书·礼仪志下》:"大鸿胪设九宾……皇帝白布幕素里,夹羡道东,西向如礼。容车幄坐羡道西,南向,车当坐,南向,中黄门尚衣奉衣就幄坐。车少前,太祝进醴献如礼。司徒跪曰'大驾请舍',太史令自车南,北面读哀策。"读哀策仪式,应该是对驾崩皇帝哀悼的表诉。然后,"掌故在后,已哀哭。太常跪曰'哭',大鸿胪传哭如仪。"[2]读哀策后的这种"传哭",是要表现参与送葬的群臣对哀策表述的赞同,同时也再一次对驾崩皇帝表现出哀思。在这些

---

[1] 《续汉书·礼仪志下》,第3145页。
[2] 《续汉书·礼仪志下》,第3146页。

仪式之后,"司徒、太史令奉谥、哀策。"①驾崩皇帝灵柩下葬随之进行。

四是为驾崩皇帝送葬规定规格最高的引车、挽车及仪仗人员。送葬引车,"方相氏黄金四目,蒙熊皮,玄衣朱裳,执戈扬楯,立乘四马先驱。"②在灵柩车上插旐,"旐之制,长三仞,十有二游,曳地,画日、月、升龙,书旐曰'天子之柩'。"③"中黄门、虎贲各二十人执绋。"④并且,由"公卿以下子弟凡三百人"牵引灵车。他们"皆素帻委貌冠,衣素裳。"⑤前导仪仗人员有"校尉三人,皆赤帻不冠,绛科单衣,持幢幡。"⑥"候司马丞为行首,皆衔枚。羽林孤儿、巴俞擢歌者六十九,为六列。铎司马八人,执铎先。"⑦灵柩车后,"谒者二人立乘六马为次。"⑧显然东汉国家对送葬车辆和仪仗人员做这些规定,都要展示为驾崩皇帝的送葬仪式是最高等次的,并通过灵柩车的装饰和仪仗人员的活动寄托对死者的哀思。

五是新即位皇帝和皇后要亲自送葬,京城百官也都要参与送葬活动。从送葬仪式进行的过程来看,新皇帝要参与这一仪式中的重要活动。在送葬的行列中,"皇帝从送如礼。"⑨新皇帝送葬车辆的配置,为"大驾甘泉卤簿,金根容车,兰台法驾。"⑩关于"甘泉卤簿",蔡邕《独断》:"天子出,车驾次第谓之卤簿,有大驾,有小驾,有法驾……在长安时出祠天于甘泉,备之百官,有其仪注,名曰甘泉卤簿。中兴以来希用之……唯大丧乃施之。"⑪显然新皇帝送葬车辆配置的等次是最高的,以此表明他对驾崩皇帝的最高敬意。皇后也要随新皇帝送葬。《续汉书·礼仪志下》:"皇帝,皇后以下皆去粗服,服大红,还宫反庐,立主如礼……虞礼毕,祔于庙,如礼。"这里提到的,是安葬驾崩皇帝之后的虞祭。这说明,皇后是要跟随皇帝参与送葬活动,还要参加下葬活动之后的虞祭。而且,新皇帝需要参与读谥策与收藏谥策仪式,"治礼引太尉入就位,大行车西少南,东面奉策,太史令奉哀策立后。太常跪曰'进',皇帝进。太尉读谥策,藏金匮。皇帝次科藏于庙。"⑫

---

① 《续汉书·礼仪志下》,第3146页。
② 《续汉书·礼仪志下》,第3144页。
③ 《续汉书·礼仪志下》,第3145页
④ 《续汉书·礼仪志下》,第3144页。
⑤ 《续汉书·礼仪志下》,第3145页。
⑥ 《续汉书·礼仪志下》,第3145页。
⑦ 《续汉书·礼仪志下》,第3145页。
⑧ 《续汉书·礼仪志下》,第3145页。
⑨ 《续汉书·礼仪志下》,第3145页。
⑩ 《续汉书·礼仪志下》,第3145页。
⑪ 蔡邕:《独断》下,程荣纂辑,《汉魏丛书》,长春:吉林大学出版社,1992年,第186页。
⑫ 《续汉书·礼仪志下》,第3145页。

很明显,这些仪式,实际是以新皇帝为中心展开的。在驾崩皇帝灵柩下葬前,"皇帝白布幕素里,夹羡道东,西向如礼。"①不仅表现了新皇帝对驾崩皇帝的哀悼,也使新皇帝在送葬仪式中突出的地位得到体现。

京城百官也要参与送葬仪式。在举行读谥策仪式时,"太尉诣南郊。未尽九刻,大鸿胪设九宾随立,群臣入位,太尉行礼。"②在举行读哀策仪式时,"大鸿胪设九宾,随立陵南羡门道东,北面;诸侯王、公、特进道西,北面东上;中二千石、二千石、列侯宜九宾东,北面西上……太史令自车南,北面读哀策"③。所谓"九宾",《续汉书·礼仪志上》刘昭注引薛综曰:"九宾谓王、侯、公、卿、二千石、六百石下及郎、吏、匈奴侍子,凡九等。"在九宾中,郎,即郎中。《续汉书·百官志二》:"中郎,比六百石。侍郎,比四百石。郎中,比三百石。"吏,则为长吏和少吏。《汉书》卷一九上《百官公卿表序》:"秩四百石至二百石,是为长吏。百石以下有斗食、佐史之秩,是为少吏。"这应当是参加驾崩皇帝送葬官员秩级的下限。这与送葬车辆规定的下限,"二百石黄绶以下至于处士,皆以簟席为墙盖"④,显然是一致的。但是,在举行读谥策和读哀策仪式时,并不是"九宾"中的全部人员都可以参加仪式,只是使诸侯王、列侯和二千石以上的官员才能够参与。这些情况说明,东汉国家规定驾崩皇帝的送葬礼仪允许百官参与,要以此表现送葬规模的盛大;但又将行礼者分出等次层位,则是要表现驾崩皇帝丧礼的最高等级以及二千石以上官员在国家丧礼送葬仪式中的特殊地位。

综上可见,东汉国家为驾崩皇帝举行的送葬活动,具有完备的仪式。在这一仪式中,丧主、灵车、仪仗人员都是最高规格的,并且,新皇帝、皇后要亲随送葬,因而,使驾崩皇帝丧礼的最高特征得到明显的表现。而且,在送葬仪式中的读谥策、哀策以及"传哭"活动,则使对驾崩皇帝的悼念和哀思,也得到充分的体现。东汉国家在送葬仪式中,有设"九宾"的规定,表明国家对参加驾崩皇帝送葬活动官员的秩级限制是不很严格的。其目的在于,使可以参与送葬活动的人员众多,以此使送葬活动表现出盛大的规模。然而,对送葬中的一些重要仪式,只使"九宾"中的二千石以上官员和诸侯王、列侯参与,所以,也就表现了他们在送葬活动中的特殊地位,进而也就在参与送葬人员中划分出明显的等级层次。

(二)太皇太后、皇太后及后宫嫔妃的送葬仪式。《续汉书·礼仪志

---

① 《续汉书·礼仪志下》,第3146页。
② 《续汉书·礼仪志下》,第3145页。
③ 《续汉书·礼仪志下》,第3146页。
④ 《续汉书·礼仪志下》,第3152页。

下》："太皇太后、皇太后崩，司空以特牲告谥于祖庙如仪。长乐太仆、少府、大长秋典丧事，三公奉制度，他皆如礼仪。"就是说，在送葬活动中有告谥的活动，并且，还规定了中二千石、二千石的官员可以担任丧主。《续汉书·礼仪志下》："羡道开通，皇帝谒便房，太常导至羡道，去杖，中常侍受，至柩前，谒，伏哭止如仪。"显然皇帝要亲自参与她们的送葬仪式。由此可见，她们的丧葬送葬仪式，不仅规定是完备的，并且，仪式规格也是很高的。但与皇帝送葬仪式比较，也有不同之处。陈戍国先生考证，东汉的丧礼，告天子谥于南郊，谥策副本藏于祖庙；告太皇太后、皇太后之谥则仅在祖庙。① 也就是说，太皇太后、皇太后的送葬仪式，没有在南郊告谥的活动。东汉国家所以要使送葬仪式的规定出现这种差别，正是要表现她们的送葬仪式规格低于皇帝的仪式。除此之外，东汉国家为了突出为女性送葬的特点，在车辆配置与仪仗人员的规定上，都有特殊之处。《续汉书·礼仪志下》刘昭注引丁孚《汉仪》：

> 永平七年，阴太后崩，宴驾诏曰："柩将发于殿，群臣百官陪位，黄门鼓吹三通，鸣钟鼓，天子举哀。女侍史官三百人皆著素，参以白素，引棺挽歌，下殿就车，黄门宦者引以出宫省。太后魂车，鸾路，青羽盖，驷马，龙旂九旒，前有方相。凤皇车，大将军妻参乘，太仆妻御，悉道。公卿百官如天子郊卤簿仪。"后和熹邓后葬，案以为仪，自此皆降损于前事也。

很明显，牵引灵柩车者，为三百女御史官，都"参以白素，引棺挽歌"；皇后所乘凤凰车，由"大将军妻参乘，太仆妻御"。自然这种规定，不仅使亡故的太皇太后、皇太后在后宫中的至尊地位得到明显的表现，同时也体现出她们是身份高贵的女性。

此外，需要指出的是，东汉尚无皇后先于在位皇帝亡故的事例，因此，《续汉书·礼仪志下》中，不见有为皇后送葬仪式的记载。但光武帝所立郭圣通是被废的皇后，但在她亡故后，还是为她举行了皇后规格的丧礼。《后汉书》卷一〇上《光武帝纪上》："后母郭主薨，帝亲临丧送葬，百官大会。"虽然这些记载的很笼统，但仍然可以看出为她送葬仪式的规格是很高的。

在东汉后宫中，贵人是低于皇后地位的嫔妃。正如《后汉书》卷一〇上《皇后纪上》说："六宫称号，唯皇后、贵人。贵人金印紫绶。"如前所述，在东汉国家规定的丧礼等次序列中，还将贵人与诸侯王、三公、将军、特进编制在同一层位，因此，贵人送葬的仪式规格，应该与他们相同。贵人不仅可以

---

① 陈戍国：《中国礼制史》（秦汉卷），第339页。

85

获得固定的送葬礼仪,皇帝还可以为他们实行"殊礼"。丁孚《汉仪》:"孝灵帝葬马贵人,赠步摇、赤绂葬,青羽鸾,驷马。柩下殿,女侍史一百人著素衣挽歌,引木下就车,黄门宦者引出宫门。"①可见这种"殊礼"的送葬仪式的规格,明显要要高于常礼。东汉皇帝对一些亡故贵人以"殊礼"送葬,正是要使她们生前受皇帝宠爱的特殊地位得到明显的体现。

三、诸侯王与官员丧礼送葬仪式的特殊规定

一如前述,东汉国家对丧礼送葬实行的范围作了限定,并规定了亡故者送葬仪式的等级序列。应该说,由于亡故者的爵位和职官秩级的不同,送葬仪式的等级差别是明显的。这种等级差别的主要表现,就是对秩级二千石以上官员丧礼送葬仪式的规定更为明确。因为在这一等级范围的亡故者的丧礼,可以比照古制的诸侯、卿、大夫。《后汉书》卷二六《侯霸传》:大司徒韩歆亡故,"帝乃追赐钱谷,以成礼葬之。"李贤注:"成礼,具礼也。"所谓"具礼",就是国家使丧礼有固定标准。这正是这一等级序列丧礼规定的重要特点。当然,丧礼送葬仪节也是如此。东汉国家对秩级二千石以下官员丧礼送葬仪式也有规定的等次标准,但在实行的要求上,就明显不如秩级二千石以上官员严格。实际上东汉国家更注意的是,秩级二千石以上等级序列丧礼送葬的实行情况。尽管东汉国家使这一等级序列送葬仪式的实行要遵守常礼,然而,由于诸侯王、列侯以及秩级二千石以上官员对国家有不同的建树,因而,这就使东汉国家必须要对他们的丧礼送葬的规定采取一些特殊的做法,以此体现皇帝对他们的恩恤。细缕文献记载,东汉国家的这些特殊的规定主要表现以下诸方面:

(一)皇帝亲自参与官员丧礼的送葬仪式。诸如,卓茂"为太傅……建武四年,薨,赐棺椁冢地,车驾素服亲临送葬"②。李通"引拜为大司空……(建武)十八年卒,谥曰恭侯。帝及皇后亲临吊,送葬"③。杜林"代朱浮为大司空。博雅多通,称为任职相。明年薨,帝亲自临丧送葬"④。郭况"为特进,数授赏赐,恩宠俱渥……永平二年,况卒,赠赐甚厚,帝亲自临丧"⑤。

---

① 《续汉书·礼仪志下》刘昭注,第 3152~3153 页。
② 《后汉书》卷 5《卓茂传》,第 871 页。
③ 《后汉书》卷 155《李通传》,第 576 页。
④ 《后汉书》卷 27《杜林传》,第 939 页。
⑤ 《后汉书》卷 10 上《光武郭皇后纪》,第 403 页。

这些事例说明,亡故的太傅、三公以及地位相当于三公的特进都能够获得皇帝亲自送葬的礼遇。由于他们生前所任职官的秩级最高,因此,可以说皇帝要亲临送葬,是不能忽视他们的职官秩级的。然而,东汉皇帝亲自为亡故官员送葬,也并不完全受官员秩级的限制。《后汉书》卷一五《邓晨传》:"(邓晨)入奉朝请,复为汝南太守……二十五年卒,诏遣中谒者备公主官属礼仪,招迎新野主魂,与晨合葬于北芒。乘舆与中宫亲临丧送葬。"邓晨所任郡太守的秩级为二千石。①《后汉书》卷一五《来歙传》:"使太中大夫赠歙中郎将、征羌侯印绶,谥曰节侯,谒者护丧事。丧还洛阳,乘舆缟素临吊送葬。"东汉中郎将为比二千石。② 由此可见,秩级低于太傅、三公的官员也同样能够获得皇帝亲自送葬的殊荣。

不过,需要指出的是,东汉皇帝亲自为亡故官员送葬的情况,并不多见。统计《后汉书》中的记载,官员亡故后,由皇帝亲自送葬的只有郭况、邓晨、樊宏、李通、梁商、杜林、来歙、祭遵、卓茂、桓荣十人。其中郭况、邓晨、樊宏、李通、梁商都与皇帝有亲属关系。但是,也有与这五人不完全相同的情况。杜林"博雅多通,称为任职相"③。来歙"忧国忘家,忠孝彰著"④。祭遵"廉约小心,克己奉公"⑤。卓茂"束身自修,执节淳固,诚能为人所不能为"⑥。他们都被认为是品德高尚、对皇帝忠心耿耿者,所以他们亡故后,皇帝亲自参加他们的送葬仪式。只有桓荣在国家三老礼中"为五更"⑦,所以在他亡故后,皇帝也亲自为他送葬。这正是由"五更"在养老礼中占有特殊地位所决定的。这些情况表明,东汉皇帝为有亲属关系的官员送葬,是要将亲情关怀在丧礼中表现出来。而皇帝为无亲属关系者送葬,则是要对他们特别尽忠皇帝、并极力为国家服务行为的表彰,因而,这也是亡故官员获得了极高的荣宠的体现。因此,可以明确,东汉皇帝亲自为亡故官员送葬,实际是一种特别优待的做法。正因为如此,东汉皇帝也就很少亲自参加亡故官员的送葬仪式。当然,还要指出的是,东汉皇帝亲自为亡故官员送葬,只是东汉前期才有的情况。东汉中期以后就很少能够见到这种活动。比如永和六年,梁商病故,中宫亲送,汉顺帝只是"幸宣阳亭,瞻望车骑"⑧。

---

① 《续汉书·百官志五》,第3621页。
② 《续汉书·百官志五》,第3574页。
③ 《后汉书》卷27《杜林传》,第939页。
④ 《后汉书》卷15《来歙传》,第589页。
⑤ 《后汉书》卷20《祭遵传》,第741页。
⑥ 《后汉书》卷25《卓茂传》,第871页。
⑦ 《后汉书》卷37《桓荣传》,第1253页。
⑧ 《后汉书》卷34《梁统传附梁商传》,第1177页。

梁商生前任大将军，又有外戚身份，可是，汉顺帝并没有亲自为他送葬至陵墓，说明当时国家基本取消了皇帝为亡故官员亲自送葬的活动。

（二）以赐"殊礼"及"霍光故事"的方式，提高亡故诸侯王与官员送葬仪式的规格。从东汉诸侯王的情况来看，国家对他们的送葬仪式有明确的规定。《续汉书·礼仪志下》："诸侯王，傅、相、中尉、内史典丧事，大鸿胪奏谥，天子使者赠璧帛，载日命谥如礼。"很显然，送葬仪式的丧主要由王国傅、相、中尉、内史担任。在送葬活动中，要按规定命谥号，而且，对送葬的车辆也有规定。《续汉书·礼仪志下》："自王、主、贵人以下至佐史，送车骑导从吏卒，各如其官府。"可见，诸侯王丧礼送葬仪式的规定是完备的。但是，东汉皇帝对地位特殊的诸侯王的丧礼送葬，就要实行与一般规定不同的做法，也就是要"赠以殊礼"①。诸如，东海王刘彊薨，为他送葬时，汉明帝特别赐予"升龙、旐头、鸾辂、龙旂、虎贲百人"②。并且，还下诏使"楚王英、赵王栩、北海王兴、馆陶公主、比阳公主及京师亲戚四姓夫人、小侯皆会葬"③。东平王刘苍薨，汉章帝"诏有司加赐鸾辂乘马，龙旂九旒，虎贲百人，奉送王行"④。还"令四姓小侯诸国王主悉会诣东平奔丧"⑤。中山王刘焉薨，汉和帝"诏济南、东海二王皆会"⑥。这些都是诸侯王获得以"殊礼"送葬的事例。东汉皇帝所以对他们的送葬，要赐以"殊礼"，是与他们生前的地位特殊有很大关系。东海王刘彊，是被废的皇太子，光武帝"以彊废不以过，去就有礼，故优以大封"⑦。并且，"赐虎贲旄头，宫殿设钟虡之县，拟于乘舆"⑧。东平王刘苍，在汉明帝时，"拜为骠骑将军，置长史掾史员四十人，位在三公上"⑨。汉章帝即皇帝位后，"尊重恩礼逾于前世，诸王莫与为比。"⑩中山王刘焉生前，汉明帝"以焉郭太后偏爱，特加恩宠，独得往来京师"。很显然，刘彊、刘苍和刘焉亡故后，能够获得"殊礼"送葬，是与他们生前受到皇帝特殊的优待的情况是一致的。反之，大多数诸侯王生前没有获得皇帝特殊的优遇，自然他们的送葬仪式也就不能获得"殊礼"，只能按国家规定的常礼进行。

---

① 《后汉书》卷42《光武十王·东海恭王彊传》，第1424页。
② 《后汉书》卷42《光武十王·东海恭王彊传》，第1424页。
③ 《后汉书》卷42《光武十王·东海恭王彊传》，第1424页。
④ 《后汉书》卷42《光武十王·东平宪王苍传》，第1441页。
⑤ 《后汉书》卷42《光武十王·东平宪王苍传》，第1441页。
⑥ 《后汉书》卷42《光武十王·中山简王焉传》，第1450页。
⑦ 《后汉书》卷42《光武十王·东海恭王彊传》，第1423页。
⑧ 《后汉书》卷42《光武十王·东海恭王彊传》，第1423页。
⑨ 《后汉书》卷42《光武十王·东平宪王苍传》，第1433页。
⑩ 《后汉书》卷42《光武十王·东平宪王苍传》，第1436页。

东汉国家对官员的送葬仪式实行特殊的做法,则是通过皇帝恩准实行"霍光故事"的方式实现的。《后汉书》卷二〇《祭遵传》:"(祭遵)丧礼成,复亲祠以太牢,如宣帝临霍光故事。"李贤注引《东观记》曰:"时下宣帝临霍将军仪,令公卿读视,以为故事。"可见,所谓"霍光故事",就是西汉宣帝为重臣霍光举行的丧礼仪式。这种丧礼是要提高国家规定的礼仪规格。从送葬仪节来看,就是特别要以北军五校尉、轻车、介士送葬。这样做的目的,正如《后汉书》卷一八《吴汉传》李贤注说:"以北军五校尉、轻车、介士载光尸以辒辌车,黄屋左纛,军陈至茂陵。不以南军者,重之也。"这样,也就使送葬仪式的规格得到明显的提高。由于以"霍光故事"来送葬具有这种意义,所以东汉国家为了提高功劳卓著的官员送葬规格,多采取这种做法。如吴汉"及薨,有诏悼愍,赐谥曰忠侯。发北军五校、轻车、介士送葬,如大将军霍光故事"①。又如邓弘"将葬,有司复奏发五营轻车骑士,礼仪如霍光故事"②。东汉国家采取这种做法,当然需要注意到官员的秩级。《后汉书》卷五四《杨震传附杨赐传》:"(杨赐)复代张温为司空。其月薨……及葬,又使侍御史持节送丧,兰台令史十人发羽林骑轻车介士……公卿已下会葬。"显然对最高秩级的三公,可以实行这种做法。但采取"霍光故事"的做法,并不只在最高秩级官员范围内实行。《后汉书》卷一九《耿弇传附耿秉传》:"(耿秉)明年夏卒,时年五十余……五营骑士三百余人送葬。"耿秉生前任官最高为光禄勋。光禄勋秩级为中二千石。这些情况说明,东汉皇帝恩准以"霍光故事"的方式送葬,应该是以秩级二千石以上的等级层位为限的。由此可见,获得以"霍光故事"的方式送葬,显然是秩级二千石以上官员拥有的一种殊荣。不过,由于东汉国家要将这种殊荣与官员生前为国家建树特别的勋劳结合在一起,因而,也就使很少的官员可以获得这种送葬方式。

(三)加重主丧官员的地位,以此提高送葬仪式的规格。东汉国家为亡故官员举行丧礼,必须要选定官员担任丧主。东汉丧礼的丧主,也要主持送葬仪式。东汉国家为亡故官员选择丧主,一般要根据他们生前的秩级。但是为了提高亡故官员丧礼的规格,东汉国家对任丧主的官员要采取特别措施。《后汉书》卷二四《马援传附马廖传》:"建初四年,遂受封为顺阳侯,以特进就第……后诏还廖京师。永元四年,卒。和帝以廖先帝之舅,厚加赗赙,使者吊祭,王主会丧,谥曰安侯。"马廖所任特进的地位,"在三公

---

① 《后汉书》卷18《吴汉传》,第684页。
② 《后汉书》卷16《邓禹传附邓训传》,第615页。

下"①。所以,在正常情况下,一般要选择低于特进秩级的官员任丧主。可是,由于马廖是外戚,与皇帝有亲缘关系,所以国家选择了地位要高于三公的诸侯王作为他丧礼送葬的丧主。东汉国家这样做的目的,一方面顾及到马廖与皇室的亲缘关系,但更重要的是,因为丧主的地位高于国家通常的规定,因而,也就使送葬仪式规格的提高获得明显的体现。

东汉国家还以官员持节任丧主的做法来提到亡故官员的送葬仪式的规格。前引《后汉书》卷五四《杨震传附杨赐传》:"(杨赐)及葬,又使侍御史持节送丧……公卿已下会葬。"东汉侍御史秩级为六百石②,因此,如果只以这一秩级职官为丧主,表明送葬仪式的规格并不高。可是,东汉国家却使侍御史可以持节送葬,这也就提高了丧主的地位。因为东汉的"节",正如《后汉书》卷一上《光武帝纪上》李贤注说:"节,所以为信也,以竹为之,柄长八尺,以旄牛尾为其眊三重。"所以,官员持节正是代表皇帝行事的象征。因此,以持节官身份参与送葬仪式,正是表明他是代表皇帝的意志来主持丧葬事务,因而,也就表现了送葬仪式的规格是高于常礼的。

除此之外,东汉国家还使一些官员以使者的身份任丧主来主持亡故官员的送葬仪式。《后汉书》卷二六《伏湛传》:"(伏湛)及就位,因宴见中暑,病卒。赐秘器,帝亲吊祠,遣使者送丧修冢。"显然伏湛送葬仪式的丧主是由使者担任的。东汉国家更多采取的做法是,选派使者担任为地方官员送葬的丧主。比如陈留太守胡硕卒,"天子悯悼,诏使者王谦送葬"③。东汉国家的这种做法,当然是要通过使者的参与来体现皇帝对亡故官员的恩恤。不过,派使者参与官员的送葬仪式,还有更重要的意义。《续汉书·礼仪志下》:"君临吊若遣使者,主人免绖去杖望马首如礼。免绖去杖,不敢以戚凶服当尊者。"可见,东汉人是将参加丧礼的使者视为可以代表皇帝意志的尊者,所以,也就必须要"免绖去杖"。因此,可以说,皇帝选派使者参与亡故官员的送葬仪式,不仅表明对亡故官员送葬的重视,也要以此象征皇帝亲自参与他们的丧葬活动。很显然,其中所包含的意义就在于,使者代表皇帝参与家属、亲戚、大臣之丧葬礼,是皇帝维持其正常人际关系之工具。④ 由此来看,东汉国家使官员以使者身份作为送葬仪式的丧主,当然就使亡故官员丧礼的规格得到明显提升。

此外,还需要看到的是,由于东汉国家对以私人身份参与官员的送葬,

---

① 《续汉书·百官志五》刘昭注引胡广《汉制度》,第3630页。
② 《续汉书·百官志三》,第3599页。
③ 《陈留太守胡硕碑》,《全上古三代秦汉三国六朝文》卷75引《蔡邕集》,第882页。
④ 廖伯源:《使者与官制演变——秦汉皇帝使者考论》,台北:文津出版社,2006年,第65页

并不加以严格的限制,所以使私家的送葬活动也就介入国家的送葬活动中。一如前述,东汉国家对参与亡故官员送葬人员是有明确规定的,一般是要求有秩级的官员参加,特别是对秩级为二千石以上层位的官员的送葬仪式更是如此。因此,在文献中,有"公卿皆会丧"①、"公卿以下会送"②的记载。在汉碑中,则有"公卿百僚,缙绅之徒,其会如云"③、"朝廷悯惜,百僚叹伤"④的描述。然而,在这种丧礼送葬仪式中,除了国家规定要参与的官员之外,还有不以官员身份的参加者。《后汉书》卷五三《申屠蟠传》:"太尉黄琼辟,不就。及琼卒,归葬江夏,四方名豪会帐下者六七千人。"这里提到的参与为太尉黄琼送葬的六七千人中,应该包括以私人身份参与活动的。《后汉书》卷五三《徐稚传》:"(徐)稚尝为太尉黄琼所辟,不就。及琼卒归葬,稚乃负粮徒步到江夏赴之。"就是明证。当然,在参与三公丧礼送葬人员中,还有一些特殊身份者。《后汉书》卷四四《胡广传》:"(胡广)自在公台三十余年,历事六帝……年八十二,熹平元年薨……故吏自公、卿、大夫、博士、议郎以下数百人,皆缞绖殡位,自终及葬。"显然参加胡广送葬仪式中的公、卿、大夫、博士、议郎以下数百人,不仅有官员身份,而且,还有故吏的身份。东汉的故吏,实际已经与举主结成不可分离的主从关系。由此来看,虽然这些人是有职官身份者,可是,他们的这种身份却表现为公、私两重性。不只三公送葬仪式如此,一些二千石官员的送葬活动也出现这种情况。《后汉书》卷八一《独行·缪肜传》:"(缪肜)汝南召陵人也……太守陇西梁湛召为决曹史。安帝初,湛病卒官,肜送丧还陇西。"可见缪肜为郡太守梁湛送葬不是国家指定的,而是私人自愿的活动。前引《东留太守胡硕碑》:"(陈留太守胡硕)奄忽而卒,时年四十一。天子悯悼,诏使者王谦送葬……同位毕至,赴吊云集。"碑文中提到参与郡太守胡硕送葬的人员中,应该包括没有官职的私家。由此可见,尽管秩级二千石以上的官员亡故后,东汉国家要为他们举行固定的丧礼送葬,可是,这种送葬仪式并不能够排除以私人身份参与。也就是说,国家丧礼送葬是公场域的活动,但是,却在公场域中出现了体现私人关系的活动。不过,因为东汉丧礼送葬仪式毕竟是国家的礼仪活动,自然对私家的活动是有限制的,对秩级二千石以上官员的送葬仪式就更是如此,因而,私家活动对丧礼送葬仪式的渗入,也就不是一种固定的活动。实际上,应该将这种情况的出现,看做只是私人借

---

① 《后汉书》卷16《邓禹传附邓骘传》,第617页。
② 《太平御览》卷204引《汉旧仪》。
③ 洪适:《隶释》卷11《太尉刘宽碑》,北京:中华书局,1986年,第124页。
④ 《隶释》卷7《沛相杨统碑》,第87页。

助国家礼仪,对亡故官员哀思的一种特殊的表达方式。

结　语

东汉国家丧礼送葬仪式节,在皇帝以及后宫太皇太后、皇太后和贵人丧葬活动中,都是不可缺少的仪式。东汉国家还将丧礼送葬仪节的实行范围,在贵族和官僚阶层中做了明确的规定。为了将实行范围明确化,东汉国家将爵位与职官秩级编制为统一的等级序列。这一等级序列,正是实行丧礼送葬仪节的依据。由于秩级二千石以上等级,可以与古制中的公卿大夫相比照,所以,东汉国家严格掌握这一等级层位送葬仪节的实行。对秩级二千石以下官员的送葬活动的规定并不很严格,因而,实行了选择性的做法,也就是说,东汉国家可以使秩级二千石以下官员能够采取国家丧礼送葬仪式,也可以选择私家的送葬方式。因此,在国家规定可以实行丧礼送葬仪节的等级序列中,以秩级二千石为界限,明显分为两个层次。由于等级层次的不同,也就使不同层次的送葬活动的区分是很明显的。

东汉国家对驾崩皇帝的送葬仪式具有严格的规定。在驾崩皇帝的送葬仪式中,要由新即位的皇帝担任丧主,并且,新皇帝与皇后还要亲自参与送葬的全过程。在这一送葬仪式中,对读谥策、哀策和"传哭"仪式以及对丧葬的车舆、仪仗队的规定都是严格的,而且,还要以新皇帝为中心展开活动,并使京城百官都参与其中。东汉国家为驾崩皇帝举行的送葬活动,不仅表现出礼仪规定是最高规格的,并且,还展示这一活动的盛大和隆重。东汉国家还为后宫亡故的太皇太后、皇太后以及贵人规定了送葬仪节。这一送葬仪节,不仅表现出亡故的太皇太后、皇太后在后宫的崇高地位,并且,还使她们尊贵女性的身份得到充分的体现。

东汉国家为了彰显地位特殊的诸侯王以及对国家有很高建树的官员的生前事迹,对他们的送葬仪式做出一些特殊的规定。这些规定是通过皇帝亲自为亡故者送葬、赐以"殊礼"、实行"霍光故事"以及使主持丧葬活动的丧主地位提高的方式实现的。东汉国家在送葬仪式中,采取这些特殊的做法,一方面是要体现皇帝对亡故者的恩恤;另一方面,则是要使亡故者获得特别的殊荣,进而使皇帝与官员之间可以保持一种特殊的温情关系。除此之外,东汉国家对秩级二千石以上官员送葬仪式举行,也不严格限制以私人身份参与。显然这种特殊的做法,实际是要通过送葬仪式的实行而营造一种亲情联系的氛围。

魏晋南北朝时期书信礼仪的社会影响

梁满仓

书信礼仪是人们长期通信的实践中所形成而且必须遵守的礼仪规范。书信礼仪是随着通信数量激增及通信范围的不断扩大而形成的礼仪系统,这个系统日益丰富完善于魏晋南北朝时期。官家和私家书仪所规范的自称、他称、寒暄客套之语,以及有来有往、身份对等、避讳、书面整洁等行为习俗,构成书信礼仪系统的基本内容,并在当时社会产生不同忽视的重要作用。[①] 自从书信礼仪形成一整套系统以后,其对社会的影响力是系统形成以前不可比拟的。魏晋南北朝书信礼仪的社会影响非常广泛,本文研讨主要集中在以下三个方面。

一、书信礼仪与人际关系

生活在社会中的人与人之间,由于空间、地位、情感、思想等因素的影响,会表现为各种各样的关系。生活在不同地方的人表现为空间关系,处在不同地位的人表现为等级关系,喜怒哀乐悲喜恨的不同表现为情感关系,对社会问题不同的看法表现为思想关系。书信礼仪对上述几种关系都会产生影响。

魏晋南北朝时期社会长期分裂为不同政权并存,人们为躲避战乱、灾荒背井离乡,或由于政治、经济、军事原因而将人口强制迁徙,或由于同一政权中国家行政需要,都会造成人们长期或暂时的分离,从而拉开人们之间的空间距离。三国诸葛亮诸葛瑾兄弟一个在蜀汉成都,一个效力于孙吴建业,兄弟间的联系主要靠通信往来,此为不同政权而造成的分离。孙策

---

① 此问题笔者已有《魏晋南北朝书信礼仪规范系统化述论》、《论秦汉魏晋南北朝书信的类别及其构成的变化》、《魏晋南北朝私人书信的社会功能》三文,待发表。

占领江东,许靖"便与袁沛、邓子孝等浮涉沧海,南至交州。经历东瓯、闽、越之国,行经万里,不见汉地,漂薄风波,绝粮茹草,饥殍荐臻,死者大半"①。他与好朋友王朗等人的分离,是由于躲避战乱所致,因而只能靠通信保持联系。西晋统一后,把一些江东大族人物迁至中原,陆机远离家乡,在洛阳用骏犬传递家书,当为政治强迁所致。刘宋崔僧渊随叔父镇守历城,北魏军攻克青齐,崔僧渊被掳至平城,从此常住在北魏境内,只能与宗族亲人通信来往,此为军事原因造成的空间距离。东晋王羲之任右军将军、会稽内史,身在三吴,与居住在建康的尚书仆射谢安靠通信联系,当为行政需要所产生的空间距离。

"尺牍书疏,千里面目",此有见信如见面的含义,因而书信成为沟通和加强各种原因导致分离的亲友僚属间情感的重要工具。孙吴张纮善楷篆,曾给孔融写信,孔融回信说"前劳手笔,多篆书。每举篇见字,欣然独笑,如复睹其人也。"②王羲之《安西帖》:"愿诸君各保爱,以俟此期。未近见君,有诸结,力聊以当面。"③南朝宋王微与从弟僧绰书:"日日望弟来,属病终不起。何意向与江书,粗布胸心,无人可写,比面乃具与弟。书便觉成,本以当半日相见,吾既恶劳,不得多语,枢机幸非所长,相见亦不胜读此书也。"④何承天答宗炳书:"未缘言对,聊以代面。"⑤梁王僧孺与何逈书:"去矣何生,高树芳烈,裁书代面,笔泪俱下。"⑥陈周弘让致王褒书:"家兄至自镐京,致书于穹谷。故人之迹,有如对面,开题申纸,流脸沾膝。"⑦手捧来信,看着自己熟悉的字体,读着耳熟的话语,宛如与对方面对面地交流,地域隔阂仿佛消失,空间距离倏忽就拉近情感交流顿成可能。

尊卑上下等级有差是封建社会人伦关系的特点,这种人伦关系形成了人与人之间地位的差距。书信礼仪无论从官家书仪还是私家书仪,无论从称呼还是约定俗成的规定,都对这种距离产生影响。这种影响表现为正反两个方面:

其一,遵守书信礼仪,意味着认可了这种差距,却可以在这种差距前提下保持某种关系。东晋明帝即位后,曾下过这样一道诏书:

---

① 《三国志》卷38《蜀书·许靖传》,北京:中华书局,1959年,第964页。
② 《三国志》卷53《吴书·张纮传》注引《吴书》,第1247页。
③ 《汉魏六朝百三家集》卷58《晋王羲之集》,《影印文渊阁四库全书》,台北:商务印书馆1986年,第1413册,第617页。
④ 《宋书》卷62《王微传》,北京:中华书局,1974年,第1668页。
⑤ 《弘明集》卷3,上海:上海古籍出版社,1991年,第22页。
⑥ 《梁书》卷33《王僧孺传》,北京:中华书局,1973年,第474页。
⑦ 《周书》卷41《王褒传》,北京:中华书局,1971年,第732页。

朕以不德,夙遭闵凶。猥以眇身,托于王公之上。哀茕在疚,靡所咨仰,忧怀惴惴,如临于谷。孔子有云:"故虽天子,必有尊也。"朕将祗奉先师之礼,以咨有德。太宰西阳王秩尊望重,在贵思降。丞相武昌公、司空即丘子体道高邈,勋德兼备,先帝执友,朕之师傅。太常安阳乡侯训保朕躬,忠肃笃诚。夫崇亲尊贤,先帝所重,朕见四君及书疏仪体,一如东宫故事。①

诏书中所提"四君",西阳王即司马羕,丞相即王敦,司空即王导,太常即薛兼。司马羕为东晋宗室元老,王敦、王导为北方南迁大族,薛兼为江东大族。明帝对这四个人"书疏仪体,一如东宫故事",即给这四个人的书信,都用自己当太子时对老师的书仪。书仪的具体内容在《晋书·荀勖附荀奕传》中略有记载:"至尊与公书手诏则曰'顿首言',中书为诏则云'敬问',散骑优册则曰'制命'。"②此处的"公"即指王导,明帝以个人名义给王道写信则曰"顿首言",以中书、散骑等官方文件名义则云"敬问"、"制命"。明帝遵从东宫书仪意在保持与各方面政治势力的关系,取得他们的支持以保持皇权和门阀势族之间的平衡。这种做法收到了一定的功效,在薛兼身上尤其明显。薛兼为江东望族,祖父薛综、父亲薛莹均为三国东吴重臣。薛兼"少与同郡纪瞻、广陵闵鸿、吴郡顾荣、会稽贺循齐名,号为'五俊'",自薛综至薛兼三代均为东宫太子的师傅。薛兼被任命为太常,是王敦的提议,此时王敦正志得意满,准备篡夺皇位,提议薛兼为太常,拉拢江东大族支持的用意十分明显。明帝对薛兼行东宫书仪之礼,也意在与王敦争夺江东大族。而在王敦篡权的过程中,薛兼没有站在王敦一边,始终与明帝保持着固有的联系。

　　其二,不遵从书信礼仪,虽然否认了地位等级上的差距,却也彻底地毁坏了原来的关系。东晋明帝与王敦的关系即如此。从个人角度,明帝想与之保持长幼关系,从朝廷角度想和他保持君臣关系。然而王敦却想把君臣关系完全颠倒,结果是把他与明帝的一切关系彻底毁了。王敦不承认与明帝地位差距表现为举兵造反,其中是否包括不遵从书信礼仪史书上没有明确记载。三国孔融、西晋何绥不遵从书信礼仪致祸则有史可查。《三国志》记载,曹操把献帝迎到许昌,挟天子以令诸侯,地位在百官之上。而孔融"故以旧意,书疏倨傲",好友脂习多次劝他,欲令其改节,孔融不听,最后果

---

① 《晋书》卷68《薛兼传》,北京:中华书局,1974年,第1832页。
② 《晋书》卷39《荀勖附荀奕传》,第1161页。

95

然被曹操所杀。①西晋何绥是司徒何曾之孙,"自以继世名贵,奢侈过度,性既轻物,翰札简傲。"城阳人王尼看到何绥的书信后料到他必因此引来杀身之祸,后果为东海王司马越所杀。②

书信礼仪的核心是一个"敬"字。对自己要谦称,对对方要敬称,通过问候语言表达各种充满善意的情感,避对方之所讳,用符合彼此身份的言语表达,干净整洁漂亮的书面,所有这一切,无不表现着对对方的尊敬。在这种文字氛围下的通信往复,无疑会使双方的情感越来越近。孙吴陆景、陆晏兄弟之间的通信就充满了越来越深的兄弟感情。吴陆景与兄书曰:

向诀不知所言,追惟衔恨,恨结胸怀,怀此恋恨,何时可言,望路则尚近,别已千里,其为思结,缠在心脊,于是离折,路人悲之,况处此戚,兼之懿好,情之感咽,何时可胜,念兄始出,既当劳思,严寒向隆,经涂辙轲,既宜保德,为世作资,厚自珍爱。

在另一封信中说:

自寻外役,出入三年,缘兄之笃睦,必时存之,宝录兄书,积之盈笥,不得新命,无以自慰,时辄温故,以释其思,有信勿忘数字,每见手迹。如复暂会。③

如果说陆氏兄弟的通信来往所加深的是兄弟情谊,南朝陈张种与沈炯的通信则是通过共同爱好加深朋友之情。二人都是三吴人,张种"少恬静,居处雅正,不妄交游"④。沈炯爱好自然山水,荆州陷落,被掠入西魏。曾独行经汉武通天台,写祭文说:"臣闻乔山虽掩,鼎湖之灵可祠,有鲁既荒,大庭之迹无泯。伏惟陛下降德猗兰,纂灵丰谷。汉道既登,神仙可望,射之罘于海浦,礼日观而称功,横中流于汾河,指柏梁而高宴,何其乐也,岂不然欤!既而运属上仙,道穷晏驾,甲帐珠帘,一朝零落,茂陵玉碗,宛出人间,陵云故基,共原田而膴膴,别风余址,对陵阜而茫茫,羁旅缧臣,能不落泪。昔承明既厌,严助东归,驷马可乘,长卿西返,恭闻故实,窃有愚心。黍稷非馨,

---

① 《三国志》卷11《魏书·王修传》注引《魏略》,第349页。
② 《晋书》卷33《何曾附何绥传》,第1000页。
③ 《艺文类聚》卷21《人部·友悌》,北京:中华书局,1965年,第391页。
④ 《陈书》卷21《张种传》,北京:中华书局,1972年,第280页。

敢忘徽福。"①在这篇寄托思归之情的祭文中,表现出对山水之灵的热爱与敬畏。张种曾给沈炯写信这样夸赞虎丘山:

> 虎丘山者,吴岳之神秀者也,虽复峻极异于九天。隐磷殊于太一,衿带城傍,独超众岭,控绕川泽,顾绝峰岑,若其峰崖刻削,穷造化之瑰诡,绝涧杳冥,若鬼神之仿佛,珍木灵草,茂琼枝与碧叶,飞禽走兽,必负义而膺仁,是以历代高贤,轻举栖讬,梵台云起,宝刹星悬,自非玉牒开祥,金精蕴耀,岂其神怪,若此者乎。

沈炯回信说:

> 若乃三江五湖,洞庭巨丽,写长洲之茂苑,登九曲之层台,山高水深,云蒸雾吐,其中之秀异者,实虎丘之灵阜焉,冬桂夏柏,长萝修竹,灵源秘洞,转侧超绝,远涧深崖,交罗户穴。②

钟情自然之美,敬畏山水之灵,可以说是张种与沈炯共同的思想感情,这种思想感情通过双方通信的沟通,无疑会得到加深。

书信礼仪中来往原则为人们思想交流提供了平台,在往复的思想交流中,双方因彼此理解而缩短了思想距离。如北齐袁聿修任尚书的时候,面对"台郎多不免交通馈遗"的官场,十年"未曾受升酒之馈"。后来袁聿修以太常少卿之职奉旨出使巡省,经过兖州时,兖州刺史邢邵派人送给他白䌷,袁聿修退䌷不受,写信给邢邵说:"今日仰过,有异常行,瓜田李下,古人所慎,多言可畏,譬之防川,愿得此心,不贻厚责。"邢邵也欣然理解,回信说:"一日之赠,率尔不思,老夫忽忽意不及此,敬承来旨,吾无间然。弟昔为清郎,今日复作清卿矣。"③

书信礼仪不仅是思想交流的平台,也是思想交锋的平台。汉末三国,东郡太守臧洪被袁绍军包围于东武阳城,臧洪负城抵抗,袁绍久攻不下,便让臧洪的老乡陈琳"为书八条,责以恩义,告喻使降"④。陈琳劝降信的具体内容语焉不详,但通过臧洪的复信可以看出几个信息:第一,"隔阔相思,发于寤寐","每登城勒兵,望主人之旗鼓,感故友之周旋,抚弦搦矢,不觉流

---

① 《陈书》卷19《沈炯传》,第254页。
② 《艺文类聚》卷8《山部·虎丘山》,第142页。
③ 《北齐书》卷42《袁聿修传》,北京:中华书局,1972年,第566页。
④ 《后汉书》卷58《臧洪传》注引《献帝春秋》,北京:中华书局,1965年,第1887页。

洟之覆面也",说明了二者以前的朋友关系。第二,"前日不遗,比辱雅贶,述叙祸福,公私切至。所以不即奉答者,既学薄才钝,不足塞诘……是以捐弃纸笔,一无所答。亦冀遥忖其心,知其计定,不复渝变也。重获来命,援引古今,纷纭六纸,虽欲不言,焉得已哉!"说明臧洪拘于书信礼仪不得不回信。第三,陈琳来信洋洋六纸,臧洪回信1172字,对陈琳称字、称足下,自称己名、称仆,符合书信礼仪规范。第四,信最后说:"行矣孔璋!足下徼利于境外,臧洪授命于君亲;吾子托身于盟主,臧洪策名于长安。子谓余身死而名灭,仆亦笑子生死而无闻焉,悲哉! 本同而末离,努力努力,夫复何言!"①此信指出两人的思想差距难以弥合。值得强调的是,书信礼仪不是造成思想差距的原因,但它确为思想交锋提供了平台。臧洪之信中规中矩,完全符合当时书信礼仪,对陈琳的斥责则溢于言表,显现出两者思想上的差异。

二、书信礼仪推动了书法艺术的发展

古代的"书"字,既有"书法"的意思,又有"信件"的意思。魏晋南北朝以前,书信二字很少连用,魏晋南北朝时期才有了"书信"这个词。陆机被掠到洛阳后,很久得不到家中的消息,便对他的爱犬说:"我家绝无书信,汝能赍书取消息不?"②南朝萧齐萧子响犯罪被赐死,临死前给武帝上书说:"臣累遣书信唤法亮渡,乞白服相见,其永不肯,群小惧怖,遂致攻战,此臣之罪也。"③这两处"书信",除了"信札"的意思,还可以理解为"信使"。如果说这两个记载所说书信还存在歧义,那么还有其他记载中"书信"的意思是确定的。梁武帝死后,儿子们开始争夺帝位。益州刺史萧纪是武帝的第八子,准备率兵出益州。第七子湘东王萧绎不让他出川,给他写信说:"地拟孙、刘,各安境界,情深鲁、卫,书信恒通。"④北魏陆叡因反对魏孝文帝迁都改革被赐死,孝文帝为此下诏书说陆叡"讪谤朝廷,书信炳然"⑤。北齐孝昭皇后元氏,被武成帝高湛幽禁,"不得与家相知。宫闱内忽有飞语,帝

---

① 《三国志》卷7《魏书·臧洪传》,第233~235页。
② 《晋书》卷54《陆机传》,第1473页。
③ 《南齐书》卷40《武十七王·萧子响传》,北京:中华书局,1972年,第706页。
④ 《南史》卷53《梁武帝诸子·武陵王萧纪传》,北京:中华书局,1975年,第1329页。
⑤ 《魏书》卷40《陆俟附陆叡传》,北京:中华书局,1974年,第913页。

令检推,得后父兄书信",元氏的父亲因此被免官。[1] 北周宇文护的母亲阎氏在北魏分裂后滞留在北齐,她给宇文护的信中说:"二国分隔,理无书信,主上以彼朝不绝子母之恩,亦赐许奉答。"[2]这些"书信"的涵义为"信札"无疑。

  书信包含书和信两个方面,书即书法,信即信札。书信是书法和信札的组合。书信词汇出现在魏晋南北朝,与书信礼仪形成系统有很大关系。书面整洁干净、文字规整漂亮是书信礼仪的基本要求,而具有书仪意义而被世人追捧效法的首先是著名书法家所写的书信。三国时期的胡昭善书法,"与钟繇、邯郸淳、卫觊、韦诞并有名,尺牍之迹,动见模楷焉"[3]。西晋索靖也是当时著名的书法家,与卫瓘齐名,因同时在尚书任职,时人号为"一台二妙"[4]。他所作《月仪》被当为书信的楷模,在很大程度上也是由于字写得漂亮。一手好字是受人世人喜爱书信的前提。

  由于书法与书信礼仪的密切关系,以文化标榜的高门贵族往往醉心于通过书信反映自己的书法修养。西晋宗室司马攸"善尺牍,为世所楷",为世所楷的应当是他的书法。[5] 扶风武王司马骏,"年五六岁能书疏,讽诵经籍,见者奇之"[6]。东晋王羲之起初书法不如庾翼,及其暮年方妙。庾翼看到晚年的王羲之给他哥哥的信,深为叹服,给王羲之写信说:"吾昔有伯英章草十纸,过江颠狈,遂乃亡失,常叹妙迹永绝。忽见足下答家兄书,焕若神明,顿还旧观。"[7]可见是王羲之信中的书法使庾翼为之折服。这种情况至南北朝时仍是如此。刘宋徐湛之为贵戚豪家,"善于尺牍"[8]。臧质是刘裕武敬皇后的侄子,"尺牍便敏"[9]。陈后主沈皇后"工书翰"[10]。北魏驸马都尉乙乾归,"颇习书疏"[11]。曹世表,"性雅正,工尺牍"[12]。北齐崔季舒,"长于尺牍"[13]。北周裴汉,"善尺牍"[14]。"善尺牍"、"工书翰"、"习书疏"这

---

[1] 《北齐书》卷9《孝昭皇后元氏传》,北京:中华书局,1972年,第126页。
[2] 《周书》卷11《宇文护传》,第172页。
[3] 《三国志》卷11《魏书·管宁附胡昭传》,第362页。
[4] 《晋书》卷36《卫瓘传》,第1054页。
[5] 《晋书》卷38《齐王攸传》,第1130页。
[6] 《晋书》卷38《宣五王·扶风王骏传》,第1124页。
[7] 《晋书》卷80《王羲之传》,第2100页。
[8] 《宋书》卷71《徐湛之传》,第1844页。
[9] 《宋书》卷74《臧质传》,第1190页。
[10] 《陈书》卷7《后主沈皇后传》,第130页。
[11] 《北史》卷25《乙瑰附乙乾归传》,北京:中华书局,1974年,第912页。
[12] 《魏书》卷72《曹世表传》,第1622页。
[13] 《北齐书》卷39《崔季舒传》,第511页。
[14] 《周书》卷34《裴宽附弟汉传》,第597页。

些夸赞会写信的词语,除称颂篇章之美外,字写得好当为标准之一。

由于书信在社会上的应用性显著增强,"善书疏"甚至是谋生和入仕的资本。孙吴大将黄盖自幼孤贫,"常以负薪余闲,学书疏,讲兵事"①。曹魏凉州刺史张既出身贫寒,自年无以自达,"少小工书疏"②。东晋习凿齿因善尺牍论议而被桓温"甚器遇之"③。南齐纪僧真,"以闲书题",萧道成"令答远近书疏"④。北魏郭祚少而孤贫,"习崔浩之书,尺牍文章见称于世。弱冠,州主簿,刺史孙小委之书记。"⑤上述这些人的入仕进身,都与擅长书疏尺牍有关系。

写好书疏既是具有礼仪修养的表现,又可获得谋生进身的资本,而漂亮的书法又是好书疏的基础,所以书法艺术在魏晋南北朝时期出现了空前繁荣的局面,书法家及传世之作层出不穷。近四百年的历史中,有文献可查的书法家近 150 位⑥,流传至今的书法佳作近百幅⑦。

---

① 《三国志》卷 55《吴书·黄盖传》注引《吴书》,第 1284 页。
② 《三国志》卷 15《魏书·张既传》注引《魏略》,第 473 页。
③ 《晋书》卷 82《习凿齿传》,第 2153 页。
④ 《南齐书》卷 56《幸臣·纪僧真传》,第 973 页。
⑤ 《魏书》卷 64《郭祚传》,第 1421 页。
⑥ 魏晋时期书法家有:韦诞、张揖、郭淮、韦熊、来敏、钟会、皇象、何曾、傅玄、韦弘、辛旷、魏徽、诸葛瞻、杨肇、岑泉、张弘、朱育、江伟、司马攸、陈畅、满爽、杨经、吕悦、卫恒、卫宣、裴兴、孙皓、杜预、向秦、裴邈、张柄、张越、羊忱、索靖、牵秀、羊固、辟闾训、王导、庾翼、王蒙、荀舆、王廙、李式、刘劭、王循、王裕、王羲之、卫夫人、李钦、王怡、郗愔、任静、王献之、李韫、张彭祖、谢安、王珉、桓玄。

南朝书法家有:宋文帝刘义隆、谢综、张永、孔琳之、羊欣、范晔、萧思话、吴喜、戴法兴、戴延寿、王道迄、王道隆、齐高帝萧道成、郁林王萧昭业、王僧虔、周颙、萧惠基、谢朓、刘绘、张欣泰、刘系宗、梁武帝萧衍、萧衍德皇后郗氏、王志、殷钧、萧坚、萧特、朱异、萧子云、萧几、颜协、陶弘景、张孝秀、陈霸先皇后章氏、陈详、庾持、徐伯阳、周弘让、侯安都、赵知礼、蔡景历、萧乾、萧引、陈伯茂、毛喜、谢贞、蔡凝。

十六国北朝书法家有:崔悦、崔潜、崔玄伯、崔简、张黎、屈垣、谷浑、窦遵、卢志、卢谌、卢偃、卢邈、卢玄、卢渊、吕温、赵穆、崔浩、李思穆、庾道、刘懋、王世弼、王由、裴僧习、孙伯礼、江式、江顺和、沈法会、柳楷、刘仁之、萧退、赵彦深、赵仲将、唐邕、源凯、张景仁、刘顗、柳弘、萧撝、泉元礼、赵文深、冀儁、薛慎、黎广、黎景熙、王褒。以上人物根据以下史书:《法书要录》卷 1《宋王愔〈文字志目〉》(上海书画出版社,1986 年)、《宋书》卷 5《文帝纪》、卷 52《谢景仁附谢宗传》、卷 53《张茂度附张永传》、卷 56《孔琳之传》、卷 62《羊欣传》、卷 69《范晔传》、卷 78《萧思话传》、卷 83《吴喜传》、卷 94《恩幸传》,《南齐书》卷 2《高帝纪下》、卷 4《郁林王纪》、卷 33《王僧虔传》、卷 41《周颙传》、卷 41《萧惠基传》、卷 47《谢朓传》、卷 48《刘绘传》、卷 51《张欣泰传》、卷 56《刘系宗传》,《梁书》卷 3《武帝纪下》、卷 7《高祖德皇后郗氏传》、卷 21《王志传》、卷 27《殷钧传》、卷 29《高祖三王·邵陵王萧纶附子坚传》、卷 35《萧子云传》、卷 38《朱异传》、卷 41《萧几传》、卷 50《文学·颜协传》、卷 51《处士·陶弘景传》、卷 51《处士·张孝秀传》,《陈书》卷 7《高祖宣皇后章氏传》、卷 15《陈详传》、卷 34《庾持传》、卷 34《徐伯阳传》、卷 8《周文育传》、卷 8《侯安都传》、卷 16《赵知礼传》、卷 16《蔡景历传》、卷 21《萧乾传》、卷 21《萧允附萧引传》、卷 28《始兴王陈伯茂传》、卷 29《毛(转下页)

刘涛先生指出："魏晋南北朝时期，作为文字书写艺技的'书法'得到了高度的重视，呈现前所未有的繁荣景观。"①流传至今的书法作品几乎都是书信，可见当时的书信对书法艺技的讲究，而讲究书法艺技正是书法礼仪的要求，这表明了书法礼仪与书法繁荣的内在联系。

三、书信礼仪丰富了人们的审美情趣

美存在于客观存在的事物中，发现美、认识美、鉴赏美就是审美情趣。随着越来越多的美被人们不断发现，人们的审美情趣也在不断丰富。毫无疑问，书信中也存在着美，索靖、王羲之所作《月仪》被人们当做范本加以模仿，就是人们对书信之美的发现和鉴赏。大致说来，书信礼仪对人们审美情趣促进表现在两个文献，一是书法之美，一是文采之美。

书信之美首先表现在形式上，即书法之美。字写得漂亮是书信礼仪的基本要求，于是优秀书家的作品成为人们追逐模仿的对象，具有了书仪的意义。在这个过程中，书法之美越来越多的被人们发现，并且在各种书法

喜传》、卷32《谢贞传》、卷34《文学·蔡凝传》，《魏书》卷24《崔玄伯传》、卷28《张黎传》、卷33《屈遵附屈垣传》、卷33《谷浑传》、卷46《窦瑾附窦遵传》、卷47《卢玄传》、卷51《吕罗汉传》、卷52《赵逸附赵穆传》、卷35《崔浩传》、卷39《李宝附李思穆传》、卷71《江悦之附庾道传》、卷55《刘芳附刘懋传》、卷71《王世弼传》、卷71《裴叔业附僧习传》、卷84《儒林·孙惠蔚附孙伯礼传》、卷91《艺术·江式传》、卷45《柳崇附柳楷传》、卷81《刘仁之传》、《北齐书》卷33《萧退传》、卷38《赵彦深附赵仲将传》、卷40《唐邕传》、卷43《源彪附源楷传》、卷44《张景仁传》、卷44《刘逖附刘顗传》、《周书》卷22《柳庆附柳弘传》、卷42《萧撝传》、卷44《泉企传》、卷47《赵文深传》、卷47《冀儁传》、卷35《薛善附薛慎传》、卷47《黎景熙传》、卷41《王褒传》。

⑦ 流传至今的书法佳作有：晋武帝书、西晋宣帝书、晋元帝书、晋明帝书、晋康帝书、晋哀帝书、晋简文帝书、晋文孝王书、晋孝武帝、宋明帝书、齐高帝书、梁武帝书、梁简文帝书、陈长沙王陈叔怀书、陈永阳王陈伯智书、魏钟繇书、吴青州刺史皇象书、晋丞相张华书、晋丞相桓温书、晋丞相王导书、晋丞相王敦书、晋中书令王洽书、晋司徒王珉书、晋司徒王珣书、晋侍中王廙书、晋太宰高平郗鉴书、晋侍中郗愔书、晋中书郎郗超书、晋尚书令卫瓘书、晋黄门郎卫恒书、晋太傅陈郡谢安书、晋散骑常侍谢万书、晋太尉庾元亮书、晋车骑将军庾翼书、晋太守沈嘉长书、晋侍中杜预书、晋王循书、晋刘超书、晋散骑常侍写潘伯书、晋黄门郎王徽之书、晋谢庄书、晋侍中司马攸书、晋刘瓌书、晋王坦之书、晋王涣之书、晋王操之书、晋王凝之书、晋征西司马索靖书、晋侍中穆之书、晋尚书王邵书、晋车骑将军纪瞻书、晋司徒王廞书、晋太守张翼书、晋陆云书、晋海陵恭候王遂书、晋中书令王恬书、晋太守山涛书、晋侍中卞壶书、晋谢发书、宋特进王昙书、宋中散大夫羊欣书、宋太常卿孔琳书、齐侍中王僧虔书、梁尚书王筠书、梁特进沈约书、梁交州刺史阮研书、梁征南将军萧确书、梁萧思话书、梁萧子云书、陈朝陈逵书、晋王羲之书、晋王献之书。《宋拓淳化阁帖》，北京：中国书店1988年影印出版。

① 《中国书法史·魏晋南北朝卷》，南京：江苏教育出版社，2002年，第3页。

论述中描写得活灵活现。如西晋成公绥描写隶书体说:

> 翘首举尾,直刺邪揃;缱绻结体,剿彩奋节。或若虬龙盘游,蜿蟺轩翥;鸾凤翱翔,矫翼欲去。或若鸷鸟将击,并体抑怒;良马腾骧,奔放向路。仰而望之,郁若宵雾朝升,游烟连云;俯而察之,凛若清风属水,漪澜成文。垂象表式,有模有楷;形功难详,聊举大体。①

西晋索靖描写草书说:

> 盖草书之为状也,婉若银钩,漂若惊鸾。舒翼未发,若举复安;虫蛇虯蟉,或往或还。类阿那以嬴形,欻奋䰰而桓桓。及其逸游盼向,乍正乍邪。骐骥暴怒逼其辔,海水窊隆扬其波。芝草蒲陶还相继,棠棣融融载其华。玄熊对踞于山岳,飞燕相追而差池。举而察之,又似乎和风吹林,偃草扇树。枝条顺气,转相比附,窈娆廉苫,随体散布。纷扰扰以猗靡,中持疑而犹豫。玄螭狡兽嬉其间,腾猿飞鼯相奔趣。凌鱼奋尾,蛟龙反据。投空自窜,张设牙距。②

晋杨泉描写草书说:

> 其布好施媚,如明珠之陆离,发翰摅藻,如春华之杨枝,提墨纵体,如美女之长眉,其滑泽肴易,如长溜之分歧,其骨梗强壮,如柱础之不基,断除弓尽,如工匠之尽规,其芒角吟牙,如严霜之傅枝,众巧百态,无尽不奇,宛转翻覆,如丝相持。③

南朝宋王愔描写小篆体的悬针、倒薤、垂露说:

> 字必垂画细末,细末纤直如悬针,故谓之悬针……垂支浓直,若薤叶也……如悬针而势不遒劲,阿那若浓露之垂,故谓之垂露。④

南朝梁袁昂曾对多位书家的字进行点评,说萧子云的字"如上林春花,远近

---

① 《初学记》卷 21《文部·文字》,北京:中华书局,1962 年,第 508 页。
② 《晋书》卷 60《索靖传》,第 1649 页。
③ 《艺文类聚》卷 74《巧艺部·书》,第 1266~1267 页。
④ 《初学记》卷 21《文部·文字》,北京:中华书局,1962 年,第 506 页。

瞻望,无处不发",师宜官的字"如鹏羽未息,翩翩自逝",韦诞的字"如龙威虎振,剑拔弩张",索靖的字"如飘风忽举,鸷鸟乍飞",皇象的字"如歌声绕梁,琴人舍徽",卫恒的字"如插花美女,舞笑镜台"。① 如蟠龙盘游,如飞凤翱翔,如万马奔腾,如霄雾朝升,如美女之长眉,如柱础之坚实,如歌声之绕梁,如琴声之美妙,人们在书法实践中,对所鉴赏的审美对象中产生了种种美的感受,这从魏晋南北朝留下近30篇精彩的书法评论可以得到明证,如蔡邕《篆书势》、成公绥《隶书体》、卫恒《四体书势》、索靖《草书状》、王羲之《书论》、《笔势论》和《用笔赋》、王僧虔《笔意赞》、梁武帝萧衍《观钟繇书法十二意》、刘劭《飞白势》、杨泉《草书赋》都是其中佼佼者。

  在追求文字美的同时,书信礼仪又逐步引导人们进一步追求更深层次的美,这就是书信字里行间反映出的文采美。这种追求大约始于南朝。《宋书·王弘传》载:"弘明敏有思致,既以民望所宗,造次必存礼法,凡动止施为,书翰仪体,后人皆依仿之,谓为王太保家法。"② 王弘曾做过书仪,其所作书翰仪体被后人仿效,无疑具有书仪意义。"宋代逸才,辞翰鳞萃","自宋武爱文,文帝彬雅,秉文之德,孝武多才,英采云构"③,"爰逮宋氏,颜、谢腾声。灵运之兴会标举,延年之体裁明密,并方轨前秀,垂范后昆"④。可见东晋以后,刘宋之时文学之风开始转盛。此时所谓书仪不但要展示文字之美,还要兼具文采之美。人们所仿效的不仅是其书法技巧,还包括文采辞藻。这种情况到南朝后期尤其明显。南朝梁任昉"四岁诵诗数十篇,八岁能属文,自制《月仪》,辞义甚美"⑤。梁元帝作《锦带》,"比事俪语,若《法帖》中《章草》、《月仪》之类也"⑥。史载陈朝徐陵"其文颇变旧体,缉裁巧密,多有新意。每一文出手,好事者已传写成诵,遂被之华夷,家藏其本"⑦。在这种文化氛围中,产生了不少书信美文。如南朝梁吴均与朱元思书:

    风烟俱净,天山共色,从流飘荡,任意东西,自富阳至桐庐,一百许里,奇山异水,天下独绝,水皆漂碧,千丈见底,游鱼细石,直视无碍,急

---

① 《法书要录》卷2《古今书评》,上海:上海书画出版社,1986年,第60页。
② 《宋书》卷42《王弘传》,第1322页。
③ 詹锳《文心雕龙义正》卷9《时序》、卷10《才略》,上海:上海古籍出版社,1989年,第1714、1831页。
④ 《宋书》卷67《谢灵运传·史臣曰》,第1778~1779页。
⑤ 《南史》卷59《任昉传》,第1452页。
⑥ 《文献通考》卷206《经籍考》,北京:中华书局,1986年出版,第1706页。
⑦ 《陈书》卷26《徐陵传》,第335页。

湍甚箭,猛浪若奔,夹峰高山,皆生寒树,负势竞上,互相轩邈,争高直指,千百成峰,泉水激石,泠泠作响,好鸟相鸣,嘤嘤成韵,蝉则千转不穷,猿则百叫无绝,鸢飞戾天者,望峰息心,经纶世务者,窥谷忘反,横柯上蔽,在昼犹昏,疏条交映,有时见日。①

深潭碧水,水底游鱼千丈可见;高山密林,在昼犹昏;泉声鸟语,嘤嘤成韵;蝉鸣猿啼,百叫无绝。有动有静,有声有景,美妙的文字语言描绘出一幅美妙的图画,更美妙者为"鸢飞戾天者,望峰息心,经纶世务者,窥谷忘反"之句,道出了美丽的自然对人们心灵的净化功能。北朝庾信《为上黄侯世子与妇书》也是一篇书信体的美文:

> 昔仙人道引,尚刻三秋,神女将梳,犹期九日,未有龙飞剑匣,鹤别琴台,莫不衔怨而心悲,闻猿而下泪,人非新市,何处寻家,别异邯郸,那应知路,想镜中看影,当不含啼,栏外将花,居然俱笑,分杯帐里,却扇床前,故是不思,何时能忆,当学海神,逐潮风而来往,勿如织女,待填河而相见。②

上黄侯世子即萧梁上黄侯萧晔之子萧憩,江陵陷于北周,进入长安,与妻子隔绝。这封信表面写暂时离别,实则发永诀之叹。信用骈文写成,处处用典。"昔仙人道引,尚刻三秋",用《搜神记》杜兰香下嫁张硕之事写期待与妻相会。"神女将梳,犹期九日",用《搜神记》智琼与弦超相约会面之事表达与妻子相见有期。"龙飞剑匣"典出《豫章记》雷焕之剑与另一剑共化双龙相合之事。"鹤别琴台"典出蔡邕《琴操》牧子歌别鹤以发与妻分别之事。"闻猿而下泪"典出袁山松《宜都记》"巴东三峡巫峡长,猿鸣三声泪沾裳"。"人非新市,何处寻家"借用《后汉书》新市侯国有离乡聚之典。"别异邯郸,那应知路",借《汉书》汉文帝告诉慎夫人去往邯郸之路比喻夫妻分离。"想镜中看影,当不含啼,栏外将花,居然俱笑",典出刘宋范泰的《鸾鸟诗序》鸾鸟照镜睹形而鸣之语,比喻仿佛与妻子相见。"分杯"借用《仪礼·昏礼》合卺分杯之典;"却扇"借用《世说新语》温峤娶妻之典,两组词用回忆成婚之时尽述思念之意。"当学海神,逐潮风而来往"出自《神异经》,"勿如织女,待填河而相见"出自《淮南子》,此两个典故表达希望做海神有乘风跨海神

---

① 《艺文类聚》卷7《山部·总载山》,第129～130页。
② 《艺文类聚》卷32《人部·闺情》,第572页。

功,不愿做织女待乌鹊搭桥才能过河相见。优美的文字,精当的用典,道出了夫妻思念而不能相见的凄美,也寄托了庾信对江南家乡的思念之情。

　　书仪对书信礼仪进行系统的规范,深深地吸引着人们以之为楷模进行仿效。在这个过程中,书仪以自己本身的书法和文采之美,推动着人们对美更加丰富多彩的追求。

魏晋南北朝时期礼学思想的发展与转向

刘 丰

魏晋时期，思想界流行的是玄学。玄学是在儒家独尊地位丧失、汉代经学衰落之际兴起的融合儒道的新思想。哲学史、思想史的研究一致认为，玄学探讨的主题是名教与自然的关系。名教与自然的关系可以从不同的角度进行分析。从哲学方面来说，它与有无、本末等玄学主题相通，对这些问题的探讨表明了中国哲学发展到一个新的高度和层次。另一方面，从现实社会层面来说，所谓名教，其实指的就是人伦社会秩序。因此，简单来说，名教也就是礼教。清谈玄远的玄学落实到现实社会，就是探讨礼教与自然人性之关系。魏晋时期批判礼教，崇尚自然真性情，探讨礼与人情的关系，这是魏晋时期礼学思想的一项重要内容。

魏晋时期就礼教与自然的争论而展现出的情礼之争，从表面来看，在很大程度上又是先秦时期儒道关于情礼争论的又一次再现。儒家主张发乎情而止于礼，而道家则任情而反礼。魏晋时期"越名教而任自然"的主张反映出情礼关系的紧张与冲突。对此问题学术界已有了相当深入的研究。但是从理论上来说，魏晋时期的情礼冲突更多是由现实政治的冲突所致，在理论上的冲突其实并不显著。因此，当现实的原因消失之后，虽然在渡江之后玄风还流行了一段时间，但整体上，情礼的冲突已逐渐平息。"礼玄双修"就是对这个现象的很恰当的概况。

礼与情的关系是魏晋时期礼学的主要内容，但是除此之外，魏晋时期礼学思想还有很多方面值得深入探讨。本文欲从以下四个方面对魏晋时期的礼学思想及其转向作进一步的研究。

一、三年之丧的确立及其思想史意义

魏晋时期是中国古代礼学发展过程中丧礼极为发达的一个时期。前人多说六朝礼学极精,也多是指丧服礼制的发达而言。《隋书·经籍志》所著录的魏晋南北朝时期三《礼》类著作当中,也以《丧服》类著作最多。《通典》凶礼类所记载的有关丧期、丧服、丧制等丧礼议题的讨论,大多为魏晋人的议论,由此也可见魏晋丧礼学的精深。

三年丧是凶礼当中最为重要的内容,且与丧服制度密切相关。西晋武帝恢复实行三年丧制,北魏孝文帝改革也采纳了汉族的三年丧制,至此之后三年丧制成为一种普遍的、稳定的制度。在魏晋南北朝时期关于三年丧制的改革与争论当中,不仅反映出儒家礼学重视情感、因情而制礼的思想特征,同时也与魏晋南北朝时期礼教与人的自然情感相互协调的礼学思想特征。

三年丧制是自远古流传下来的服丧制度。胡适采傅斯年的看法,认为三年丧为殷礼,后来的儒家继承了这一殷礼。[1] 当然,对这个看法当时就有反对意见[2],但无论如何,三年丧是儒家所肯定的一项重要礼制。孔子认为三年丧为"天下之通丧",其原因就在于"子生三年,然后免于父母之怀"(《论语·阳货》),这是从人的自然情感出发对三年丧作的解释。孔子又说:"丧,与其易也,宁戚。"(《论语·八佾》)丧礼就是人自然真实情感的反映。另外,孔子还针对《尚书》当中的"高宗谅阴,三年不言",说:"何必高宗?古之人皆然。君薨,百官总己以听于冢宰三年。"(《论语·宪问》)也是说三年丧是一种普遍的丧制。后来,《礼记·三年问》说:"三年之丧,二十五月而毕",《礼记·王制》说:"三年之丧,自天子达,庶人县封,葬不为雨止,不封不树,丧不贰事,自天子达于庶人。"孟子也说:"三年之丧,斋疏之服,飦粥之食,自天子达于庶人,三代共之。"(《孟子·滕文公上》)三年丧成为儒家礼制的一项重要内容。

西汉文帝时实行简丧,废除了三年丧制,但是在士大夫及民间社会并没有完全停止实行。沈文倬先生研究了武威汉墓出土的木简《服传》,认为两汉社会实行三年丧之有两种情况,"皇帝、诸侯王、列侯、公卿是不实行三年之丧的","公卿以下的中下级官吏以至民间是实行三年之丧的"。[3] 三国时期,曹魏明确废止了三年丧制,东吴也未实行,但孙权曾在嘉禾六年下

---

[1] 胡适:《说儒》,《胡适学术文集·中国哲学史》下册,北京:中华书局,1991年,第613~680页。
[2] 郭沫若明确指出:"三年之丧并非殷制。"参见郭沫若《驳"说儒"》,《青铜时代》,北京:科学出版社,1957年,尤其是第129~132页。
[3] 沈文倬:《汉简〈服传〉考》,原载《文史》第二十四、二十五辑;收入《宗周礼乐文明考论》(增补本),杭州:浙江大学出版社,2006年,引文见第196、197页。

诏令群臣讨论三年丧制。其诏曰:

> 夫三年之丧,天下之达制,人情之极痛也;贤者割哀以从礼,不肖者勉而致之。世治道泰,上下无事,君子不夺人情,故三年不逮孝子之门。至于有事,则杀礼以从宜,要经而处事。故圣人制法,有礼无时则不行。遭丧不奔非古也,盖随时之宜,以义断恩也。前故设科,长吏在官,当须交代,而故犯之,虽随纠坐,犹已废旷。方事之殷,国家多难,凡在官司,宜各尽节,先公后私,而不恭承,甚非谓也。中外群僚,其更平议,务令得中,详为节度。(《三国志·吴书·吴主传》)

讨论的结果是由于当时战争的现实环境不宜实行三年丧,但在此诏书中所表达的,依然是对三年丧基本原则的肯定,认为三年丧服体现的是人的最本真的自然情感。

建立西晋的司马氏生于儒学世家,西晋政权也宣传以孝治天下,采取了许多提倡儒学的措施。晋武帝在即位后,积极制礼作乐,采取"敦本息末"的政策。泰始四年下诏书说:"敦喻五教,劝务农功,勉励学者,思勤正典,无为百家庸末,致远必泥。士庶有好学笃道,孝弟忠信,清白异行者,举而进之;有不孝敬于父母,不长悌于族党,悖礼弃常,不率法令者,纠而罪之。田畴辟,生业修,礼教设,禁令行,则长吏之能也。人穷匮,农事荒,奸盗起,刑狱烦,下凌上替,礼义不兴,斯长吏之否也。"(《晋书·武帝纪》)当咸熙二年司马昭去世后,其子晋武帝司马炎便开始实行三年丧制。晋武帝虽然遵循汉魏旧制,既葬除丧,但是依然"犹深衣素冠,降席撤膳"(《晋书·礼志中》),以此礼终三年。晋武帝的解释是:"每感念幽冥,而不得终苴绖于草土,以存此痛,况当食稻衣锦,诚诡然激切其心,非所以相解也。吾本诸生家,传礼来久,何心一旦便易此情于所天。"(《晋书·礼志中》)晋武帝这里说得非常明确,他本人生于世代传礼的儒学世家,自然服膺儒学的礼制与价值。三年丧是得到孔子肯定的,是人情的真实表达,因此司马炎以此为契机,在全国推行三年丧制。晋武帝的丧制改革遭到一些人的反对,如《晋书》记载了羊祜与傅玄的一段对话:

> 初,文帝崩。祜谓傅玄曰:"三年之丧,虽贵遂服,自天子达;而汉文除之,毁礼伤义,常以叹息。今主上天纵至孝,有曾闵之性,虽夺其服,实行丧礼。丧礼实行,除服何为邪。若因此革汉魏之薄,而兴先王之法,以敦风俗,垂美百代,不亦善乎。"玄曰:"汉文以来世浅薄,不能

行国君之丧,故因而除之。除之数百年,一旦复古,难行也。"祜曰:"不能使天下如礼,且使主上遂服,不犹善乎。"玄曰:"主上不除而天下除,此为但有父子,无复君臣,三纲之道亏矣。"祜乃止。(《晋书·羊祜传》)

羊祜与傅玄在根本上都是赞同三年之丧的,但傅玄又指出,由于三年之丧废除已久,如果立即实行,在社会上有一定困难。而且,如果如羊祜所建议的那样,既然立即全面恢复三年丧比较困难,那么首先从帝王服三年丧开始,但是这样就会出现如傅玄所说的,帝王不除而百姓除服,会产生"但有父子,无复君臣"的局面,更不利于名教的推行。傅玄是魏晋时期的大儒,他是从现实的角度对实行三年之丧有一些担忧,而不是反对三年之丧本身。另外,反对实行三年丧的太宰司马孚、太傅郑冲、太保王祥、太尉何曾、司徒领中领军司马望、司空荀𫖮、车骑将军贾充、尚书令裴秀、尚书仆射武陔、都护大将军郭建等人当中,有一些人虽然在政治上有可议之处,但都是以孝著称的孝子,他们反对三年丧制,应当与羊祜、傅玄的看法类似,都是出于现实的考虑而反对,他们对于三年丧的礼制本身都是拥护的。后来,当晋武帝的杨皇后死后,群臣又对太子如何服丧展开讨论。杜预提出:

> 古者天子诸侯三年之丧始同齐斩,既葬除丧服,谅闇以居,心丧终制,不与士庶同礼。汉氏承秦,率天下为天子修服三年。汉文帝见其下不可久行,而不知古制,更以意制祥禫,除丧即吉。魏氏直以讫葬为节,嗣君皆不复谅闇终制。学者非之久矣,然竟不推究经传,考其行事,专谓王者三年之丧,当以衰麻终二十五月。嗣君苟若此,则天子群臣皆不得除丧。虽志在居笃,更逼而不行。至今世主皆从汉文轻典,由处制者非制也。今皇太子与尊同体,宜复古典,卒哭除衰麻,以谅闇终制。于义既不应不除,又无取于汉文,乃所以笃丧礼也。(《晋书·礼志中》)

杜预以经师的身份明确指出汉代废止三年丧是"汉文轻典",导致了礼制的混乱。杜预主张应当复古,有力地支持晋武帝恢复三年丧制,而且对礼制做了折中处理,所谓帝王的三年丧并非与士庶人同样的居丧衰服三年,而是服"心丧"三年,即除服之后"谅闇"三年。

南北朝时期,北方拓跋族建立的北魏政权在魏孝文帝汉化改革的过程中,也实行了三年丧制。魏孝文帝的改革受到北魏旧俗、旧贵族以及保守

势力的反对,但魏孝文帝依然坚持了改革。就三年丧制而言,一些汉族士大夫的态度在这一过程中尤为重要。李彪曾上书指出:

> 《礼》云:臣有大丧,君三年不呼其门。此圣人缘情制礼,以终孝子之情者也。周季陵夷,丧礼稍亡,是以要绖即戎,素冠作刺。逮于虐秦,殆皆泯矣。汉初,军旅屡兴,未能遵古。至宣帝时,民当从军屯者,遭大父母、父母死,未满三月,皆弗徭役;其朝臣丧制,未有定闻。至后汉元初中,大臣有重忧,始得去官终服。暨魏武、孙、刘之世,日寻干戈,前世礼制复废而不行。晋时,鸿胪郑默丧亲,固请终服,武帝感其孝诚,遂著令以为常。圣魏之初,拨乱反正,未遑建终丧之制。今四方无虞,百姓安逸,诚实孝慈道洽,礼教兴行之日也。(《魏书·李彪传》)

李彪在上书中简要回顾了历代三年丧制的变迁,其目的是要在当时兴行礼教,其中实行三年丧制是一项重要的内容。李彪提出的实行三年丧的理由依然是儒家的"缘情制礼",三年丧是体现孝子情感的最好的方式。三年丧的理论基础是人情,这是传统儒学的观点,但同时,它也应合了魏晋南北朝时期重情的礼学思想主题。

唐长孺先生曾明确指出:"建立晋室的司马氏是河内的儒学大族,其夺取政权却与儒家的传统道德不符,在'忠'的方面已无从谈起,只能提倡孝道以掩饰己身的行为","以一个标榜儒学统治的人一旦取得统治权必然要提倡儒家的名教,但名教之本应该是忠孝二事,而忠君之意在晋初一方面统治者自己说不出口,另一方面他们正要扫除那些忠于魏室的人,在这里很自然的只有提倡孝道,以之掩护自身在儒家伦理上的缺点"[①]。唐先生是从政治的角度分析西晋重新确立三年丧的政治动机,这当然是一个重要的原因。除此之外,我们还应当注意到儒家思想以及礼学自身的原因。

三年之丧是儒家继承的上古以来的一种礼制,经过儒家思想的提炼,儒家认为丧礼反映的思想是对人情的重视与父子关系的肯定。孟子在解释丧礼的起源时说:

> 盖上世尝有不葬其亲者,其亲死,则举而委之于壑。他日过之,狐狸食之,蝇蚋姑嘬之。其颡有泚,睨而不视。夫泚也,非为人泚,中心

---

① 唐长孺:《魏晋南朝的君父先后论》,收入《魏晋南北朝史论拾遗》,北京:中华书局,1983年,第238、239页。

达于面目,盖归反藁梩而掩之。掩之诚是也,则孝子仁人之掩其亲,亦必有道矣。(《孟子·滕文公上》)

孟子是说,丧礼的出现是由于人的自然情感不忍见到亲人的遗体被动物随意吞食,因此,在孟子看来,三年丧自然也是反映了人的情感。荀子也说:

> 凡生乎天地之间者,有血气之属必有知,有知之属莫不爱其类。今夫大鸟兽则失亡其群匹,越月逾时则必反铅(杨注:铅与沿同,循也)。过故乡,则必徘徊焉,鸣号焉,踯躅焉,踟蹰焉,然后能去之也。小者是燕爵("爵"同"雀"),犹有啁噍之顷焉,然后能去之。故有血气之属莫知于人,故人之于其亲也,至死无穷。将由夫愚陋淫邪之人与?则彼朝死而夕忘之,然而纵之,则是曾鸟兽之不若也,彼安能相与群居而无乱乎?将由夫修饰之君子与?则三年之丧,二十五月而毕,若驷之过隙,然而遂之,则是无穷也。(《荀子·礼论》)

杨注:"鸟兽犹知爱其群匹,良久乃去,况人有生之最智,则于亲丧,悲哀之情至死不穷已,故以三年节之也。"荀子认为,人于万物最贵,人的悲伤情感体现在最亲近的亲人丧礼中就是三年丧。所以荀子又说:"三年之丧何也?曰:称情而立文"(《荀子·礼论》)。杨注引郑玄曰:"称人之情轻重而制其礼也。"

由此可见,先秦孔孟荀一致认为,丧礼是人情的体现,而丧礼中的三年丧更集中体现了人的本真的情感以及对父母的报恩。晋武帝的诏书中说:"三年之丧,天下之达礼也。受终身之爱,而无数年之报,奈何葬而便即吉,情所不忍也。"(《晋书·礼志中》)如果从人类学的角度来看,丧礼几乎是所有人类文化形态中都普遍存在的一种仪式,三年丧属于典型的"过渡礼仪"[①],但是儒家对三年丧的解释却完全是伦理的。魏晋南北朝时期对三年丧的争论以及恢复实行三年丧,从礼制方面来看,也具有重要的意义,如梁满仓先生所指出的,它结束了西汉以来丧制实践的混乱局面,确定了三

[①] "过渡礼仪"是法国人类学家范热内普(Arnold van Gennep)提出的一个重要的人类学理论模式。简单地说,这个理论模式将仪式划分为分隔——边缘——聚合三个阶段。丧礼是典型的人生过渡礼仪,是人游移于两个世界之间的边缘阶段。参见《过渡礼仪》(张举文译),北京:商务印书馆2012年。

年之丧的制度,并且奠定了南北凶礼制度交流的基础①。从思想史的角度来看,三年丧制的确立首先表明的是儒学正统地位的进一步巩固。汉末以来,由于社会动荡和儒家经学自身的原因,儒学一度衰落,而玄学兴盛。出生儒学世家的司马氏建立西晋政权之后,儒学自上而下又开始了振兴。在丧制方面改革西汉以来的短丧,恢复实行三年丧,这种复古的行为表明儒学正统地位的再次确立。

另外,西晋时期明确三年丧的丧制,并且着重讨论了丧服制度,这表明儒家礼学对情与礼的认识更加深入。按照儒家的解释,丧礼是建立在人的自然情感之上的,三年丧只是人的情感的仪式化。西晋时期恢复实行三年丧制,这进一步肯定了先秦儒家思想当中礼出于情的看法。这又与魏晋南北朝时期情礼融合、礼玄双修的思想主题是相通的。

二、变礼的意义

魏晋南北朝是中国古代五礼制度的形成时期。从古代发展流传下来的各种礼仪制度,在《周礼》五礼的框架之内,被系统化了。魏晋南北朝一方面是社会动荡、儒学衰微的时期,但另一方面,无论是两晋南朝,还是北方少数民族建立的各政权,都非常重视礼的作用。魏晋南北朝时期有大规模的礼制建设,这在中国古代历史上也是很突出的。在礼学思想方面,这一时期又重视礼的权变,这也成为魏晋时期礼学思想的一个主要内容。

礼是自上古流传下来的仪式、规范与制度。历代皆有礼,孔子就曾指出:"殷因于夏礼,所损益,可知也;周因于殷礼,所损益,可知也。其或继周者,虽百世,可知也。"(《论语·为政》)孔子认为,三代的礼的发展是"损益"的结果,后代的礼都是在继承前代的基础之上又有所改动与增删。后来《礼记·大传》说:"立权度量,考文章,改正朔,易服色,殊徽号,异器械,别衣服,此其所得与民变革者也。其不可得变革者则有矣。亲亲也,尊尊也,长长也,男女有别,此其不可得与民变革者也。"这是儒家学者从更加抽象的原则解释了礼的变与不变。

《孟子·离娄上》记载:

---

① 参见梁满仓《魏晋南北朝五礼制度考论》,北京:社会科学文献出版社,2009年,第645~651页。

> 淳于髡曰:"男女授受不亲,礼与?"孟子曰:"礼也。"曰:"嫂溺则援之以手乎?"曰:"嫂溺不援,是豺狼也。男女授受不亲,礼也。嫂溺援之以手者,权也。"

孟子所说的礼与权的关系,其实所指的就是礼制的基本原则与适时而变的灵活应变二者之间的辩证关系与有机统一。《礼记·檀弓》等篇记载了许多在特殊情况下如何行礼了例子。

董仲舒将《孟子》书中的礼与权解释成为经礼与变礼的关系。董仲舒认为"《春秋》有经礼,有变礼。为如安性平心者,经礼也。至有于性虽不安,于心虽不平,于道无以易之,此变礼也。"(《春秋繁露·玉英》)董仲舒是汉代《春秋》学的经师。《春秋》经中蕴含着礼制,其中礼有经礼,有变礼。董仲舒还据此进一步认为,"《春秋》固有常义,又有应变。"(《春秋繁露·精华》)"常义"与"应变"也相当于经礼与变礼的关系。

五帝殊制,三王异礼。每个时代礼制本来就有所变异、改动与创新。如《宋书·礼志》所说:"夫有国有家者,礼仪之用尚矣。然历代损益有不同,非务相改,随时之宜故也。"魏晋南北朝时期,由于政治的激烈动荡与社会变迁,使得旧有的礼制有些时候很难适应社会现实。如《通典》中所记载的"前妻被掠没贼后得还后妻之子为服议"、"父母死亡失尸柩服议"等议题,都是战乱时代很普遍的社会现象。

再如,昏、丧在五礼体系中分属不同的类型,但它们又是人生中具有重要意义的大事,因此自古以来就形成了隆重且又复杂的礼仪。尤其是丧礼,前后延续时间很长。这样,在日常生活中就出现了一系列的冲突,即昏礼、丧礼如遇冲突,应该以哪一种礼为重?丧服依据亲属关系的远近有不同的种类,哪一类型的丧服与昏礼中的哪一种程序不矛盾或相冲突,这些不同类型的排列组合需要礼学专家的判定。《通典》卷五十九、卷六十列举的一些议题,如"宗子父殁母命婚父母俱殁自命婚及支子称宗弟称宗兄等婚议"、"舅姑俱殁妇庙见"、"已拜时而后各有周丧迎妇遭女议"、"已拜时壻遭小功丧或妇遭大功丧可迎议"、"周丧不可嫁女娶妇议"、"周服降在小功可嫁女娶妻议"、"大功末可为子娶妇议"、"祖无服父有服可娶妇嫁女议"、"降服大功末可嫁姊妹及女议"等,大多为魏晋时期的讨论。

如面对这样的现象,该采取何种礼制,成为礼学家们争论的议题。再者,魏晋是以《周礼》为核心的五礼制度的草创与形成时期,很多礼仪制度还不完备,有些特殊情况就需要因时因地制宜。梁满仓先生在《魏晋南北朝五礼制度考论》一书中列举出很多具体的实例,说明在各种因素的共同制约、刺激下,魏晋时期人们议礼比较灵活,注意礼的变通。①

三《礼》是后世礼制的总的源泉。礼经虽然繁复,"经礼三百,曲礼三千",但无论如何也不可能涵盖现实生活中遇到的种种具体情况。就魏晋时期来看,除了历代皆有的僭礼、违礼的情况之外,超出礼经范围而需要采取变通手段的,大约有以下几种情形。

第一,因实际情况而改动礼制。如东晋元帝初过江,礼制多阙。侍中顾和奏:"旧礼,冕旒用白玉珠。今美玉难得,不能备,可用白璇珠。"(《通典》卷五十七《礼》十七,1602页)

第二,根据现有的礼经去推演。本来,礼经残缺不全,《仪礼》多为士礼,在汉代就常有礼制捉襟见肘的局促。后仓等礼学家经常就是用士礼去推演天子礼。因此当发现了古文礼经之后,其中"多天子诸侯卿大夫之制",学者认为这些礼经"虽不能备,犹愈仓等推《士礼》而致于天子之说"(《汉书·艺文志》)。这样的情形在魏晋时也多有发生。如西晋时殷泉源问"天子诸侯臣致仕,服有同异"的问题,范宣答曰:"夫礼制残缺,天子之典,多不全具,唯国君之礼,往往有之。臣之致仕,则为旧君齐缞三月;天子之臣,则亦然矣。"并引《公羊传》作为依据,最终的结论是"比例如此,则臣服之制同矣。"(《通典》卷九十《礼》五十,第2470页)

第三,如果礼无明文,郑注(西晋时多用王肃义)或前代经师的解说也是判断礼制的主要依据,如西晋时讨论皇后亲为皇后服议时,博士王翼曰:"礼无明文,依准郑制齐缞。"(《通典》卷八十一《礼》四十一,第2215页)此外,遵循前代"故事",如"汉魏故事"、"魏晋故事",也是变通礼制的一个原则。

第四,从俗。《通典》有婚礼中"拜时妇三日妇轻重议"。按礼经并无"拜时""三日"之文,但自魏晋以来,民间以成习俗。当时人们认为:

> 婚姻王化所先,人伦之本。拜时之妇,礼经不载,自东汉魏晋及东晋,咸由此事。按其仪,或时属艰虞,岁遇良吉,急于嫁娶,权为此制……六礼悉舍,合卺复乖,黩政教之大方,成容易之弊法。王肃、钟毓、陈群、山涛、张华、蔡谟,皆当时知礼达识者,何谓不非之邪?岂时俗久行,因循且便,或彼众我寡,议论莫从者乎?(《通典》卷五十九《礼》十九,1682页)

---

① 梁满仓:《魏晋南北朝五礼制度考论》,第42~46页。

从这段议论可知,所谓"拜时"就是在特殊情况下举行的一种简易婚礼。虽然不合古礼,但经学家也大多不以为非,估计就是因为此礼在民间行之已久,且简易方便,因此作为一种权变之制,也未必不可以。

礼学思想的研究,不仅要重点研究思想家、儒家学者对礼的起源、礼的性质、礼的功能、礼的价值等问题的看法与思考,同时,礼制以及礼制的变迁中反映出的思想史内涵,同样也是礼学思想研究的重要内容。西晋时期在关于丧礼的讨论中出现的三年"心丧",就是有关变礼思想的一个很好的例证。

《仪礼·丧服》规定三年斩衰:"诸侯为天子、君,父为长子,为人后者。妻为夫,妾为君,女子子在室为父,布总,箭笄,髽,衰,三年。子嫁,反在父之室,为父三年。"《仪礼》本为士礼,三年斩衰应不包括天子礼在内,但后世经学家多认为《丧服》一篇当为自天子至于庶人皆应实行的,如贾疏说"《丧服》总包尊卑上下,不专据士。"[①]

西晋武帝时恢复实行三年丧,但是一个显见的问题是,魏晋时期以皇帝为首的国家制度与西周时期相比,已经是极为复杂且庞大了。皇帝既是国家的最高首领,同时在皇帝的血缘家族里,又是为人子者。如果皇帝也要为父行三年斩衰,显然于国家体制的正常运行是不可能的。在这种情况下,既要保证国家机器正常运转,又要照顾到皇子作为孝子也要尽宗法之礼,因此就对三年斩衰之礼作了适当的变通,提出"心丧"作为解决矛盾的办法。仆射卢钦、尚书魏舒等奏曰:"天子之与群臣,虽哀乐之情若一,其所居之宜实异,故礼不得同。"并释《虞书》"殷之高宗谅闇,三年不言"为"心丧"。挚虞认为:

> 古者无事,故丧三年,非讫葬除心丧也。后代一日万机,故魏权制,晋氏加以心丧,非三年也。

杜预也指出:

> 古者天子诸侯三年之丧,始同齐斩,既葬除服,谅闇以居,心丧终制,不与士庶同礼。(《通典》卷八十《礼》四十,第2160页)

杜预又说:"《传》称三年之丧自天子达,此谓天子绝期,唯有三年丧也,

---

① 《仪礼注疏》,上海:上海古籍出版社,2008年,第859页。

非谓居丧衰服三年与士庶同也。"(《晋书·礼志中》)

挚虞提出的古代实行三年之丧的原因这里暂且不论,但他指出后代政务繁忙,"一日万机",以此应当对丧制有所变革,实行"心丧",却也是合理的解释。杜预则以经学大师的身份对皇帝心丧三年作了理论的解释。西晋以后至南朝,皇帝的丧制基本都是三年心丧,这是当时丧服制度的一个重大发明,同时也是礼的权变的一个很好的例证。心丧制度既贯彻了宗法血缘关系,同时又协调了宗法关系与政治机制之间的矛盾,是帝王行丧礼的一个很好的融通办法。

魏晋是一个动乱的时期,普通人在生活中颠沛流离,意外横生,礼制如何应对或弥合现实,也是礼面临的非常具体的处境。如《通典》所载"父母死亡失尸柩服议",晋刘智《释疑》云:

> 问者曰:"久而不葬,丧主不除。若其父远征,军败死于战场,亡失骸骨,无所葬,其服如何?"智云:"此礼文所不及也。以理推之,凡礼使为主者不除,不谓众子独可无哀。诚以既变,人情必杀,丧虽在殡,不为主者可以无服。然则为主者之服,可以哀独多也。以丧柩在,不可无凶事之主故也。今无所葬,是无尸柩也,凶服无施,则为后者宜与众子同除矣。讫葬而变者,丧之大事毕也,若无尸柩,则不宜有葬变。寒暑一周,正服之终也,是以除首绖而练冠也。亡失亲至骸骨,孝子之情所欲崇也,可令因周练乃服变缞绖。虽无故事,而制之所安也。"(《通典》卷一百三《礼》六十三,第2698页)

针对问者的问题,刘智的回答是虽然这样的情况礼经无明文规定,但是根据礼经的原则以及人情,礼制应该有所变通,服变缞绖。刘智的结论是"虽无故事,而制之所安也",对礼做一些适当的调整、变化,就可以圆满地解决问题。

正因如此,当时的经学家、学者在解释礼经与礼制之外,同时也强调礼有权变、变通的意义。如《通典》引西晋傅纯语:"礼是经通之制,而鲁筑王姬之馆于外,《春秋》以为得之礼变,明变反合礼者,亦经之所许也。"(《通典》卷九十七《礼》五十七,2606页)又引徐野人曰:"礼许变通。"(《通典》卷六十《礼》二十,1696页)又引挚虞曰:"圣人之于礼,讥其失而通其变"(《通典》卷八十二《礼》四十二,2225页),《宋书·礼志二》引朱膺之曰:"即情变礼,非革旧章。"《宋书·礼志》又曰:"夫有国有家者,礼仪之用尚矣。然历代损益有不同,非务相改,随时之宜故也。"礼应当"转相变易,不可悉还反古"(《通典》卷八十一《礼》四十一，2202页)，应该是魏晋时期对礼的一种普遍看法。其中，干宝的一段话更有代表性。干宝说：

> 礼有经有变有权，王㦷之事，有为为之也。有不可责以始终之义，不可求以循常之文，何群议之纷错！同产者无嫡侧之别，而先生为兄；诸侯同爵无等级之差，而先封为长。今二妻之入，无贵贱之礼，则宜以先后为秩，顺序义也。今生而同室者寡，死而同庙者众，及其神位，固有上下也。故《春秋》贤赵姬遭礼之变而得礼情也。且夫吉凶哀乐，动乎情者也，五礼之制，所以叙情而即事也。今二母者，本他人也，以名来亲，而恩否于时，敬不及生，爱不及丧，夫何追服之道哉！张恽、刘卞，得其先后之节，齐王、卫恒，通于服绝之制，可以断矣。朝廷于此，宜导之以赵姬，齐之以诏命，使先妻恢含容之德，后妻崇卑让之道，室人达长少之序，百姓见变礼之中。若此，可以居生，又况于死乎！古之王者，有以师友之礼待其臣，而臣不敢自尊。今令先妻以一体接后，而后妻不敢抗，及其子孙交相为服，礼之善物也。然则王昌兄弟相得之日，盖宜祫祭二母，等其礼馈，序其先后，配以左右，兄弟肃雍，交酬奏献，上以恕先父之志，中以高二母之德，下以齐兄弟之好，使义风弘于王教，慈让洽乎急难，不亦得礼之本乎！(《晋书·礼志中》)

按干宝及其他人的议论中都提到赵姬。赵姬事见《左传·僖公二十四年》及《史记》。据《史记·赵世家》，公子重耳在晋时，赵衰与妻(即赵姬)已生三子。后赵衰从重耳出亡奔翟。翟伐廧咎如，得二女，以其少女妻重耳，长女妻赵衰(《史记·晋世家》稍异)，即《左传》叔隗，并生子盾。重耳返国后，"赵姬请逆盾与其母，子余(赵衰字)辞。姬曰：'得宠而忘旧，何以使人？必逆之！'固请，许之。来，以盾为才，固请于公，以为嫡子，而使其三子下之，以叔隗为内子，而己下之。"(《左传·僖公二十四年》)干宝认为《春秋》称许赵姬"遭礼之变而得礼情也"。礼学家与经学家都认为，礼的变通中体现出真正的礼义，这样的变礼也是"得礼之本"的。

礼随着社会的发展而变化，这是礼进步的体现。重视变礼，说明礼不是僵化不变的教条，而是可以灵活应对现实的规范。这样，在思想上，变礼与儒家所认为的礼的"损益"是一贯的，而且扩大了礼的运用范围，提升了礼的功能。这也是魏晋南北朝时期在政治、民族等各种复杂的社会现实中，礼能够成为重要的价值标准之一，成为维系中国历史与文化发展的一个重要因素。

三、《周礼》地位的提升及其意义

魏晋南北朝是中国古代历史上极为动荡的一个时期,政治的南北分裂、朝代的废兴更替、社会的动荡、战争的纷乱,使得儒家经学的发展处于衰微的地位,而道家、佛学的广为流行,更加刺激了儒学的衰落。同时,由儒道思想融合而成的玄学又进一步影响了儒家经学,并且在某些方面促进了儒学以及经学的发展与走向。另一方面,在儒家经学方面,三《礼》学在这一时期却极为发达。宋代王应麟说:"朱文公谓:'六朝人多精于《礼》,当时专门名家有此学,朝廷有礼事,用此等人议之。'"[1]清人赵翼也指出:"六朝人最重三《礼》之学"[2]。经学史、历史学的研究一致认为,魏晋南北朝时期三《礼》学极为兴盛。当代还有学者指出,三《礼》学是当时的显学,在礼学的发展中处于核心地位。[3]

在魏晋南北朝三《礼》学的发展过程中,一个核心的问题是《周礼》地位的提升。

在两汉的礼学系统中,居于核心地位的礼经是《仪礼》。《仪礼》是从先秦流传下来的礼经,在汉代列于学官,置博士,有严格而完整的传授系统,代表了两汉时期正统的礼学。《周礼》则是在武帝时才出现的一部书,且来路不明,当时就有人怀疑是"末世渎乱不验之书"、"六国阴谋之书",因此并未受到相应的重视。郑玄遍注诸经,认为《周礼》是"周公致太平之书",将之与《仪礼》、《礼记》合而注之,使三《礼》学成为统一的礼学整体。由于郑玄的经师地位与礼学成就,"礼是郑学",不但突出了郑玄的礼学成就,同样也提升了《周礼》的地位。

魏晋南北朝时期,《周礼》在三《礼》学体系中的地位更加突出,受到学者以及政治家的重视,进一步确定了三《礼》之首的地位。《汉书·艺文志》有"礼经三百,威仪三千",韦昭注说礼经指的就是"《周官》三百六十官也。三百,举成数也。"这一看法颠倒了传统《仪礼》与《周礼》的关系,以《周礼》为礼经。南朝时更是有人认为:"凡圣贤可讲之书,必以《周官》立义,则《周官》一书,实为群经源本。"(《梁书·儒林·沈峻传》)说这句话的陆倕为吏

---

[1] 王应麟:《困学纪闻》卷5,上海:上海古籍出版社,2008年,第586页。
[2] 赵翼:《廿二史札记》卷20《唐初三礼汉书文选之学》,王树民:《廿二史劄记校正》,北京:中华书局,1984年,第440页。
[3] 参见梁满仓《魏晋南北朝五礼制度考论》第二章第一节,第58~80页。

部郎，曾与梁武帝萧衍、沈约等八人并游竟陵王萧子良门下，号为"八尤"，他既是一政府高官，又曾与知识人为伍，他的这个看法不见得完全准确，但也一定是受到当时一些学者和学术思想的影响。

至于《周礼》对魏晋南北朝社会政治的影响则更为显著。建立西晋的司马氏出身于儒学大族，在取得政权之后随即制礼作乐，推广礼教。《晋书·礼志》记载："及晋国建，文帝又命荀顗因魏代前事，撰为新礼，参考今古，更其节文，羊祜、任恺、庾峻、应贞并共刊定，成百六十五篇，奏之。"这部《晋礼》就是按照《周礼》所说的五礼的形式而制定的。学术界普遍认为，中国古代完备的五礼制度形成于魏晋时期[①]，这是魏晋时期礼学发展的一个重要标志。魏晋时期形成的五礼体系成为后世国家礼制的基本结构，而五礼结构本身就是来源于《周礼》。

具体来说，曹魏时期实行的"复五等爵"，就是《周礼》对于现实政治影响的体现之一。按照甘怀真的看法，"此举的目的之一是宣告一个遵从'周政'的新体制的诞生，而不再用汉家之法。此亦象征周礼成为政制的法源"[②]。《周礼》对北朝的政治影响更为明显。明人柯尚迁说："迨至于魏有苏绰者，遂识其书，取以辅宇文周。其所更立制度多本之《周礼》，虽大经不明，事多杜撰，然其良法美意亦足以开唐家一代制作之懿，为后世宗。所谓六官、府兵与租庸调是也。"（《周礼全经释源》，文渊阁四库全书本）王夫之说："袭《周官》之名迹，而适以成乎狄道者，宇文氏也。"（《读通鉴论》卷末叙论四，北京：中华书局，1975年，1113页）陈寅恪先生也曾经指出："司马氏之帝业，乃由当时之儒家大族拥戴而成，故西晋篡魏亦可谓之东汉儒家大族之复兴。典午开国之重要设施，如复五等之爵、罢州郡之兵，以及帝王躬行三年之丧礼等，皆与儒家有关，可为明证……然则中国儒家政治理想之书如周官者，典午以前，固以尊为圣经，而西晋以后复更成为国法矣，此亦古今之钜变，推原其故，实亦由司马氏出身于东汉儒家大族有以致之也。"[③]陈寅恪先生还指出："自西汉以来，摹仿周礼建设制度，则新莽、周文帝、宋神宗，而略傅会其名号者则武则天，四代而已。四者之中三为后人所讥笑，独宇文之制甚为前代史家所称道，至今日论史者尚复如此。"[④]陈寅

[①] 杨志刚认为"以'五礼'形式撰制礼仪，始于西晋"。参见杨志刚《中国礼仪制度研究》，上海：华东师范大学出版社，2001年，第157页。梁满仓先生则认为，五礼体系被用于国家制礼实践中是始于魏晋之际。参见梁满仓《魏晋南北朝五礼制度考论》，第129页。
[②] 甘怀真：《"制礼"观念的探析》，《皇权、礼仪与经典诠释：中国古代政治史研究》，上海：华东师范大学出版社，2008年，第73页。
[③] 陈寅恪：《崔浩与寇谦之》，《金明馆丛稿初编》，第129页。
[④] 陈寅恪：《隋唐制度渊源略论稿》，北京：中华书局，1977年，第90页。

恪先生还着重分析了"宇文泰摹仿周礼创建制度之用心及其所以创建之制度之实质",认为宇文泰"阳傅周礼经典制度之文,阴适关陇胡汉现状之实"①。现代也有学者指出,北朝的社会体制全部受到《周礼》的影响。②《周礼》对魏晋南北朝时期社会政治制度与国家礼制的影响,还可以做进一步具体的研究,但总体来说,古今学者一致指出,北朝体制受《周礼》的影响则是中国古代历史上一个明显的事实,而北朝的体制与制度则直接影响了隋唐,从这一点来看,《周礼》对中古时期社会政治与制度的影响,是其他经典所不可比拟的。

魏晋南北朝是一个分裂动荡的历史时期,但是同时,以统一王权为指导的《周礼》却在此时收到莫大的重视,这确实是一个值得重视和深思的问题。近来阎步克在研究中国古代帝王冕服制度时也涉及到这一点。他从政治史的角度对这个问题作了解释。阎步克指出:"从中国政治史的大趋势看,魏晋南北朝这个时代中,'族'的因素——皇族、士族、家族,在北朝还有部族因素——的政治影响重大起来了,这在某种意义上或一定程度上,是周朝贵族政治的回潮或倒卷。在这时候,人们对名为'周礼'的周制,就有了更大的亲近感。比较而言,宋明清发达的集权官僚政治远离了周政,君臣对'周礼'的亲近感,就大为淡漠了。像五等爵、国子学、三年丧等等可追溯于会走的制度设置,与皇族、士族、家族因素,确实存在着重大的亲和性……在各种经传之中,《周礼》一书所提供的'周礼'丰富、整齐而集中,那也是魏晋以下其书为人所重的重要原因之一。在魏晋制度发生剧烈波动之时,《周礼》在外在形式上也可以为改制提供素材,包括官名,爵称,官署架构等等。"③

此外,阎步克还提到文化心理方面的原因。魏晋南北朝是乱世,乱世的人们需要精神的慰藉。他借用马克思所说的"宗教是人民的鸦片"的说法,说"'周礼'是魏晋君臣的鸦片"。"'周礼'之于君臣士大夫,就好比这一时期的老庄之于名士,道佛之于平民。"④

魏晋时期门阀势力崛起,尤其是东晋出现了"王与马,共天下"的门阀政治,这在中国历史上是空前绝后的,对传统的"天无二日,土无二王"的政治理念是一个极大的冲击,但这"共天下"的政治格局并没有随之出现相应

---

① 陈寅恪:《隋唐制度渊源略论稿》,第91页。
② 参见李书吉《北朝礼制法系研究》,北京:人民出版社,2002年,缺信息。
③ 阎步克:《服周之冕——〈周礼〉六冕礼制的兴衰变异》,北京:中华书局,2009年,第231~232页。
④ 阎步克:《服周之冕——〈周礼〉六冕礼制的兴衰变异》,第232~233页。

的礼制,传统尊君卑臣的礼制也没有发生变化。与司马氏"共天下"的王导说:

> 夫风化之本在于正人伦,人伦之正存乎设庠序。庠序设,五教明,德礼洽通,彝论攸叙,而有耻且格,父子、兄弟、夫妇、长幼之序顺,而君臣之义固矣……人知士之贵由道存,则退而修其身以及家,正其家以及乡,学于乡以登朝,反本复始,各求诸己,敦朴之业著,浮伪之竞息,教使然也。故以之事君则忠,用之莅下则仁,孟轲所谓"未有仁而遗其亲,义而后其君者也。"……今若聿遵前典,兴复道教,择朝之子弟并入于学,选明博修礼之士耳为之师,化成俗定,莫尚于斯。(《晋书·王导传》)

王导对礼坏乐崩的社会现实也是痛心疾首。他的社会、政治主张依然是儒家礼教的体现。魏晋南北朝时期,世家大族是礼学的基础。但世家大族并未发展出另一套礼来。王导的这一段话清楚地表明,他们是传统的礼的坚定的维护者。阎步克在关于魏晋时南北朝时期冕服制度的研究中也表明了这一点。他说:"冠服之礼的'尊君'倾向并未中止,仍在'损略'、'毁变'臣下以反衬帝王的崇高。别把那只看成形式的虚荣,它维系着一种'君尊臣卑'的理念,宣示着中国专制集权的悠久与顽强。""魏晋以来虽皇权衰落,尊君卑臣、纲常名教之论成了空话套话,然而空话不空,它们在诏令奏议中依然重复出现,那依然是对皇权的一种维系,预示着其未来的重振与伸张。"[1]

我们在研究中国历史的时候,一个基本的历史现象是中国在几千年的发展历程中,虽然有内乱、外族入侵而导致的割据、分裂局面,但整体上中国历史维持了政治与文化的一统。这个中国历史上的基本形态引起了中外历史学家的极大兴趣,从各个方面做出了解释。就魏晋南北朝时期来说,恰好是非常典型的。在长达三百多年的分裂中,南北对立,民族、种族问题尤其突出,但历史的最终走向依然是统一而不是彻底走向分裂。这是政治的、经济的、种族的、文化的等各种因素共同形成的。其中文化的原因也是思想史、哲学史讨论的一个重要问题。其实,更进一步说,或更明确地说,在文化因素方面,是礼维系了中国文化的统一,以及中国历史的统一。这正是《周礼》的意义与价值。

---

[1] 阎步克:《服周之冕——〈周礼〉六冕礼制的兴衰变异》,第211页。

四、魏晋南北朝礼学思想的转向

儒家所讲的礼，抽象地说可以认为是治理国家的理念方法、调节人际关系的指导原则，具体又可以落实到舆服车马等器物，进退揖让等仪节，所以，礼是一个包容广泛的称谓。概况地说，礼的指向就是儒家所重视的人伦秩序。

先秦时期，儒家学者不但探讨了礼的起源、礼的社会作用、礼与人性的关系等问题，如《礼记》书中提出的各种说法，而且还试图为礼找到更为根本的本源。荀子是先秦儒家的礼学大师，他在《礼论》篇中开篇就讲礼的起源：

> 礼起于何也？曰：人生而有欲，欲而不得，则不能无求。求而无度量分界，则不能不争；争则乱，乱则穷。先王恶其乱也，故制礼义以分之，以养人之欲，给人之求。使欲必不穷于物，物必不屈于欲。两者相持而长，是礼之所起也。

荀子所提出的礼的起源说，完全不同于《礼记》书中所讲的礼起于饮食、起于婚姻等各种说法，荀子这里提出的是一个关于礼的起源的理论模型，即礼的根源是对社会资源的分配，礼是一种维系社会稳定的分配原则。我们不能不感叹荀子的认识是很深刻的，他看到了礼的本质。荀子还特别重视探讨礼的本源与本质，他说："制礼反本成末，然后礼也"，"礼以人心为本，故亡于《礼经》而顺人心者，皆礼也"（《荀子·大略》）。这里提出礼以人心为本。另外，荀子还提出礼有三本："天地者，生之本也；先祖者，类之本也；君师者，治之本也。"（《荀子·礼论》）

但是，无论荀子说的礼的起源还是礼之三本，都是在经验的层面上论说礼的本源。另外，战国时期，礼学思想也融合了当时思想界流行的阴阳五行模式，如《礼记·礼器》篇说："礼也者，合于天时，设于地材，顺于鬼神，合于人心，理万物者也。"《乐记》篇又说："是故先王本之情性，稽之度数，制之礼义，合生气之和，道五常之行，使之阳而不散，阴而不密，刚气不怒，柔气不慑，四畅交于中而发作于外，皆安其位而不相夺也。"（郑注："五常，五行也。"）这里所论说的礼，已经脱离了具体的节文，而是一种抽象的哲学论证，其核心就是以阴阳五行说的相配合为礼的结构。阴阳五行也成为战国

122

至汉代儒家礼学思想的基本范式。①

阴阳五行的思维模式虽然影响很大,但整体上还是比较直观,比较粗糙,属于类比、模拟思维,在中国哲学发展的历程中还属于较低的层次。哲学史的研究认为,魏晋玄学在中国哲学发展史上的重要贡献就在于玄学将中国古代的哲学思维与哲学发展提升到本体论的层次。汤用彤先生指出:"夫玄学者,乃本体之学。为本末有无之辨。"②汤一介先生也认为:"魏晋玄学是指魏晋时期以老庄思想为骨架企图调和儒道,会通'自然'与'名教'的一种特定的哲学思潮,它所讨论的中心为'本末有无'问题,即用思辨的方法来讨论有关天地万物存在的根据的问题,也就是说表现为远离'世务'和'事物'形而上学本体论的问题。"③这些看法是我们从中国哲学发展史的整体立场考查和评价魏晋玄学的一个基本尺度,已经成为学术界的共识。玄学家讨论的有无、本末等问题,是具有本体论意义的哲学概念,这相对应两汉以阴阳五行为架构的哲学来说,是一个重大的突破,是中国古代哲学思想发展过程中具有本质意义的一次飞跃。

魏晋南北朝时期,在政治方面政权更替频繁,社会动荡不安,在思想领域玄学流行,玄风大盛,但是另一方面,从朝廷至普通士人还是多从维系社会秩序的角度重视儒学,重视礼在治国安民方面的重要作用。曹魏时期侍中高堂隆说:"礼乐者,为治之大本也。"(《三国志·魏书·高堂隆传》)西晋时程猗说:"夫礼,国之大典,兆民所日用,岂可二哉。"(《魏书·礼志四》)挚虞说:"革命以垂统,帝王之美事也,隆礼以率教,邦国之大务也。"(《晋书·礼志上》)庞札说:"夫礼者,所以经国家,定社稷也。"(《晋书·庾纯传》)南北朝时期,南朝更多地延续了儒学的传统,但是北方少数民族建立的各政权也早已认识到礼的重要意义。前秦王猛说:"宰宁国以礼,治乱邦以法。"(《晋书·苻坚载记附王猛传》)虽然北方由于政权更替,礼以"宰宁国"的作用还尚未充分发挥出来,但是在理论上,各政权都认识到了儒家礼乐所具有的社会功效。北魏统一北方后,随即制礼作乐,推行礼制,刁雍上表说:"臣闻有国有家者,莫不礼乐为先。故《乐记》云:礼所以制外,乐所以修内。和气中释,恭敬温文。是以安上治民,莫善于礼。易俗移风,莫善于乐……臣今以为有其时而无其礼,有其德而无其乐。史阙封石之文,工绝清颂之飨,良由礼乐不兴,王政有阙所致也,臣闻乐由礼,所以象德。礼由

---

① 参见刘丰《先秦礼学思想与社会的整合》第二章第二节,北京:中国人民大学出版社,2003年,第71~90页。
② 汤用彤:《魏晋玄学流别略论》,《汤用彤学术论文集》,北京:中华书局,1983年,第242页。
③ 汤一介:《郭象与魏晋玄学》(第三版),北京:北京大学出版社,2009年,第11页。

乐,所以防淫。五帝殊时不相沿,三王异世不相袭。事与时并,名与功偕故也。臣识昧儒先,管窥不远,谓宜修礼正乐,以光大圣之治。"(《魏书·刁雍传》)以上所列举的这些观点具有代表性。这些人均为朝廷官员,并非重要的思想家,他们所依据的礼学理论也未超出先秦以来儒家礼学思想的范围,但是把他们的这些观点、看法放在具体的历史情境中,可以看出在剧烈的社会变革中,人们强烈地感受到或预见到礼所具有的强大且现实的社会功能。

因此,在儒学衰微、社会政治动荡的时期能够看到礼所具有的整合社会的功能,这当然具有非常重要的历史意义,但是从理论方面来看,这一时期人们对礼的认识还仅局限于礼的社会功能方面,这一方面并没有超出先秦儒家所达到的高度。

比如,魏晋南北朝时期很多人强调礼之本,按照梁满仓先生的研究,他们将荀子所提出的礼之"三本"进一步具体化,以"返本修古"内容的变化为突破口,具体地规定礼所应敬重的本源。具体来说,当时人所认定的礼所应当返之本是多样化的,如尊祖敬宗为孝敬之本,教学为立国之本,尊师贵士为王教之本,孝敬仁义为立身之本,婚姻为人伦之本,治心为治国之本,农桑为立国之本,等等。[①] 魏晋南北朝时期人们所认为礼所应当重视的根本,已经包括了祖宗、道德规范、婚姻制度、农桑事物等各方面的内容,比荀子所说的"三本"已经范围扩大了很多,反映了这一时期对礼之本认识的深入。但是另一方面,这一时期人们所认为的礼之本,还是以伦理秩序为主,这样的"本"还停留在经验的层面,至多具有本源的含义,不具有哲学本体的意义。

曹魏时期杜恕曾著《体论》八篇,"一曰君,二臣,三言,四行,五政,六法,七听察,八用兵"(《全三国文》卷四十二),并解释说:"人伦之大纲,莫重于君臣;立身之基本,莫大于言行;安上理民,莫精于政法;胜残去杀,莫善于用兵。夫礼也者,万物之体也,万物皆得其体,无有不善,故谓之《体论》。"(《三国志·魏书·杜畿附杜恕传》注引《杜氏新书》)这里的体有根本的意思,义同孔子所说的"为政先礼,礼其政之本与"(《礼记·哀公问》)的"本",即礼是为政的根本。正如余敦康先生所指出的,杜恕的这个命题"没有进行更高层次的理论探索,没有作出哲学上的论证,这个命题实际上并不具有世界观的指导意义,而只是表述了人们的政治行为必须以礼为

[①] 参见梁满仓《魏晋南北朝五礼制度考论》,第28~35页。

准则"①。

傅玄是魏晋时期的著名儒家学者,他针对魏晋以来的政治变动以及士人以虚无放诞为风尚所形成的礼坏乐崩的社会现实,认为这是"亡秦之病复发于今"(《晋书·傅玄传》)。他对现实的判断有些类似汉代贾谊所说的秦亡的原因在于"仁义不施",即背离了儒家的礼乐教化。傅玄认为,"儒学者,王教之首也"(《晋书·傅玄传》),儒家的礼乐教化是实现社会稳定与治理的根本。而礼教之本在于:

> 能以礼教兴天下者,其知大本之所立乎?夫大本者,与天地并存,与人道俱设,虽蔽天地,不可以质文损益变也。大本有三:一曰君臣,以立邦国;二曰父子,以定家室;三曰夫妇,以别内外。三本者立,则天下正;三本不立,则天下不可得而正。天下不可得而正,则有国有家者亟亡,而立人之道废矣。礼之大本,存乎三者。(《傅子·礼乐》,《全晋文》卷四十七,严可均:《全上古三代秦汉三国六朝文》,1730页)

傅玄说得非常明确,所谓礼教的根本就是君臣、父子、夫妇,也就是汉代所提出的"三纲"。因此,傅玄的礼学思想依然限于先秦两汉儒家对礼的认识。他在士人不守礼法、礼坏乐崩的社会现实面前肯定礼的教化功能固然具有强烈的时代意义,但整体上对于礼学思想的推动并没有起到什么作用。

葛洪是东晋时期著名的道士,同时也是具有儒家思想倾向的一位学者。②葛洪《抱朴子外篇》中的《疾谬》、《讥惑》、《刺骄》等篇严厉地批评了魏晋以来士人背叛礼教的各种放荡不羁的言行,他认为,"人而无礼,其刺深矣"(《抱朴子外篇·刺骄》),他在这里袭用了《诗经·相鼠》"人而无礼,胡不遄死"的思想,可见他对所谓名士的任诞之风是深恶痛绝的。葛洪认为,违背礼教不但会败坏世风,而且还是国家衰亡的主要原因:"夫桀倾纣覆,周灭陈亡,咸由无礼,况匹庶乎!"(《抱朴子外篇·疾谬》)葛洪对由礼而导致历史兴亡的感叹,一定有对现实的沉痛反思。葛洪认为:"夫唯无礼,

---

① 余敦康:《魏晋玄学史》,北京:北京大学出版社,2004年,第37~38页。
② 葛洪的《抱朴子外篇》的学派归属是一个复杂的学术问题。葛洪自认为"《外篇》言人间得失,世事臧否,属儒家",但其著述遭到历代儒家的批评,认为《外篇》属于杂家。对这个问题这里不拟过多展开,而是参考李中华先生的看法:"葛洪《抱朴子外篇》体现的是儒家思想"。参见汤一介、李中华主编《中国儒学史·魏晋南北朝卷》(李中华著),北京:北京大学出版社,2011年,第127页。

不厕贵性"(《抱朴子外篇·讥惑》)。"贵性"谓人,也是套用了传统儒家人为万物最贵的思想。因此,葛洪认为,人之所以为人就在于礼,礼是人与动物的区别。

葛洪对魏晋以来礼的缺失导致的世风败坏与政治的兴亡的反思,当然有其深刻的思想史的意义。但总体来说,他对礼的认识并没有超出传统儒家的看法,这也许是他不受后世儒家重视的原因之一。葛洪还指出:"天秩有不迁之常尊,无礼犯死之重刺"(《抱朴子外篇·博喻》)。"天秩"出自《尚书·皋陶谟》"天秩有礼",是指天地自然之秩序,人间的尊卑秩序是对自然秩序的模拟,这种思想也是传统思想当中固有的看法①,葛洪并没有对天秩与礼的关系作进一步的说明与论证。

魏晋时期的玄学家、思想家当中,对礼思考最为深入的应该是裴頠。裴頠"疾世俗尚虚无之理,故著《崇有》而论以折之"(《世说新语·文学》注引《晋诸公赞》)②。《崇有论》今保存在《晋书》中,从内容来看,裴頠坚决反对玄学家以无为本的思想以及由此带来的口谈虚浮、破坏礼法的社会风气。裴頠认为,贵无必然贱有,"贱有则必外形,外形则必遗制,遗制则必忽防,忽防则必忘礼。礼制弗存,则无以为政矣"(《晋书·裴頠传》)。裴頠的《崇有论》深入分析了贵无思想产生的原因、它在理论上的缺陷以及所引起的严重社会后果。在裴頠看来,魏晋时期流行一时的所谓玄风,在理论上就是由玄学家的贵无思想而引起的。

从玄学的方面来看,裴頠的崇有论是玄学发展过程中具有关键意义的逻辑的一环,因此裴頠也是著名的玄学家,在玄学中具有重要的地位。有学者指出:"裴頠《崇有论》的出现,标志魏晋南北朝的儒学进入了一个新阶段。其显著的特点是正统的儒家学者也学会了使用玄学语言,并运用'辩名析理'的方法,与玄学思潮相抗衡,这为儒学在理论上的深化并建立儒家的哲学形上学和本体论创造了条件,开辟了道路。裴頠的《崇有论》即是儒学在理论上深化的代表作。因为玄学贵无论以'本末有无'问题为核心,建立起'以无本本'的本体论学说,裴頠亦借用'有'、'无'概念,并集中讨论二者的关系,从而建立起具有儒家特色的'崇有论'哲学。"③另一方面,从儒家礼学思想方面来看,裴頠贱无而崇有,其崇有就是对儒家仁义道德与礼乐制度的肯定。从这个方面来说,裴頠也是儒家学者。

---

① 笔者对这个问题有所论述,参见刘泽华主编《中国传统政治哲学与社会整合》第二章"天秩论与社会秩序模式及整合",北京:中国社会科学出版社,2000年,第36~78页。
② 余嘉锡:《世说新语笺疏》(修订本),第201页。
③ 汤一介、李中华主编:《中国儒学史·魏晋南北朝卷》(李中华著),第105页。

首先,裴頠是精通于礼学的。《通典》中保留了两条裴頠有关礼制的论述:

  国子祭酒裴頠以为,吉凶之别,礼之大端,子服在凶,而行嘉礼,非所以为训。虽父兄为主,事由己兴,此悉人伦大纲,典章所慎也。(《通典》卷六十七《礼》二十,1690 页)

  裴頠答治礼问,"天子礼玄冠者,形之成业。为君未必成人,故君位虽定,不可孩抱而服冕弁。"(孙毓《五礼駮》引,《通典》卷五十六《礼》十六),1574 页)

这两条记载虽然简略,也无太多的理论发挥,但也可以反映裴頠作为儒家学者是擅长礼学的。

其次,在王弼贵无论的思想背景之下,在"越名教而任自然"的社会风气之下,裴頠提出崇有,这是对儒家礼制和纲常名教的正面肯定。与乐广所说的"名教中自有乐地"这种调和名教与自然关系的说法不同的是,裴頠的贵有是完全立足于儒家的立场的。

但是,同时我们也需要指出,裴頠的崇有论主要是反驳王弼的贵无思想,认为在世界万物之外不需要有一个"无"来作为万物的本体。儒家所极力主张的礼乐纲常除了它的社会功能与社会意义之外,它是否还有更深层次的哲学本体论上的依据?这是儒家礼学发展必须要面对和解决的一个重大理论问题。在这个方面,裴頠的崇有论显然还不足以充分说明。裴頠三十多岁便死于八王之乱,他的理论或许还未来得及彻底展开。但这正是儒学以及儒家礼学思想下一阶段的发展所要解决的问题。因此,从整体上来看,魏晋玄学是中国古代哲学思想发展的一个转折时期,以无为本的本体论思想确立的中国古代哲学发展的新高度,玄学、佛学的流行刺激了儒学的更新,但是,儒家传承自上古三代以来的礼乐制度,已经成为儒家之所以为儒家的一个本质特征之一。在东汉末期以来,伴随着名教纲常的衰微和玄风的兴盛,礼法受到士人的嘲弄。在这种形势之下,儒学的发展不但要正面肯定礼的重要性,而且要从更为根本的哲学角度说明礼的本质。在这个方面,魏晋时期的儒学还未提出更好的说明。

一般来说,玄学是对两汉经学的重大突破,是哲学思想发展过程中的一次飞跃。从另一方面来看,经学尤其是礼学思想,并不是与玄学思想的发展是同步的。礼学思想还多流于讨论礼的功能与作用,未从本体的角度对礼作进一步的解释。虽然有"礼玄双修",但礼学与玄学并不是同步的,同一层次的。这一思想史的重任,要到宋代理学兴起之后,才能得以完成。

南北朝交聘记的基础研究
——以《酉阳杂俎》为中心

史 睿

南北朝时期不同朝廷之间的官方交聘,既是政治活动,又以表现为国家礼仪。作为政治史的南北交聘研究是主要面向,关于政治史、战争史方面有周春元、蔡宗宪等,而从国家礼仪角度着手者较少,近年开始有学者关注。[①] 至于南北朝交聘礼的基础史料,以往学者多从南北朝正史礼志、传记和笔记小说中发掘。笔者承前代学者启发,关注当时亲历交聘人物所著的《交聘记》,以求为南北朝交聘礼研究奠定史料基础。当时《交聘记》多已散佚,唯唐代段成式(803—863)《酉阳杂俎》尚有引用,尤其值得关注,可与目录、史传及笔记小说等文献互相释证。最早注意《酉阳杂俎》中南北交聘史料的是清代学者章宗源(约 1751—1800),他曾协助章学诚(1738—1801)撰《史籍考》,关于隋代部分题作《隋书经籍志考证》刊行,此书将隋志著录的南北朝交聘记与《酉阳杂俎》引用的交聘记联系起来。[②] 此后清代学者姚振宗(1842—1906)将《隋志》的著录、史传和《酉阳杂俎》的引用结合起来,并对各种交聘记之间的关系作了梳理,将文献研究推进一步。[③] 周一良《魏晋南北朝史札记》"《酉阳杂俎》记魏使入梁事"详细考证了此书出现的东魏、北齐聘使人物,梁朝接使人物及交聘时间,并对此项史料的研究

[①] 周春元《南北朝交聘考》,贵阳:贵州师大学报编辑部,1989 年。蔡宗宪博士论文《南北朝交聘与中古南北互动(369~589)》,台湾大学历史系,2006 年;《中古前期的交聘与南北互动》,台北:稻香出版社,2008 年。以上为交聘的政治史研究,而牟发松《南北朝交聘中所见南北文化关系略论》(《魏晋南北朝隋唐史数据》第 14 辑,第 30~38 页)侧重文化史,王友敏《南北朝交聘礼仪考》(《杭州教育学院学报》1996 年第 3 期,第 38~45 页)则偏重作礼制史的研究。

[②] 章宗源:《隋书经籍志考证》卷 6"地理类",《二十五史补编》本,北京:中华书局,1955 年,第 4996~4997 页。

[③] 姚振宗:《隋书经籍志考证》卷 21《地理类》,《二十五史补编》本,第 5410~5411 页。

价值作了提示。① 逯耀东、王允亮、蔡宗宪等关于南北朝交聘的研究也十分精到。② 吉川忠夫:《岛夷与索虏之间》一文则将聘使行记作为典籍交流史上的重要内容加以研究,使我们更加注意这类典籍的文化史内涵。③

一、段成式和《酉阳杂俎》

段成式之父段文昌(773—835)系唐初功臣志玄之后,长于词藻,年轻时以文章投献李吉甫,倍受赏识。④ 成式幼年即有非凡的观察力,且素有以一事不知为耻的精神⑤,加之"精学苦研",故能成为大家⑥。段成式是唐代后期百科全书式的学者,读书广博,学问该洽,终唐一代,罕有其匹。所著《酉阳杂俎》不仅名著当时,而且流传千古,最能展现段成式的学问。此书引用古书多有不传于世者,值得文献家和史学家关注。成式幼承家学,一如其父段文昌,亦有艺文该赡之誉。《玉堂闲话》云:

〔段〕成式多禽荒,其父文昌尝患之。复以年长,不加面斥其过,而请从事言之。幕客遂同诣书院,具述丞相之旨,亦唯唯逊谢而已。翌日,复猎于郊原,鹰犬倍多。既而诸从事各送兔一双……其书中征引典故,无一事重迭者。从事辈愕然,多其晓其故事。于是齐诣文昌,各以书示之。文昌始知其子艺文该赡。⑦

---

① 周一良:《魏晋南北朝史札记》之《梁书札记》"酉阳杂俎记魏使入梁事",北京:中华书局,1985年,第277~279页。
② 逯耀东:《北魏与南朝对峙时期的外交关系》,《从平城到洛阳——拓跋魏文化转变的历程》,台北,东大图书公司,2001年,此据北京:中华书局,2006年,第256~289页。王允亮:《南北朝聘使往来略论》,《语文知识》2008年1期,第12~17页。蔡宗宪:《南北朝交聘使节行进路线考》,《中国历史地理论丛》20卷4辑,2005年,第49~61页。
③ 吉川忠夫:《岛夷と索虏のあいだ——典籍の流传を中心とした南北朝文化交流史》,《东方学报》(京都)第72册,2000年,第133~136页。
④ 《旧唐书》卷167《段文昌传》,北京:中华书局,1975年,第4368页。
⑤ 《酉阳杂俎》卷17《虫篇》记载段成式幼时观察蚂蚁事(第167页),又同书前集卷8《黥》后记云:"成式以君子耻一物而不知,陶贞白每云,一事不知,以为深耻。"(北京:中华书局,1981年,第80页)
⑥ 《酉阳杂俎》卷17《虫篇》云:"长安秋多蝇,成式尝日读百家五卷,颇为所扰,触睫隐字,驱不能已。"(第168页)段成式少年及任集贤校理时期皆在长安,此为当时"精读苦研"的写照。
⑦ 王仁裕著,蒲向明评注:《玉堂闲话评注》,北京:中国社会出版社,2007年,第98页。《新唐书》卷89《段成式传》(北京:中华书局,1975年,第3764页)亦记此事,方南生认为源出《玉堂闲话》,且系于唐长庆元年(821),即段成式十九岁随侍其父段文昌于西川时,参方南生《段成式年谱》,《酉阳杂俎》附录,第317~318页。

征引典故是诗文写作的重要基础,熟练运用典故,需要深厚的功力和扎实的学养。《寺塔记》多附征事或联句,可见段氏艺文素养之深厚。宋黄伯思评价甚高,其略云"段柯古博综坟素,著书倬越可喜。尝与张希复辈游上都诸寺,丽事为令,以段该悉内典,请其独征,皆事新对切"①。二十三岁成式随父居长安,与四门助教史回等互相切磋学问。二十五岁赴浙西依李德裕(787—850),《酉阳杂俎》续集卷四《贬误》记太和初年闻李德裕论唐朝词人优劣事:

> 予太和初从事浙西赞皇公幕中,尝因与曲宴,中夜,公语及国朝词人优劣,云:"世人言灵芝无根,醴泉无源,张曲江著词也。盖取虞翻《与弟求婚书》,徒以'芝草'为'灵芝'耳。"予后偶得《虞翻集》,果如公言。②

李德裕是赵郡李氏高门,儒素传家,史载"德裕幼有壮志,苦心力学,尤精《西汉书》、《左氏春秋》","好著书为文,奖善嫉恶,虽位极台辅,而读书不辍"。③ 李德裕不仅有如《虞翻集》之类古代典籍,而且当时名流也多有投赠,其藏书数量应相当可观。④ 可以推测段成式在李德裕幕府曾经受到良好的教育,也曾饱读书史。⑤ 迨开成二年(837)段成式以门荫入仕,任秘书省校书郎、兼集贤校理,得以遍读秘阁之书。段氏自述云:"开成初,予职在集贤,颇获所未见书。"⑥这是他博览群书的重要时期。史载,段成式"精研苦学,秘阁书籍,披阅皆遍……家多书史,用以自娱,尤深于佛书"⑦。直至会昌六年(846)间,段成式一直留居京洛一带,与集贤书院的同僚张希复、郑符以及大德高僧等切磋学问、游览寺塔古迹。成式继承了家族藏书,本

---

① 黄伯思:《宋本东观余论》卷下《跋段柯古靖居寺碑后》,北京:中华书局,1988年,第292—293页。游原作敖,据通行本改。
② 《酉阳杂俎》续集卷4,第230页。
③ 《旧唐书》卷174《李德裕传》,第4509,4528页。
④ 孙光宪《北梦琐言》云:"刘禹锡大和中为宾客,时李德裕同分司东都。禹锡谒于德裕曰:'近曾得白居易文集否?'德裕曰:'累有相示,别令收贮,然一披。今日为吾子览之。'及取看,箱笥盈溢,没于尘坌。"北京:中华书局,2002年,第24页。
⑤ 段成式与李德裕的交谊深厚,直至李氏临终之前,两人尚有书信往还,参方南生《段成式年谱》,第336页,许逸民《酉阳杂俎注评前言》,《酉阳杂俎注评》,北京:学苑出版社,2001年,第5~6页。
⑥ 《酉阳杂俎》续集卷4《贬误》,第230页。
⑦ 《旧唐书》卷167《段文昌附成式传》,第4369页。

人也续有收藏,故史云家多书史。① 此后,成式对于自己的学养已经颇有信心,《金华子》曾记录一个故事,足以证明:

> 段郎中成式,博学精敏,文章冠于一时,著书甚众,《酉阳杂俎》最传于世。牧庐陵日,尝游山寺,读一碑文,不识其间两字。谓宾客曰:"此碑无用于世矣,成式读之不过,更何用乎?"客有以此两字遍谘字学之众实(宾),无有识者,方验郎中之奥古绝伦焉。②

按,此事在成式牧卢陵日,即任吉州刺史(847—853)期间,当时年纪约在四十五至五十一岁,正是学问的成熟期。大中十三年(859)后,闲居襄阳,曾参山南西道节度使徐商幕府,与温庭筠、温庭皓、余知古、韦蟾、周繇等唱和往还,尤其与温庭筠相善,诗作收入《汉上题襟集》。③

段成式《酉阳杂俎》历来受到学人高度评价,《四库全书总目》云:"其书多诡怪不经之谈,荒渺无稽之物,而遗文秘籍亦往往错出其中,故论者虽病其浮夸,而不能不相征引。"④本文所讨论的南北朝交聘记即属"遗文秘籍",此外,《酉阳杂俎》引用大约同时的典籍还有陶弘景(456—536)《本草经集注》、任昉(460—508)《述异记》、郑缉之《永嘉郡记》、郦道元(466或472—527)《水经注》、吴均(469—520)《续齐谐记》、梁元帝萧绎(508—554)《金楼子》、佚名《梁职仪》、魏收(506—572)《魏书》、阳松玠《谈薮》、甄立言(545—?)《本草音义》、孙思邈(581—682)《千金方》、侯白《旌异记》、李百药(565—648)《北齐书》、李延寿《北史》《南史》等书,可谓琳琅满目。我们可以从中获知段成式读书范围,同时又提示我们需将相关典籍与《酉阳杂俎》所引南北朝交聘记互相参证。

二、史志目录著录的交聘记

目前所知的南北朝交聘记为数较少,《隋书·经籍志》著录如下:

---

① 《酉阳杂俎》续集卷5《寺塔记序》云:"及刺安成,至大中七年归京。在外六甲子,所留书籍,揃坏居半。"(第245页)可知任京官时家藏典籍皆在长安,任外官时以部分典籍留京,部分自随。
② 刘崇远:《金华子》卷上,上海:中华书局上海编辑所,1958年,第37页。
③ 参方南生《段成式年谱》,第341~344页。
④ 《四库全书总目》卷142,北京:中华书局,1965年,第1214页。

《魏聘使行记》六卷

《聘北道里记》三卷，江德藻撰

《李谐行记》一卷

《聘游记》三卷，刘师知撰

《朝觐记》六卷

《封君义行记》一卷，李绘撰①

新旧唐书经籍、艺文志仅著录《魏聘使行记》五卷②，《通志·艺文略》著录虽与《隋志》相似，但主要来源前代史志目录，并非真见其书。③ 此外，江德藻(517—570)著《北征道里记》见于《陈书》本传及《册府元龟》④，姚察(533—606)撰《西聘道里记》见于《陈书》本传及《册府元龟》⑤，刘师知(？—567)著《聘游记》见于《册府元龟》⑥。《酉阳杂俎》引用此类交聘记为数最多，明引者有江德藻《聘北道记》、李绘《封君义聘梁记》，虽然书名与史志目录略有不同，但作者与纪事相同，无疑应是同一典籍。暗引者或有《魏聘使行记》和《朝觐记》(详下文)。

关于记录南北朝时代聘使的史源，历来史传少有说明，《南齐书·刘绘传》云："后北虏使来，绘以辞辩，敕接虏使。事毕，当撰《语辞》。绘谓人曰：'无论润色未易，但得我语亦难矣。'"⑦姚振宗《隋书经籍志考证》引此为证，说明"南北朝奉使接伴，两国必有所记，其书至多，以上数种(按，即《隋志》所著录的交聘记)乃其仅存者耳"⑧。笔者认为姚氏所论甚是，并可引《南齐书·王融传》作为注脚：

〔王融云〕："但圣主膺教，实所沐浴，自上《甘露颂》及《银瓮启》、《三日诗序》、《接虏使语辞》，竭思称扬，得非'诽谤'。"⑨

---

① 《隋书》卷33《经籍志》，北京：中华书局，1973年，第986页；卷35集部《梁魏周齐陈皇朝聘使杂启》(按，皇朝谓隋朝也)亦与交聘相关，第1089页。
② 《旧唐书》卷46《经籍志》，第2016页；《新唐书》58《艺文志》，第1505页。
③ 郑樵：《通志》卷66《艺文略》，王树民点校：《通志二十略》，北京：中华书局，第1583页。
④ 《陈书》卷34《文学·江德藻传》，北京：中华书局，1972年，第457页。《册府元龟》卷560《国史部·地理》，北京：中华书局，1960年，第6731页。
⑤ 《陈书》卷27《姚察传》，第349页。《册府元龟》卷560《国史部·地理》，第6731页。
⑥ 《册府元龟》560《国史部·地理》，第6731页。
⑦ 《南齐书》卷48《刘绘传》，北京：中华书局，1972年，第842页。
⑧ 《隋书经籍志考证》卷21《地理类》，第5411页。
⑨ 《南齐书》47《王融传》，824页。

132

此处《接虏使语辞》正与刘绘(458—502)所需撰集《语辞》同属一类文献。《北史·李崇附李谐传》亦云：

> 梁使每入，邺下为之倾动，贵胜子弟盛饰聚观，礼赠优渥，馆门成市。宴日，齐文襄使左右觇之，宾司一言制胜，文襄为之抃掌。魏使至梁，亦如梁使至魏。①

是则东魏、北齐接南朝来使亦有记录。我们可以推知凡接伴来使事毕，皆须记录往还之语，奏上并存档，惟考知书名作者极少。史志目录所著录的交聘记与以上《语辞》稍有不同，不仅限于宾主往还的言语，更有人物、地理、礼制、风俗、酒食、名胜等等，故虽著录于地理类，但姚氏云："所记不必地理，故亦有变例列之传记杂录者。"②

同时，姚振宗对于《隋志》中《封君义行记》等书的著录提出疑问，他认为既然书名题作《封君义行记》，那么此书应为封君义所撰，何以又题作李绘撰呢？他提出一个大胆的猜想，即《李谐行记》一卷、《封君义行记》一卷皆是李绘撰集，且两书皆在《魏聘使行记》六卷之中，其后《魏聘使行记》散佚，故有《封君义行记》及《李谐行记》单出别行。姚氏又引《北齐书·李浑传》云：浑子湛为太子舍人，兼常侍、聘陈使副。又曰浑与弟绘、纬俱为聘梁使主，湛又为使副，是以赵郡人士目为四使之门。案此四人并同时，殆以父子兄弟咸以奉使著名，故绘集为此记，虽未得明文，而其事固可想见矣。③

三、《酉阳杂俎》引用交聘记考

《酉阳杂俎》引用交聘记凡两种，一为《聘北道里记》，一为《封君义聘梁记》。《杂俎》续集卷四《贬误》"露筋驿"条云：

> 相传江淮间有驿，俗呼露筋。尝有人醉止其处，一夕，白鸟姑嘬，血滴筋露而死。据江德藻《聘北道记》云："自邵伯棣(埭)三十六里，至鹿筋。梁先有逻。此处足白鸟，故老云有鹿过此，一夕为蚊所食，至晓

---

① 《北史》卷43《李崇附李谐传》，北京：中华书局，1974年，第1607页。
② 《隋书经籍志考证》卷21《地理类》，第5411页。
③ 《隋书经籍志考证》卷21《地理类》，第5410,5411页。

见筋,因以为名。"①

《太平寰宇记》引江德藻《北道记》与此相似,其略云:

江德藻《北道记》云"江淮间有露筋驿",今有祠存,一名鹿筋驿。云"昔有孝女为蚊蚋所食,唯有筋骸而已"。②

按,《北道记》即《聘北道里记》之缩略,所引仅片段,与《酉阳杂俎》所引颇有出入,疑文字有讹误,或者转引自他书。同卷"北朝婚礼"条云:

今士大夫家昏礼露施帐,谓之入帐,新妇乘鞍,悉北朝余风也。《聘北道记》云:"北方婚礼必用青布幔为屋,谓之青庐,于此交拜。迎新妇,夫家百余人,挟车俱呼曰:'新妇子,催出来。'其声不绝,登车乃止,今之催妆是也。以竹杖打婿为戏,乃有大委顿者。"江德藻记此为异,明南朝无此礼也。③

以上明引江德藻《聘北道记》,又同书前集卷一《礼异》亦引此条④,虽未明言,但肯定出自《聘北道里记》。又同书续集卷九《支植》上"木龙树"条云:

木龙树,徐之高冢城南有木龙寺,寺有三层砖塔,高丈余。塔侧生一大树,萦绕至塔顶,枝干交横。上平,容十余人坐。枝杪四向下垂,如百子帐。莫有识此木者,僧呼为龙木。梁武曾遣人图写焉。⑤

此为暗引《聘北道里记》,此条又见段成式兄子段公路《北户录》卷三:

《聘北道里记》云:木龙寺,寺有三层砖塔,侧生一大树,萦绕至塔顶,枝干交横。上平,容十余人坐。枝杪四向下垂,团团如百子帐。经

---

① 《酉阳杂俎》,第 237 页。棣当作埭,谢安筑埭于新城北,后人称为"邵伯埭",见《晋书》卷 79《谢安传》(北京:中华书局,1973 年,第 2077 页)及《元和郡县图志》(北京:中华书局,1983 年,第 1072~1073 页)。《大戴礼记》卷 2 云:白鸟也者,谓蚊蚋也。
② 《太平寰宇记》卷 130《淮南道泰州》,台北:文海出版社,1980 年,第 3a~3b 页。
③ 《酉阳杂俎》,第 241 页。"挟车俱呼",挟车原属上句,据刘传鸿《〈酉阳杂俎〉点校订补》(《古籍整理研究学刊》2002 年 6 期,第 67 页)改。
④ 《酉阳杂俎》,第 7~8 页。
⑤ 《酉阳杂俎》,第 284 页。

过莫有辨者,梁武帝曾遣人图写树形还都。大体屈盘似龙,因呼为木龙寺。

两者相较,非常相似,《北户录》明引,无疑当是原文,而《酉阳杂俎》则略有删改。又,段公路《北户录》卷三"相思子蔓"条亦引江氏书:

《聘北道里记》引许有"韩凭冢"、"宋王史"也,《四部目录》有《韩凭书》,叙事委悉而辞义鄙浅,不复具记。

此条仅见于《四库全书》本《北户录》,他本失载。考《酉阳杂俎》两处引江氏书皆作《聘北道记》,而《北户录》皆作《聘北道里记》,疑《酉阳杂俎》脱"里"字。段公路为成式兄子,所读或为成式抄自秘阁的家藏之书。

综观以上四条《聘北道里记》,涉及三处地名,即"邵伯埭"、"高冢城"、"韩凭冢"。邵伯埭为谢安(320—385)出镇广陵时所筑,《舆地纪胜》引《元和郡县图志·淮南道》佚文云:

邵伯埭,在〔江都〕县东北四十里。晋谢安镇广陵,于城东二十里筑垒,名曰新城。城北二十里有埭,盖安所筑,后人思安,比于召伯,因以立名。①

广陵是南朝使臣北上必经之地,由此经邗沟水路行进,约四十里至邵伯埭,再三十六里,至鹿筋驿。高冢城在汉徐县界,南北朝时期北魏属南徐州,梁属东徐州兴安郡,东魏属东楚州高平郡高平县②,其因革见《太平寰宇记》:

高冢城,魏义兴郡城也,在徐城县西北七十里平地。旧经云:"梁以为兴安郡领高冢城,属东徐州,高齐初废。"③

又云此地"本徐城县地,地当水口,为南北御要之所"④。所谓地当水口,是

---

① 《元和郡县图志》,1072～1073页。
② 《魏书》卷106中《地形志》及校勘记,北京:中华书局,1974年,第2553,2602～2603页。《隋书》卷31《地理志》,第872页。《元和郡县图志》,第231～232页。
③ 《太平寰宇记》卷16《泗州临淮县》,第5a页。
④ 《太平寰宇记》卷16《泗州临淮县》,第3b页。

135

指此地"南临淮水"①,是军事重地,梁天监五年(506)临川王萧宏副将张惠绍与假徐州刺史宋黑北伐,攻击宿豫,先围高冢戍,可见此地确为南北御要之所②。聘使往来,必经此地。扬州和东徐州原属梁朝,侯景乱后,武定七年(549)为东魏所得,后入北齐。故陈朝使节江德藻北聘,所经邵伯埭、高冢城及木笼寺等地已属北齐,双方划江而治。然梁朝之事(如露筋驿梁设有兵站,梁武帝遣人图写木龙树等)仍在人耳目,江氏得以笔之于书。此前东魏与梁朝交聘时,双方界首尚在高冢城之北的下邳一带。下邳又称武州,使节来聘,对方需迎接于此。梁大同四年(538),兼散骑常侍刘孝仪等聘魏,东魏邢昕兼正员郎,迎于境上,即是此例。③《酉阳杂俎》卷十二《语资》云:

> 梁徐君房劝魏使尉瑾酒,一吸即尽,笑曰:"奇快!"瑾曰:"卿在邺饮酒,未尝倾卮。武州已来,举无遗滴。"④

尉瑾之所以强调"武州以来",正是因为武州是界首之故。韩凭冢在济州东平郡寿张县,见《太平寰宇记》。⑤ 据蔡宗宪《南北朝交聘使节行进路线考》,济州碻磝城是聘使必经之地,韩凭冢距碻磝城不远。以上《酉阳杂俎》所引《聘北道里记》为我们了解陈朝交聘路线提供了详细的资料。

关于江德藻、刘师知出使的时间,史书记载颇有出入。《陈书·南康愍王昙朗传》云"天嘉二年(561)齐人结好,(中略)乃遣兼郎中令随聘使江德藻、刘师知迎昙朗丧柩,以三年春至都"⑥,是则江德藻与刘师知使北齐在陈天嘉二年至三年间。然《陈书·江德藻传》云"天嘉四年,兼散骑常侍,与中书郎刘师知使齐"⑦,较前说为晚。按《资治通鉴·陈纪》"天嘉三年"云:

> 齐扬州刺史行台王琳数欲南侵,尚书卢潜以为时事未可。上移书

---

① 《元和郡县图志》,第231页。
② 《魏书》卷73《奚康生传》,第1631页。此处高冢戍即高冢城,《梁书》卷2《武帝纪》云:"〔天监五年〕五月辛未,太子左卫率张惠绍克魏宿预城",宿预(豫)与高平相邻,故知高冢戍即高平之高冢城。北京:中华书局,1974年,第43页。
③ 《魏书》卷85《文苑·邢昕传》,第1874页。关于主客对聘使的接待,参见逯耀东《北魏与南朝对峙期间的外交关系》,《从平城到洛阳》,第268~270页。
④ 《酉阳杂俎》,第113页。
⑤ 《太平寰宇记》卷14《济州郓城县》,第9b页。又《元和郡县图志》卷1《河南道》云:"郓城县……后汉及魏皆为寿张县地,隋开皇四年改为万安县。"第261页。
⑥ 《陈书》卷14《南康愍王昙朗传》,第211页。
⑦ 《陈书》卷34《文学·江德藻传》,第457页。

寿阳,欲与齐和亲。潜以其书奏齐朝,仍上启请且息兵。齐主许之,〔天嘉三年二月〕遣散骑常侍崔瞻来聘,且归南康愍王之丧……〔四月〕乙巳,齐遣使来聘……〔七月〕上遣使聘齐。①

《北史·齐武成帝纪》云:

〔大宁二年(562)二月〕诏散骑常侍崔瞻聘于陈……〔河清元年(562)七月〕戊午,陈人来聘。冬十一月丁丑,诏兼散骑常侍封孝琰使于陈。②

综上所述,可以梳理出如下结论,陈文帝得知北齐扬州刺史王琳与扬州道行台尚书卢潜不和,于是遣人与卢潜通信,要求和亲。卢劝说新登基的武成帝高湛与陈结好,以弭边患,高湛许之,遂于东魏大宁二年二月遣崔瞻聘于陈,四月抵达陈都建康,表明北齐愿意息兵,并归还南康王陈昙朗的灵柩。同年,即陈天嘉三年(东魏河清元年)七月,陈使江德藻、刘师知抵达邺城,十一月陈使与齐使封孝琰扶陈昙朗灵柩返回陈朝。这次聘问中,崔瞻在建康与刘师知的交往史籍亦有记载:

大宁元年,除卫尉少卿,寻兼散骑常侍、聘陈使主……瞻经热病,面多瘢痕,然雍容可观,辞韵温雅,南人大相钦服。陈舍人刘师知见而心醉,乃言:"常侍前朝通好之日何意不来,今日谁相对扬者。"其见重如此。③

一般接使的主客、舍人等同时也担当聘使的任务,刘师知即是,惜所撰《聘游记》不见《酉阳杂俎》等书引用,故湮没无闻。

《酉阳杂俎》引用《封君义聘梁记》见续集卷四《贬误》,其略云:

今军中将射鹿,往往射棚上亦画鹿。李绘《封君义聘梁记》曰:"梁

---

① 《资治通鉴》卷168《陈纪》"天嘉三年",北京:中华书局,1956年,第5221,5223,5225页。参《北齐书》卷32《王琳传》,北京:中华书局,1974年,第435页;同书卷42《卢潜传》,第555页;同书卷23《崔㥄附子瞻传》,第336页。
② 《北史》卷8《齐武成帝纪》,第282,283页。
③ 《北史》卷24《崔逞附六世孙瞻传》,第876页。参《北齐书》卷23《崔㥄附子瞻传》,第336页。

主客贺季指马上立射,嗟美其工。绘曰:'养由百中,楚恭以为辱。'季不能对。又有步从射版,版记射的,中者甚多。绘曰:'那得不射麈?'季曰:'上好生行善,故不为麈形。'"自麈而鹿,亦不差也。①

从《酉阳杂俎》所引《封君义聘梁记》看,此书并不专记封君义出使之事。封君义聘梁在东魏兴和二年(540),而李绘聘梁在兴和四年。这表明《封君义行记》很有可能包括了东魏时期一系列聘梁活动的记录。封君义聘梁的时间史无明文,姚振宗考证在东魏兴和三年:

> 《南史·梁武帝本纪》大同六年(540)秋七月遣散骑常侍陆宴子报聘。七年夏四月戊申东魏人来聘。盖即李骞、封述为使。报陆宴子之聘也。时为东魏孝静帝兴和三年(541)。②

按,梁大同六年陆宴子、沈警聘使东魏,七月自梁出发③,十月到达东魏④,同年,即东魏兴和二年十二月兼散骑常侍崔长谦、兼通直散骑常侍阳休之报聘⑤,而《北齐书·封述传》明确记载封述亦是因报陆宴子之聘出使⑥,当在是年,而非兴和三年。李骞出使在兴和三年八月,是报梁使明少遐、谢藻大同七年之聘,非报陆宴子之聘。⑦ 据此推测,封述聘梁是与崔长谦、阳休之同行,而非与李骞同行。⑧ 李绘出使的时间,史传所载亦有抵牾。《北齐书》本传云武定初为聘梁使主,姚振宗据《魏书·孝静帝纪》指出当在兴和四年⑨,确实如此。李绘是高欢主要僚佐,《北齐书》本传记其才学风姿云:

> 时敕侍中西河王、秘书监常景选儒学十人缉撰五礼,〔李〕绘与太原王乂同掌军礼。魏静帝于显阳殿讲《孝经》、《礼记》,绘与从弟骞、裴

---

① 《酉阳杂俎》,237~238页。李绘原作李绩,据《隋书经籍志》改。《封君义聘梁记》,方南生点校本《酉阳杂俎》作封君义《聘梁记》,按《隋书经籍志》作《封君义行记》,故知"封君义"应入书名。
② 《隋书经籍志考证》卷21《地理类》,第5410页。
③ 《南史》卷7《梁武帝纪》,北京:中华书局,1975年,第215页。
④ 《魏书》卷12《魏孝静帝纪》,第304页。
⑤ 《魏书》卷12《孝静帝纪》,第304页。《北齐书》卷42《阳休之传》,第573页。
⑥ 《北齐书》卷43《封述传》,第573页。
⑦ 逯耀东《北魏与宋齐梁使节交聘表》,《从平城到洛阳》,第287页。
⑧ 《酉阳杂俎》卷3《贝编》(第38页)、卷7《酒食》(第67~68页)、卷12《语资》(第112、113页)凡四条皆有魏使李骞、崔劼同时出现,未见封述之名,或可做为旁证。
⑨ 《隋书经籍志考证》卷21《地理类》,第5410页。

伯茂、魏收、卢元明等俱为录议……天平初,世宗用为丞相司马。每罢朝,文武总集,对扬王庭,常令绘先发言端,为群僚之首。音辞辩正,风仪都雅,听者悚然。①

正因李绘博通经史,才兼文武,音辞辩证,风仪都雅,加之出自顿丘李氏高门,所以能够担当聘使。如《酉阳杂俎》引《封君义聘梁记》所载,梁朝引聘使参观马上立射和步射等讲武活动,向来使展示国力。李绘曾主持修纂军礼,故应对深得礼义。《北齐书》本传载李绘与梁武帝、袁狎等人的对话云：

> 梁武帝问绘："高相今在何处？"绘曰："今在晋阳,肃遏边寇。"梁武曰："黑獭若为形容？高相作何经略？"绘曰："黑獭游魂关右,人神厌毒,连岁凶灾,百姓怀土。丞相奇略不世,畜锐观衅,攻昧取亡,势必不远。"梁武曰："如卿言极佳。"与梁人泛言氏族。袁狎曰："未若我本出自黄帝,姓在十四之限。"绘曰："兄所出虽远,当共车千秋分一字耳。"一坐大笑。②

所谓高相"今在晋阳,肃遏边寇"是指高欢于兴和三年五月自晋阳巡北境,遣使与柔然通和,所谓"蓄锐观衅,攻昧取亡"是指高欢积蓄力量,准备出击西魏,兴和四年九月高欢西征,十月围攻玉壁城,皆与当时形势相应。③ 姚振宗推测以上文字出自李绘《封君义行记》,笔者认为极有可能。

《酉阳杂俎》除以上明引《聘北道里记》和《封君义行记》之外,还有若干条涉及南北聘问、折冲樽俎的纪事,如卷一《礼异》"梁正旦"条,"魏使李同轨、陆操聘梁"条,"梁主常赐岁旦酒"条,"北朝妇人"条,卷三《贝编》"魏使陆操至梁"条,"魏李骞、崔劼至梁同泰寺"条,卷七《酒食》"梁刘孝仪食鲭鲊"条,卷十一《广知》"梁主客陆缅"条,卷十二《语资》"庾信作诗"条,"梁遣明少遐"条,"梁徐君房劝酒"条,"梁宴魏使魏肇师"条,"梁宴魏使李骞"条,卷十八《木篇》"葡萄"条,皆为东魏使节与梁人周旋的记录,有可能源出《魏聘使行记》；卷一《礼异》"北齐迎南使"条记载北齐迎使依仗,似为《朝觐记》遗文；然皆无明证,兹不详论。

---

① 《北齐书》卷29《李浑附弟李绘传》,第395页。
② 《北齐书》卷29《李浑附弟李绘传》,第395页。
③ 《北史》卷6《齐神武帝纪》,第227页。

四、其他笔记小说引用交聘记考

《酉阳杂俎》所引交聘记并非仅见,南北朝后期的笔记小说中多有引用,惟此类典籍大多散佚放失,仅存者亦未必注明所引书名,多在若存若亡之间,令人难以探其究竟。通过上文对于《酉阳杂俎》所引交聘记的分疏,我们可以大致获得其文献特征,据此特征,我们可以试将今存南北朝后期笔记小说中的交聘记钩稽出来,并就史籍加以按验参比。

据《隋书经籍志》,东魏、北齐时代的李谐曾著《李谐行记》,今见于阳松玠《谈薮》者多条。阳松玠博学多识,《谈薮》云:

> 杨玠娶博陵崔季让女。崔家富图籍,殆将万卷。成婚之后,颇亦游其书斋,既而告人曰:"崔氏书被人盗尽,曾不之觉。"崔遽令检之,玠扪腹曰:"已藏之经笥矣。"①

故知阳松玠饱读崔氏藏书,腹笥便便,《谈薮》所引篇章出自某种交聘记,应非意外。《谈薮》云:

> 北齐顿丘李谐,彭城王嶷之孙,吏部尚书平之子。少俊爽有才辩,(中略)除散骑常侍,为聘梁使。至梁,遣主客范胥迎接,胥问曰:"今犹可暖,北间当少寒于此。"谐答曰:"地居阴阳之正,寒暑适时,不知多少。"胥曰:"所访邺下,岂是测景之地?"谐曰:"是皇居帝里,相去不远,可得统而言之。"胥曰:"洛阳既称盛美,何事迁邺?"谐曰:"不常厥邑,于兹五迁。王者无外,所在关河。复何怪?"胥曰:"殷人毁厄,故迁相圮耿。贵朝何为迁?"谐曰:"圣人藏往知来,相时而动,何必候于隆替?"胥曰:"金陵王气,肇于先代,黄旗紫盖,本出东南。君临万邦,故宜在此。"谐曰:"帝王符命,岂得与中国比隆。紫盖黄旗,终于入洛。"胥默而无答。江南士子,莫不嗟尚。事毕,江浦赋诗曰:"帝献二仪合,黄华千里清。边笳城上响,寒月浦中明。"②

---

① 阳松玠著,程毅中、程有庆辑校:《谈薮》,北京:中华书局,1996年,第5页。辑校者在《辑校说明》中已经指出此条杨玠即阳松玠(第1页)。
② 《谈薮》,第26~27页。

《谈薮》所引李谐与范胥对答与《魏书·李谐传》对比,几乎完全一样。稍有不同的是《魏书》此前一段李谐与范胥对答及此下李谐与梁武帝问答不见于《谈薮》①,姚振宗云,《魏书·李谐传》载李谐与梁主客范胥及梁武问答诸条,《李业兴传》载李业兴朱异及梁武问答经义诸条,似即本于《李谐行记》②。按,李谐聘梁在东魏天平四年七月,正使为李谐,副使为卢元明和李业兴③,此为东魏首次正式遣使梁朝,故聘使遴选非常严格,而且较通常规格增加了一位副使。此前,即东魏天平二年(535)十二月,自洛阳迁都于邺城④,故范胥问及邺城的地理位置和迁都原由,而梁武帝则更加关心掌握东魏命运的高氏父子及其主要僚佐的情报。此次聘梁,接续了中断了近四十年的南北睦邻关系,获得极大成功。

梁朝迎接东魏聘使的主客官员也是经过认真遴选的,史云"〔范〕胥有口辩,大同中,常兼主客郎,对接北使"⑤。与范胥同时接待李谐一行的还有萧撝,《周书》云"东魏遣李谐、卢元明使梁,梁武帝以撝辞令可观,令兼中书侍郎,受币于宾馆"⑥。而且范胥兼任职位较低的主客郎,是为"降阶摄职",李谐与范胥专门讨论过此事:

> 谐问胥曰:"主客在郎官几时?"胥答曰:"我本训胄虎门,适复今任。"谐言:"国子博士不应左转为郎。"胥答曰:"特为接应远宾,故权兼耳。"谐言:"屈己济务,诚得事宜。由我一介行人,令卿左转。"胥答曰:"自顾菲薄,不足对扬盛美,岂敢言屈。"⑦

此后,凡重要客使来聘,对方接待官员皆以降阶摄职方式表示尊重,并成为惯例。⑧

梁朝君臣首次与北方士大夫接触,印象深刻,史载:

---

① 《魏书》卷65《李平附子谐传》,第1461页。
② 《隋书经籍志考证》卷21《地理类》,第5410页。
③ 《魏书》卷12《魏孝静帝纪》,第301页。李业兴原作李邺,据《北史》卷43《李崇附李谐传》(1604页)、《魏书》卷84《儒林·李业兴传》(第1862页)改。
④ 《魏书》卷12《魏孝静帝纪》,第299页。北魏后期,宣武帝行幸邺城,李谐之父李平上疏谏止(《魏书》卷65《李平传》,第1451~1452页),而李谐出使梁朝,则需为高欢迁都之举作合理辩护。
⑤ 《梁书》卷48《儒林·范缜附子胥传》,第671页。
⑥ 《周书》卷42《萧撝传》,北京:中华书局,1971年,第751页。
⑦ 《魏书》卷65《李平附子谐传》,第1460页。
⑧ 《北齐书》卷39《祖珽附弟孝隐传》云:"徐君房、庾信来聘,名誉甚高,魏朝闻而重之,接对者多取一时之秀,卢元景之徒并降阶摄职,更递司宾。"第521页。

> 梁武使朱异觇客,异言谐、元明之美。谐等见,及出,梁武目送之,谓左右曰:朕今日遇劲敌,卿辈常言北间都无人物,此等何处来?谓异曰:过卿所谈。①

之所以如此成功,端在于东魏聘梁使节的严格遴选,其间还经过了一番推让,史传云:

> 天平末,魏欲与梁和好,朝议将以崔㥄为使主。㥄曰:文采与识,㥄不推李谐;口颊翩翩,谐乃大胜。于是以谐兼常侍,卢元明兼吏部郎,李业兴兼通直常侍聘焉。②

其实崔㥄的才能、门地均符合担当聘使的条件,惟崔氏自认应对机敏不如李谐,故推为使主。然而李谐"为人短小,六指,因瘿而举颐,因跛而缓步,因謇而徐言,人言李谐善用三短"③。一般有口吃之症的人都无法担任聘使或接使的任务,如南齐"〔谢〕朓少好学,有美名,文章清丽……隆昌(494)初,敕朓接北使,朓自以口讷,启让不当"④。李谐善用三短,将缺陷转变为优势而颇具风致,其特征就是言动徐缓、意态謇傲。与李谐并称邺下风流之士的崔瞻也有共同的特征,史云"瞻性简傲,以才地自矜,所与周旋,皆一时名望",他虽曾患"热病,面多瘢痕",然仍不失"雍容可观,辞韵温雅"的评价。任吏部郎中期间,因"举指舒缓",被性格褊急的吏部尚书尉瑾以不堪繁剧为名罢了官。⑤ 士人若无此风致,即便有一流的才学、门第,仍不能担当交聘的职责。温子升(495—547)便是东魏首屈一指的大文士,然而正因不修容止,没有謇傲徐缓的风致,所以不敢承担接受梁朝国书的重任。他不得不感叹"诗章易作,逋峭难为"⑥。所谓"逋峭",辞书解释为"屋柱曲折貌,引申指人有风致",然稍感隔膜,若以缓步、徐言、举颐的李谐形象作为注脚,倒是十分恰当。

---

① 《北史》卷43《李崇附李谐传》,第1604页。
② 《北史》卷43《李崇附李谐传》,第1604页。
③ 《北史》卷43《李崇附李谐传》,第1604页。
④ 《南齐书》卷47《谢朓传》,第825,826页。
⑤ 《北齐书》卷23《崔㥄附子瞻传》,第337页。
⑥ 《魏书》卷85《温子升传》,第1877页。

五、余论：交聘记的散佚

鉴于南北朝的交聘记录多以档案形态保存，受朝代更迭影响极大，仅有极少数以著作的形式流传，并由史志目录著录，但至今久已散佚不存。《酉阳杂俎》是现存明确引用南北朝交聘记最丰富的古籍，虽篇幅无多，但弥足珍贵。我们据此可以踪迹到同类笔记小说，如《谈薮》、《启颜录》等书中，尚存在不少交聘记的佚文，而正史也曾取材于交聘记，故能互相参证。从著录情形观察，《隋书经籍志》所见的六种交聘记，至盛唐开元（713—741年）时仅存一种，即《魏聘使行记》，五代后晋编纂的《旧唐书经籍志》全依开元《四部书录》，可以推知。宋初编纂《新唐书·艺文志》虽在《旧志》的基础上多有增补，但所见交聘记仍止一种而已。宋代官私目录，如《崇文总目》、《直斋书录解题》、《郡斋读书志》和《遂初堂书目》等，史志目录，如《文献通考经籍考》等，均未见任何南北朝交聘记的记载。《通志·艺文略》虽然著录较多，但文献学家一直认为此书多钞录前代书目，并未亲见其书，故难以为凭。同时，唐宋大型类书也未见引用，《初学记》引用一条《北征道里簿》，是否即《隋志》著录的江德藻《聘北道里记》，尚在疑似之间。另外，江德藻《北道记》仅在地理总志类的《太平寰宇记》中略有引用，然与《酉阳杂俎》所引稍有出入，尚难断定直接引自《聘北道里记》，抑或转引自他书。南北朝交聘记究其散佚原因，大约是交聘仅限于分裂时代，自隋唐之后，天下一家，交聘记所载折冲樽俎的外交语辞无所施用，而其所记的人物、地理、礼制、风俗、酒食、名胜等内容，又被逐渐兴起的各类专书，如方志、图经、书仪、食经等，慢慢取代。且此类典籍在南北朝时期多保存于皇室、官府，并非家有其书，唐代也仅在秘阁或集贤书院才能读到，成了一般文人学士难得一见的珍秘图书，倘非博学如段成式者转相引用，恐怕我们今天就难以窥豹了。

从唐代礼书的修订方式看礼的型制变迁

吴丽娱

一、从对《唐六典》和《开元礼》的行用质疑说起

唐朝前期,礼书的修订由朝廷组织进行,其制作规模之宏伟盛大,莫过于玄宗时代的《开元礼》和《唐六典》。二书分别于开元二十年(732)九月与开元二十六年(738)修成奏上。虽然后世对之制作褒贬不一,但作为唐玄宗营造"盛世"的和统治升平的象征,及藉以成为中古礼典等同(甚至取代)上古三《礼》的"不刊之典"的地位,却是毫无疑问的。

然则关于二书、其中特别是《唐六典》的行用,史书对此却有不同说法,而对这一问题,《文苑英华》所载元和初吕温《代郑相公请删定施行〈六典〉〈开元礼〉状》也提供了更多证据和线索。其内称:

> (玄宗)爱勅宰臣,将明睿旨,集儒贤于别殿,考古训于秘文。以论材审官之法,作《大唐六典》三十卷;以导(《集》作"道")德齐礼之力,作《开元新礼》一百五十卷。网罗遗逸,芟薙奇邪,亘百代以旁通,立一王之定制。草奏三复,只令宣示中外,星周六纪,未有明诏施行。遂使丧祭冠婚,家犹异礼;等威名分,官靡成规。不时裁正,贻弊方远。伏惟睿圣文武皇帝陛下,恢纂鸿业,升于大猷……每怀经始,则知贞观之艰;言念持盈,思复开元之盛。臣……伏见前件《开元礼》、《六典》等,圣(《集》作"先")朝所制,郁而未用,奉扬遗美,允属钦明。然或损益之间,讨论未尽,或弛张之间,宜称不同;将贻永代之规,必俟(《集》作"候")不刊之妙。臣请于常参官内,选学艺优深,理识通远(《集》作"敏")者三五人,就集贤院各尽异同,量加删定。然后敢尘(《集》作"冀纡")睿览,特降德音,明下有司,著为恒式。使公私共守,贵贱遵行,苟

144

有愆违,必正刑宪(下略)。①

状中明言二书"草奏三复,只令宣示中外,星周六纪,未有明诏施行",请求对之加以"删定施行",且"明下有司,著为恒式",似乎坐实了二书此前不曾行用的说法。所以日人内藤乾吉即以此为据,并结合唐宋史家的说法,对《唐六典》的行用展开辨析②,由此开始了研究者关于《唐六典》行用和性质的争论。③ 以往笔者和刘安志先生对《开元礼》的行用也做过一些讨论。刘安志先生以敦煌吐鲁番所出《开元礼》残卷说明其向地方颁行的事实,并认为《开元礼》作为礼典的行用,应当与具体的仪注分开。④ 笔者也提出,礼书的是否行用不能简单地认定。因为现实中的礼是不断修改的,而元和状中提到开元两部礼典的落实,也表明并不是简单地恢复与照搬,而是从损益、弛张之间"量加删定",这正是考虑到已经变化了的因素,是唐后期对待《开元礼》的原则。⑤ 此二者之作,虽然是粉饰太平,但实施与否关系到它与当代法令结合的程度。

当然与法令的结合,并不止于诏敕的要求和礼仪实践。与此状相关,其实还有一些操作方面的具体问题需要解答。即状的奏请上达后,是否得到批准?内所要求的选常参官三五人,至集贤院对礼典"量加删定"、"著为恒式"的修礼工作有否真正进行?如果进行,那么最后的成果是以何种形

---

① 吕温:《代郑相公请删定施行〈六典〉〈开元礼〉状》,《文苑英华》卷 644,北京:中华书局,1966 年,第 3306 页;并见《吕和叔文集》卷 5,《四部丛刊》本,上海:上海古籍出版社,1936 年。
② 内藤乾吉:《唐六典の行用について》,《东方学报》7,京都,1936 年,收入氏著《中国法制史考证》,有斐阁,1963 年,第 103~134 页。
③ 如严耕望《略论唐六典之性质与施行问题》,台湾《历史语言研究所集刊》第 24 本,1953 年,第 69~76 页;陈寅恪《隋唐制度渊源略论稿·职官》,北京:中华书局,1963 年,第 96~99 页;韩长耕《关于〈大唐六典〉的行用问题》,《中国史研究》1983 年第 1 期,第 84~92 页;刘逊《试说〈六典〉的施行问题》,《北京师院学报》1983 年第 2 期,第 38~42 页;钱大群、李玉生《〈唐六典〉性质论》,《中国社会科学》1989 年第 6 期,收入钱大群《唐律与唐代法律体系研究》;钱大群《〈六典〉不是行政法典——答宁志新先生》,《中国社会科学》1996 年第 6 期;(法)戴何都《〈唐六典〉正确地描述了唐朝制度吗?》,《中国史研究动态》1992 年第 10 期;韩国磐《中国古代法制史研究》,北京:人民出版社,1993 年;宁志新《〈唐六典〉仅仅是一般的官修典籍吗?》,《中国社会科学》1994 年第 2 期;同人《〈唐六典〉性质刍议》,《中国史研究》1996 年第 1 期,第 99~110 页;吴宗国主编、撰写《盛唐政治制度研究》绪论第二节《〈唐六典〉与唐前期政治制度》,上海:上海辞书出版社,2003 年;汪超《〈唐六典〉研究》,安徽大学 1989 年博士论文。
④ 刘安志:《关于〈大唐开元礼〉的性质和行用问题》,《中国史研究》2005 年第 3 期,第 95~117 页。
⑤ 参见吴丽娱《礼用之辨:〈大唐开元礼〉的行用释疑》,《文史》2005 年 2 辑,总 71 辑,第 97~130 页。

式呈现或者颁发？

因此礼的颁行，既关系到与当代法令的结合，与礼书的修订也是分不开的。这里言及礼典的行用与删修，并不是要旧事重提，再来论证礼典的性质及行用与否，而是希望从此出发，探讨唐代礼书的制作方式与行用的关系，追寻礼的型制变迁及其受制敕支配、以格敕取代礼书修撰的趋势与旨趣，藉以观察此一问题在社会变革时期的特色与发展方向。

二、唐前期礼典与律令格式同修的编撰方式及其行用程度的变化

对于唐代前期官修的三部礼书，史料多有记载。其修撰的一个共同特点，即制作或颁下的同时也多见有律令格式的发表，但两者修撰时的结合及依赖程度不同，而礼书的权威性也愈来愈受到格式、制敕的挑战。令式格敕对礼的渗入成为礼书制作的一个趋势。

1.《贞观礼》的礼法制作及其行用权威

关于唐前期三部礼书的修成，史书略有记载。而其共同的特点之一，就是在礼的修撰或者颁定同时，也有律令的同修和颁行。例如《旧唐书》卷三《太宗纪》下便记载道：

> （十一年春正月）庚子，颁新律令于天下……甲寅，房玄龄等进所修五礼，诏所司行用之。

此处房玄龄等所进"五礼"，即《旧唐书》卷四六《经籍志》所载之《大唐新礼》一百卷，也即《贞观礼》，记载证明，太宗朝的律令与五礼都是在贞观十一年正月修成，两者相差不过十余日而已。[①]

虽然礼法开始修撰的时间史料记载不甚详细，但据《唐会要》所载，《贞观礼》是"太宗皇帝践祚之初，悉兴文教，乃诏中书令房玄龄、秘书监魏徵等礼官学士，修改旧礼"而成。据《旧唐书·太宗纪》上载唐太宗三年二月戊寅，诏令房玄龄自中书令改尚书左仆射、魏徵自右丞改秘书监，参预朝

[①] 按《通典》、《唐会要》、《册府元龟》载房玄龄进礼时间，均系于贞观七年，但高明士已证应据《旧唐书》及《资治通鉴》，在贞观十一年正月甲寅，颁行则在三月丙午。

政①，所以下诏修礼当不晚于贞观二、三年间。而律令的修撰证明大致也是在此同时。史载高祖时敕裴寂、萧瑀等"撰定律令，大略以开皇为准"。至武德七年五月奏上，乃下诏，"于是颁行天下"。"及太宗即位，又命长孙无忌、房玄龄与学士法官，更加厘改。"②可证太宗朝律令的修撰在武德基础上，也是贞观初即开始了。

礼法的同时修订虽然始于贞观，但其做法前朝已有之。如北齐文宣帝受禅，即以邢邵、魏收等定礼，但与此同时也开始修订律令。《隋书·刑法志》载"及文宣天保元年(550)，始命群官刊定魏朝《麟趾格》》"；"既而司徒功曹张老上书称，大齐受命已来律令未改，非所以创制垂法，革人视听，于是始命群官议造齐律"③。虽然"积年未成"，但毕竟付诸行动。而《北齐书》也言崔昂、李铉等天保初都曾"删定律令，损益礼乐"、"参议礼律"。④

至于隋朝，虽然因开皇元年(581)已诏高颎、李德林等修律令而颁布稍早⑤，但陆续仍有修订。据《隋书·刑法志》，开皇三年，"又敕苏威牛弘等，更定新律"，减少了死罪、流罪及徒仗等条目数量，"定留唯五百条，凡十二卷"。此乃隋律内容风格真正定型。而据《隋书·牛弘传》言："(开皇)三年，拜礼部尚书，奉敕修撰五礼，勒成百卷，行于当世。"同书《高祖纪》上称"(开皇)五年春正月戊辰，诏行新礼"，《资治通鉴》所载也同⑥，是在律令修撰同时或稍后，隋礼也已撰成颁行。

由此可见，礼法的同撰并非出自一时，而是早有传统。从这个意义上说，大约已经是制度创建时期的一个特色。

隋唐两代在修撰律令之际，也继承前朝而有格、式的修撰。隋文帝开皇三年定律令的同时还在北齐《麟趾格》基础上编纂了隋格。⑦ 唐格则有《唐会要》卷三九《定格令》和《旧唐书》卷五〇《刑法志》所记武德元年刘文

---

① 据《旧唐书》卷2(第36页)、《新唐书》卷2《太宗纪》、卷61《宰相表》上(北京：中华书局，1975年，第30、1630~1631页)，房玄龄武德九年七月任中书令，贞观三年二月戊寅为尚书左仆射；魏徵贞观三年二月戊寅为秘书监，贞观六年五月任检校侍中，则两人职有先后。但《旧唐书》卷66《房玄龄传》称其四年改左仆射，卷71《魏徵传》称其贞观二年为秘书监，如此中书令、秘书监职当同时，存疑，但结合两者当在贞观二年或三年初。
② 《旧唐书》卷50《刑法志》，第2134~2135页。
③ 《隋书》卷25《刑法志》，北京：中华书局，1973年，第704页。
④ 《北齐书》卷30《崔昂传》、卷44《李铉传》，北京：中华书局，1972年，第411、585页。
⑤ 《隋书》卷42《李德林传》，第1200页；《隋书》卷25《刑法志》，第710页，下引文见711~712页。
⑥ 《隋书》卷49《牛弘传》、卷1《高祖纪》上，第1300、22页；《资治通鉴》卷176，北京：中华书局，1956年，第5480页。
⑦ 刘俊文：《论唐格——敦煌写本唐格残卷研究》，中国敦煌吐鲁番学会编《敦煌吐鲁番学研究论文集》，上海：汉语大词典出版社，1990年，第524~560页，说见528页。

静等"因隋开皇律令而损益之"的"五十三条格"。旧志复称："于时诸事始定,边方尚梗,救时之弊,有所未暇,惟正五十三条格,入于新律,余无所改。"刘俊文于此指出,"在武德律、令制定以前,此格一直作为暂行法规,制定五十三条格文被全部'正'为律文,吸收于律中",因此他认为"此格在某种程度上可视为《武德律》之基础"。[1] 也就是说,唐初格是作为当朝法规而入律的。

贞观以后格的独立性更强。《唐会要》说"贞观十一年正月十四日,颁新格于天下"[2]。而这个格是在律十二卷和令三十卷以及式三十三篇之外,"删武德贞观已来勅格"而成之,"以为格十八卷,留本司施行"。[3]《旧志》说贞观修格是为了"斟酌今古,除烦去苛,甚为宽简,便于人者","盖编录当时制敕,永为法则,以为故事"。《隋书·李德林传》记载了隋初对于"格令"的态度：

> 开皇元年,敕令与太尉任国公于翼、高颎等同修律令……格令班后,苏威每欲改易事条。德林以为格式已颁,义须画一,纵令小有踳驳,非遇蠹政害民者,不可数有改张。[4]

按据《北史·苏威传》,言其"所修格令章程并行于当世,然颇伤苛碎,论者以为非简久之法"[5]。此处"颇伤苛碎"的"格令"即指所编格敕(详后)。是格敕一旦修成颁下,即不得轻易改动。唐初"永为法则",格作为法令之一种以往已有很多研究[6],格的修撰在后世无疑是最频繁的,礼入格敕的内容也是最多变的。但开皇、贞观初著意维护法律稳定性的做法也涉及格,同时影响到礼。从两《唐书》记载来看,《贞观礼》的制定是和贞观初的礼仪

---

[1] 刘俊文：《论唐格——敦煌写本唐格残卷研究》,中国敦煌吐鲁番学会编《敦煌吐鲁番学研究论文集》,上海：汉语大词典出版社,1990年,第524～560页,说见528、529页。
[2] 《唐会要》卷39《定格令》,第819页。
[3] 《旧唐书》卷50《刑法志》,第2138页。
[4] 《隋书》卷42《李德林传》,第1200页。
[5] 《北史》卷63《苏威传》,第2248页。
[6] 前揭刘俊文文章外,又如菊池英夫：《唐代史料における令文と诏敕文との关系について——〈唐令复原研究序说〉の一章》,《北海道大学文学部纪要》32,1973年。坂上康俊：《〈令集解〉に引用された唐の格·格后敕について》,《史渊》128卷,1991年;《关于唐格的若干问题》,《唐宋法律史论集》,上海：上海辞书出版社,2007年,第60～70页。牛来颖：《诏敕入令与唐令复原》,《文史哲》2008年4期,105～112页。牛来颖：《〈天圣令〉中的别敕》,《中国古代法律文献研究》第四辑,法律出版社,2010年,第164～180页;桂奇逊：《唐格再析》,载同上,第244～286页。

活动一道进行,其内容原则也根据不同的需要入律、令、格、式,由于同时制定而贞观一朝很少变化,所以维护了礼法的一致性。

或者正是由于此,《贞观礼》的行用亦有所保证。礼修成后,朝廷仍相继有针对性地进行了不少礼仪活动。史载房玄龄等与礼官"因周隋之阙"而新增的《贞观礼》二十九条中就包括"天子上陵"、"皇太子入学"、"天子大赦"、"农隙讲武"、"四孟月读时令",封禅礼仪的确定也在其中,而圆丘和南郊的分祭则是《贞观礼》的重要原则之一。① 史载贞观十三年正月乙巳谒献陵,贞观十四年正月庚子读时令,二月丁丑幸国子学亲释奠,十一月甲子有事于圆丘,贞观十五年冬十月辛卯大阅于伊阙,贞观十五年四月辛卯诏以来岁二月有事泰山,但终因其年六月己酉"有星孛于太微"而停封。② 贞观十六年又分别有三月三日赐百僚大射于观德殿和九月九日赐文武五品已上射于玄武门。③ 所举办及计划中的的礼仪活动,无疑都是对上述一些礼条的实践,因此可以看出太宗在礼仪制定后已在将之步步付诸实施。而据《旧唐书·礼仪志》除二十九条外"余并准依古礼,旁求异代,择其善而从之",是其原则与古礼、特别是作为直接来源的隋礼和北齐礼相去不远,故《贞观礼》在贞观一朝的行用从未遭到质疑和批评,其权威也从未遭到挑战。

另外礼典与律、令、格、式虽一时制定,却是各自独立的,未见当朝格令有混杂入礼的情况。但它们的同时制定,却可以尽量避免在相关内容和原则问题上发生冲突,所以礼与法令产生歧义和矛盾的机会不多。尽管如此,不一致的现象也有出现,如《旧唐书·礼仪志》即记载了贞观中禘祫功臣配享问题在礼、令规定的不同:

> 《贞观礼》,祫享,功臣配享于庙庭,禘享则不配。当时令文,祫禘之日,功臣并得配享。贞观十六年,将行禘祭,有司请集礼官学士等议,太常卿韦挺等一十八人议曰:"古之王者富有四海……至于臣有大功享禄,其后孝子率礼,洁粢丰盛,禴、祠、烝、尝,四时不辍。国家大祫,又得配焉。所以昭明其勋,尊显其德,以劝嗣臣也。其禘及时享功臣皆不应预,故《周礼》六功之官,皆配大烝而已。先儒皆取大烝为祫祭。高堂隆、庾蔚之等多遵郑学,未有将为时享。梁初误禘功臣,左丞

---

① 以上参见《旧唐书》卷21《礼仪志》一,第817页;《唐会要》卷37《五礼篇目》,第781页。
② 参见《旧唐书》卷3《太宗纪》下,49～53页;《新唐书》卷2《太宗纪》,第38～40页。
③ 《唐会要》卷26《大射》,第582页。

何佟之驳议,武帝允而依行。降洎周齐,俱遵此礼。窃以五年再殷,合诸天道,一大一小,通人雅论,小则人臣不预,大则兼及功臣。今礼禘无功臣,诚谓礼不可易。"乃诏改令从礼。①

通观礼官学士上言"改令从礼",是以《周礼》六功之官,皆配大烝而已。先儒皆取大烝为祫祭"为依据的。也就是说,在当朝法令与传统礼则之间是选择后者。可见礼和当朝律法之间发生矛盾,礼的权威更得到维护。

当然维护礼的权威并不表示制度在实行的过程中从此毫无变化。如贞观十四年因太宗提议,改革多项服制,内中嫂叔服与舅服尤完全否定古礼。其上奏后制批曰"可",可以知道制敕改礼正是自贞观始。玄宗时崔沔即为此有"贞观修礼,时改旧章,渐广渭阳之恩,不遵洙泗之典"的批评。②专意提高舅服而"渐广渭阳之恩"的服制颠覆了古礼,一些非传统的祭祀也自贞观始兴,如贞观十一年修老君庙于亳州③,是唐朝国家行道教和老子祭祀之滥觞,而武庙姜太公的祭祀也是"贞观中以其兵家者流,始令磻溪立庙"④。不过,如前所述贞观时代更尊重传统,类似的改礼不多,所以与其将它们视作对古礼的批判,不如说是对当朝礼法的补充,而真正对礼法的重大改变都是要到《显庆礼》制作之后。

2.《显庆礼》的"其文杂以式令"与格敕入礼

编纂礼书的活动,在高宗初再度开始,《唐会要》卷三七《五礼篇目》记载称永徽二年(651),以《贞观礼》未备,又诏太尉长孙无忌、中书令杜正伦及李义府、许敬宗等"重加缉定,勒成一百三十卷,二百二十九篇,至显庆三年(658)正月五日奏上之。高宗自为之序,诏中外颁行焉"。

此即《新唐书·艺文志》所载之《永徽五礼》,也即《显庆礼》。而与之撰作同时,也有律令格式的修订。《唐会要》卷三九《定格令》记永徽二年闰九月十四日,"上新删定律令格式";永徽三年五月诏令中书门下监定律疏,于四年十(按当作"十一")月上之,"诏颁于天下"。说明律令格式、律疏与礼的修撰等大体同时,而律令和疏也早于永徽中撰成。其修撰新礼的理由,《旧唐书·礼仪志》也说是《贞观礼》"节文未尽",由此可见其制作目的原本只是为《贞观礼》作补充,所以《显庆礼·序例》制作之初,针对《贞观礼》的修正不多。《旧唐书·礼仪志》并载显庆二年七月许敬宗关于郊天奏议,提

---

① 《旧唐书》卷26《礼仪志》六,第996页。
② 《唐会要》卷37《服纪》上,第785~787、795页。
③ 《旧唐书》卷3《太宗纪》下,第48页。
④ 《唐会要》卷23《武成王庙》,贞元四年尚书右司郎中严泚议,第510页。

到"据《祠令》及新礼,并用郑玄六天之议",说明在重大问题上礼法内容的一致。

礼法的同时修撰,说明如别无意外,则礼书的撰作也应在不久结束,但此书修成竟拖至显庆三年,且自永徽末以降,修订宗旨便明显与前不同,针对《贞观礼》的原则性变化愈来愈多。事实证明这一变化与武则天立后及李义府、许敬宗代替长孙无忌主持修撰有直接关系。而其变化主要表现在两方面,其一即五礼的内容。如郊祀为突出皇权的唯一性,许敬宗奏请用王肃的一天说取代郑玄六天之议,此即在祈谷、雩祀、明堂诸礼中取消了《贞观礼》祀感生帝或五方帝(明堂兼祀五帝五官),而与冬至圆丘同样专祀昊天上帝。还有分别合并南郊和圆丘、北郊和方丘,由此并取消神州祭祀。此外又有重新排比宗庙笾豆之数,增加先代帝王祭祀,改革释奠礼,为皇后建礼,以及取消皇帝凶礼"国恤"等等,标新立异的修改变动内容众多,不一而足。①

其二则是礼典的建构方式。《旧唐书·礼仪志》一说《显庆礼》"增损旧礼,并与令式参会改定",《新唐书·礼乐志》一则明言"其文杂以式令"。例如许敬宗显庆二年议废六天之祀,及行郊丘合一、天地合祀之礼都是请求"仍并条符式令,永垂后则";又如他提议改革笾豆之数,"诏并可之,遂附于礼令",所谓"其文杂以式令"即指此也。但与其说是"杂以式令",不如说是"杂以制敕",因为新的礼法是先被诏敕规定下来,再入礼和令式的。例如《唐会要》卷三一《舆服》上载显庆元年九月十九日,修礼官长孙无忌等针对武德初《衣服令》皇帝祀天地服大裘冕,请服衮冕,"仍改礼令";又提出"新礼"(即《贞观礼》)"皇帝祭社稷,绨冕四旒,衣三章;祭日月,服玄冕三旒,衣无章"在令文是五品之服,故请求"请遵历代故事,诸祭并用衮冕"。得"制可之"。此外无忌等又奏请,"皇帝为诸臣及五服亲举哀,依礼著素服,今令乃云白帢。礼令乖舛,须归一涂。且白帢出自近代,事非稽古,虽著令文,不可行用。请改从素服,以会礼文",也得"制从之",于是改变了皇帝举哀服礼令不一致的情况。可见新定礼是先经敕批的,而显庆礼官在定礼之际,也同时改定了令式中不合的内容。所以《显庆礼》不但杂入式令,事实上还更多地吸收了新规定的制敕。我们看到《开元礼·序例》一章内容多由礼令及制敕组成,这种将法令制敕置于礼书之前的做法,也或者就是自《显庆礼》始创。

---

① 参见吴丽娱《〈显庆礼〉与武则天》,《唐史论丛》第10辑,西安:三秦出版社,2008年,第1~14页。

史睿比较《显庆礼》与法制关系提出，礼典与律疏，编纂官员的层次和修撰程序基本是一致的，而礼典与法典也均具备一定的法律效力。他还认为就行政层面而言，《显庆礼》着重与当时的律令格式保持一致性，初步解决了唐初礼典与法典互不统一的问题，推动了唐代礼仪制度的法典化，进一步完善了律令体制，因此礼典在一定意义上具有行政法典的性质。①

但礼典的法典化或者并不意味着它本身地位的提升。这是因为《显庆礼》虽如史睿所说，制定过程中注意了礼法的协同修订和统一，且以令式、制敕入礼，也是为了强调和提高新礼在实行中的权威性。但其本身既在重大原则方面已有突破，就不能不使前后礼典之间，乃至礼典与令式之间矛盾增加。加之礼为令式、制敕而破，其本身的价值及崇高性也遭到质疑。其如《旧唐书·礼仪志》一所说："时许敬宗李义府用事，其所损益，多涉希旨，行用已后，学者纷议，以为不及贞观。上元三年（676）三月，下诏令依贞观年礼为定。仪凤二年（677），又诏显庆新修礼多有事不师古，其五礼并依周礼行事。自是礼司益无凭准每有大事，皆参会古今礼文，临时撰定。然贞观、显庆二礼，皆行用不废。"也就是说，《显庆礼》的"事不师古"和过分迎合皇帝的意旨和需要，使之不但不能完全取代《贞观礼》的地位，且遭到批驳和质疑最多。以致有司取用之际，便不能仅凭借新礼。所以高宗一朝，其实是在《贞观礼》、《显庆礼》以及古周礼之间犹疑和徘徊。礼典权威下降，其稳定性也遭到破坏，于是制敕遂成为临时定夺的依据，或曰取得平衡的砝码，礼典的法律性质倒变得可有可无了。

事起于乾封初（666）司礼少常伯郝处俊等奏，提出《贞观礼》祀感帝神州，以世祖元皇帝配；"显庆新礼，废感帝之祀，改为祈谷"。但"今既奉敕依旧复祈谷为感帝，以高祖太武皇帝配神州"，再加上新礼已以高祖配圆丘昊天上帝及方丘皇地祇，"便恐有乖古礼"。并提出神州祭祀应用十月抑或正月的疑问，以及"其灵台、明堂，检旧礼用郑玄义，仍祭五方帝，新礼用王肃义（仅祭昊天上帝）"的困惑。结果下诏"依郑玄义祭五天帝，其雩及明堂，并准敕祭祀"。也就是说，诏敕决定在《显庆礼》惟祭昊天上帝之外重又恢复祭五方帝，同时礼官讨论又决定北郊神州依武德以来礼令用十月。至次年十二月又下诏"自今以后，祭圆丘、五方（帝？）明堂、感帝、神州等祠，高祖太武皇帝、太宗文皇帝崇配，仍总祭昊天上帝及五帝于明堂"，再度予以明确。可见当时敕文对贞观、显庆二礼都是有所保留的。

---

① 史睿：《〈显庆礼〉所见唐代礼典与法典的关系》，高田时雄主编《唐代宗教文化与制度》，京都：京都大学人文科学研究所，2007年，第115～132页。

但是到了仪凤二年七月,太常少卿韦万石奏,再度因明堂礼贞观、显庆二礼祀五天帝及昊天上帝不一,提出"奉乾封二年勅祀五帝,又奉制兼祀昊天上帝。伏奉上元三年三月勅,五礼并依贞观年礼为定。又奉去年勅,并依周礼行事。今用乐须定所祀之神,未审依古礼及《贞观礼》,为复依见行之礼"的问题。但"时高宗及宰臣并不能断,依违久而不决。寻又诏尚书省及学者详议,事仍不定。自此明堂大享,兼用贞观、显庆二礼"。

明堂"兼用贞观、显庆二礼"实为《开元礼》郊天兼取二礼之前奏。但无论用何礼,结果都必须由制敕批准,只有被制敕法令规取的礼条才能够行用而具有现实意义。这样庞大完备的礼典即逐渐成为备仪,制敕的权威遂高于礼。而由于礼仪形式的不稳定和多变性,故高宗以后,格的编修频率提高,成为法令依据的作用更加明确。如永徽本有留司格十八卷,散颁格七卷①,《唐会要·定格令》载龙朔二年(662)敕源直心等又复位格式,麟德二年(665)奏上;至仪凤中,改易官号,又敕刘仁轨等删辑,至仪凤二年三月九日,"删辑格式毕,上之",此当即《旧唐书·刑法志》所说《永徽留司格后本》。仪凤二年七月关于明堂礼提到历次制敕,显然应用了这次编辑的成果。

武则天时代,未见再有律令及礼典之编纂修订,但至垂拱元年(685)三月,"颁下亲撰《垂拱格》于天下"②。《唐会要·定格令》称其时"删改格式,加计帐及勾帐式,通旧式成二十卷"。此外"又以武德以来垂拱已前诏敕便于时者,编为新格二卷",以裴居道等同修,"则天自制序"。同时又别编《垂拱留司格》六卷。史载由于制作者韦方质"详练法理","故垂拱格、式,议者称为详密"。可见格的针对者,可能要比律令具体得多。而武则天朝很少改撰律令,"其律令惟改二十四条,又有不便者,大抵依旧"③,所以格及制敕就是则天一朝的现行大法。

事实上《显庆礼》修成后,改礼也通过制敕与格的修撰来实现。上文之明堂礼即一例,另一例是《唐会要》卷三七龙朔二年八月,有司奏"司文正卿萧嗣业,嫡继母改嫁身亡,请申心制",即请求为改嫁的嫡继母按三年制服心丧。但"据令,继母改嫁,及为长子,并不解官",所以下敕要求"据礼缘情,须有定制,付所司议定奏闻"。结果引起关于母服的辩论。辩论不仅关系是否解萧嗣业官,还涉及其他一些《永徽令》文关于母服、妻服有漏略的

---

① 《旧唐书》卷50《刑法志》,第2138页。
② 《旧唐书》卷6《则天皇后纪》,第117页。
③ 《旧唐书》卷50《刑法志》,第2143页

问题。所以司礼太常伯、陇西郡王博乂等最后决议说："母非所生,出嫁义绝,仍令解职,有紊缘情。杖期解官,不甄妻服,三年齐斩,谬曰心丧。庶子为母缌麻,漏其中制。并令文疏舛,理难因袭。望请依房仁裕等议,总加修附,垂之不朽。其礼及律疏有相关涉者,亦请准此改正。嗣业既非嫡母改醮,不合解官。"得"诏从之"。此处对令的改正罗彤华作过细致的解读和分析。但她发现所改内容在《唐六典》的开元七年令中还无变化,直到开元二十五年令中才得到纠正。[1] 为何如此？结合上文《唐会要》所述"龙朔二年敕源直心等又复位格式,麟德二年奏上"一条,笔者认为此次关于丧服的辩论是与龙朔年格的复位有关的。其最后的决议和诏书不是记入令文,而是记入了格,可能直到开元二十五年大修律令格式,此条才被入令。

从这个线索追寻,还可以发现一些可能是《麟德格》或《仪凤格》的内容。如《唐会要》卷二三《寒食拜扫》龙朔二年四月十五日诏,针对"父母初亡,临丧嫁娶"和"送葬之时,共为欢饮"的现象下令"并宜禁断"。同书卷三一《章服品第》载龙朔二年九月二十三日孙茂道奏请改定旧令所规定的六品七品和八品九品朝服服色,得到批准,此或均入《麟德格》。又如同书卷一七《缘庙裁制》上记"仪凤二年二月二十九日,太常以仲春告祥瑞于太庙。上令礼官征求故实",太常博士贾大隐对以古今之制；但因"贞观已来勅令无文,礼司因循不知所起,上令依旧行焉"。此定制在仪凤二年三月上格式之前,亦当记入格中。

武则天时期的《垂拱格》亦有订礼、改礼功能。《唐会要》同门载上元元年(674)十二月二十七日天后上表请改父在为母服期为三年之制："遂下诏依行焉。当时亦未行用,至垂拱之末,始编入格。"意思是这一改服制进入了《垂拱格》。故开元五年左补阙卢履冰上疏有"垂拱之初,始编入格；垂拱之末,果行圣母之伪符"。开元七年八月二十六日诏也有"格令之内,有父在为母齐衰三年"之语。皮庆生关于丧服制度入令过程的文章提出,其中"格令之内",在《册府元龟》、《旧唐书·礼仪志》和《通典》的传世刻本中均作"格条之内"。并批评笔者讨论丧服制度,曾将"格令之内"读作"格、令之内",等于坐实了开元以前令已有服制内容的观点。[2] 现在看来,皮氏的意见是对的。武则天至玄宗朝,并没有将父在为母服三年入令的记载。如皮

---

[1] 罗彤华:《唐代官人的父母丧制——以〈假宁令〉"诸丧解官"条为中心》,台北:台湾师范大学:《新史料·新观点·新视角:〈天圣令〉国际学术研讨会论文集(二)》,第87～103页,说见第18～21页。

[2] 皮庆生:《唐宋时期五服制度入令过程试探——以〈丧葬令〉所附〈丧服年月〉为中心》,《唐研究》第14卷,北京:北京大学出版社,2008年,第381～411页,说见第384～387页。

氏所指出,卢履冰疏中有"窃见新修之格,犹依垂拱之伪",只说格的接续,并没有说令,不能证明《丧葬令》中有五服制度存在。而《唐会要》言"至(开元)二十年萧嵩与学士改修五礼,又议请依上元元年敕,父在为母齐衰三年为定。及颁礼,乃一切依行焉"。可见《开元礼》将服制入礼的依据就是制敕而不是令,而制敕应当是垂拱以来编入格中的。

以上事例提醒我们这里"格令"其实就是格条,二字不能分开来读。所谓格令就是格敕之"令",不能理解为格和令。隋唐史料中"格令"二字多次出现,很多时候就是指格敕或格条。如前揭苏《唐会要·定格令》记"文明元年(684)四月十四日敕:'律令格式,为政之本,内外官人,退食之暇,各宜寻览。仍以当司格令书于厅事之壁,俯仰观瞻,使免遗忘'"。此书于壁上的应即与本职司有关的具体办事章程,可能包含式及格条。又如《旧唐书》卷七〇《岑羲传》言其"睿宗即位,出为陕州刺史,复历刑部、户部二尚书,门下三品,监修国史,删定格令,仍修《氏族录》"。睿宗时不曾修令,所参与修者,也只是格敕(详下)。《新唐书》卷五六《刑法志》在言及有唐一代的法制修订说:"盖自高宗以来,其大节鲜可纪,而格令之书不胜其繁也。"所谓"不胜其繁",固不包括不常修订而原则性强、内容精简的律令,而是指愈来愈频繁编修的格。所以"格令之书"指格敕之书才恰如其分。

新定格敕由于具体而又有相当的针对性,其应用性及受重视程度逐渐超过了礼典和律令。所以虽然在高宗、武则天以降的很长时间内,礼典仍被作为现实礼法之来源及参照,而与制敕两行之,故有"然贞观、显庆二礼,皆行用不废"之说;但格敕编撰对现实礼的意义明显超过礼书,且其编纂在中宗、睿宗朝继续,却是不争之事实。《旧唐书·刑法志》说中宗即位,"时既改易,制尽依贞观、永徽故事。敕中书令韦安石、礼部侍郎祝钦明……等删定《垂拱格》后至神龙元年已来制敕,为《散颁格》七卷。又删补旧式为二十卷,颁于天下。景云初,睿宗又敕户部尚书岑羲、中书侍郎陆象先……凡十人,删定格式律令.太极元年二月奏上,名为《太极格》"。可以看到,虽然中宗"制尽依贞观、永徽故事",但《垂拱格》的影响是巨大的。格敕可以综合格式律令的变化,《唐会要·定格令》说中宗时删定者乃《垂拱格》和格后敕,是《垂拱格》也包括在内。所以《神龙散颁格》、《太极格》就是《垂拱格》的继续,它们既在内容、性质上传承《垂拱格》,又有所补充。

以藉田礼帝社祭祀为例。《新唐书》卷一四《礼乐志》四载"藉田祭先农,唐初为帝社,亦曰藉田坛……垂拱中,武后藉田坛曰先农坛"。神龙元年(705),由礼部尚书祝钦明提议,将藉田祭祀之先农正名为帝社。最后在他和太常卿韦叔夏、博士张齐贤等往复论辩后,决定改先农坛为帝社坛,以合古王社之义。又增立帝稷坛,如太社、太稷。《旧唐书·礼仪志》说韦叔夏在高宗朝已经参加定礼,与裴守真等"多所议定"。"则天时,以礼官不甚详明,特诏国子博士祝钦明及叔夏,每有仪注皆令参定"。是祝钦明及韦叔夏都参与过高宗或武则天朝定礼。但是这里说藉田坛改为先农坛是在垂拱中,可想而知是在定《垂拱格》时承则天命所改。而祝钦明、韦叔夏既参加定礼,前者复于神龙初删定《垂拱格》,遂能藉此机会对原来的格条做了修改,由此也可以知道礼的编撰与格敕的删修发生了愈来愈密切的关系,而且礼制变化的过程从格的编纂中亦可以追踪到轨迹。

因此从高宗修《显庆礼》开始,不仅礼本身变化逐渐背离章法,且因通过制敕可以随时修改,于是礼典与现实法令逐步脱节,格敕本身成为定礼依据,其价值更从律令中分离和突出。其正如吴宗国先生所总结的,格用来编录制敕,成为适应形势变化的主要法令形式,随之发生了质的变化。继而由于格后所颁布的制敕往往与格发生矛盾,于是又出现了格后常行敕和格后敕,制敕实际上成为日常行用的法律文书。① 礼作为制度颁行最终需要通过制敕来体现,这一切始兴于高宗武则天朝,也为开元礼典的撰作和新礼制的颁修奠定了基础。

3. 以格敕和律令格式为制作基础的《开元礼》和《唐六典》

玄宗朝是一个制度集大成的时代,且为了展示统治效力,所以无论是礼,抑或律令格式都有修撰。而格的修撰秉承高宗、武则天以来的传统,愈来愈在其中占据中心位置。而格的修撰,则有开元初,姚崇、卢怀慎等《开元前格》十卷。此即《旧唐书。·刑法志》所言"删定格式令,至三年三月奏上,名为《开元格》",之后遂有《开元后格》十卷。《旧唐书·刑法志》记由宋璟、苏颋、卢从愿等九人始撰于开元六年,"删定律令格式,至七年三月奏上,律令式仍旧名,格曰《开元后格》"。从《旧唐书》的记载来看,两次修撰是不一样的。第一次格式令的修撰,似乎都是通过格来体现,令、式是否分修,未明言;但第二次明显是格、式、律、令分修,故提到律令式仍用旧名的问题,第二次的制作显然比前者更系统。

但无论是怎样删修,格的修撰比律令都更具体而富灵活性,玄宗开元初期的不少制敕法令相信也都保留在两次修撰的格中。但是之后的一段时间似乎并未再有法令的整理和编纂,直到两部礼典的修撰才迎来了法令重获整修的契机。

《旧唐书》卷二一《礼仪志》言《开元礼》制作称"开元十年,诏国子司业

---

① 吴宗国主编:《盛唐制度研究·绪论》,上海:上海辞书出版社,2003年,第6页。

韦绦为礼仪使，专掌五礼。十四年，通事舍人王喦上疏，请撰礼记，削去旧文，而以今事编之。诏付集贤院学士详议"。但最终因张说提出将贞观、显庆二礼加以"折衷"，"删改行用"的办法，于是"制从之。初令学士右散骑常侍徐坚及左拾遗李锐、太常博士施敬本等检撰，历年不就。说卒后，萧嵩代为集贤学士，始奏起居舍人王仲丘撰成一百五十卷，名曰《大唐开元礼》，二十年九月，颁所司行用焉"。

《唐六典》的编纂则过程则更加曲折漫长。《新唐书》卷五八《艺文志》二于"《六典》三十卷"下言其过程曰"开元十年，起居舍人陆坚被诏集贤院修六典"，时玄宗手写理、教、礼、政、刑、事六条，"张说知院，委徐坚，经岁无规制，乃命毋煚、余钦、咸廙业、孙季良、韦述参撰。始以令式象《周礼》六官为制。萧嵩知院，加刘郑兰、萧晟、卢若虚。张九龄知院，加陆善经。李林甫代九龄，加苑咸。二十六年书成"。

上述记载表明，如果以礼仪使的派设为开元改礼之标志，那么二书的制作其实都开始于开元十年。虽然修成时间不一，且一"颁所司行用"，一藏书府；但二书的制作都经波折，其形式拟古而内容崇今的做法，也使它们之间的共性超过了彼此所存差异。

事实上，《开元礼》既以"改撰"《礼记》为号召，便不在意打破古礼的局限，混淆经学家法的是非，特别是在开元十九年萧嵩使王仲丘负责《开元礼》具体修撰之后，建立了"有其举之，莫敢废也"的原则，其关于冬至祀圆丘、正月上辛祈谷、孟夏雩祀、季秋大享明堂，无不是采取祀昊天上帝于坛上，而以五方帝置于坛之第一等，所谓"今请二礼并行，六神咸祀"，也即继续和扩大乾封、仪凤以来明堂礼的变革，混融郑、王，消除弥合其经学理论的差异，而建立唐代的标准及正统。同样，《唐六典》虽以六部比仿《周礼》，但完全以唐官制为主体和中心，以律令格式定义当代职官，树立和规范唐朝建置，两者的制作可谓异曲同工。

而如上做法，也必然会使礼典制作与新修的法令格式发生最密切的关系。以下是《旧唐书》卷五〇《刑法志》所载开元中两次修订法令的情况：

（开元）十九年，侍中裴光庭、中书令萧嵩，又以格后制敕行用之后与格文相违，于事非便，奏令有司删撰《格后长行敕》六卷，颁于天下。

（开元）二十二年，户部尚书李林甫又受诏改修格令。林甫迁中书令，乃与侍中牛仙客、御史中丞王敬从，与明法之官前左武卫胄曹参军崔见、卫州司户参军直中书陈承信、酸枣尉直刑部俞元杞等共加删缉，旧格式律令及敕，总七千二十六条，其一千三百二十四条于事非要，并删之。二千一百八十条随文损益,三千五百九十四条仍旧不改,总成律十二卷。律疏三十卷,令三十卷,式二十卷,开元新格十卷。又撰格式律令事类四十卷,以类相从,便于省览。二十五年九月奏上,勅于尚书都省写五十本,发使散于天下。

此两次修订活动,都只言格敕或律令格式而完全没有提到礼,但是从二次修撰分别完成于《开元礼》和《唐六典》前后或同时,就提示了它们与二礼的关系。以往从仁井田升《唐令拾遗》和池田温等先生《唐令拾遗补》二书所作的唐令复原工作,可以了解到《开元礼·序例》部分大量吸收唐令的成分,而事实上我们也可发现其中大量格敕的存在。

例如上面所说祈谷、雩祀、明堂等礼采用"二礼并行,六神咸祀"的做法是王仲丘参与定礼之后的决定,以此种方式入礼是要通过制敕的批准。另外如《开元礼·序例》关于祭祀神位的"肃明皇后庙、孝敬皇帝庙",说明是"右二庙新修享仪皆准太庙例";对"仲春享先代帝王"说明"右新加帝喾氏,余准旧礼为定"。又如"仲春兴庆宫祭五龙池"说明"右准新敕撰享礼,乐用姑洗之均三成";而不仅孔宣父庙有"右新加七十二弟子之名,余准旧礼为定",且"仲春仲秋上戊释奠于齐太公"也同样有"右准敕新撰享礼"。从《唐会要》相关记载可知,开元十八年十二月二十九日"有龙见于兴庆池,因祀而见也,敕太常卿韦绦草祭仪"。开元十九年四月十八日,令"两京及天下诸州,各置太公庙一所,以张良配享,春秋取仲月上戊日祭",并"准十哲例配享"。对比《开元礼》可以知道内容与之完全相合。由此可以断定,所谓新敕、新礼应当都是开元十九年《格后长行敕》的内容,而格后敕的编修整理,应当是为《开元礼》准备的。

同样,开元二十五年《格式律令事类》也与《唐六典》成书有关。此次法令的编纂工作进行了三年,对律、令、格、式进行全面整理。其中《开元新格》是继《前格》、《后格》、《详定格后敕》编成,而《新格》尤为其中最精审者。故开元二十五年九月三日李林甫且有"今年五月三十日已前,勅不入新格式者,并望不在行用限"的奏请,说明修成的新格式才是当朝所明令依行。而《格式律令事类》正是在吸收了此次律令格式整理新成果的。

《格式律令事类》据史载是采取"以类相从"的编纂方式,这一方式可由所发现的敦煌残卷证明。论者认为俄藏 Дх.6521、Дх.3558 都有可能是《格式律令事类》之断简。其中 Дх.6521 仅 14 行,内除 1—3 行残缺过甚,意义不明之外;其他看得出是"包含有一条开元二十五年的《考课令》,一条同年的《户部格》和可能是开元二十二年的制敕,而且内容都是关于朝集制度的"①。Дx.3558仅13行,李锦绣经缉补阙文后认为,是由一条《主客式》、两条开元二十五年《祠令》构成,内容有关二王后祭祀的物品供给、大、中、小祀的区分和对象以及冬至圆丘祭祀,总之是关乎祭祀的。此卷定名和性质虽存有争议②,但李锦绣认为应属《格式律令事类》③。如果确如两位学者所论,则《格式律令事类》的制作应该是以"事类"为中心,而于某一事项之下排列律令格式,以作为处理此事的依据。

这样的编写方式毋庸置疑。但笔者以为,《格式律令事类》虽然所采取内容多为开元二十五年所定,但制敕本身及律令都非一年之作,且为了说明沿革和展现全面成果,其中的制度未必是同一时段。这样看来,上述Дx.3558后二条是否都是开元二十五年令即尚有可商。用这一点也可解释《唐六典》的编撰。论者大都注意到,《唐六典》的各部门官员职能下都塞入大量律令格式制敕,但这些法令制度产生和实行的时间并不是一样的。近年中村裕一即从《六典》中多载开元二十五年以前的制度而批判仁井田升和内藤乾吉关于《唐六典》中的令都是开元七年令的成说。④ 认为《六典》所说令是指开元二十五年令,"旧令"才是开元七年令。但《六典》确有将不同年代的令和制敕格式一同收入的做法,说到底还是来自《格式律令事类》。其做法看来不仅是为了"便于省览",也是为了具体落实唐玄宗"理、教、礼、政、刑、事"六条即按行政公务不同事类编排的指示,如前揭Дx.3558就应当是属于"礼"的部分,Дx.6521或即"政"的门类。无论如何,这样的做法易根据官制的要求集中相应的内容,方便将之同时塞入。所以《唐六典》的制作,应该是有了律、令、格、式和《格式律令事类》的先期整修才能够完成,换言之,《格式律令事类》是为了《唐六典》才编纂的,这也开启了礼与行政法结合编修的先例。

因此对于礼典而言,开元十九年的《详定格后敕》与开元二十五年的《开元新格》、《格式律令事类》等并不是修礼的副产品,而是礼典成就的基础和先期成果。相比前者,它们才是修撰的主体。它们的产生说明开元礼典比之《显庆礼》在突显当朝煌煌圣制方面更全面、更具自觉性。而采取这样以立法为礼书兴作基础的做法,实际上也产生了一个结果,即礼典愈来

---

① 参见雷闻《俄藏敦煌 O6521 残卷考释》,《敦煌学辑刊》2001 年第 1 期,第 1~13 页。
② 荣新江、史睿:《俄藏敦煌写本〈唐令〉残卷(Дx.3558)考释》认为是《祠令》残卷,是为某种目的抄录的显庆年间修订之《永徽令》令文。《敦煌学辑刊》1999 年第 1 期,第 3~13 页。
③ 李锦绣:《俄藏 Дx3558 唐〈格式律令事类·祠部〉残卷试考》,《文史》2002 年第 3 辑,总第 60 辑,第 150~165 页。
④ 中村裕一:《唐令の基础的研究》,特别是第四章《〈大唐六典〉の检讨——〈大唐六典〉の〈开元七年令〉说批判》,东京:汲古书院,2012 年。观点见《序节》,第 289~301 页。

愈具备展示性而与实用的目的分途。即无论是否正式颁行,都不再强调它的使用。而格和格后敕一类才是礼制真正颁行的法令依据。所以在《开元礼》颁行后,从未见到类似于"行用不废"这样的申明。事实上,从开元二十三年始,我们已见到对宗庙祭祀笾豆和服制进行更改的诏敕和决议;开元后期到天宝以后礼制的原则性改动更多,甚至如太清宫、九宫贵神一类道教性质的祭祀,也进入国家郊庙大礼,从而对贞观、显庆、开元礼的儒教传统提出更大的挑战。制敕进一步与礼典相融,但格与格后敕作为实用礼法载体的意义更突出。而由于《唐六典》制作形式的特殊性,所以礼亦与行政司法不分,这为乱后格与格后敕的编辑和审定提供了依据。

三、开元礼典的"删定施行"与格敕代礼

《唐六典》、《开元礼》由于粉饰太平的制作目的,及采用过时旧制与现实法令的抵牾,其结果是或者并未颁行,或者行用被打了折扣。但贞元、元和以后,二书作为盛世礼典的意义提高。如前所述,吕温《代郑相公请删定施行〈六典〉〈开元礼〉状》中即请求对二书加以"删定施行",且颁诏书"明下有司,著为恒式"。那么,这里的要求是否被批准和执行了呢?

事情关乎上状的时间和上状人问题,对此内藤乾吉前揭文作过考订。他判断在元和三年(808),郑相公是郑絪。理由是郑絪于元和元年(按《新唐书·宰相表》在永贞元年〈805〉十二月)拜中书侍郎平章事,加集贤院大学士;元和三年九月转门下侍郎,弘文馆大学士。其集贤殿大学士与状中所说"就集贤院,各尽异同,量加删定"相合,故其奏请应在元和三年九月之前。又据状中所说"星周六纪"应为七十二年,以《唐六典》撰成上表的开元二十六年(738)为计,至元和三年已超过七十年,说"六纪"大略相合。由于吕温其年十月贬为道州刺史,所以判断此文的起草应当在元和三年的正月至九月之间。[①] 但笔者认为,从代笔者吕温的事迹来看,吕温本王叔文党人,《旧唐书》本传说他于德宗贞元二十年冬随张荐使吐蕃,"元和元年,使还。转户部员外郎。时柳宗元等九人坐叔文贬逐,唯温以奉使免"[②]。查

---

① 内藤乾吉:《唐六典の行用について》,第 118~120 页。郑絪事并参《新唐书》卷 62《宰相表》中,第 1709~1710 页;《旧唐书》卷 159《郑絪传》,第 4181 页。
② 《旧唐书》卷 137《吕温传》,第 3769 页。按同书卷 135《王叔文传》言吕温"叔文拜方归"(第 3736 页)。《吕和叔文集》中有《代杜司徒贺大赦表》,是贺元和改元大赦,则吕温至少应在永贞末已归朝。

吕温代人所作书及表状等,自元和元年至三年者皆有。再从礼典的成书年代来看,"六纪"毕竟祇是一个约数。计算时间不能只看《唐六典》,也应考虑《开元礼》。而如果从《开元礼》成书的开元二十年(732)算起,到元和元、二年的806、807年,就早已经超过七十二年。此时《唐六典》成书也接近七十年,则如此状制作提早一、二年,也是有可能的。

按吕温代作状如果是在元和元、二年,则适当宪宗初即位锐意改革之际,中兴计划初见成效,落实盛世之典恰逢其时,以常理度之,诏敕没有不赞成、不批准的道理。然而一个明显的事实是,虽然元和以后礼书不无出现,如著名的王彦威《曲台新礼》和《曲台续礼》,但成书时间既晚(元和十三年或长庆以后),且是以其太常礼官的个人身分,似乎看不出是集体创作的官方产品,更不是与《开元礼》、《唐六典》那样形式类同的大礼书。在王彦威本人的上奏中,也未说明其书与"删定施行"两部礼典有直接关系。

尽管如此,王彦威在上《曲台新礼》时说的话却颇给人以启发。其自言书是集开元二十一年(733)以后至元和十三年(818)的"五礼裁制敕格",又称自开元二十一年以降的九(八?)十余年中,"法通沿革,礼有废兴,或后敕已更裁成,或当寺别禀诏命,贵从权变,以就便宜","即臣今所集开元以后至元和十三年奏定仪制,不惟与古礼有异,与开元仪礼已自不同矣"。① 也就是说,虽然是礼书,却是将《开元礼》制定后的诏敕编写在一起,从而能够从制敕反映当代礼制的实际状况与变化。

礼书可以是诏敕的集合,礼的修订仍与法令不可分,这提醒我们对唐后期礼的建构方式再作考察。与之相应,虽然开、天以及安史之乱后礼仪使的设立证明都与当时的订礼有关,太常礼院和官员也常常参加具体礼仪的讨论;但礼的制敕法规却表明,礼的重建早已不单单是礼官的事。礼官是讨论技术层面(礼的程序内容)的问题,而真正形成制度,却与司法有关。如《唐会要》记元和三年关于丧葬制度的重建,就不是由礼部或是太常卿、礼仪使来进行,而是出自刑部尚书郑元。这一点很给人启发,说明礼与法的关系更密切了。《旧唐书》卷五〇《刑法志》称:"建中二年(781),罢删定格令使并三司使。先是,以中书门下充删定格令使……至是中书门下奏请复旧……其格令委刑部删定。"这大概是刑部删定格令的起源。与此有关,我们发现后来的礼仪删定使有时就由刑部尚书充任,如贞元初以刑部尚书知删定礼仪使的关播。《唐会要》载贞元二年二月刑部尚书知删定礼仪使关播奏请删去武成王庙名将配享之仪及十哲之称,而同书又载贞元元年十

---

① 《唐会要》卷37《五礼篇目》,第783页。

月,尚书省进《贞元定格后敕》三十卷,这应当也是关播所进。① 说明刑部尚书关播任使期间,删定格令与删定礼仪不分,其删定的成果也不是礼书而是所谓"格后敕"。

修礼仪即为定格敕的又一例是元和十三年任礼仪详定使的郑余庆。郑余庆于永贞元年八月以尚书左丞同平章事,至元和元年十一月庚戌,罢为河南尹。② 他于德宗、宪宗朝两任宰相,元和中又任过吏部尚书和太子少傅、兼太常卿等职。《旧唐书》卷一五八本传言"余庆通究六经深旨,奏对之际,多以古义傅之",曾"受诏撰《惠昭太子哀册》,其辞甚工",又在德宗自山南还宫后,奏太常用乐复用大鼓,以及严格立戟规范等。本传又载元和十三年他拜尚书左仆射,以名臣居端揆之位,"人情美恰。宪宗以余庆谙练典章,朝廷礼乐制度有乖故事,专委余庆参酌施行,遂用为详定使"。

郑余庆是著名的礼学之士。所知是他于元和六年前后还有书仪问世。敦煌 S.6537v 郑余庆《大唐新定吉凶书仪》载其自序称"与太仆寺丞李曹、司勋郎中裴茝、前曲沃尉李颖、中书侍郎同平章事陆贽、侍御史羊环、司门员外郎韩愈等,共议时用,要省吉凶仪礼(下略)"③。而《旧唐书》本传称他在任礼仪使时,"复奏刑部侍郎韩愈、礼部侍郎李程为副使,左司郎中崔郾、吏部郎中陈佩(讽)④、刑部员外郎杨嗣复、礼部员外郎庾敬休并充详定判官。朝廷仪制、吉凶五礼咸有损益焉"。比较一下可以知道,两方面的人员并不是一回事。前者是自由组合,后者的副使、判官显然并非自由组合而是由朝廷派设,更有职务性质。

从六位作者的官职可以知道,最开始是刑部和礼部官员同时参加,且在其中占居三分之二,但成书时人员组成似有变,除庾敬休之外其他人都不再有礼官或刑司的身份。但以他们的任职来看,应均具备修礼的资质和素养,所以《新唐书·郑余庆传》说他们"凡增损仪矩,号称详衷"⑤。但很有意思的是,《旧唐书》本传中提到宪宗时滥赐官品和章服较普遍,"当时不以服章为贵,遂诏余庆详格令立制,条奏以闻",是参考格令立制度;而传世

---

① 《唐会要》卷 23《武成王庙》,卷 39《定格令》,第 509、822 页。按关播兴元元年正月一日由中书侍郎同平章事罢为刑部尚书,参见严耕望《唐仆尚丞郎表》卷 19《辑考》七上《刑尚》,北京:中华书局,1986 年,第 994 页。
② 《新唐书》卷 62《宰相表》中,第 1708~1709 页。
③ 录文见赵和平《敦煌写本书仪研究》,台北:新文丰出版公司,1993 年,第 481 页。
④ 按《唐郎官石柱题名》吏部郎中有陈讽无陈佩,劳格考证以为佩误。见劳格、赵钺《唐尚书省郎官石柱题名考》碑文及注,北京:中华书局,1992 年,第 96 页 4 行、第 163 页;又见岑仲勉《郎官石柱题名新考证》陈讽条,北京:中华书局,1984 年,第 22 页。
⑤ 《新唐书》卷 165《郑余庆传》,第 5060 页。

史书中也没有见到郑余庆领导判官们修的礼书,却有"元和十三年八月,凤翔节度使郑余庆等《详定格后敕》三十卷,右(左)司郎中崔郾等六人〔同?〕修上"的记载。而《唐会要·定格令》更在其书下详记六位作者名字曰:"左司郎中崔郾、吏部郎中陈诫、礼部员外郎齐(按齐衍)庾敬休、著作郎王长文,集贤校理元从质、国子博士林宝用(同)修上。"①其书称为《详定格后敕》与建立章服"详格令立制"是完全一致的,可见郑余庆率领"详定"和"损益"的并非开元礼条,最后结集的成果亦不是礼书而是格后敕的诏敕集成,说明元和十三年礼的删修针对的就是现实中实用的法令格敕。

由这个结论去推量元和初以降的制作,就会发现虽然礼书的成品甚少,格敕的修撰却仍是多而自成系统。如《唐会要·定格令》称:

> 至元和二年七月,诏刑部侍郎许孟容、大理少卿柳登、吏部郎中房式、兵部郎中熊执易、度支郎中崔光、吏部员外郎韦贯之等删定《开元格后敕》。八月,刑部奏改律卷第八为"斗竞"。至十年十月,刑部尚书权德舆奏:"自开元二十五年修《格式律令事类》三十卷、《处分长行敕》等,自大历十四年六月,元和二年正月,两度制删之,并施行。伏以诸司所奏,苟便一时,事非经久,或旧章既取,徒更烦文,狱理重轻,系人性命。其元和二年准敕删定,至元和五年删定毕,所奏三十卷,岁月最近,伏望且送臣本司。至元和五年已后,续有敕文合长行者,望令诸司录送刑部。臣请与本司侍郎郎官参详错综,同编入本,续具闻奏,庶人知守法,吏绝舞文。"从之。

这里提到,元和二年许孟容等受诏"删定"《开元格后敕》。这部《格后敕》在《新唐书·艺文志》中被称为《元和删定制敕》,参加者还有蒋义。《新唐书》卷五六《刑法志》言许孟容等是"删天宝以后敕为《开元格后敕》",但据权德舆奏,则此书的制作与开元二十五年李林甫等所撰《格式律令事类》和《处分长行敕》的"删定"是有关系的。其中《处分长行敕》不知是指《新唐书·艺文志》所载《度支长行旨》还是《开元新格》,总之应当是奏中明确说到这一删修曾有大历十四年六月和元和二年两次,而后一次正在元和初,与前揭郑相公状的奏请在同一时间段内。参加者官职最低是员外郎,正符合状中要求的常参官标准。唯一不合者即删定的对象是格式制敕而非礼书。但是根据上面所论关播、郑余庆之事,我们可以毫不犹豫地断定,许孟

---

① 《唐会要》卷39《定格令》,第823页,下引文见第822页。

容、韦贯之等所修所撰格敕就是郑相公状中要求的"删定施行"《唐六典》、《开元礼》。而据奏中提到的时间,可以知道是元和二年正月下制行此事,也即郑相公上状和诏敕批复的时间是正月,正式组织人员编撰则是在同年的七月,这证明了笔者关于郑相公上状时间可能较元和三年更早的推断,也证明郑相公的请求是得到批准并组织常参官执行的。

至于其书的完成及上呈,则如权德舆奏中所说"至元和五年删定毕,所奏三十卷",即首尾约三年,但并不能认为就此结束。因为至元和十年又由权德舆等接续制作,编入"续有敕文合长行者"也即元和五年以后可以作为长行敕的敕文,此即《新唐书·艺文志》所载"权德舆、刘伯刍等集"的《元和格敕》。这之后元和十三年郑余庆等再编《详定格后敕》,则也应是此书的续编。《唐会要》复称"其年,刑部侍郎许孟容、蒋乂等奉诏撰《格后敕》,勒成三十卷。刑部侍郎刘伯刍等考定,修为三十卷",《旧唐书·刑法志》略同。但据《旧唐书·许孟容传》,其元和十三年四月卒于东都留守。① 是郑书颁下时,许氏已去世,则不可能其后再有领衔及创作,疑史书乃有误记或错简,将元和二年事移在此处。但无论如何,自元和二年开始,至元和十三年为止,元和一朝对《开元礼》、《唐六典》以后的礼制进行了删定,只是陆续纂修的结果,最终却是行政法令集成的格敕或格后敕。

那么,明明最初是要求礼书的删修,为何最终却被格敕集所取代? 这首先应归因于《开元礼》和《唐六典》的制定与法制发生了愈来愈密切的关系。礼的制作以格敕或律令格式为基础,不但表明礼仪的构成已结合了时代的变化,亦表明当代法令的权威可以超越和支配礼仪。其次则是由于唐后期"删定施行"礼典与前期的礼典制作目的、方向不同。开元礼典既是粉饰太平,宣传盛世的工具,所以实用意义其实愈来愈不突出。唐后期虽然有对盛世礼仪的向往,但更注重解决现实的需要。由于安史之乱前后,礼制不断发生变化,礼书原条款的执行与否行,是因制敕所决定。与此有关,史载开元时代的制敕集成只到《开元新格》,《新唐书》卷五六《刑法志》说李林甫所著《开元新格》:"天宝四载,又诏刑部尚书萧炅稍复增损之。肃宗、代宗无所改造。至德宗时,诏中书门下选律学之士,取至德以来制敕奏谳,掇其可为法者藏之,而不名书。"是开元格敕天宝中又有增补,但也仅到天宝初年,其后则修而未辑。尽管此处所说与《唐会要》所言贞元元年上《贞元定格后敕》三十卷有出入,但一直以来的工作可能尚有缺环,且贞元以来诏敕亦未整理,元和意图重作删修是必要的。

---

① 《旧唐书》卷 154《许孟容传》,第 4103 页。

总之要了解礼典是否奉行,须以制敕为先。所以元和"删定施行"的对象与其说是《开元礼》、《唐六典》,不如说是这之后的法令制敕。这样,在元和初郑相公上状及诏敕下达之后,便有了对开元二十年以后制敕格条的系统整理和编修。对李林甫《格式律令事类》和《处分长行敕》,以及在那以后制敕的陆续"删定",也皆是因此而致。所以礼与法的修订,不是法统一于礼,而是礼统一于法,由法来决定礼的施行。

事实上正是由于这个缘故,所以自大历、贞元以后,我们一方面可以看到大臣定礼,不断将礼典规定与制敕新制加以对比,参定取舍;另一方面则是前后改礼制敕相因,不同时代的制敕被完整记录下来。

这里也可分举两例说明。其一即公卿巡陵。《唐会要》记载了从显庆五年开始直至长庆元年中关于公卿巡陵的重要诏令。包括显庆二年(657)五月针对每年二月以太常卿行陵"事重人轻,文又不备,卤簿威仪有阙",诏令以三公行事,太常卿、少卿为副,"仍著于令";以及景龙二年(706)三月唐绍上表请求停四季及忌日降诞日并节日起居,"但准(春秋)二时巡陵"和武则天的批示;还有开元十五年(727)二月二十四日、开元二十七年八月十二日、天宝六载(747)八月一日等关于巡陵的诏敕。其后在贞元四年(788)二月国子祭酒包佶奏中提出:"谨按《开元礼》有公卿拜陵旧仪,望宣传所司,详定依仪注。"得到敕旨批准。"于是太常约用开元礼制,及敕文旧例修撰。五月,敕旨施行。"[①]于此《会要》编者有"议曰:按《开元礼》,春秋二仲月,司徒、司空巡陵,春则埽除枯朽,秋则芟薙繁芜"的说法,但《开元礼》条其实只有太常卿巡陵而并无司徒、司空巡陵,后者仅见于《序例》三《杂制》所引令式。所以太常"约用开元礼制,及敕文旧例修撰"其实是结合两者兼杂后来的敕文。

其二是社稷。《唐会要》关于社稷在记录自唐初乃至开元定礼后,又记录了开元十九年正月二十日、开元二十二年三月二十五日、同年六月二十八日敕,以及贞元五年九月十二日包佶奏引"(开元)礼"及大历六年十月三日敕关于祭祀方式和等级的变化。此下又有天宝元年及三载诏,长庆三年(823)正月王彦威引用天宝三载敕与《开元礼》,"请准敕升为大祀"的奏请,及开成五年(840)吏部关于祭祀官员的奏请及制书批复[②],同样集中了唐后期有关社稷礼的诏敕,而反映了其中主要的变化。而《会要》之所以能够采集如此之多而内容完整的诏敕,相信来源与上述《格式律令事类》或者历

---

① 《唐会要》卷20《公卿巡陵》,第465~468页,下同。
② 《唐会要》卷22《社稷》,第489~494页。

朝各代的诏敕集和格后敕不能无关。

以往研究者曾讨论过唐后期诏敕集或者格后敕一类制作的大量出现,并指出制敕编制的格作为当代法,其删定逐渐代替了主要沿用前朝法的律令。[1] 但格敕的删修与礼仪的关系却很少有人注意。上述事实清楚地表明格敕的编修最初竟源于礼,大量关于礼的制敕的集中其实也说明了这一点。所以格是保留了当朝礼法的编修史。必须承认的是格后敕的编修虽然是起因于礼的删定,但与《开元礼》和《唐六典》占据主导地位不同,贞元元和的格后敕却是反客为主,代替礼书成为制度编纂的主体。礼既然被制敕所规范,更因与《唐六典》包容下的行政法规混同,故也似乎被掩埋和笼罩于制敕法令的器局之中,消失了其踪迹。

但礼毕竟是通过制敕存在的,可以作为证据的正是与郑余庆等《详定格后敕》同时成就的王彦威《曲台新礼》。如上所述,郑书是继承元和初"删定施行"《开元格后敕》的续本或者说是最终成果,而《曲台礼》既如王彦威自称是集开元二十一年至元和十三年的"五礼裁制敕格",时间、所用数据都完全一致,就不能否认其书与前书来源一致,或者不妨说是前书修订的副产品。可以想见,王彦威是由于身为太常礼官实际参与制作才能利用其数据或成果。只不过前书既然是针对《开元礼》和《唐六典》,而《唐六典》又是塞入涉及各类行政法规的格式律令,所以制敕的收编已经是礼制与综合性质的行政法规结合。而王彦威的《曲台礼》,乃是按照五礼要求,专注于礼令制敕的专书。两者内容对象并不全同,而行用场合及用途也有不一。《曲台礼》说到底,只能作为礼制行用中的参考,不具备法的强制效应,这与《开元格后敕》或者《详定格后敕》可以作为长行法来看待是不同的。

同样,王彦威的《曲台续礼》也可以肯定是长庆以后后诏敕集的翻版或者副产品。元和以后,格后敕的编纂已经形成规律。史料中提到的名称,就有《大和格》、《大和格后敕》、《开成详定格》、《大中刑法格后敕》等。[2] 从名称可以看出,这些格敕集或者格后敕是前后接续编制的,推测每本格后

---

[1] 参见戴建国《从〈天圣令〉看唐和北宋的法典制作》《文史》2010年第2辑,总第91辑,第237~254页。说见第245~246页。

[2] 《新唐书》卷58《艺文志》二(1497页)载有《大和格后敕》四十卷,又载有"前大礼丞谢登纂"《格后敕》五十卷(大和七年上)、"刑部侍郎刘瑑等纂"《大中刑法总要格后敕》六十卷。但《唐会要》卷39《定格令》载大和四年七月大理卿裴谊奏,得谢登《格后敕》六十卷。《旧唐书》卷50《刑法志》(第2155~2156页)载大和七年刑部奏,称"先奉敕详定前大理丞谢登《新编格后敕》","去繁举要,列司分门,都为五十卷,腹请写下施行",得"从之"。是五十卷由六十卷删减而成,并颁下实施。此外,旧《刑法志》又有"开成四年,两省详定《刑法格》一十卷"。并参下《五代会要》卷9《定格令》引天成元年文。

166

敕应当是选择前朝编订格后敕的部分内容,再将凡时间上未及收入、"续有敕文合长行者"编辑入内。直至晚唐五代,这类著作的制作仍在继续,前朝所定也往往被后朝作为法令的依托和参考。从所见礼敕来看,无一不是针对具体问题形成,且涉及的内容包罗万象,远较令式更细致更实用。所以格敕代礼,元和时代已成为礼法制作的核心。而这样的格敕,是礼法结合的一种新形式,或者也可以称作是名义上的礼格或者礼敕了。

但如此的制作方式,并不是完全没有问题。格后敕作为当朝法令编修,已与原来修订礼仪的目标愈来愈远,且其风格也不是一成不变。特别是由礼到法,又由法到刑,晚唐其变化尤著。文宗大和开成中均有格敕的修撰,《唐会要·定格令》载大和四年七月大理卿裴谊奏,关于当时所上格后敕六十卷,"得丞谢登状,准御史台近奏。从今已后,刑部、大理寺详断刑狱,一切取最后敕为定。"可见内中聚集了大量处理刑狱的最近诏敕,说明格敕的重心已从行政司法转为刑狱公事。同门又载开成元年(836)刑部侍郎狄兼謩奏,提出"伏准今年正月十日制,刑法科条,颇闻繁冗,主吏纵舍,未有所征,宜择刑部、大理官,即令商量,条流要害,重修格式,务于简当,焚去冗长,以正刑名者"。他认为"自开元二十六年删定格令后至今九十余年,中外百司皆有奏请,各司其局,不能守至公"。为了避免重修格式,当中奸吏舞文,请求"但集萧昕删定建中已来制敕,分朋比类,删去前后矛盾及理例重错者,条流编次,具卷数闻奏行用",所删去者也请不焚,同封印付库。由此可见,诏敕和狄兼謩领导的《开成格》注重的也是"刑法科条"的简当公正,目的是用"重修格式"后的一统性"以正刑名"。

与此相应,可以发现修撰人员本身也有变化。我们知道,唐初以来格式的撰作虽然常常是由宰相带同法司人员,但也常常不乏其他行政人员的参加,即所谓选拔"常参官"。但自贞元元和,领衔者已是刑部长官,晚唐甚至是大理卿,很少宰相参与,说明作为行政法的综合意义下降。此即狄兼謩奏中所言有"贞元已来选重臣置院删定"与开成中"止令刑部大理官商量"的区别。格敕已不是由不同职司的常参官删定,而是完全集中和回归法司,这也说明格的用途走向单一化。

而关于格及格后敕的重司法、重刑谳,《五代会要·定格令》的一条也很说明问题:

  天成元年(926)九月二十八日,御史大夫李琪奏:"奉八月二十八日敕,以大理寺所奏见管四部法书内有《开元格》一卷,《开成格》一十一卷,故大理卿杨遘所奏行伪梁格并目录一十一卷,与《开成格》微有舛误。未审只依杨遘先奏施行,为复别颁圣旨,令臣等重加商较,刊定奏闻者。今莫若废伪梁之新格,行本朝之旧章,遵而行之,违者抵罪。"至其年十月二十一日,御史台、刑部、大理寺奏:"奉九月二十八日勅,宜依李琪所奏废伪梁格,施行本朝格令者。伏详勅命未该律令,伏以开元朝与开成隔越七帝,年代既深,法制多异,且有重轻。律无二等,若将两朝格文并行,伏虑重叠舛误。况法者天下之大理,非一人之法,天下之法也,故为一代不变之制。又准勅立后格合破前格,若将《开元格》与《开成格》并行,实难检举。又有《大和格》五十二卷,《刑法要录》一十卷,《格式律令事类》四十卷,《大中刑法格后勅》六十卷,共一百六十一卷。久不检举,伏请定其予夺,奉勅:'宜令御史台、刑部、大理寺同详定一件格施行者。'今集众商量,《开元格》多定条流公事,《开成格》关于刑狱,今欲且使《开成格》。"从之。①

由以上材料得知,后梁格是在唐《开成格》的基础上修成,相比只是"微有舛误"。后唐改朝换代后打算用"本朝"也即唐朝格文取代。但唐朝法律文书既有《开元格》、《格式律令事类》,又有《大和格》、《开成格》,成书既年代不一,而《开元格》与开成格》又由于相隔久远,故主旨发生变化,一注重条流公事的行政法,一注重刑法狱讼,使得后唐不得不依照"立后格破前格"的原则,请求皇帝下勅择一而从。此《开成格》当即《旧唐书·刑法志》所说开成四年两省详定,勅令施行的《刑法格》,也即《新唐书·艺文志》狄兼謩领衔之《开成详定格》。而五代御史台、刑部、大理寺三法司使用《开成格》的共同奏请,也说明由于五代军阀统治的残暴,当时对格勅的要求更向刑法靠拢。尽管如此,礼制内容仍被保留于所收入的制勅之中,如《唐会要·葬》一门记录了元和六年(811)和会昌元年(841)关于文武官及庶人葬事"条流"及勅旨,及长庆三年(823)浙西观察使李德裕奏禁百姓厚葬;但《五代会要·丧葬》上天成二年御史中丞卢文纪奏却只引用了元和六年和长庆三年两条。② 这是因为,以上奏勅记入了元和、大和、开成以及会昌以后的格或格后勅,五代由于用《开成格》,故会昌以后的礼制即不及入内了。

另外还有一个趋势也深值得注意,即适应刑法需要,格或格后勅的撰作开始向单纯刑律类的"刑统"转化,如《唐会要》同门载宝历二年(826)已有大理丞卢纾所撰《刑法要录》十卷;大中五年刘瑑等纂《大中刑法总要格后勅》的

---

① 《五代会要》卷9《定格令》,上海:上海古籍出版社,1978年,第147页。
② 参见《唐会要》卷38《葬》,第813~817页;《五代会要》卷8《丧葬》上,第135~138页。

名称也表明格与刑谳的关系更为密切。① 之后张戣《大中刑律统类》、《大周刑统》乃至《宋刑统》等出现,更是完全以律法为其主题。在这些书中不同时代的格敕已被附在律的卷篇之后,所以用格敕反映或者集中礼制的功能降低。当然礼制的制定本身,并不能因此受到影响。非常突出的一个现象是,五代、宋除了仍盛行编敕和令、式的编修之外,原来于唐代已开始出现的礼例一类著作渐次大行其道,由此开始了宋以降新一轮礼法结合的实践,于此论者已另有研究,并断为"中古礼制和法制发展为近古礼制和法制的重要表现之一"②。本文前面所讨论的唐代的"礼格"或者"礼敕"也许可以作为这类书的前身,由此可见礼的型制也是不断变化的,这也是礼法遵循实用化道路之必然。

以上,本文从元和初吕温《代郑相公请删定施行〈六典〉〈开元礼〉状》的批准与否说起,探讨了唐前后期礼书制作与法制结合的发展过程。贞观开始了有唐一代礼法同修的历史。但唐初礼典与律令格式之间相对独立性较强,很少有以令式格敕入礼、改礼的情况,礼典的权威性得到维护。但自《显庆礼》的制作始,许敬宗等不仅迎合帝王之需创新礼仪内容,且通过令式入礼、诏敕入礼改变了礼典的构建方式,由此引起了前后礼典之间以及礼典与律令格式之间的矛盾和歧异,降低了礼典的稳定性和权威性,而制敕渐成为礼典行用及改礼的最主要依据,其实用价值和权威遂超过礼典。用来编录制敕的格和格后敕从律令体系中突出,其编纂整理在高宗及武则天以后逐渐经常化。

玄宗开元时代,更将《格后长行敕》与《律令格式事类》的编辑作为《开元礼》和《唐六典》成书的先行与前奏,从而使礼典作为展示性的目的凸显而与实用意义分途。制敕进一步成为现实礼制施行的约束和指导。因此贞元元和以后,在"删定施行"《开元礼》和《唐六典》的呼吁和要求之下,礼仪使率领常参官开展对礼仪的整饬,已经转变为格与格后敕的系统编纂,并在中唐以后形成规律和惯例。礼被混同和包容于法,于是辉煌宏伟的礼典变为礼被淹没于制敕的法令长编,礼书的编纂某种程度已经被格和格后敕所取代,礼的型制也发生了绝大的变化。礼仪地位降下于法令,内容及行用完全被当朝格敕所限,这不仅是国家政权统治中礼仪和司法形式的互动互换,也是唐宋社会变革时期皇权不断强化的结果。而关于后一点,或许还有待更深入的领会和研究。

---

① 《旧唐书》卷18下《武宗纪》载刘瑑奏书成在大中五年四月癸卯,第628页。
② 楼劲:《宋初三朝的礼例与礼制形态的变迁》,《中国社会科学院历史所学刊》第5集,北京:商务印书馆2008年,第157～189页;说见第157页。

士族的延续与唐代科举的过渡性特征

陈秀宏

士族(或称"世族")是汉末至唐末社会政治生活中的中坚力量,占当时统治阶层的多数,构成此时期社会架构的主轴。其中有若干大家族在政坛上前后绵延达二十余世之久,可谓累世簪缨,公卿满门。但从总体上讲,士族势力发展到南北朝时期,已经开始趋于衰落,然而这一衰落过程一直持续到唐末,长达四五百年之久,尤其是在隋代科举制度确立之后,士族与庶族又并存了近三百年之久。在士族势力延续的过程中,科举制度扮演了一个既复杂又特殊的角色。从某种意义上讲,唐代士族利用科举制延缓了自身的衰落过程,同时,士族的延续又为唐代科举制的发展打上了深深的时代烙印。当时的科举制尚处于初创时期,在许多方面还不够完善,留有浓重的荐举制的遗痕,明显地具有由汉代以来重"乡举里选"的荐举制向宋代"一切以程文为去留"的科举制过渡的特征。

一、隋及唐初士族发展的基本趋势

士族的衰落是自南北朝后期开始的不可逆转的历史走向。降至隋及唐初,随着九品中正制的废除,各地的旧士族虽已丧失了此前由制度所保障的政治、经济特权,但由于历史惯性的作用,他们在社会生活层面仍享有崇高的地位。由于地域环境的差别和历史遭际的不同,各地的旧士族在此时期政治与社会上的地位亦各不相同。根据唐长孺先生的分析,当时的士族大致可以分为:(一)江南(或曰南方)、(二)山东、(三)代北与关中等三种类型。其中江南士族又可分为侨姓和吴姓,侨姓指永嘉之乱前后南迁的北方士族,吴姓则为三吴地区的原有士族。江南侨姓因其很早就离开了北方的宗族乡里,因此最早丧失了其存在的社会根基。东晋时,由于他们拥戴司马氏建晋有功,掌握了军政大权,特别是掌握了由侨人组成的最有战斗力的军队,因而享有崇高的政治地位。南朝以降,由于自身的腐败以及寒素阶层的崛起,侨姓的军事统治权和政治决策权逐渐丧失,成为无足轻重的点缀品。吴姓士族特指三吴地区的大姓,其活动区域相对狭小,社会势力有限,又数经打击,已处于衰落之中。南朝末至隋及唐初,江南士族迁入关中,彻底离开自己的社会根基,进一步衰落,其中少数人依靠原有的门第声望,或通过与皇族联姻,跻身统治集团。而多数吴姓士族,则借北朝后期以来崇尚南朝文化的风气,利用自身传统的文化优势,投靠关中军事贵族而维持其统治地位。与五代十国时期南方以北方为正朔不同,东晋南朝以来,北方就以江南为文化正统所在。北朝末年至唐初,崇尚南朝文化为一时风尚,这使得江南旧士族中的一部分人得以在隋唐之际以家学文才支撑门户,依附并跻身关中勋贵集团的核心层。对于早就开始衰落并先后脱离自己宗族乡里的南朝侨姓士族来说,依凭文学进身,是他们在北方政权中获得并维持政治地位唯一可行的道路。而以文学取士为主的科举制度,恰恰为他们这条道路的畅通提供了制度上的保障。这条道路也是以后山东士族的必然选择。① 北方山东士族与江南士族不同,他们大多始终拥有深厚的宗族乡里基础,且在长期战乱中,为了自卫,纷纷建立坞堡,拥有自己的军事组织,因此,北方士族大多有军事指挥才能。而艰苦的环境又使他们颇具忧患意识,不致于像南方士族那样腐败、堕落。自北周以来,山东士族就是门阀士族中最有势力、最有根基的一支,因而,其社会地位也就最高。北周、隋唐政权是以关陇集团为核心建立并延续的,而关陇集团则以关中士族及性质与之相近的代北士族为核心。这一集团以军事贵族为主,他们在政治军事上拥有至高无上的地位,但是在社会地位和文化修养上则较山东士族略逊一等,这是他们所不愿看到的。因此,隋朝以来,尤其是唐朝前期,山东士族就成为他们疑忌、排挤和打击的主要对象。

二、唐前期关陇集团对山东士族的打击措施及其效果

唐前期,关陇集团打击山东士族的措施主要有二,一是重修姓氏书,二是禁婚,而二者又是同步的。《新唐书》卷九五《高俭传》载:

> 初,太宗尝以山东士人尚阀阅,后虽衰,子孙犹负世望,婚娶必多

---

① 唐长孺:《魏晋南北朝隋唐史三论》,武汉,武汉大学出版社,1993年,第377~385页。

> 取赀,故人谓之卖昏。由是诏士廉与韦挺、岑文本、令狐德棻责天下谱牒,参考史传,检正真伪,进忠贤,退悖恶,先宗室,后外戚,退新门,进旧望,右膏粱,左寒畯,合二百九十三姓,千六百五十一家,为九等,号曰《氏族志》,而崔幹仍居第一。帝曰:"我于崔、卢、李、郑无嫌,顾其世衰,不复冠冕,犹恃旧地以取赀,不肖子偃然自高,贩鬻松槚,不解人间何为贵之?齐据河北,梁、陈在江南,虽有人物,偏方下国,无可贵者,故以崔、卢、王、谢为重。今谋士劳臣以忠孝学艺从我定天下者,何容纳货旧门,向声背实,买昏为荣耶?太上有立德,其次有立功,其次有立言,其次有爵为公、卿、大夫,世世不绝,此谓之门户。今皆反是,岂不惑邪?朕以今日冠冕为等级高下。"遂以崔幹为第三姓,班其书天下。

这里的崔幹指崔民幹,因避太宗讳而改。《氏族志》成于贞观十二年,凡一百卷。此次初修,编修官不达圣上意旨,仍按照传统,以实际社会地位为标准,将山东士族高门博陵崔民幹列为第一等。这引起了太宗的极度不满,敕令重修,并明确提出"以今日冠冕为等级高下"的撰修原则。重修后的《氏族志》以皇族为首,外戚次之,降崔民幹为第三等。武后时修的《姓氏录》是一部更彻底地贯彻"崇重今朝冠冕"原则的官修姓氏书。它非常明确地按照当代官员的品级,将当时的士族分为九等。此外,神龙元年至先天二年间又一次改修氏族志,书成,亦号《姓氏录》。《新唐书》卷一九九《儒学中·柳冲传》云:

> 初,太宗命诸儒撰《氏族志》,甄差群姓,其后门胄兴替不常,冲请改修其书,帝诏魏元忠、张锡、萧至忠、岑羲、崔湜、徐坚、刘宪、吴兢及冲共取德、功、时望、国籍之家,等而次之。夷蕃酋长袭冠带者,析著别品。会元忠等继物故,至先天时,复诏冲及坚、兢与魏知古、陆象先、刘子玄等讨缀,书乃成,号《姓氏录》。历太子宾客、宋王师、昭文馆学士,以老致仕。开元初,诏冲与薛南金复加刊窜,乃定。

此次修撰,意在改正显庆《姓氏录》。它以贞观《氏族志》为基础,"取德、功、时望、国籍之家,等而次之"。但实际上仍以"崇重今朝冠冕"为基本原则。由于贞观以来"门胄兴替不常",数十年间新兴门户不断涌现,有的旧门户则至此已衰替。唐初因受到贬抑而"全无冠盖"的山东士族,如今已有不少通过科举重新跻身统治集团的上层。因此,整个统治阶层的序列需要重新调整。

唐前期三次重修姓氏书，其动机并不在于取消门第等级，而是借此抬高帝后及百官的社会地位。通过这种社会等级的再编制，使许多新贵、暴发户跻身士族行列，打乱了原有的社会等级秩序，客观上收到了抑制旧士族的效果。《新唐书》卷九五《高俭传后赞》曰："唐初流弊仍甚，天子屡抑不为衰。至中叶，风教又薄，谱录都废，公靡常产之拘，士亡旧德之传，言李悉出陇西，言刘悉出彭城，悠悠世旷，讫无考按，冠冕皂隶，混为一区，可太息哉！"这种真假难辨、新旧士族混杂的结果是冲淡了旧士族原来高高在上的优越感，满足了新士族提高社会地位的名分欲。但唐政府此种做法的社会影响极为有限，在社会上，山东旧族的声望仍不减当初，政府所撰姓氏书并不能从根本上得到他们的认可。他们往往自定标准，私自编撰姓氏书，以之与政府行为相对抗。《唐语林》卷二云："著作郎孔至撰《百家类例》，第海内族姓，以燕公张说等为近代新门，不入百家之数。"

同时，禁婚也没有达到预想的效果。《太平广记》卷一八四《贡举七·氏族》"七姓"条云："高宗朝，以太原王、范阳卢、荥阳郑、清河博陵二崔、赵郡陇西二李等七姓。其族望耻与诸姓为婚。乃禁其自相姻娶。于是不敢复行婚礼。密装饰其女以送夫家。"旧士族这种植根于骨子里的"自命清高"，至五代时仍持续不衰。《旧五代史》卷九三《李专美传》云："专美之远祖本出姑臧大房，与清河小房崔氏、北祖第二房卢氏、昭国郑氏为四望族，皆不以才行相尚，不以轩冕为贵，虽布衣徒步，视公卿蔑如也。男女婚嫁，不杂他姓，欲聘其族，厚赠金帛始许焉。唐太宗曾降诏以戒其弊风，终莫能改。其间有未达者，必曰：'姓崔、卢、李、郑了，余复何求耶！'其达者，则邈在天表，敻若千里，人罕造其门，浮薄自大，皆此类也。"

三、唐代旧士族利用科举维系门第于不衰

然而，在隋唐之世，旧士族的衰落毕竟是一种不可逆转的历史趋势。他们"不以轩冕为贵，自然是一种高风亮节；但不以才行相尚，则难免流于真正的'浮薄自大'。丧失了经济基础的旧族欲在唐代社会中立足，必须利用其传统的文化优势，励行其才，以求进身"[①]。《太平广记》卷一八四《贡

---

① 任爽：《唐代礼制研究》，长春：东北师范大学出版社，1999年，第184页。

举七·氏族》"崔湜"条载："崔仁师之孙崔湜、涤等昆仲数人,并有文翰,列官清要。每私宴之际,自比王谢之家,谓人曰:'吾之门第,及出身官历,未尝不为第一,丈夫当先据要路以制人,岂能默默受制于人。'故进取不已,而不以令终。"由此出现了许多科举世家。《金华子杂编》卷上云："(崔)雍与兄朗、序、福,昆仲八人,皆升籍进士,列甲乙科,尝号为'点头崔家'。"崔为山东望族,也要从俗,以"升籍进士"来维系门第。《大唐传载》云："河南冯宿之三子陶、韬、图,兄弟连年进士及第,连年登宏词科,一时之盛,代无比焉。当太和初,冯氏进士及第者,海内十八,而公家兄弟叔侄八人。"《太平广记》卷一百八十《贡举三》引《谭宾录》云："张环兄弟七人并举进士。"《唐语林》卷四云："范阳卢,自兴元元年癸亥德宗幸梁洋,二年甲子鲍防侍郎知举,至乾符二年乙末崔沆侍郎,计九十二年,而二年停举,九十年中,登进士者一百一十六人,诸科在外,而为字皆联子,所不联者不十数人,然而世谓卢氏不出座主。自唐来,唯景云二年考功员外郎卢逸之知举,后无继者。韦都尉保衡常怪之。咸通十三年,卢庄为阁长,都尉欲以知礼部,庄七月卒。卢相携在中书,以为耻。广明元年,乃追陕州卢渥中丞入知举;贴经后,黄巢犯阙,天子幸蜀,韦昭度侍郎于蜀代之,放十二人。"范阳卢氏本为士族高门,在"不出座主"的情况,竟能在九十年中,子弟登进士第者多达一百一十六人,而诸科还不计算在内。可见,时至中晚唐,门第虽日渐衰落,然而旧士族却紧紧抓住科举这根救命稻草,利用自己传统的文化优势,通过让子弟不断地应举中第以维系门第于不衰,达近百年之久。像范阳卢氏这种"百足之虫,死而不僵"的家族很多,究其原因,恰恰在于他们能及时调整自我,放弃以门第自矜的心态,和其他阶层一样,以文章求功名,以"当今冠冕"维持"昔日门第"。《唐摭言》卷一二"自负"条所载郑仁表诗曰:"文章世上争开路,阀阅山东拄破天",正是山东士族以文章科第与寒士争仕进之路,且占有极大优势的真实写照。同书卷九"好及第恶登科"条论云:"三百年来,科第之设,草泽望之起家,簪绂望之继世。孤寒失之,其族馁矣;世禄失之,其族绝矣。"可谓切入肌肤之论。《云溪友议》卷下"沈母议"载:"潞州沈尚书询,宣宗九载,主春闱。将欲放榜,其母郡君夫人曰:'吾见近日崔、李侍郎,皆与宗盟及第,似无一家之谤。汝叨此事,家门之庆也。于诸叶中,拟放谁也?'询曰:'莫先沈光也。'太夫人曰:'沈光早有声价,沈擢次之。二子科名,不必在汝,自有他人与之。吾以沈儋孤单,鲜其知者,汝其不愍,孰能见哀?'询不敢违慈母之命,遂放儋第也。光后果升上第,擢奏芸阁,从事三湘。太夫人之朗悟,亦儋之感激焉。"由此亦可见门阀士族一旦掌握了知举大权,便极力使其宗族亲党通过科举进入仕途,这在当时已经是极为普遍的现象了。

据统计:《两唐书》所载830名唐代进士中,士族子弟达589人,占总数的70.96%;小姓约109人,占13.13%;两者合占总数的84.10%,寒素家子弟132人,仅占总数的15.9%。① 另外,唐代三百年中,大士族子孙拜相者,纯门第与带进士第之比,前期为77.6比12.1,中期为46比34,后期为16.5比82.3,带进士第的比例呈递增之势。② 这表明士族子弟在九品中正制瓦解以后,在旧门阀势力屡遭压抑和打击的情况下,纷纷涌入科举行列,并凭借其深厚的家庭文化素养、家学传统以及社会关系基础,在科举考试中获得极大的成功。而与此同时,士族对科举的充分介入又直接影响了科举制度在唐代的发展。

四、唐代科举的过渡性特征

整个唐代,科举制度尚处于初创时期,它在许多方面还不够完善,还留有以往荐举制的种种遗痕,因而具有着由汉代以来重"乡举里选"的荐举制向宋代"一切以程文为去留"的科举制过渡的特征。如唐代盛行"行卷""投贽"之风,这类文字多为士子素日所构,以展示自己的才华。南宋赵彦卫《云麓漫钞》卷八云:"唐之举人,先藉当世显人,以姓名达之主司,然后以所业投献;踰数日又投,谓之'温卷',如《幽怪录》、《传奇》等皆是也。盖此等文备众体,可以见史才、诗笔、议论。至进士则多以诗为贽,今有唐诗数百种行于世者,是也。"然而欲使自己的才华闻达于主司,必须借助当世显人的延誉、嘱托。在这方面,家世优越的士族具有得天独厚的条件,而一般的寒士则要逊色得多,纵使诗名籍籍,苟无人荐举也是枉然。"糊名"在唐代科举中,只是偶尔为之,并没有形成制度,誊录制度亦未实行,而"公荐"、"通榜"却十分盛行,且得到国家的认可,不受任何谴责。在正式考试之前,公卿大臣可以公开推荐举人。此时虽取士之权一归有司,然而,新老士族仍可凭借其政治、经济优势和传统的社会地位,继续把持取士大权,以致科场名次,皆事先预定。《容斋随笔·四笔》卷五《韩文公荐士》云:"唐世科举之柄,颛付之主司,仍不糊名。又有交朋之厚者为之助,谓之'通榜',故其取人也畏于讥议,多公而审。亦有胁于权势,或挠于亲故,或累于子弟,皆常情所不能免者。若贤者临之则不然,未引试之前,其去取高下,固已定于

---

① 冯尔康:《中国社会结构的演变》,郑州:河南人民出版社,1994年,第762页。
② 毛汉光:《中国中古社会史论》,上海:上海书店出版社,2002年,P363~364页。

胸中矣。"这就为士族利用科举,跻身仕途,维系门第,提供了方便。科举的功名虽不可世袭,但士族却可以利用过渡时期科举制度的诸多弊端,让本族子孙连中高第,累世高官,从而变相地维系原来门第时代的许多特权,使门第之望悬而不坠。如宣宗大中十四年(860年),中书舍人裴坦知贡举,奏放进士三十人,而当时参加进士科考试的举子达一千多人,"然中第者皆衣冠士子。是岁有郑义,则故户部尚书瀚之孙;裴弘,故相休之子;魏当,故相扶之子;令狐滈,故相绹之子,余不能遍举,皆以门阀取之。"(《册府元龟》卷六五一《贡举部·谬滥》)有些世家大族还凭借权势,操纵取士权。如史载"牛、孔数家凭势力,每岁主司为其所制。"(《唐语林》卷三《赏誉》)"崔瑶知贡举,以贵要自恃,不畏外议。榜出,率皆权豪子弟。"(《唐语林》卷三《方正》)可以说,在唐代,士族的长期延续,科举制度实与有力焉。

  但是,至中唐以降,士族的衰落与寒族的崛起已经成为不可逆转的时代潮流。这一潮流也表现在科举取士上,出现了所谓的"科举中的权贵子弟问题"[①]。此时,士族在科举取士中的优势正逐渐丧失,有时甚至成为被排斥的对象,"抑子弟,升寒门"成为当时社会舆论的主体导向。如王起知举,"凡有亲戚在朝者,子弟不得应举"(《云溪友议》卷中《赞皇勋》小字注)。这引来了子弟出身者的"愤懑"。如晚唐时出身高门的杜牧即为子弟鸣不平曰:"自去岁前五年,执事者上言,云科第之选,宜与寒士,凡为子弟,议不可进。熟于上耳,固于上心,上持下执,坚如金石,为子弟者鱼潜鼠遁,无入仕路,某窃惑之。科第之设,圣相神宗所以选贤才也,岂计子弟与寒才也。古之急于士者,取盗取仇,取于夷狄,岂计其所由来。况国家设取士之科,而使子弟不得由之;若以科第之浮华轻薄,不可任以为治,则国朝自房梁公以降,有大功,立大节,率多科第人也。若以子弟生于膏粱,不知理道,不可与美名,不令得美仕,则自尧已降,圣人贤人,率多子弟。凡此数者,进退取舍,无所依据,某所以愤懑而不晓也。"(《樊川文集》卷一二《上宣州高大夫(元裕)书》)这种"鸣不平"反映了士族在衰落过程中的垂死挣扎,而这一过程一直到入宋以后才告一段落。

五、余论:士族消失后的宋代科举

  入宋以后,士族彻底退出历史舞台,取而代之的是来自社会下层的平

[①] 吴宗国:《唐代科举制度研究》,沈阳:辽宁大学出版社,1997年,第237～253页。

民士阶层。作为一个新兴的阶层，平民士阶层有着自己的利益诉求，他们希望这种诉求能够得到制度上的保障。与这种需求相适应，宋代科举也表现出与唐代明显不同的时代特征。

从整个科举制度发展的历程来说，唐代仍是科举制度的初创期，而宋代则是科举制度的完备期。与唐代相比，宋代科举的完备性表现在许多方面：(1)确立三岁一贡制；(2)禁止举烛夜试；(3)糊名法；(4)弥封制；(5)誊录法；(6)锁院制；(7)锁厅试；(8)教官试；(9)换资试；(10)别头试；(11)召试；(12)力图以三舍生代替乡贡进士；(13)废公卷及行卷；(14)废除明经、诸科，独存进士科；(15)进士科废除诗赋，改用经义、策、论取士；(16)正式确立殿试制度；(17)废除殿试黜落制；(18)禁止结成座主与门生关系；(19)严格控制主考官的权力；(20)禁止公荐；(21)登第即释褐授官；(22)特奏名；(23)扩大取士名额；(24)门第限制的松弛；(25)进士试法律，等等。

分析唐宋科举的这种差异与变化，我们认为，它实际上反映的是当时唐宋之际整个社会的变化，这些变化包括：伴随着儒学复兴运动的兴起，儒学的独尊地位再次得到确认，儒家经典在科举考试中的分量逐渐加重，文学性考察退居次要地位；中央集权逐步得到加强，并向君主集权过渡；而其中最重要的是，在此时期，社会结构发生了重大变动，门阀社会终结，士族彻底消失，平民社会最终形成，社会等级完成结构性重组。与此变动相适应，科举制度本身也做了全面性的调整，制度建构更加完善，考试的公平性和公正性更加明显，来自社会下层的士人获得了更多的入仕机会。正是在这种制度与社会的互动中，科举制度彰显着它的功能并完成它的历史使命。

家礼与国礼之间:《朱子家礼》的时代意义探析

王美华

《朱子家礼》(以下简称《家礼》)是宋代最著名的私撰家礼著作之一,亦是朱熹对后世影响至为深远的经典著述之一。至今为止,学界对《朱子家礼》的研究成果大多集中在《家礼》的真伪、版本源流、思想特色、文本传布等方面[1],将《家礼》修撰与宋代家礼的整体发展趋势[2]以及宋代国家礼制体系的演变轨迹结合起来进行的研究却显然并不充分。《家礼》撰著,不仅是朱熹个人的礼仪观念的体现,更是宋代家礼发展演变的至关重要的成果之一。将《家礼》置于宋代家礼发展演变的趋势之中,从官僚士大夫推动礼仪规范与国家礼制教化不断推进的视角来审视和考察《家礼》的修撰主旨及内容设置,对于全面而深入地探究《家礼》的时代意义以及更趋准确地分析宋代家礼演化的内涵趋势、更趋精准地定位宋代家礼与国礼之间的关系无疑具有重要的意义。

一、由遵古礼、守家法到顺从世俗人情:
北宋家礼撰述的演进轨迹

众所周知,经历唐末五代的战乱冲击之后,北宋社会中普遍是家族传承观念淡薄,个体家庭意识发展迅速,父母在子析财别居、亲未尽而已如同陌路的情形屡见不鲜。对分崩离析的家族传承关系有着清晰认知的一些

---

[1] 周鑫:《〈朱子家礼〉研究回顾与展望》,常建华主编:《中国社会历史评论》第 12 卷,天津:天津古籍出版社,2011 年,第 432~446 页。
[2] 较有价值的研究如吾妻重二:《朱熹〈家礼〉实证研究》,上海:华东师范大学出版社,2012 年。另有安国楼《朱熹的礼仪观与〈子家礼〉》,《郑州大学学报》2005 年第 1 期;郑春:《朱子〈家礼〉与人文关怀》,福州:福建教育出版社,2010 年。

官僚士大夫,希望通过建立家族秩序规范以增强家族的吸引力、凝聚力以及约束力和掌控力,敬宗收族以保持家族的稳定持续,而撰制和遵行家礼正是其中一项极为重要的内容。北宋中期,家礼修撰和遵行因得到官僚士大夫群体的关注而不断发展,然值得注意的是,北宋家礼却与此前的唐代家礼有着明显的区别。唐代家礼始终与世家旧族有着密切的关联[①];北宋家礼却呈现出了别样的面貌,其影响力和作用范围明显强于唐代,而此与家礼顺应世俗人情的接近庶民生活实际的倾向直接相关。

北宋家礼的撰制者,如杜衍、韩琦、司马光、吕大防、程颐、张载、范祖禹等,多是由科举入仕的普通官僚士大夫,出身决定了其实际生活接近庶民百姓的生活层面。在官学发展迅速、家学衰微殆尽之际,类似前代世家大族的礼学传承早已丧失,公卿婚嫁"一出于委巷鄙俚之习",乃至丧祭"率取于浮图老子之法"[②],士大夫之家冠婚丧祭诸事多苟且不经亦如闾巷草民之俗,所谓"礼之不行,无甚于此"。在此社会氛围下,官僚士大夫们在修撰家礼,努力构建家族礼仪规范、制定冠婚丧祭诸礼文仪制之际,已经意识到完全承袭古礼经典、复行旧仪将会遭遇现实社会的阻碍,因此接近现实生活、顺应世情民俗、参以时宜将为可取,其家礼撰述遂呈现出接近庶民百姓生活的实际倾向。

神宗熙宁中,韩琦参合前代七家祭礼著述祠祭享仪十三篇,名曰《韩氏参用古今家祭式》[③]。韩琦家祭仪撰制原则是为"采前说之可行,酌今俗之难废者,以人情断之"[④],即采用前人家祭礼中仍可行之于今时的仪制,并吸纳世俗祭礼中难以轻易废除的内容。至于何谓可行于今者、何谓难以废除者,乃皆以人情评断。从文献记载可知,其家祭仪在礼制传统的二分二至时日之外,世俗流行的元日、端午、重九、七月十五日之祭"皆不废",因其虽出于世俗,"然孝子之心,不忍违众而忘亲也"[⑤]。显然,所谓"人情"无疑存在着"从众"之意。因为"不忍违众"而"迁于世俗"、贴近庶民百姓生活风俗。事实上,类似韩琦这种顺应世俗人情的做法,在北宋中期以后,并非个

---

① 正因为唐代家礼的世家旧族色彩始终凸显,所以唐代家礼的行用始终有很大局限,并不具有广泛意义。参见王美华《世家旧族与唐代家礼修撰》,《吉林师范大学学报》2012年第6期。
② 吕大防:《上神宗请定婚嫁丧祭之礼》,赵汝愚编:《宋朝诸臣奏议》卷96,上海:上海古籍出版社,1999年,第1033页。
③ 韩琦:《安阳集》卷22《韩氏参用古今家祭式序》,文渊阁《四库全书》本,第1089册第338页。
④ 韩琦:《安阳集》卷22《韩氏参用古今家祭式序》,第338页。
⑤ 徐度:《却扫编》卷中,《宋元笔记小说大观》,上海:上海古籍出版社,2001年,第4502页。

案,在其他家礼撰制事例中也有明显表露。

　　司马光的《书仪》是北宋最精详的家礼文本,明确规定了家族冠婚丧祭诸仪,构建起一套相对完整的家族礼仪规范的体系。① 尽管冠婚丧祭诸礼的主体步骤多按循《仪礼》而来,但具体仪节叙述中屡屡有"今从俗"、"且须从俗"、"今从便"之语,顺应世俗民情、接近庶民生活的倾向清晰可见。首先,考虑"贫家"财力负担,诸礼多务节俭。例如冠仪中礼宾之节,"酬宾及赞者以币",用币而不用古礼之束帛、俪皮,在于"今虑贫家不能办,故务从简易"。② 又如婚仪中"纳币"之节,不用古礼之元纁、束帛、俪皮,在于"纁既染为元纁,则不堪他用。且恐贫家不能办,故但杂色缯五匹,卷其两端,合为一束而已"③。"亲迎"之际,因"恐非贫家所便",不强求"少牢""特牲",故婿止具盛馔而已。④ 其次,诸礼仪节屡屡遵从世俗人情。例如,婚仪"亲迎"前,有"女氏使人张陈其婿之室"之仪,古礼所无,以"今世俗所用,不可废也"⑤,遂纳入婚仪;亲迎日,婿与妇适其室,主人与主妇以酒馔礼男女宾客,此与古制"明日,舅姑乃享送者"不同,亦是从俗所致。⑥《书仪》从俗顺情最显著者,在于影堂祭祖之仪。因宋初以来官员家庙祭祖之制不复讲,虽贵极公相者"而祖祢食于寝,侪于庶人"⑦,《书仪》专设影堂祭祖之制,正是顺从世俗而来。影堂的具体祭仪亦异于古礼,如其有"主人升自阼阶,立于香卓之南,搢笏焚香"之节,只因古礼"灌用郁鬯,臭阴达于渊泉,萧合黍稷,臭阳达于墙屋","既难行于士民之家,故但焚香酹酒以代之"⑧。

　　《书仪》对世俗人情的顺应迁从,还表现在从俗之外,又有特别强调诸不可从俗者。例如,婚仪,婿与妇同牢合卺后,特注云:"今世俗有结发之仪,此尤可笑";又于主人以酒馔礼宾客而"不用乐"之后,强调云:"曾子问曰:'取妇之家,三日不举乐,思嗣亲也。'今俗婚礼用乐,殊为非礼。"⑨再如,丧仪,从俗改"重"为"魂帛"后,特注云:"世俗或用冠帽衣履装饰如人状,此尤鄙俚不可从也";"又世俗皆画影置于魂帛之后",男子生时有画像,

---

① 王立军:《试论司马光礼学思想的基本特征》,《唐都学刊》2001年第3期。
② 司马光:《司马氏书仪》卷2《冠仪》,《丛书集成初编》本,北京:中华书局,1985年,第23页。
③ 司马光:《司马氏书仪》卷3《婚仪上》,第32页。
④ 司马光:《司马氏书仪》卷3《婚仪上》,第33页。
⑤ 司马光:《司马氏书仪》卷3《婚仪上》,第33页。
⑥ 司马光:《司马氏书仪》卷3《婚仪上》,第37页。
⑦ 司马光:《司马光集》卷79《文潞公家庙碑》,成都:四川大学出版社,2010年,第1602页。
⑧ 司马光:《司马氏书仪》卷1《丧仪六》,第116页。
⑨ 司马光:《司马氏书仪》卷3《婚仪上》,第37页。

用之犹无所谓,至于妇人"此殊为非礼,勿可用也"①。这些特别强调表明,司马光在顺从世俗人情的同时,亦正努力批判民俗中"非礼""鄙俚"之处,以礼的原则来评断世俗民情之中的可行与不可行者。顺应、迁从和批判共存,恰是北宋家礼渐趋脱离古礼经典而接近庶民百姓生活层面、渐趋深入庶民百姓生活之中,从而呈现出庶民化倾向的反映。

北宋家礼撰制的顺应世俗人情,在强调日常家居生活的居家杂仪的撰述上,得到了更进一步的彰显,其代表就是司马光的《居家杂仪》。司马光除撰修单行本的《居家杂仪》外,又在《书仪》卷四"婚仪下"中专列有"居家杂仪"篇,其名目包括凡家长御群子弟及家众、凡诸卑幼事家长、凡为子妇者事父母舅姑、凡为人子弟者事父兄宗族、凡为人子者事父母等,涉及到家族内各成员日常居家的礼仪规范。日常居家杂仪的专门规定,正是宋代家礼修撰的一个极为重要的发展。把脉家礼的发展历程可见,依据礼经旧文编撰家礼家法是南北朝世家大族乃至唐代世家旧族的风习,在此以传承《仪礼》旧文为特征的阶段,关注冠婚丧祭诸仪尤其是家族祭享仪制而忽视日常居家生活的礼仪规范无疑是一个值得注意的方面。之所以呈现这样的局面,根源在于无论是南北朝的门阀士族还是唐代的世家旧族,其家学渊源、礼学传承都是非常明显的,所谓风教"整密",垂髫换齿之时"便蒙诱诲",自幼习得"晓夕温清,规行矩步,安辞定色"②,因此尊老敬亲、卑幼事长、节序家宴、子女教养等已有礼经旧文记述之居家日常行为规范,并无需要特别关注。至于宋代,世家旧族早已沦丧,家学渊源、礼学传承更不见于私家,科举官僚士大夫们在撰制家礼仪制之际,不仅要关注对冠婚丧祭诸仪的规范,更需要专门关注对家族成员的日常行为、居家生活的礼仪约束。由此而言,居家杂仪的强调,亦是家礼日趋接近士庶民众生活层面的反映。

综上所述,北宋中期以后,司马光、韩琦等人的家礼撰述,在沿承遵行古礼经典、恪守世家旧族家法的基础上,呈现出了明确的迁从世俗、顺应人情的迹象,以《书仪》为代表的北宋家礼仪规,正日趋接近、延伸至普通士庶百姓的生活层面之中。尽管亦不能否认的是,这种接近与延伸仍然很有局限,此时家礼规范的对象主要还是官僚士大夫家族,但是其影响却不可低估。它不仅标志着家礼撰述从按循古礼典制、世族家法向顺应世俗人情的转变,也表明其礼仪规范的实际范围已经开始扩展延及于普通的士庶民众层面。同时需要注意的是,这一时期官僚士大夫们私家家礼撰制的发展倾

---

① 司马光:《司马氏书仪》卷5《丧仪一》,第55页。
② 王利器:《颜氏家训集解》卷1《序致第一》,北京:中华书局,1996年,第4页。

向,直接影响并推进了国家层面的礼制教化意识和举措,提升了官方礼制修订中的庶民礼仪关注。

二、由家范书仪到士民五礼:家礼影响的外延与国家礼制的庶民关注

官僚士大夫中的有识之士,洞悉社会变革之后士民社会礼文仪制缺失,公卿官僚家无定仪与闾巷草民同俗,而朝廷礼文规定不备的现状,关注家族礼仪规范,修撰和遵行家礼亦在一定程度上成为一时风尚。然官僚士大夫对社会礼教规范和约束的关注,不仅表现在私家家礼的修撰和遵行,更表现其在将这种关注外延到朝廷礼文仪制的修订中,提升到国家的礼教推行层面,从而积极推动官方针对士民的礼文仪制的讨论。例如,韩琦制家祭仪时,戒子孙曰:此礼暂行于自家,及他日"朝廷颁下家祭礼,自当谨守定制"①,表明对国家礼文仪制修订的需求态度。元丰元年,吕大防进呈神宗"请定婚嫁丧祭之礼"疏,亦意在奏请朝廷确立士民礼仪的具体规范。众所周知,古礼传统中明确有礼"不下庶人"之说,而此在秦汉以后官方礼制中体现无疑。唐《开元礼》堪称中古礼仪典范,仍是以君主、宗亲、官僚为对象的礼制规范,"庶人"字样偶尔杂录其中,主要是为了强调礼仪等级差异而已,并不具有礼文规范的实际意义。②宋初撰制的《开宝通礼》,本唐《开元礼》而损益之,开元礼制不及庶民的缺点,《开宝通礼》亦不能避免。开宝以后,朝廷始关注士民礼制规范,曾专门颁诏修订针对"士庶"或"民家"抑或"民庶"的车服、居室、器用以及丧葬等相关仪制,但是这些仪制内容简略零散,不成体系,未能全面规制士庶民众的冠婚丧祭等重要礼仪仪式。元丰元年,宋神宗下诏置局考定郊庙礼文得失,吕大防奏议在此情况下提出,即欲请求朝廷考定礼文之际,还应关注官僚士庶社会层面中的礼仪规范。建议礼官先择《开宝通礼》中的相关仪制"论定而明著之",以示天下,违者有禁,断以必行。当士以上"专用礼"之后,"小人所视,足以成化"③。

---

① 韩琦:《安阳集》卷22《韩氏参用古今家祭式序》,第1089册第338页。
② 任爽指出:《开元礼》确有以朝廷之礼为中心,重上轻下之弊。(《唐代礼制研究》,长春:东北师范大学出版社,1999年,第207页)杨志刚也谈到:庶人不是《大唐开元礼》的制礼对象,仅在为区别和强调等级差异时,才于相关条文下以附记形式,用片言只字指明庶人该行何礼。(《中国礼仪制度研究》,上海:华东师范大学出版社,2001年,第200页)
③ 吕大防:《上神宗请定婚嫁丧祭之礼》,赵汝愚编:《宋朝诸臣奏议》卷96,第1033页。

吕大防的建议,正是此时官僚士大夫渐趋明确起来的推行礼仪教化于士民层面的意识的反映。以此基础,哲宗元祐中朝臣奏请中已经明确提出要修"教民"之五礼了。右司谏朱光庭在上哲宗"乞详议五礼以教民"疏中即指出,今天下士民皆不遵礼,根源在于朝廷未曾详细讲修礼文,公卿士大夫之间"亦未尝修讲,但各守家法而已"。既然公、私两个方面皆未能讲修定仪,则无礼以为天下人之所法。[1] 朱光庭认为,朝廷应命礼官"参议五礼","上自朝廷所行之制度,下至民庶所守之规矩",纤悉讲明,以正人伦变礼俗,而其冠婚丧祭之礼,"尤当先讲修以示天下,俾得遵行,以为规矩"。然其"朝廷之上,与公卿士大夫之家,皆未有成法"[2]的论说,明确已将公卿大夫的家礼撰制和遵行纳入以礼"教民"的考量中,在朝廷仪制未曾讲修之时,公卿大夫家礼撰制若有"成法",亦可作为教民之礼循用。

与朱光庭相比,太常博士颜复则就如何修订士民礼仪提出了具体的建议,即"会萃经史古今仪式至诸家祭法,岁荐时享、家范书仪之类可取者,高而不难,近而不迫,成士民五礼"[3]。其中对公卿大夫之家的家礼撰述给予了更多重视,明确了对士大夫家礼撰述的吸收和借鉴。诸家祭法以及岁荐时享,既包括前代祭仪也包括本朝各家家祭之礼,而家范书仪则指向司马光的家礼撰制和家族规范的著述。[4] 颜复显然倚重于公卿大夫之家的家礼来制成国家的"士民五礼",认为家礼撰制可以作为国家制定士民礼文仪制规范的参考和依据。而司马光、韩琦等人家礼撰制中呈现出的迁从世俗人情的倾向,也被颜复充分考量和重视。所谓"高而不难""近而不迫",既要遵循古礼经典又不能过于繁琐难行,既要贴近世俗民情又不能过于迁从;所谓"不必冕并以为冠,韠韨以为衣,俎豆以为器,俪皮以为币,驭车而行,坐席而食"[5],就是不必局限于古礼规制中的冠服器物,也不必局限于古礼中的出行起居方式。总体而言,"就其便安",依照现实生活状态,制定适应时代的士民礼仪以教民化俗。北宋中期以来的家礼撰制为朝廷"教民"之礼的议定提供了重要的参考,由此私家家礼的撰述与国家礼制的修订直接联系、交接在一起,或者可以说,官僚士大夫的家礼撰制和礼仪规范

---

[1] 朱光庭:《上哲宗乞详议五礼以教民》,赵汝愚编:《宋朝诸臣奏议》卷96,第1034页。
[2] 朱光庭:《上哲宗乞详议五礼以教民》,赵汝愚编:《宋朝诸臣奏议》卷96,第1034页。
[3] 颜复:《上哲宗乞详议五礼以教民》,赵汝愚编:《宋朝诸臣奏议》卷96,第1035页。
[4] 司马光曾撰《家范》十卷,以"家"为基础,援引先贤古训,列举故事旧闻,杂以评论趋向,为祖、父、母、子、女、孙、伯叔父、侄、兄、弟、姑姊妹、夫妻、舅甥、舅姑、妇、妾、乳母十八种家庭成员的行为进行规范。司马光认为:治家在于"教",而"教"的内容正是"礼"。文渊阁《四库全书》本,第696册。
[5] 颜复:《上哲宗乞详议五礼以教民》,赵汝愚编:《宋朝诸臣奏议》卷96,第1035页。

由此开始上升到国家礼制的层面。当我们看到,徽宗朝制礼,对庶民百姓冠婚丧祭诸仪、器用服饰之制的明确关注时,对这一问题的理解将更趋深入。

宋徽宗时撰制颁行国家礼典《政和五礼新仪》,其中针对庶民层面的礼仪规定比以往任何时代皆明确而详备。首先,"序例·丧葬之制"中,详细规定庶人丧葬之制,事关墓地、坟高、虞祭等。其次,五礼仪制中明确列出"庶人婚仪"、"庶人冠仪"、"庶人丧仪"等专门针对庶民百姓的礼仪条文。检视其文即可发现,庶人婚冠丧葬诸仪实为品官诸仪的简化节略版。例如,品官婚仪包括十四项仪式,庶人婚仪只包括八项仪式。相比品官婚礼,庶人婚仪并问名于纳采、并请期于纳成,将舅享送者、姑享妇人送者二节合并为飨送者,更直接删减了同牢、盥馈、飨妇等仪制。在仪式步骤简化的同时,庶民婚礼的每一个步骤的具体仪节也明显简化。再如,品官子冠仪步骤为告庙、戒宾、宿宾、行事、礼宾等五部分,庶人子冠礼的步骤则只告祢、行事两部分,明显缩减;且此两步骤的具体仪节内容亦相对简化。又如,品官丧仪有十七项内容,庶人丧仪则是十六项内容。至于丧仪中具体涉及的厅堂、器服、拜揖之节,庶人亦比品官简易。显然,徽宗朝制订庶民礼仪,在遵循古礼经典、顾全诸礼仪式步骤的大致完整性的同时,顺从世俗人情,凸显了简易节略的倾向。

《政和五礼新仪》表现出的明确庶民关注,正是官僚士大夫积极推动的"制礼以教民"意向的体现。相对于家礼对庶民生活实际的有限接近,政和礼典中庶人冠婚丧葬仪制的简易节略,无疑是更进一步庶民化的表露。而政和礼典的这种清晰的庶民化倾向,实与徽宗君臣议礼时确定的"稽古而适今"方针原则有直接关系。大观二年,议礼局奉御笔制定冠婚礼仪时,就明确了制礼将欲"行天下"遂需"简而易行"的认知①。至《政和五礼新仪》修成,徽宗御制序文中更言明"循古之意而勿泥于古,适今之宜而勿牵于今"②。显然,正是在这种方针原则之下,政和礼典中才出现了情文度数与古制明确有异而贵贱尊卑之等差无异的庶民礼文修订。当然,朝廷礼文修订原则趋向的发展,绝非某一单方面的因素所致,徽宗朝"循古之意"而"适今之宜"的制礼原则的明确宣示,亦是各方面因素的综合结果。但北宋中期以来司马光、韩琦、吕大防等官僚士大夫的家礼撰制,以及其在礼仪传承中的顺应世俗人情的认知和实践探索,很大程度上影响了徽宗朝的"循古

---

① 郑居中等:《政和五礼新仪》之卷首《御笔指挥》,文渊阁《四库全书》本,第647册第8页。
② 郑居中等:《政和五礼新仪》之原序,第647册第3页。

而适今"的庶民礼仪修制,这一点当是毋庸置疑的。

北宋家礼撰制的庶民化倾向以及其影响延及的国家礼文仪制修订时的庶民关注,直接推进了南宋官、私礼仪的发展。南宋官方依旧持续着对士庶民众的礼教关注,而官僚士大夫撰述家礼则在北宋家礼的基础上,更大意义上脱离了古礼经典的桎梏,删改旧规以适今宜。明确异于"子孙奉行于自家"的撰制模式,意在有助于国家礼仪教化推进的《家礼》撰成,则具有划时代的意义。

三、由士大夫家礼到士庶通礼:《家礼》的撰修主旨与崇化导民的定位

官僚士大夫群体对士庶社会礼仪规范的关注在南宋时期持续不断,一方面家礼撰述继续推进。例如,绍兴中礼部侍郎高闶"患近世礼学不明,凶礼尤甚",遂撰《送终礼》一卷。[①] 虽意在戒其家族子孙遵行,但亦明言期望"好礼者亦效吾家而行之",表露出推行礼仪规制的明确意图,以此礼为国家礼教规范的补充。南宋士大夫对家礼撰述的关注,还体现在对以往家礼文本的整理和总结,例如朱熹曾编《二十家古今祭礼》二卷及《四家礼范》五卷,周端朝亦编《冠婚丧祭礼》,皆是汇编诸家礼文而成。以此为基础,其时官僚士大夫对撰制家礼以具有实践推行意义的判断更加明确。例如,徐度评价韩琦家祭礼,即云:"其说多近人情,最为可行"[②]。朱熹评价《书仪》云:"温公则大概本《仪礼》,而参以今之所可行者"[③],又明确指出,《书仪》终因"与古不甚远",而极大限制了这种可行性。[④] 显然,关注重点正在于家礼能否贴近士庶生活时宜,能否"简而易行"。

另一方面,以表现出明确庶民化趋势的《政和五礼新仪》为基础,官僚士大夫们对国家"制礼以教民"的认知以及操作建议则更具有实际意义。绍兴二十五年[⑤],泉州同安主簿朱熹针对里巷贫民与富室士子皆"无婚姻之礼"现状,奏请朝廷申严婚礼,即"检会《政和五礼》士庶婚娶仪式行下,以

---

① 《宋史》卷 204《艺文志三》载:高闶撰《送终礼》一卷。此书又称《厚终礼》,例如《建炎以来系年要录》卷 152 载:时高闶为礼部侍郎,"患近世礼学不明,凶礼尤甚,尝著《厚终礼》"。
② 徐度:《却扫编》卷中,《宋元笔记小说大观》,第 4502 页。
③ 黎靖德:《朱子语类》卷 84《论后世礼书》,北京:中华书局,1986 年,第 2183 页
④ 朱熹:《晦庵先生朱文公文集》卷 83《跋三家礼范》,《朱子全书》,上海:上海古籍出版社、合肥:安徽教育出版社,2002 年,第 3920 页。
⑤ 束景南:《朱熹年谱长编》卷上,上海:华东师范大学出版社,2001 年,第 193 页。

凭遵守,约束施行"①。又作《民臣礼议》进一步指出:礼难行于州县士民之间,当取政和五礼州县官民所应用者,"参以近制"别加纂录,号曰《绍兴纂次政和民臣礼略》,锓板模印而颁行之州县。② 朱熹的设想于绍熙中得到实现,太常寺簿黄灏论礼教废阙,奏请"有司取政和冠昏丧葬仪,及司马光、高闶等书参订行之"③。朝廷允从其奏,即成《政和冠昏丧祭礼》十五卷。此书是如何"参订"司马氏、高氏等两宋家礼仪注而成,不能确知。但将士庶礼文专门修订并制成书册颁发郡县,正是推行礼仪于士民的实践举措,而家礼撰述也进一步被纳入了国家礼制修定之中。

显然,官僚士大夫的私家礼仪需求与国家的礼仪教化意图,在这一时期已经胶合在一起,一部专门针对士庶社会层面的礼仪规范成为时代的明确意向。正是由此,家礼走出自家,进一步上升到国家礼制的层面,更是由此,家礼撰制的定位开始由奉行于自家演进为面向普遍士庶之家的礼仪规范,主动自升成为国家推行礼制、教民化俗的辅助和补充,而此在朱熹撰制的《家礼》中,得到了最为充分的宣示。

首先,《家礼》中冠婚丧祭诸礼的仪节步骤设计更趋简明,使家礼简而易行的目标得以更大意义上实现。今人在论及《家礼》的仪式仪节时,多将其与《书仪》进行对比④,以论述朱熹对诸礼的简化。《家礼》中冠婚丧葬诸仪的篇目设置与《书仪》大体类同,然程序步骤、仪式仪物与《书仪》的差异极为明显,《家礼》的冠婚丧葬诸礼仪式程序更贴近士庶百姓的生活实际,更趋简单易行。例如,冠礼仅存告于祠堂戒宾、宿宾、加冠等仪节,删减了筮日、筮宾等内容。又如婚礼,只包括纳采、纳币、亲迎、妇见舅姑、庙见、婿见妇之父母六项内容,传统婚礼"六礼"被删并为三礼即纳采、纳币、亲迎,"以从简便"。再如丧礼,《书仪》丧仪共计37项内容,《家礼》丧仪则只有初终、沐浴、袭以至袝、小祥、大祥、禫等21个仪节。《家礼》仪节简化,显然是继承并推进了北宋时期的家礼庶民化的倾向,但亦不能忽视,其对政和礼典的庶民礼文仪制的参考。例如,政和礼典中"庶人昏仪",已"并问名于纳采,并请期于纳成",将婚礼"六礼"简化为四礼亦即为纳采问名、纳吉、纳成(徵)请期、亲迎四者,《家礼》显然受其影响,只是进一步删并纳吉,保留了三礼而已。

事实上,《家礼》仪制的简而易行,不仅在于诸礼仪节步骤的删减,仪节

---

① 朱熹:《晦庵先生朱文公文集》卷20《申严婚礼状》,《朱子全书》,第896页。
② 朱熹:《晦庵先生朱文公文集》卷69《民臣礼议》,《朱子全书》,第3353页。
③ 《宋史》卷430《黄灏传》,北京:中华书局,1977年,第12791页。
④ 杨志刚:《〈司马氏书仪〉和〈朱子家礼〉研究》,《浙江学刊》1993年第1期。

次第的明晰,以及贯穿于诸礼的器服牲币的减省,更在于其特别强调、明确宣扬的量力而行礼的主张,有力则如仪,无力则量力,礼贵诚心爱敬而非执着于礼器祭品,这一主张使本已简略的诸礼有了可以更为简略的心理依据。

其次,《家礼》通过对冠婚丧祭诸礼到日常居家生活的明确而细致的规制,构建起一套更为完善的家族礼仪规范体系。《家礼》不仅继承了北宋以来官、私礼仪的庶民化倾向,冠婚丧祭诸礼的设计达到超于以往的简明易行,更设置了日常家居生活规范的"通礼",明确增加对居家日常生活礼仪约束的强调。《家礼·序》中提出,礼有本有文,"其本者有家日用之常礼,固不可以一日而不修;其文又皆所以纪纲人道之始终,虽其行文之有时,施之有所,然非讲之素明,习之素熟,则其临事之际,亦无以合宜而应节,是亦不可以一日而不讲且习焉者也"。因此,《家礼》的体例设计为五部分,首先为"有家日用之常礼"设置"通礼"篇,其次是体现"纪纲人道之始终"的冠婚丧祭诸礼篇,在篇目设置上充分体现出建构家族礼仪规制的完整体系。

与此前家礼仪制及官方的士民礼文规定相比,《家礼》所建构的家族礼仪体系的新创制、鲜亮点无疑就是"通礼"中的祠堂祭祖之制了。将祠堂列于"通礼"之首,正在于宣示对家族维系、秩序规范而言,祠堂设置的重要意义。北宋中期以来,官僚士大夫们对百官家庙无定制、公卿家祭皆用俚俗的现状一直多有抨击和异议。然沿袭古制的家庙祭祖体制已经脱离时宜,朝廷的品官家庙祭仪在争议中牵强修订,尚不能遍行于公卿百官之家,更未及考量普通士庶的家祭礼仪了。由此,官僚士大夫们一直在探索建构通行的家族祭祖仪制。朱熹则直接将传统家庙制度与世俗祭于寝的影堂结合起来,提出了祠堂祭祖的体制。[①] 从传统礼制的角度来说,建庙祭祖体现着"报本反始之心"、"尊祖敬宗之意","实有家名分之守,所以开业传世之本也",是家族传统体制、宗法嫡庶之别的根基。祠堂祭祖体制的确定,厘定了北宋以来官僚家族祭祖的混乱和纠结,解决了宗法传承演变、敬宗收族实践探索中的根本性问题。

除了祠堂祭祖之制外,通礼部分还包括"深衣制度"和"司马氏居家杂仪",此二者显然并非朱熹新创,然朱熹将二者明确提到首篇,以其为居家日用之基本规制,无疑是建构家族礼仪规范体系的重要举措。朱熹在"司马氏居家杂仪"条目之后,特别强调将此仪由婚礼之后调升至首卷通礼,其

---

① 包伟民:《唐宋家族制度嬗变原因试析》,纪宗安、汤开建主编:《暨南史学》第1辑,广州:暨南大学出版社,2002年,第76~93页。

云:"今按此乃家居平日之事,所以正伦理笃恩爱者,其本皆在于此,必能行此,然后其仪章度数有可观焉,不然则节文虽具,而本实无取,君子所不贵也,故亦列于首篇,使览者知所先焉"①。将居家杂仪置于首篇,正是要充分彰显其在家居平日行为规范、严格伦理尊卑的重要意义,从而为建构完整的家族礼仪规范奠定重要基础。

再次,《家礼》直接表明面向社会层面的"士庶通礼"的清晰定位。《家礼·序》中宣称,修撰家礼目的是推行礼仪规范于士庶之中,既面向好礼士人亦针对"贫窭"庶民。朱熹认为,此前君子所撰家礼对"古今之变""无所折衷",因而不能行用于当今。与北宋时期官僚士大夫家礼修撰更多是施用于自家族内相比,朱熹在修撰《家礼》之初,就明确宣示将《家礼》推行开来的目的。所谓"于国家所以崇化导民之意,亦或有小补"②,正彰显了为广泛士庶层面制定家礼规范的主张和宗旨。联系其曾作《民臣礼议》,建议朝廷修《绍兴纂次政和民臣礼略》,可推知撰制《家礼》亦有针对朝廷未能颁行士庶礼文仪制的缺憾,自撰家族礼仪以为国家礼教补充的意图。

正是为了有助于国家推行礼教、崇化导民,《家礼》修撰的基本原则是变古以适今,在遵行古礼基本原则的基础上,改变古礼仪制以适应今世。朱熹明确指出,礼仪修撰需要略去古礼浮文缛节,强调名分本实,"因其大体之不可变者"③,改易古礼中不宜于今世的宫室器服、出入起居为宜于今世者。由此,其将冠婚丧祭诸礼步骤仪节明确简化,对新创祠堂祭祖体制更是"多用俗礼",以期"今士庶之贱"皆得为之。祠堂建置,既有房屋三间、阼阶西阶、遗书衣物祭器库及神厨等繁杂规定,又有家贫地狭则止为一间、不立厨库,甚至"厅事之东亦可"④的明确说法。祠堂之内以奉祭高祖、曾祖、祖、父四代祖先;祠堂祭祖时日,既用正至、朔望的旧制,又有"俗节则献以时食"的世俗。显然,无论是祠堂建置还是祭祖仪节,无处不彰显着家族祭祖无关乎官品爵位、无关乎士庶等差、无关于家财富贫,而只关乎宗法嫡庶、只关乎宗族维系、只关注乎礼敬之心意的鲜明态度。

《家礼》努力简化礼节、尽力彰显礼义,积极宣扬和强调量力而行礼,以求广大士庶民众能够接近礼、熟悉礼、遵行礼,从而实现于国家推行礼教、

---

① 朱熹:《家礼》卷1《通礼》,《朱子全书》,第880页。
② 朱熹:《家礼》卷1《通礼》,《朱子全书》,第873页。
③ 朱熹:《家礼》卷1《通礼》,《朱子全书》,第873页。
④ 朱熹:《家礼》卷1《通礼》,《朱子全书》,第874页。

崇化导民有所补益的意图。①《家礼》的面世，表明宋代官僚士大夫的私家家礼撰述与国家礼制修订及礼教推行之间进一步合流，展现于北宋时期的官方礼制的庶民化趋势，由此得以进一步扩展和延伸。

　　作为士庶社会通礼的具有鲜明庶民化特征的《家礼》，其实亦是中古礼制发展的必然结果，是社会变革的产物。其一面世即引发关注，加以朱门弟子的大力刊印和注释，故很快便在社会上广泛传布开来，取代了以往的诸种家礼文本，成为士庶家族主要奉行之仪规。也正由此，《家礼》被纳入了"日用类书"，例如《事林广记》、《居家必用事类全集》及《万书渊海》等，演进成为"日用类书的民间仪注"②。同时，士庶社会民间通礼、有助于国家礼教推行崇化导民的清晰定位，亦使《家礼》获得国家层面的认可和推崇，成为官方修订士民礼制、教民化俗的重要依据。明初国家制礼，《家礼》成为修订士民礼文的参考；永乐年间，朝廷更颁《家礼》于天下，确定其士庶社会家礼范本的地位。在地方官礼教实践中亦屡见"教民行《朱子家礼》"的事例。《家礼》正以这种"国家威信"为背景广泛传布于各个阶层，在实践意义上真正演变成为士庶社会的通行之礼。③由此而言，《家礼》即为国礼，国礼是为家礼，官方礼制推行和礼仪教化的范围进一步伸延、下移于基层社会的士庶民众之间，朝廷对广泛社会层面的掌控、国家对个体家族的干预和影响皆达到了空前的境界。

---

① 《家礼·校点说明》中指出：《家礼》"不是那种传统意义上专用的'贵族之礼'，而是通用于整个社会的、更多地考虑到社会普通家庭的'庶民'之礼。"《朱子全书》，第858页。
② 吾妻重二：《朱熹〈家礼〉实证研究》，第16页。
③ 明清时代出现大量普通士人撰述的家礼著作，可参见汤勤福《朱熹〈家礼〉的真伪及对社会的影响》，姜锡东主编：《宋史研究论丛》第11辑，保定：河北大学出版社，2010年，第536～552页。

宋代乡村社会的生存秩序与权力结构
——以"纠役"为中心的考察

耿元骊

毫无疑义,中国古代社会是一个乡村社会。从秦汉到明清,乡村社会与国家之间的复杂关系,一直都是学术界研讨的重点。国家权力如何渗透到基层社会,地方政治运作以及其与基层社会(县以下)的互动关系等主要问题,都得到了较为深入的讨论。[①] 但是对于乡村社会内部,村民之间的微妙关系,尤其是对乡村社会内部权力网络和秩序形成机制的关注则尚嫌不足。作为一个在乡村管控策略上承先启后的重要时期,在宋代,国家一方面继续试图把行政控制强力深入到乡村社会内部,一方面又允许乡村产

[①] 关于宋代乡村社会秩序与控制的研究,可参阅朱奎泽《20 世纪 80 年代以来国内两宋乡村政权与社会控制研究述评》,《甘肃社会科学》2007 年第 1 期,该文已提及之论著,以下不再列举。吴雅婷亦曾对宋代基层社会加以总结,氏论《回顾 1980 年以来宋代的基层社会研究——中文论著的讨论》,《中国史学》第 12 卷,2002 年,未见。刁培俊有一系列论文,均涉及乡村社会秩序问题,主要可参阅氏论《唐宋时期乡村控制理念的转变》,《厦门大学学报》2009 年第 1 期;同氏《两宋国家权力与乡村秩序的整合——以乡役制度为中心》,《厦门大学国学研究院集刊(第二辑)》,北京:中华书局,2010 年;亦期待氏所著《官民交接:宋朝乡村职役研究》能早日面世。另可参阅黄宽重主编:《中国史新论:基层社会分册》,台北:联经出版公司,2009 年,黄氏亦有其他多篇论文涉及宋代乡村社会问题;康武刚:《论宋代基层势力与基层社会控制》,华东师范大学博士学位论文,2009 年;傅俊:《南宋的村落世界》,浙江大学博士学位论文,2009 年;谭景玉:《宋代乡村组织研究》,济南:山东大学出版社,2010 年;廖寅:《宋代两湖地区民间强势力量与地域秩序》,北京:人民出版社,2011 年。关于秦汉明清乡村社会秩序的研究,可参阅马新:《里父老与汉代乡村社会秩序略论》,《东岳论丛》2005 年第 6 期;黎明钊:《辐辏与秩序:汉帝国地方社会研究》,香港:中文大学出版社,2012 年,未见;侯旭东:《北朝村民的生活世界——朝廷、州县与村里》,北京:商务印书馆,2005 年;杨国安:《明清两湖地区基层组织与乡村社会研究》,武汉:武汉大学出版社,2004 年;孙海泉:《清代中叶直隶地区乡村管理体制——兼论清代国家与基层社会的关系》,《中国社会科学》2003 年第 1 期;张小也:《官、民与法:明清国家与基层社会》,北京:中华书局,2007 年;李治安主编:《基层社会与国家权力研究丛书》,天津:天津古籍出版社,2009 年,该丛书囊括了由先秦到近代的 10 部著作,均关涉了基层社会与国家关系这一主题。日本学者围绕宋代乡村社会主题,也有极深刻的讨论,由于目力所限,未能一一检索。

生部分自发自治秩序。探讨宋代乡村社会内部的权力结构,以及由乡村中所常见之"纠役"纷争而展现出来的权力网络构成,对深入理解乡村社会特质,探讨宋代乡村社会中的生存和秩序问题,厘清宋代乡村社会的自我运转、人际关系、社会网络等均有相当重要的作用。同时,这也对深入了解地方性权力运作过程,进一步探讨基层社会与国家之间关系有着多重启发性的意义。

一、乡村权力网络建构

规划设置县以下乡村权力机构建制并及将其形成网络,是中央政府、地方政府控制基层和提供管理服务的前提及手段。但囿于政治、经济、文化等多方面的条件限制,秦汉以来的乡官制,隋唐时期逐步走向了瓦解。中央政府虽然逐步放弃了对县以下的行政建制直接管辖及建立正式行政机关,但是丝毫也没有放松对县以下区域的行政控制,甚至在某些方面全面强化了统治网络以加强其管制能力。宋代的乡村权力网络,亦先在国家层面提出建设框架,然后交由地方(州县)根据本地情况去具体实施。所谓正规的"机构建制"虽然变化层出,但其基本演变脉络,经由学术界的多年研讨,已初步清晰。[①] 要而言之,无论这些基层组织是不是正式机关,它的工作就是要把所有乡村百姓都纳入到一个统一的网络当中,方便掌控,而主要目的则是最大程度的催驱赋役。

宋初若干年,基本承续了唐末五代的乡里制度,利用里正等原有体系作为主要管理方式。开宝七年,曾经提出"废乡分为管,置户长主纳赋,耆长主盗贼、词讼"[②],但是没有在全国推行开来。这与唐初"每乡置长一人,佐二人"[③]的举措相类似,是一个试图把正规机构贯穿到县以下基层的尝

[①] 关于宋代县以下基层管理体系的变迁,争论极多。主要是围绕着乡、里、都、管等机构是不是行政政权等问题展开,郑世刚、马新认为乡是基层政权;王棣认为乡是财政区划,里是行政区划;梁建国认为乡不具有完备的行政功能;夏维中认为宋代乡村基层组织是乡都制,但未涉及其行政地位问题;谭景玉认为乡是基层行政组织。参阅郑世刚《宋代的乡和管》,邓广铭、漆侠主编《中日宋史研讨会中方论文选编》,保定:河北大学出版社,1991年,第246页;马新《试论宋代的乡村建制》,《文史哲》2012年第5期;王棣《宋代乡里两级制度质疑》,《历史研究》1999年第4期;梁建国《北宋前期的乡村区划》,《史学集刊》2006年第3期;谭景玉《宋代乡村组织研究》,第114页。

[②] 《宋会要辑稿》职官48之25,北京:中华书局,1987年,第3468页。

[③] 杜佑:《通典》卷33《职官十五》,王文锦等点校,北京:中华书局,1996年,第924页。

试。两者均没有得到全面推行则似乎意味着,以唐宋时期的政治、经济条件,国家政权直接管理县以下地域,还是一件非常困难的事情。所以试探之后,不得不收回。仍以"乡"作为县以下的管理层级,只不过这种管理层级并不是确定下来的一级权力机构。同时,里正作为基层头目,经过数十年的运行,从之初"主催税及预县差役之事,号为脂膏"的地位直线下降,"科禁渐密,凡差户役,皆令佐亲阅簿书,里正代纳逃户税租及应无名科率,亦有未曾催纳,已勾集上州主管纲运",很难继续持续下去,到至和二年,最终"罢诸路里正衙前"①。里正作为一种职役名目,所承担的职役负担虽然没有了,但作为一个职务,仍然是"乡"的头领。"乡"的地位仍然存在,是县以下区域进行空间分隔的主体,主要为划分"役"而编排。在"乡"继续存在同时,并有"耆"的设置,神宗时期,张方平在奏文中说:"旧制:防禁盗贼之法,乡村即有耆长、壮丁、弓手"②,《宋会要》中也提到,乾道八年时,"在法:乡村盗贼、斗殴、烟火、桥道公事并耆长干当"③。说明"耆"一直都是作为一种社区单位,其职能主要以乡村治安和一般纠纷处理为主。

  王安石变法以后,将原来已有部分运行的保甲法正式向全国推广。熙宁六年,司农寺正式确立了保甲制度:"开封府界保甲,以五家相近者为一保,五保为一大保,十大保为一都保。"④虽然这个时期的保甲更偏于军事性质,换做现代用语可算是一种公共安全管理措施。不过既然形成为有组织的成系统半(准)军事编制,就成为官员管控的有利工具,将其作用改造为催驱赋役:"大保长皆选差物力高强、人丁众多者,其催科,则人丁既壮,可以遍走四远;物力既强,虽有逃亡死绝户,易于偿补……保长多有惯熟官司人,乡村亦颇畏之。"⑤与此大约同时,废去户长、坊正,设置了甲头,"州县坊郭税赋、苗役钱,以邻近主户三二十家排成甲次,轮置甲头催纳"⑥。都保和甲头很快合流,迅速成为基层政府权力下沉的管道。大体而言,宋代在县以下管理体制里面,多设置三层或者两层体系。这种二层或者三层的体系,并没有全盘依据人为划定的都、保规格,而是按照基层的具体情况排定的,甚至有的地方甚至很久都没有贯彻都保制而维持原来的乡里制。

  元丰以后,司马光执政时期,废除了为战争而准备的保甲体系,特别是

---

① 《续资治通鉴长编》卷179,至和二年四月辛亥,北京:中华书局,2004年。第4330页。
② 张方平:《乐全集》卷27《请详定盗贼条法事》,文渊阁《四库全书》本,台北:台湾商务印书馆1983年,第1104册,第283页。
③ 《宋会要辑稿》食货14之47,第5061页。
④ 《续资治通鉴长编》卷248,熙宁六年十一月戊午,第6045页。
⑤ 《宋会要辑稿》食货66之73,第6244页。
⑥ 《续资治通鉴长编》卷257,熙宁七年十月辛巳,第6277页。

沿边地区,基本都加以裁撤。但是都保设置则维持了下来,和约定俗成的"乡"一起,成为官府管控下的乡村行政管理组织。南渡以后,对保甲又加以调整,乾道九年规定:"诸村瞳,五家相比为一小保,选保内有心力者一人为保长;五保为一大保,通选保内物力高者一人为大保长;十大保为一都保,通选都保内有行止材勇、物力最高者二人为都、副保正。余及三保者,亦置大保长一人,及五大保者,置都保正一人。若不及,即小保附大保,大保附都保。"①大体上仍然是二级体制,进一步强化了都保作为基层管制组织的功能,一直沿用到宋代灭国。

总体而言,无论是乡里、保甲还是都保,都是乡村社会权力网络的最主要架构。不管基层管理组织体系如何变迁,其不变的基础一是民户,二是村落(自然聚落)。② 乡村社会权力网络,关键在于线与线之间的节点建置。通过这些节点,民户和村落即可采用某种方式组织起来,形成控制层级。在宋代来说,乡书手(乡司)和不同称呼的县以下二级或三级机构,是一类关键性的节点。通过乡书手和县以下机构,县得以接触、掌控乡村民户。而村落则构成了权力网络最基础的自然单位,国家权力的行使和落实就是针对这些村落。

在县以下管理机制变迁过程中,乡司的地位变化最为特殊。③ 宋初,书手地位在里正之下,"国初,里正、户长掌课输,乡书手隶焉……天圣后以第四等户差。熙宁行募法,以第三等以下户充,免户下役钱。无人就,即给雇钱。其后不限有无产业,招募吏有阙,与贴司依名次补充。元丰七年听投名,不支雇钱。"④可见书手一直都是作为职役行事。熙宁三年时,韩琦谈及青苗钱操作时指出,如果借给乡民的青苗钱无法归还,则"必难催纳,将来必有行刑督索,及勒干系书手、典押、耆户长、同保人等均赔之患"⑤,书手已位列负责者之首,似有地位提高之感。同时,由于书手所负责事务极为繁杂,具有相当的专业能力,特别是既要能计算账目也要能书写账目,在乡村中很难被取代,故而逐步纳入了胥吏行列。⑥ 据王棣的分析,大概

---

① 《宋会要辑稿》食货65之101,第6207页。
② 傅俊、马新均注意到了此问题,特别关注于村落,认为村落是乡村当中最基本的组织单位,所见甚是。
③ 王棣:《从乡司地位变化看宋代乡村管理体制的转变》,《中国史研究》2000年第1期。
④ 《嘉定赤城志》卷17《乡书手》,宋元方志丛刊,北京:中华书局,1990年,第7418页。
⑤ 《宋会要辑稿》食货4之20,第4856页。
⑥ 如"州县往往以此县户眼弊幸,皆在周森胸中,若行配去,恐后欲整顿版籍,更无知首末乡胥。"此周森即为胥吏。见《明公书判清明集》卷11《恣乡胥之奸》,中国社会科学院历史研究所宋辽金元史研究室点校,北京:中华书局,2002年,第424页。

在王安石变法期间,乡书手成为了胥吏,有了独立的办公机构"乡司"。南宋以后,对乡书手的惩罚性规定越发多了起来,其违纪作弊的可能性越大,可见其所掌握的权力也就越大。绍兴二年,有官员指出,乡书手在乡村报灾时可以通同作弊:"人户田苗实有灾伤,自合检视分数蠲放。若本县界或邻近县分小有水旱,人户实无灾伤,未敢披诉,多是被本县书手、贴司先将税簿出外,雇人将逐户顷亩一面写灾伤状,依限随众赴县陈。其检灾官又不曾亲行检视,一例将省税蠲减,却于人户处敛掠钱物不赀。其乡书手等代人户陈诉灾伤,乞行立法。"①绍兴十六年,户部规定:"诸典卖田宅,应推收税租,乡书手于人户契书户帖及税租簿内,并亲书推收税租数目并乡书手姓名,税租簿以朱书,令佐书押。又诸典卖田宅,应推收税租,乡书手不于人户契书户帖及税租簿内亲书推收税租数目、姓名、书押令佐者,杖一百,许人告。又,诸色人告获典卖田宅,应推收税租,乡书手不于人户契书户帖及税租簿内亲书推收税租数目、姓名、书押令佐者,赏钱一十贯。"②这些规定,无不说明乡书手在乡村社会当中地位的重要。和乡书手发生关系最多的,大概就是这些普通的"人户"。又据王棣统计,《庆元条法事类》当中关于乡司运作的法条就有数十条,主要是针对乡司走弄两税的问题。这无不表明,乡司(乡书手)处于征税的核心位置。是乡村权力网络当中能把民户贯穿起来非常有代表性的关节点。权力网络之所以形成,其最大的目的是为了从乡村中汲取赋税。乡书手成为官府和乡村民户之间的沟通渠道,也就是官府管控乡村民户的重要权力网络节点。无论是乡里、还是耆、管,都保,乡书手等都是基层管控的体系,里正等作为职役,取消和恢复,都是局限在县以下区域内,为了建立县和县以下的直接沟通管道,乡书手由于直接掌控数目,逐渐提升其地位,最后成为胥吏。

而无论是乡里、保甲还是都保,其所建立基础一般很难针对分散的民户,而是建立在村落(自然聚落)的基础上。无论县以下采用什么样的管理方式,设置多少层级,它的基础都是自然村落。乡里,保甲、都保的最重要功能,就是把自然村落归并起来,使之形成网络。早自先秦以来,村落(聚落)就因各种因素而形成。③ 宋代的村落(聚落)分布,当然已无法详细考证。但是大体上北方较少,南方较多;西部较少,东部较多,应为事实。四明地区的奉化县所辖乡,多记载其管、里、村名。如奉化乡,有记载其有一

---

① 《宋会要辑稿》食货1之7,第4805页。
② 《宋会要辑稿》食货11之19,第5002页。
③ 参阅刘沛林《古村落:和谐的人聚空间》,上海:上海三联书店,1997年,第56页。

管一里四村,并详列村名:明化村、长汀村、茗山村、龙潭村。[①] 其他记载虽无村名,但多载村数。另外,宋代的县以下权力建制,经常没有全部贯彻基层,有的地方就依然以村落(聚落)为基础,如荆湖等路察访蒲宗孟言曾奏曰:"湖北路保甲,无一县稍遵条诏,应排保甲村疃,并以大保、都保,止於逐村编排,更不通入别村,全不依元降指挥,其监司违法官乞施行。"因而要求"编排保甲不当职官并提举官并上簿"[②]。

傅俊曾搜罗材料,列举了南宋12个村的情况,从其所列举数据来看看,最多的有"七百户",最少的有"数家"。[③] 数据虽然是南宋的,但是大体可以说宋代基本如此。乡村百姓以地缘或者血缘聚居在一起,按照距离分别为不同村落(聚落),其具体面貌又各不相同。王岩叟在上奏中说过,管城县孙张村,"本村旧七十馀户,今所存者二十八家而已。皆自保甲起教后来消减至此,当时人人急于逃避,其家薄产,或委而不顾,听任官收;或贱以与人,自甘佣作。今虽荷至恩,得免冬教,而业已破荡,无由可归。"[④]村落也有繁盛平静的,如范成大所描绘的村落景象:"昼出耘田夜绩麻,村中儿女各当家。童孙未解供耕织,也傍桑阴学种瓜。"[⑤]或者如韩琦所描写的村落世界:"山脚林成簇舍窠,门前流水养嘉禾,森森松柏围先陇,溅溅牛羊满近坡,官赋已供余岁备,村歌无节得天和,安全尽责廉平吏,三岁齐民更孰过。"[⑥]或如王庭圭所住的东村:"避地东村深几许,青山窟里起炊烟。敢嫌茅屋绝低小,净扫土床堪醉眠。"[⑦]且不论其衰败还是繁盛,这些自然聚集起来的村落,就是乡里、保甲或者都保所整合的对象。

从宋代的乡村权力机构建制来看,有着诸如乡、里、耆、都、保、团、甲等等名目,其间层级关系也十分复杂。均不是正式的乡村管理权力机构,可确实有着乡村管理权限,也承担一定程度的行政职能,在某种程度上也存在专门人员,但无论如何,的确不是正式的权力设置。不过这不妨碍县及州府、朝廷的操控之权,既把管控体系深入了县以下的地域,又不必维持庞大的官员队伍,可算一举多得。当然,朝廷不是没有掌控县以下全部地域的意图,只不过难以做到而已。总体来看,县以下一般设置两级管理组织,

---

① 《宝庆四明志》卷15《叙赋》,宋元方志丛刊,第5188页。
② 《续资治通鉴长编》卷274,熙宁九年四月戊戌,第6707页。
③ 傅俊:《南宋的村落世界》,第77页。
④ 《续资治通鉴长编》卷369,元祐元年闰二月壬寅,第8994页。
⑤ 范成大:《范石湖集》卷27《四时田园杂兴》,上海:上海古籍出版社,1981年,第374页。
⑥ 韩琦:《安阳集》卷8《祗亭道中农居》,宋集珍本丛刊,北京:线装书局,2004年,第6册,第442页。
⑦ 王庭圭:《卢溪文集》卷11《和居东村作》,文渊阁《四库全书》本,第1134册,第147页。

是宋代的常态。而这两级机构之间关系又是虚虚实实,介于虚实之间。说它虚,它肯定没有实际的得到认可的权力建制;说它实,它确确实实是朝廷掌控的工具。县以下的权力,如果不经过这些机构,是无法运行的,这些机构就是乡村的权力网络主干。当然,乡村亦有隐蔽的权力网络,这些所谓隐蔽的"权力"或基于血缘,或基于文化,或基于地缘,但总体还是依附于由国家主导的"正式"网络当中。有时候隐蔽的权力也会和这种正规网络发生矛盾,但更多时候双方可做到各取所需。官方在技术、经济、文化等条件不许可的前提下,满足于依赖权力网络取得赋税,催税足则其他大可放手。也正因如此,在基层管控网络当中,官府最重视的不是里正等"主管"人物,反而是"乡书手"一类的账目知情者。通过乡书手,把民户(人户)联成了网络,通过各级组织,把自然的聚落连成了网络。当然,这两者相辅相成,自然聚落先联成网络,然后乡书手在其中又把民户联系起来。最终的指向目标,就是在农村中汲取赋税。其最明显的外在表现,就是役事的纷争。

二、"纠役"纷争中的百姓

宋代乡村差役负担之沉重,早有学者详细分析之。[1] 百姓采用类似孀母改嫁、亲族分居、弃田与人、非命求死等手段避役者虽层出不穷[2],但终归是少数。多数百姓还是躲避不开,只能被迫执役。不过民户又不是全然被动,执役只是一户,但是备选实有多户。何户当先,何户当后,其中就大有玄机。执役的先后顺序,对于百姓来说可谓意义重大,不得不下死力以争之。在这种争执当中,乡村社会的权力运作得以淋漓尽致的展现出来。

宋代役法初行,役出于民,各州县均有定额,各有其"职"。"宋因前代之制,以衙前主官物,以里正、户长、乡书手课督赋税,以耆长、弓手、壮丁逐捕盗贼,以承符、人力、手力、散从官给使令。县曹司至押、录,州曹司至孔

---

[1] 黄繁光:《宋代民户的职役负担》,中国文化大学史学研究所博士学位论文,1980年,未见。刁培俊撰有多篇论文,对于宋代职役特别是乡都职役有着精到的分析,是职役研究的最重要成果之一。如下3篇对于认识乡役负担有着重要的意义:《由"职"到"役":两宋乡役负担的演变》,《云南社会科学》2004年第5期;《在官治与民治之间:宋朝乡役性质辨析》,《云南社会科学》2006年第4期;《从"稽古行道"到"随时立法"——两宋乡役"迁延不定"的历时性考察》,《中国社会经济史研究》2008年第3期。

[2] 《宋史》卷177《食货上》5,北京:中华书局,2002年,第4297页。同卷亦有韩绛、吴充等官员所述,具体情形虽不同,但大体不出这四种避役方式,见第4296、4298、4299页。

目官,下至杂职、虞候、拣、掏等人,各以乡户等第定差。"①这里所提到的诸般职役,虽然不是宋代职役的全部,但后来衍生者多只是变换名目,而实际负担并未有重大变化。其地位则各有升降,乡书手等职逐渐上升,而里正衙前地位逐步下降。到了王安石变法前后,在国家角度看来,乡户衙前役已难以持续。而在民众角度看来,衙前负担之沉重,已无可复加,这成为役法变革的重要起因之一。② 王安石变法之后,变出"人"为出"钱",在朝廷上体现为关于役事的争论,集中在"出钱"还是"出人"何者为好,除了一般政策取向性的辩论,又在很大程度上参杂了"站队"的政治斗争因素。而在民间,就是百姓争诉户等高下。③ 元祐更化之后,又折回差役,民间的争执又变为服役先后之争。哲宗"绍述"之后,又改为免役。百姓之争,又随之而为争户等高下。徽宗当政后,也尊崇新党,所以在役法上只有微调,而无根本性的改变,也是以"免役"为主。不过这时所出现的重要变化,就是官户的"免役钱"问题,成为一大重要纠纷起源。南宋以后,对王安石的政治态度又一大变,在役法上则差役、义役并行。但是此时免役钱仍强行收取,已经成为一种赋税。既收钱又轮差执役,实为重复汲取民力。而由于收取的阻力,则不得不自"绍兴以来,讲究推割、推排之制:凡百姓典卖产业,税赋与物力一并推割。至于推排,则因其赀产"④。总之,在宋代差役、免役、义役的政策反复当中,围绕乡村职役产生了一系列纠纷,在调处这些纠纷的过程中,权力得以行使。

建隆初年,在国家政策层面,就鼓励和允许百姓"纠役",并以之作为制约基层官吏的手段:"诏县令佐检察差役,务底均平。或有不当者,许民自相纠举。"⑤所谓"自相纠举"并非纠举官员,而是要百姓之间先互相纠举。然后才由官府处理。国家的意图是通过两户之间的纠举来对官吏进行核查。但是官府定夺不当,就是在两户之间排出了顺序,也就是涉及到了另

---

① 《宋史》卷177《食货志上》5,第4295页。
② "有衙前越千里输金七钱,库吏邀乞,踰年不得还者。帝重伤之,乃诏制置条例司讲立役法。"见《宋史》卷177《食货志上》5,第4299页。又如"役之重者,自里正、乡户为衙前,主典府库或辇运官物,往往破产"。见马端临:《文献通考》卷12《职役考》1,上海师范大学古籍研究所、华东师范大学古籍研究所点校,北京:中华书局,2011年,第343页。
③ "东明县民数百诣开封府诉超升等第,不受,遂突入王安石私第。"见《宋史》卷177《食货上》5,第4301页。按,此事甚为复杂,既有政策意见的不同,同时也深深牵连党争。见李焘:《续资治通鉴长编》卷223,熙宁四年五月戊戌,上海大古籍所、华东师大古籍所点校,北京:中华书局,2004年,第5425页。不过从百姓层面来说,与"纠役"仍是同一心理,试图最少支付而已。
④ 《宋史》卷178《食货上》6,第4333页。
⑤ 《续资治通鉴长编》卷3,建隆三年五月乙酉,第68页。

197

外的民户,其实也就等于两个民户之间互相纠举。范仲淹曾举了河西县的一个例子:"河中府倚郭二县……河西县主户一千九百,内八百余户属乡村,本县尚差公吏三百四十人,内一百九十五人于乡村差到。缘乡村中等户只有一百三十户,更于以下抽差,是使堪役之家,无所休息。"①按范仲淹所说,则河西县800乡村户,共要负担195名役人。无法考虑诡名等等诸般避役手段,所以130户中等户是不是真的中等户,暂不可辨识。只以总数计算,则每5户就要出1人。如果5户之间轮差,那就是5年。这5户绝无人要抢先应役,当然要一争先后。至和元年,福建路转运使蔡襄也讨论过乡户衙前的排序问题:"前转运使蔡襄上言本路差使衙前不均,请行重定。以产多少均重难分数,产钱五百者定如十九分重,以上递加至三十三分止。其乡户衙前,岁以六十六人为额,以十二县产钱课排,共存留九百九十户。仍请罢里正,以宽衙前歇役年限。"②因此,这990户,分担了66人额度的乡户衙前,大致是每15户出1人。从理论上来说,每户的轮差概率就是15年一次。但是谁也不愿意带头服役,总想拖到最后。所以,在这些民户之间就会出现一个纠役的问题。而排定顺序,其最后的决断者,均为县级机构。陈襄曾经提到过胡真和丁怀两乡村户的纠役问题。③胡真户家业有1865贯,丁怀户家业有1245贯。虽然丁怀较低,不过胡真已经过一任重难,刚刚歇役2年5个月。根据嘉祐编敕,允许被差人户纠举一户物力高强者,而未规定已承役问题。所以丁怀依此,纠举胡真应役。陈襄认为,丁怀属于"白脚奸户",专找法条的空子。这对于刚刚经历过衙前重难的胡真户,实属不公。而且,丁怀本人,也曾经签字画押同意承担衙前役。况且本县有第一等户30多人,丁怀都不敢纠其应役。可见在白脚户里面,丁怀一定是最高的。其反复纠举胡真户,内中一定有所由来。在陈襄看来,如果胡真再次应役,则似嫌不公。所以他建议派丁怀户承役,同时他考虑其他州军也可能有类似情况,可以同样依据嘉祐编敕纠举其他人户,因此他建议应该是歇役5年以上的物力最高人户,方可按照"空闲人户"比较差役。

程颐为程颢写的行状里面也指出:"先时民惮差役,役及则互相纠诉,

---

① 范仲淹:《范仲淹全集·范文正公集补编》之《奏议·奏减郡邑以平差役》,李勇先、王蓉贵点校,成都:四川大学出版社,2002年,第710页。
② 《淳熙三山志》卷13《版籍类四·州县役人》,第7889页。
③ 陈襄:《古灵集》卷6《乞均差衙前等第状》,宋集珍本丛刊,第8册,第780页。陈襄后人为纪念陈襄,曾将陈襄著作加以标点整理,惜错误较多。见《陈襄文化文集》,福建省纪念陈襄暨陈氏首届源流研讨会筹委会刊行,2000年,第42页。土田健次郎对《古灵集》版本有详细的介绍,见氏著:《道学之形成》,朱刚译,上海:上海古籍出版社,2010年,第71页。

乡邻遂为仇雠。先生尽知民产厚薄,第其先后,按籍而命之,无有辞者。"①
这是程颢在泽州晋城县任县令时的事情,王安石变法之后,改为征收役钱而免役。随着役钱征收方式的变化,百姓的矛盾焦点则转移至户等高下。免役法初行,以京畿为样板,其规定是:"乡户计产业若家赀之贫富,上户分甲乙五等,中户上中下三等,下户二等,坊郭十等,岁分夏秋随等输钱。乡户自四等,坊郭自六等以下,勿输。"②民户之间的矛盾,已经转变为互相攀比户等高下。③ 在北宋后期翻烧饼似的政局演变当中,役法也随之翻来覆去。但是民户之间的矛盾主线,却从来没有变化,那就是如何自己少担役,让他人多承担。发生矛盾的最终裁判者,均为县级官吏。

南宋以后,纠役依然如此,虽然表现形式不同,但所争仍同。乡村职役事务很多,在执行方式上非差即雇。而乡户作弊问题,仍与前此相同。绍兴三年,提举淮南东路茶盐公事郭揖指出:"差役之法,比年以来,吏缘为奸,并不依法。五家相比者为一小保,却以五上户为一小保。于法数内选一名充小保长,其余四上户尽挟在保丁内。若大保长阙,合于小保长内选差;保正副阙,合于大保长内选差。其上户挟在保丁内者,皆不著差役,却致差及下户。故当保正副一次,辄至破产。"④由此可见,避役之人早有准备。有作弊者,就有纠弊者。绍兴四年九月,在一件赦文中提到:"比年以来,乡司案吏于造簿攒丁、差大小保长之际,预行作弊,致争讼不已,使已役之人久不承替,破荡家产,深可矜恤。仰常平司常切觉察差役不均之弊,如有违犯,重行按劾。"⑤此可为郭揖所说作证,不作弊,已经纠役不止⑥,再加有作弊者,更是争讼不已。

再如行义役之时,追述义役之所形成原因,更对"纠役"有着淋漓尽致的展现。"今天下上无横敛,下无繁征,而民极困于保正长,则以保甲催科之故也。民不能堪,虽叔伯兄弟,相讼以避役久矣。叔伯兄弟,相讼以避

---

① 王孝鱼点校:《二程集·河南程氏遗书》附录之《明道先生行状》,北京:中华书局,2004 年,第 328 页。韩维所做墓志铭,全袭之。见《南阳集》卷 29《程伯纯墓志铭》,文渊阁《四库全书》本,第 1101 册,第 755 页。
② 《续资治通鉴长编》卷 227,熙宁四年十月壬子,第 5522 页。
③ 如东明县、酸枣县民诉户等升降不实,实为典型代表。见《续资治通鉴长编》卷 223,熙宁四年五月庚子,第 5426 页。
④ 《宋会要辑稿》食货 14 之 20,第 5048 页。
⑤ 《宋会要辑稿》食货 14 之 23,第 5049 页。
⑥ 黄繁光已经对此有很好的阐述,因为差役根据的是"鼠尾流水法",要差遍白脚,已差户才同意再次执役。由于很多白脚不具备承役能力,而已承担户又拒绝在未遍差的情况下再次承役的情况下,就会出现大量矛盾。可参见氏著《南宋中晚期的役法实况——以〈明公书判清明集〉为考察中心》,第 170 页。

役,非其愿相雠也,势使然也……吾都不过四五望族,凡庆吊问报之事,大抵相好,而又家务为学,人务省事,其俗甚厚。独时以役讼失欢,一旦会集,割租以行仁义,各以力厚薄,无勉强不得已之色。"①文天祥也说过:"义役之不行,而差役之纷纷何甚也。民无以相友助,相扶持。乙曰甲当役,甲推之乙,乙复曰甲,展转而听命于长民者之一语。时则其权在于官……时则其权在于吏……时则其权在于乡胥……时则其权在于奸民"②,可见相互推脱,已成常态。再如琴川:"豪民挟诈,滑吏舞文,寄名串籍,并缘为奸,一经代更,百计规免,事力雄者以役近告,岁月远者以产薄辞,谍诉纷然,互角已胜。甚而闺门不相爱,宗族不遑恤,况邻里乡党乎?"③

叶适也曾指出:"其计较物力推排先后,流水鼠尾,白脚歇替之差,乡胥高下其手,而民不惮出死力以争之。今天下之诉讼,其大而难决者,无甚于差役。"④这说明,无论是差役还是雇役甚至义役,民户之间都有一个先后承役的问题,没有人愿意首先应役,都想推迟应役。这是一个常态的现象,贯穿于役法的始终,是役事当中百姓间的最重大矛盾。汪应辰曾说:"契勘催科户长,最为难事。寻常人户当差役之际,不问当否,例须词诉。比及本州行下属县,往复取会,迂回留滞,州县人吏,得以贪缘卖弄,尤为百姓之害。"⑤袁说友曾长期执掌役法事务,他特意强调,"诉枉伸屈,外若可念而中实为奸者,莫如纠役是也"。纠役对民众生活实为大扰,他认为:"今当官者,往往知有差役之弊,而不知纠役者,其弊尤甚于差役。差役之不公,害固及于一家也。纠役之不当,其害岂止一家哉!盖甲役已满而当替,则乙合充役,而妄奸被纠者不一人。官司与之追呼,与之审证,犹未肯已也,又诉之诸司省部焉。凡妄纠一人,有经涉一二年而不能决者。故甲之当替,则不容其去。于是破家荡产,益重其祸。逃亡避免,都分无见役之人;乙之当役,则久而不充。于是被纠者或一二家或三四家,其扰卒未已也。然则纠役之弊,其曰甚于差役,信矣!"⑥正是在争执当中,权力得以展现出来。

《明公书判清明集》记载了南宋社会生活的方方面面,是第一手最切实际的资料。共收录了关于差役的17个案子。其中7个案子是平民之间的

---

① 陈傅良:《止斋集》卷40《义役规约序》,文渊阁《四库全书》本,第1150册,第816页。
② 文天祥:《文山先生全集集》卷13《吉水县永昌乡义役序》,宋集珍本丛刊,第88册,第689页。
③ 《琴川志》卷12《归政乡义役记》,宋元方志丛刊,第1266页。
④ 《叶适集》,北京:中华书局,2010年,第804页。
⑤ 汪应辰:《文定集》卷13《与邵提举书》,丛书集成新编,第63册,第630页。本书有简体横排标点本,由江西玉山县政协组织标点整理,上海:学林出版社,2009年,第141页。
⑥ 袁说友:《东塘集》卷9《纠役疏》,宋集珍本丛刊,第64册,第327页。

纠役问题,如果分别以纠役的主要发起人为案子代表,则有张世昌、张茂、刘益、赵八郡主、赵姓、石才、熊澜等案。这些案件,牵连极广,不少乡户被迫参与其中,造成了很多无谓的损耗。但是,从挑起纠役者的心理来说,纠一下总比不纠强,万一胜诉,则可多拖延若干时日。即使纠役不成,也要给周遭多造成些麻烦,以备下次差役时可以理论。张世昌纠役案,就直接牵连了8户进来。① 这一纠役持续了一年多。张世昌列举了四条理由,认为自己不当执役,这些理由包括:曾卖出田产与鲍通、阿蔡,虽然没有过割,但是已经有了合同;明现已经买到了蔡海、郑汝贤产业,虽然没有过割到名下;张世昌当过保长,收取过十三年的夏税;张世昌的产业里面有湖面,根据"芦场顷亩折半计数"的原则②,应当折半计算。拟判者范应铃认为,首要的原则是白脚为先。所以张世昌(36贯)、明现(24贯)、谢通(17贯)同为白脚,应该在比较后承役。而其他人已负担过差役,物力又未达到1倍以上,所以不当再次牵连进来。虽然明现主动要承担差役,其他人愿意陪送钱物给他,范应铃还是认为不合适。他逐项批驳了张世昌的各种理由,同时又要求乡司和役案当场举出应该负担差役的一人,两者都认为应该是张世昌。范应铃对吏人表示了严重的不信任之后,决定对张世昌杖一百,同时押赴着役。张世昌虽然纠役不成,且杖责一百,但已经拖延一年多,显然就是部分胜利。如果遇到的是其他不那么精明强干的地方官员,甚至有可能纠役成功。③

石才纠役王珍,又是另一种情况。④ 他认为自己属于义役,而根据义役里面所定的关约,产钱超过一贯才服役。而他有一部分土地已经卖出,卖出的土地应该豁免计算产钱,所以他产钱已经达不到一贯。不过署名"人境"的官员从交易内容、交易数额、交易时间等方面都看出了破绽,被纠役的王珍,又举报出土地交易的双方及代书、牙人都是亲戚关系。地方官员认为,契约签订是在嘉定九年五月,当年秋天应该除割产钱,但是一直拖延到嘉定十年,面临应役时才提出要推割。被指出这个问题之后,石才又认为自己是朱脚、王珍是白脚,所以理当由王珍先执役。"人境"认为,石才、王珍双方都是义役,只凭关约。只根据原先所定的名次来排队,而不是以产钱高下、朱脚白脚论。而且,就算石才卖地合情合理,那么他较一贯产

---

① 佚名:《明公书判清明集》卷3《比并白脚之高产者差役》,第73页。
② 《宋会要辑稿》食货6之4,第4881页。
③ 据本传,有人评价范应铃:"应铃经术似儿宽,决狱似隽不疑,治民似龚遂,风采似范滂,理财似刘晏,而正大过之",见《宋史》卷410《范应铃传》,第12347页。
④ 佚名:《明公书判清明集》卷3《走弄产钱之弊》,第80页。

钱的标准,也就仅低十文多,还是应该由他执役。上案是白脚问题,此案则是双方为义役人的问题。

总之,在纠役过程中,乡村的权力得以运行起来发挥作用。村民之间互相推,原子化的乡村,很难形成自治力量,基本都是依靠官府力量做出最后裁决。当然,可能有很大的部分,问题已经解决,而没能留存下来历史记载。但是从官员的判词,当时人的记录来看,更多的人倾向于认为,乡村社会的纠纷非常麻烦,只有依赖于政府官员。这意味着正是在纠役当中,权力得以显性运行起来。

三、生存和秩序:权力序列

从"纠役"所展现出来的乡村社会权力运作过程来看,县官对于县以下乡村社会的关注点,不外乎稳定和赋役两个主要内容。完成额定的赋役并保证县衙的经费,同时不引起乡民的直接反抗,就是最大成功。而从乡民的角度来看,每减少一分赋役的数量,都是关乎生存的重大事项,在不进行武装反抗的前提下,少缴赋役,是最大的生存选择。也就是说,在县以下的乡村社会当中,以县官为代表的国家和乡民之间,是一个生存和秩序的问题。以县官为代表的国家权力从乡村汲取了越多赋役,乡民也就要损失掉同样多的财富(无论是粮食、现金或者人力)。因此,处于矛盾的双方总要进行公开或者隐性的博弈。长期以来,学术界一般高度关注于朝廷对乡村社会的掠夺,这无疑是非常有必要加以深入探讨的。但是在面对掠夺的时候,乡村社会中个体抵抗策略是不一致的。或者说,乡民之间也是有矛盾存在。乡民基本无意或者不能拒绝赋役,但是尽量把赋役转嫁到其他人身上是最佳的选择。而县官要尽量保证乡村社会的稳定同时要最大程度完成赋役任务,需要建立一个管制的秩序,但管制有成本也需要规则。对于县官来说,只要有人承担成本即可,但由何人承担管制成本并不重要。对于乡民来说,由其他人承担建立秩序所需的成本并在规则允许情况下最大程度利用规则是最优的选择。围绕着所付出的"成本"和规则,在由县官所代表的国家权力主导下,在乡村社会中村民中形成了不同类型的多种权力序列。以官府的主导序列为主,其他序列缠绕其中,形成了一个复杂而且相互影响的序列体系,这是以权力为中心的生存和秩序结构状态。生存要依靠权力,秩序也要依靠权力。所有的所谓自发秩序,都要面对强大的国家权力。当然自发秩序在强大的国家面前,在帝制体系下,没有监督的可能性,所以最终或倒向国家或由于失信而自然消亡。不过乡村社会内部权力序列还是在逐渐滋生,国家也因应情势,允许一部分自治力量作为辅助,特别是在江南地区。但是这种自治力量,仍不会形成自发的管理秩序。

乡村社会的主要权力,是围绕着官府权力打转的,或者说是严重依附于国家权力之下。熙宁时期,杨绘在奏章中举出了一个酸枣县的例子:

> 乡村第一等,元申一百三十户,今司农寺抛降,却要二百四户,即是升起七十四户;第二等元申二百六十户,今司农寺却抛降三百六户,乃是升起四十六户;第三等元申三百三十九户,今司农寺却抛降四百五十九户,乃是升起一百二十户。臣窃谓凡等第升降,盖视人户家活高下,须凭本县,本县须凭户长、里正,户长、里正须凭邻里,自下而上,乃得其实。今来却自司农寺预先画下数目,令本县依数定簿。①

一般的常理,正如其中所说,应该是邻里、里正、本县、朝廷这样的一个顺序来逐级申报核实。但是现在直接由司农寺划定乡村的农户等级数量和比例,这说明了国家权力直接影响到了乡村。当然作为朝廷负责部门,虽然直接把目标划定到了乡村社会,它只需提出额度即可。但是具体到乡民中间,则人人利害攸关。第四等以下户,原来不需要承担更多的赋役数量。但是司农寺直接规定了前三等户的定额,意味着每个等级都有大量的户要被提升户等。原来在乡村中的第四等户为数甚多,到底具体何户成为第三等户,就是一个重大的博弈过程。再如司农寺所要求升到第一等的有74户,而原第二等的有260户,那么意味着原二等户当中28%的户要升为一等。同时杨绘所说是静态增加,如果考虑到动态过程,增加的数额还要更多。原一等户有130户,提升到204户的额度,职能从二等户当中提升,那么二等户减去74户是186户,从二等升级后仍有186户的基础上,又要达到二等新标准的306户,则原有三等户(339户)中要有120户升为二等。如此则三等户当中只剩219户,要达到新定额的459户,则原四等户有240户要升级为三等户。可以想见,没有人乐意升级户等,这个过程中,就是乡民之间的纠纷过程。而胥吏、里正作为熟悉乡里情况的基层执行者,他们的意见很明显对于外来的县官是具有决定性意义,对乡村社会、对乡民矛盾真正的决定权转移到了胥吏和里正手中。

---

① 杨绘:《上神宗论助役》,赵汝愚编:《宋代名臣奏议》卷116,北京大学中国中古史研究中心校点整理,上海:上海古籍出版社,1999年,第1262页。

又如,绍兴时期,因为战争所需马草的征发,王之道曾经很简明的概况了从朝廷到乡村社会的权力路径:

> 最为扰民者马草一事,宣抚司行下安抚司,安抚司行下诸州,州行下县,县行下保正长。文移联函,继踵催督起发,而不言其受纳去处。州县既已责办保正长,更不肯为申明。保正长迫于程限,且畏军法。正当获稻艺麦之际,尽起保内丁壮,人负草四束,自朝至暮,彷徨道涂。东西南北,莫知所向,如是者几一月。后来寇退,既就庐州置场受纳。而其受纳官吏,务在请赇,竞为阻节。斯民既苦一月,无处交纳,幸有其交纳处,不复计较所费。由是每草一束,会计水运亦不下四百金。其负担者,往往至七倍,深可怜悯。乞欲朝廷明降指挥,自今民间所科马草,除情愿般赴军前交纳人户外,余听束纳钱二百文省。①

由朝廷下发的要求,到了保正长处就要开始执行。而乡村社会是毫无反抗能力,甚至对不合理的要求都无法做出任何一点抵抗。保正长和保内丁壮,收获之时,抛家舍业,在外月余,就是因为莫名其妙的指令。乡村社会对于来自朝廷和县官的压迫,几乎毫无反抗的能力。在收取征草的过程中,胥吏从中谋私是十分常见的,官府权力在胥吏的执行中几乎变成没有任何约束的权力。它有行使的权力,而乡村百姓无法反抗只有服从的义务。

胡宏也表示过:"自都甸至于州,自州至于县,自县至于都保,自都保至于主户,自主户至于客户,递相听从,以供王事,不可一日废也。"②可见与前述是同一逻辑,从朝廷到最基层的主客户,都在同一链条当中。在同一个"权力序列"当中发挥作用。而且这最主要的权力序列,也必须通过形成一个完善的链条,才能形成一个序列并发挥作用。黄榦说:"监司行下州郡,州郡行下县道,县道行下保正,保正敷之大小保长,大小保长抑勒百姓。既责以出草出木,又责以出钱湫结,又责以水脚般运。一丁之夫,一叶之舟,不得免也。为淮之民,何其重不幸也。"③朝廷到县的管理路径,姑且不论。县以下,直接指挥到保正,然后到大小保长。但保正的系统,更多是偏于一种治安系统。在操作中,更多是因为这种治安系统成条理,有可供支

---

① 王之道:《相山集》卷 21《预置大军马草劄子》,宋集珍本丛刊,第 40 册,第 479 页。
② 胡宏:《五峰集》卷 2《与刘信叔书五首》,文渊阁《四库全书》本,第 1137 册,第 128 页。
③ 黄榦:《勉斋集》卷 25《安庆府拟奏便民五事》,文渊阁《四库全书》本,第 1168 册,第 269 页。

配的基层壮丁。朝廷的正式命令或者正式公文的运转,到县就基本结束了。县以下的运作,官府虽然操控不断,但是在正式制度上,可以把保正等看做非政府系统的组成。这种方式的好处,是官府而不用承担正式官府所应该有的行政道德也就没有束缚。胥吏成为乡村权力行使的关键,州县官员对于胥吏的防范,说明它是乡村社会的重要力量。越发严密的要监控胥吏,意味着它已经在乡村社会里面成为重要的力量,而且不可替代。从《清明集》中所展现的地方官员的选择来看看,他们宁可自己形成一套数据,按此数据征税。而不是派遣胥吏下乡。

在主导性的权力序列之下,还有隐蔽的权力序列。权力不仅仅是统治性的权力,也包括微妙的人际关系权力、身份性的威慑软权力。乡村社会的两个关键,一个是生存,一个是秩序。不仅官府要保证基层的秩序,民间自发也要建立秩序,这种秩序未必是有规则的,但是确实是乡村社会当中所遵循的。在官府管制不到或者不屑于管制的地方,留给了乡民,也就留给了宗教、宗族、礼俗等等。如《明公书判清明集》中记载:

> 赵桂等抵负国税,今追到官,本合便行勘断,惩一戒百。当职又念尔等既为上户,平日在家,为奴仆之所敬畏,乡曲之所仰望,若一旦遭挞,市曹械系,则自今已后,奴仆皆得侮慢之,乡曲皆得欺虐之,终身抬头不起矣。当职于百姓身上,每事务从宽厚,不欲因此事遽生忿嫉之心,各人且免勘断。但保正、户长前后为催税尔等税钱不到,不知是受了几多荆杖,陪了几多钱财,若尔等今日只恁清脱而去,略不伤及毫毛,则非惟奸民得计,国赋益亏,而保正、户长亦不得吐气矣。案具各乡欠户姓名,锢身赵桂等以次人,承引下乡,逐户催追,立为三限,每限十日。其各人正身并寄收厢房,候催足日方与收纳本户税。如违不到,照户长例讯决。一则可以少纾户长之劳,一则可以薄为顽户之戒。①

此案中可见,户长、保正在一些地方,很难掌控乡间上户。他们可以做到"数年不纳",而前任地方官员又无可奈何,胡石壁显然也做不到"械系",而这明显是他的权限。最大的惩罚,就是把这些欠税者本人软禁起来,由其派人下乡逐户催税。这些地方官员难以惩罚的村民,应该就是所谓"豪横"。赵桂此类人物,如果没有强有力又不乐于与其勾结的地方官员,则已

---

① 《明公书判清明集》卷3《顽户抵负税赋》,第67页。

然在当地建立了自己的秩序和规则。与豪横同时,在乡村社会当中,村民为了争取利益,采用了各种手段加以规避。如淳熙时,据基层官员观察:

> 夫差役以都而不以乡,此前人成法也。何法行既久,人伪滋起,于是有徙都之弊。谓如一乡有三都,其第一、第二都富者多而贫者少,则所差之役当及富者,而贫者得以安乐。若第三都,贫者多富者少,则富者虑役及已,巧生计较,预图迁徙于邻都以避,谓富者颇多,迭相循环,而充役之时少也。是以富少贫多之都,每遇点差,殊乏其人,才及数千之产,亦使之充役。①

由于乡村社会中的役次排定,是在一都之内轮流,且只在富户当中轮流。如果某都富户较多,则轮流到的频率降低不少。如果贫户居多,那么富户当然不乐居此,更乐于迁居到富者较多的都。而役额早已固定,贫户之都亦必须出人,所以贫户也不得不填补富户迁走之后的空白。官员的对策,就是尽量不允许迁移,而且将差役平衡的区域扩大到乡级。如果迁移,但是应该在原来都保执役。此可见,乡村社会的百姓并不是全然被动的等待,而是采取各种办法规避政策。而能规避政策的,肯定不是贫民下户,而是在乡村当中既有财富又具有一定身份地位的村民,这是另外一种隐性的权力序列。又如义役,本身就是形成乡村社会内部稳定秩序的努力。但是在乡民博弈当中,最终又依附回到了官府管控。义役的最终裁判者,都是官府,这也就决定了最终都要败坏掉的命运。如处州:

> 臣巡历到处州,窃见本州,昨奉圣旨,依布衣杨杸所请,结立义役。此见陛下爱民之切,虽草茅之言,苟有便于民者,无不采纳施行,天下幸甚。然本州目今奉行,却有未尽善者。如令上户官户寺观出田,以充义田。此诚善矣,而本州却令下户只有田一二亩者,亦皆出田,或令出钱买田入官。而上户田多之人,却计会减缩,所出殊少。其下户,今既或被科出田,将来却无充役,无缘复收此田之租,乃是困贫民,以资上户,此一未尽善也。如逐都各立役首,管收田租,排定役次,此其出纳先后之间,亦未免却有不公之弊。将来难施刑罚,转添词诉,此二未尽善也。又如逐都所排役次,今日已是多有不公,而况三五年后,贫者

---

① 朱熹:《晦庵集》卷21《论差役利害状》,《朱子全书》本,上海:上海古籍出版社、合肥:安徽教育出版社,2002年,第21册,第954页。

或富,富者或贫,临事不免,却致争讼,此三未尽善也。所排役次,以上户轮充都副保正,中下户轮充夏秋户长。上户安逸,而下户赔费,此四未尽善也。凡此四事,是其大概目下词诉纷然,何况其间更有隐微曲折,未可猝见。若不兼采众论,熟加考究,窃恐将来弊病百出,词诉愈多。改之则枉费前功,不改则反贻后患。将使义役之名,重为异议者所笑,无复可行之日,诚有未便。臣昨见绍兴府山阴县,见行义役,只是本县劝谕人户,各出义田,均给保正户长。各有亩数,具载砧基。其保正户长,依旧只从本县定差,更不别置役首,亦不先排役次。而其当役之户,既有义田可收,自然乐于充应,不至甚相纠讦。但其割田未广,去处未免尚仍旧弊。若更葺理增置,便无此患。窃谓其法,虽似阔疏,然却简直易明,无他弊病。又且不须冲改见行条法,委实利便。故尝取其印本砧基行下州县。然以未经奏请,尽降指挥,州县往往未肯奉行。臣愚欲望圣慈详酌,行下处州,止令合当应役人户,及官户寺观均出义田。罢去役首,免排役次,止用山阴县法,官差保正副长,轮收义田。仍令上户兼充户长,俟处州行之有绪,却令诸州体仿施行,庶几一变义风,永息争竞。[①]

其中所提到的办法,未必高明。但是所展现的村民关系,十分确实。在乡村社会当中,役首依靠着官府权力,在乡村社会中占据了较高的权力地位。而且按其所云,每一个弊端都会带来大量的"争讼",那也就意味着乡村社会的村民并不是一味服从者。在所有的环节上,都会给乡村管理者乃至官府带来极大的麻烦。"而顽民得以援引条法,把持论诉,监司难以移文行下,冲改成法,大率归于豪猾得志,贫弱受弊。"[②]所以在乡村社会的权力序列里面,官府一方面占据了最大的优势地位,另一方面也不得不面对民众的各类反抗。同时,民众内部也不是同一面貌,在面对共同的"朝廷"时,呈现了不同的面貌。每个个体都试图寻找利益的最大化,同时又不能突破冒犯和非公开反抗的底线。当然,在役事过程中所展现的权力序列是乡村权力结构当中最重要的一方面,与此同时,在乡村社会的其他方面(宗族、宗教、民间信仰等等)也展示出了权力序列的运作过程,此不赘述。

总之,宋代乡村社会最重大的社会矛盾来自役事的纠纷,这种纠纷几乎贯穿了两宋始终。既显示为村民与朝廷,村民与胥吏,更显示为村民与

---

① 朱熹:《晦庵集》卷18《奏义役利害状》,《朱子全书》本,第20册,第824页。
② 朱熹:《晦庵集》卷21《论差役利害状》,《朱子全书》本,第21册,第953页。

村民之间的矛盾过程。这是为了生存而展开的博弈,在博弈当中展现了各种"权力"的运作过程。其中有正规的显性的权力序列运作,也有非正规非显性的权力序列运作。这既呈现了宋代乡村社会生活的多面相,更为思考宋代乡村社会内部关系提供了新的讨论基础。

虚实之间:宋儒对礼之名实的探索

王志跃

欧阳修曰:"由三代而上,治出于一,而礼乐达于天下;由三代而下,治出于二,而礼乐为虚名。"①欧氏之论在宋代曾得到高度评价,大儒朱熹即曾引用该段文字,并认为其为"古今不易之至论"②。时至明代,礼部尚书丘濬也对欧阳修这段话极为推许,认为"修为此言,可谓尽古今礼乐之事"③。及至近代,仍有不少学者对之笃信不疑,如陈寅恪先生在《隋唐制度渊源略论稿》开篇即引用欧氏此论,并认为"欧阳永叔谓之为空名,诚是也"④。时贤也有引用欧氏之言,对欧氏说法表示赞同。⑤ 然而礼乐是否为虚名,此事关系非轻,因为礼在中国古代可谓是国家的大纲大法,其具有"经国家,定社稷,序民人"⑥之功效,故对此问题进行厘清极为必要。以下笔者将主要结合宋代诸儒对礼之名实的探索⑦,试对上述问题作答,抛砖引玉,尚祈方家批评、指正。

---

① 欧阳修、宋祁:《新唐书》卷11《礼乐志一》,北京:中华书局,1975年,第307页。
② 朱熹:《朱熹集》卷70《读唐志》,成都:四川教育出版社,1996年,第3653页。
③ 丘濬:《大学衍义补》卷37,文渊阁《四库全书》本,第712册,第465页。
④ 陈寅恪:《隋唐制度渊源略论稿》,北京:生活·读书·新知三联书店,2001年,第7页。
⑤ 详参阎步克《士大夫政治演生史稿》,北京:北京大学出版社,1996年,第84页;彭林《从正史所见礼乐志看儒家礼乐思想的边缘化》,载浙江大学古籍所编《礼学与中国传统文化》,北京:中华书局,2006年,第338~348页。
⑥ 李梦生:《左传译注》,上海:上海古籍出版社,2004年,第43页。
⑦ 吴丽娱《"礼与中国古代社会"成果介绍》中曾说:"我们的研究将证明,礼在古代社会中并非只是徒具虚名,而是有着巨大的社会功用。"汤勤福、范立舟主编:《中国礼制变迁及其现代价值》(东南卷),上海:上海三联书店,2014年。不过,吴丽娱之论是就整个古代社会来作断的,而对宋代如何论说,因尚未见相关成果发表,故不具论。但其勇于对礼为虚名之论进行否定,是值得肯定的。

一、徒具形式:礼为虚名

礼为虚名,究系何指?"三代而下"[①]一语早已有人着意,孔子曾说:"礼云礼云,玉帛云乎哉!乐云乐云,钟鼓云乎哉!"[②]即孔子认为礼并非玉帛或钟鼓这些细枝末节的东西,而更为重要的是了解浸润在玉帛钟鼓之中的礼义。《左传》也记载道:

> 公如晋,自郊劳至于赠贿,无失礼。晋侯谓女叔齐曰:"鲁侯不亦善于礼乎?"对曰:"鲁侯焉知礼?"公曰:"何为?自郊劳至于赠贿,礼无违者,何故不知?"对曰:"是仪也,不可谓礼。礼所以守其国,行其政令,无失其民者也。"[③]

上述文字清楚地表明,女叔齐认为仅仅按部就班地演示礼节,是"仪"而不是"礼"。可见,礼并非仅指"虚浮"在礼器或礼节表面上的东西,而是具有更为重要与更为深刻的内涵——内在的礼义精神。欧阳修所言"礼乐为虚名"[④]在当时提出确实别具意蕴:

> 及三代已亡,遭秦变古,后之有天下者,自天子百官名号位序、国家制度、官车服器一切用秦,其间虽有欲治之主,思所改作,不能超然远复三代之上,而牵其时俗,稍即以损益,大抵安于苟简而已。其朝夕从事,则以簿书、狱讼、兵食为急,曰:"此为政也,所以治民。"至于三代礼乐,具其名物而藏于有司,时出而用之郊庙、朝廷,曰:"此为礼也,所以教民。"此所谓治出于二,而礼乐为虚名。[⑤]

不难发现,欧阳修所谓"礼乐为虚名"有数层含义:一是指三代之后礼鲜所施行,仅是"藏于有司,时出而用之郊庙、朝廷"的一种"工具",无法发挥礼

---

① 欧阳修所论三代,当为夏、商与西周,因春秋、战国时已呈礼崩乐坏之势,故不符合"治出于一"的标准。
② 金良年:《论语译注》,上海:上海古籍出版社,2004年,第212页。
③ 《左传译注》,第969页。
④ 乐是礼的一部分,因此,礼乐可简称"礼"。
⑤ 《新唐书》卷11《礼乐志一》,第307页。

乐在国家治理中的功效;二是政刑、礼乐并用①,政刑实而礼乐虚。即秦朝之后"自天子百官名号位序、国家制度、宫车服器一切用秦",此为沿袭秦朝专制政刑之具,而搁置先秦礼乐精神。三是礼乐损益牵于时俗,安于苟简,而朝廷重"簿书、狱讼、兵食"而轻礼乐施行。事实上,通观该段文字可知,欧阳修以史为鉴,通过三代以上与三代而下礼乐地位的变化,批判后世君王重形式而轻礼义的做法,暗喻宋代帝王亦是如此,用以曲折表达其欲复三代之治的政治理想。② 明代礼家丘濬也认为,欧氏之论为后世欲复三代理想政治的君臣树立了准则。③ 事实上,略晚于欧阳修的苏轼曾言"古者以亲郊为常理,故无繁文,今世以亲郊为大礼,则繁文有不能省也。若帷城幔屋,盛夏则有风雨之虞,陛下自宫入庙出郊,冠通天,乘大辂,日中而舍,百官卫兵暴露于道,铠甲具装,人马喘汗,皆非夏至所能堪也。王者,父事天,母事地,不可偏也。事天则备,事地则简,是于父母有隆杀也,岂得以为繁文末节而一切欲省去乎"④,也表明苏氏认为繁文缛节的必要性,其重形式而忽视礼义的倾向一目了然。若进一步分析,正史礼乐志所载概为官方礼,而官方礼有专门礼官负责,尽管实施这些繁琐的礼仪形式对礼官而言应不是问题,况且礼仪不繁琐似乎也不足以显示帝王显贵们所行用的礼仪的隆重与威严⑤,但其重形式轻内容的倾向显而易见。

如上所述,欧阳修"礼乐为虚名"的看法主要是就春秋战国至唐这一时期而言,指的是政刑与礼乐分离,重视礼乐的外在形式而忽视其内在的礼义实质,本末倒置,不可为据,从而达到规劝宋代帝王践履礼义精神的目的。核诸史籍,不少宋儒也有类似看法,认为宋朝礼乐制度在某种状况下

---

① 赵克生认为:"所谓'治出于一'指的就是一于'礼治',治出于二就是'法主礼辅'。"参见氏著《明朝嘉靖时期国家祭礼改制》,北京:社会科学文献出版社,2006年,第90页。但宋儒常礼、乐、政、刑四者并举,如王安石曰:"故昔圣人之在上以以万物为已任者,必制四术焉。四术者,礼、乐、刑、政是也。"参见王安石《临川文集》卷68《老子》,文渊阁《四库全书》本,第1105册,第562页。又,《李觏集》载:"尝闻之,礼、乐、刑、政,天下之大法也。"参见李觏《李觏集》卷2《礼论第一》,北京:中华书局,1981年,第5页。而礼乐实为一,刑隶属于政,故笔者认为"治出于二"是指"政、礼",而非"法、礼"。
② 王启发认为宋代士大夫欧阳修等均具有兴复三代之治的理想,参见王启发《在经典与政治之间——王安石变法对〈周礼〉的具体实践》,《湖南大学学报》2007年第2期,第12页。
③ 《大学衍义补》卷37,第465页。
④ 苏轼:《东坡全集》卷63《上圆丘合祭六议札子》,文渊阁《四库全书》本,第1108册,第57页。
⑤ 任爽亦认为"繁文缛节并非无用之事。实际上,唐人在嘉礼中添加的细枝末节,恰恰烘托出唐代嘉礼的主要特征与基本功能,即依据现实社会与政治的需要,强调专制君主的无上权威及官僚集团的优越地位",《唐代礼制研究》,长春:东北师范大学出版社,1999年,第104~105页。

已沦为"虚名"。

第一,社会动荡。刘敞强调礼"用于未乱,而不用于已乱"①,是防患于未然的社会道德规范,而不是戡乱削叛的军国大计。在一些宋儒看来,社会动荡、局势混乱之时,通常也是礼义严重缺失的时期。司马光对动荡的五代社会有如此评价:"陵夷至于五代,天下荡然,莫知礼义为何物矣"②,便是对社会动荡与礼义缺失两者关系的高度概括。

第二,礼文繁琐。礼文繁琐会使礼乐名存实亡,朱熹曾不胜感叹地说道:"礼之所以亡,正以其太繁而难行耳。"③徽宗时期制订了非常繁密的《政和五礼新仪》,然在推行中,即因"有言其烦扰者,遂罢之"④,可见繁密的礼文阻碍了礼乐制度的实施。礼家刘敞也认为礼仪繁琐易使礼虚名化,如对于官员让礼,其言:"臣伏见故事:诸让官者,或一让,或再让,或三让,皆有品秩。非不欲人人让也,让之迹近名,近名则容伪;而为礼者恶烦,烦近于亵,故设中制有所止之也"⑤,可见,礼仪繁琐不仅使礼难以推行,而且容易使礼流于形式。

第三,礼实不符。在宋代,政府颁布了礼文,但相关部门或人员并未严格执行,导致礼不符实。范仲淹曾对某些郡县礼实不符情况有过论述,他认为"国有职制,禁民越礼",然事实上却"颁行已久,莫能举按"⑥,范氏对此极为不满。不仅地方礼如此,朝廷中央一些机构或官员、乃至皇帝常因诸种原因而有懈怠之态,司马光曾指出:"近以山陵未毕,乘舆不御垂拱将近旬月,学士以下遂废起居之礼。"⑦此处"废起居之礼"乃因皇帝因丧未临朝所致。

第四,因财乱礼。这是指由于财产多寡而导致不遵循礼制的现象。大致说来有三种情形:一是财富匮乏,礼教难行。李觏即言:"食不足,心不常,虽有礼义,民不可得而教也。尧、舜复起,末如之何矣。"⑧二是以奢为礼。《云庄集》载"闾阎之人绮襦玉食,竞为侈靡,嫁娶丧葬,率踰礼制。力有不足,则疾视其胜已者"⑨,反映了当时的人们在施行礼制时以奢为荣,

---

① 刘敞:《公是弟子记》卷2,文渊阁《四库全书》本,第698册,第454页。
② 司马光:《传家集》卷24《上谨习疏》,文渊阁《四库全书》本,第1094册,第247页。
③ 黎靖德:《朱子语类》卷84,北京:中华书局,1986年,第2178页。
④ (元)脱脱:《宋史》卷98《礼志一》,北京:中华书局,1977年,第2423页。
⑤ 刘敞:《公是集》卷33《论让官疏》,文渊阁《四库全书》本,第1095册,第686页。
⑥ 范仲淹:《范仲淹全集》卷8《上执政书》,成都:四川大学出版社,2002年,第24页。
⑦ 《传家集》卷28《论后殿起居札子》,文渊阁《四库全书》本,第1094册,第280页。
⑧ 《李觏集》卷19《平土书》,第183页。
⑨ 曾协:《云庄集》卷4《辛巳上时相书》,文渊阁《四库全书》本,第1140册,第277页。

这种以奢为荣必然会导致逾制行礼。三是惜财废礼。如庆历年间,荆王元俨薨,执行机构便以财用不足而未进行安葬。范仲淹遂主张裁减葬礼仪以削减开支,尽管荆王获得及时安葬,但与礼不符却是明显事实。① 显然,无论是财富多寡,宋代都有不遵循礼制的情况。

第五,错误认识。表现有五:其一,礼为饰物。扬子曰:"礼,服也"②,即认为礼好比服饰,可以饰身,而施之于国家,则可以粉饰太平。宋儒就有此想法,欧阳修曾说:"大宋之兴,于今八十年,天下无事,方修礼乐、崇儒术以文太平之功"③。礼为饰物的观念,实际上是将礼看作政治的附庸,其结果往往会使礼形式化。其二,礼不关己。王安石曾指出当时"学者亦漠然自以礼、乐、刑、政为有司之事,而非己所当知也"④,便反映了此种情况。其三,求全责备。即皇帝希望官员样样皆行:"以文学进者且使之治财,已使之治财矣,又转而使之典狱,已使之典狱矣,又转而使之治礼。是则一人之身,而责之以百官之所能备,宜其人才之难为也。夫责人以其所难为,则人之能为者少矣。人之能为者少,则相率而不为,故使之典礼,未尝以不知礼为忧,以今之典礼者未尝学礼故也"⑤。其四,以为迂阔。宋代士大夫有此弊病:"至于大伦大法、礼义之际,先王之所力学而守者,盖不及也。一有及此,则群聚而笑之,以为迂阔。"⑥这难免会使一些人迫于压力而怯于行礼。其五,虚于应付。如关于魏王之葬,苏轼曰:"不可以权宜郊殡,便同已葬也"⑦,从侧面反映了现实中存在以权宜郊殡为已葬的现象。

综上,宋儒认为"礼乐为虚名"除了社会动荡的大环境使然外,还有以下因素:一是礼制本身问题,即礼文繁琐不便实施,二是礼在实施中未得到严格执行,三是物资条件无论缺乏还是充裕,如果不能正确利用,都会使礼成为虚名,四是礼为饰物、礼不关己等主观错误认识。因此,要想改变宋代礼为虚名的状况,还需对礼制本身、相关机构及自身认识等各个方面全面改进。

---

① 详参《范仲淹全集》,第567页。
② 杨雄著,司马光集注:《扬子法言》卷2,文渊阁《四库全书》本,第696册,第286页。
③ 欧阳修、周必大:《文忠集》卷39《襄州穀城县夫子庙记》,文渊阁《四库全书》本,第1102册,第309页。
④ 《临川文集》卷39《上仁宗皇帝言事书》,第285页。
⑤ 《临川文集》卷39《上仁宗皇帝言事书》,第290页。
⑥ 《临川文集》卷39《上仁宗皇帝言事书》,第293页。
⑦ 《东坡全集》卷55《论魏王在殡乞罢秋燕札子》,文渊阁《四库全书》本,第1107册,第767页。

二、维系天下：礼之实用

尽管欧阳修"礼乐为虚名"获得一些宋儒的赞同，但实际上，也有不少宋儒不以为然，认为三代以下之礼未必即为虚名。在一些宋儒看来，礼乐不但"非虚名"，而且是经国安邦之道。如石介即说《周礼》、《春秋》为万世之大典，"执二大典以兴尧、舜、三代之治，如运诸掌"①，张载则认为"除了礼天下更无道矣"②，司马光在总结五代衰亡之弊后亦曰："天下荡然，莫知礼义为何物矣，是以世祚不永"③。可见，一批宋儒强调礼之实用、实效，将礼作为治国安天下之重要工具。这种观点也影响到后代，如《明史》撰者就对欧氏之论表示了质疑："要其用之郊庙朝廷，下至闾里州党者，未尝无可观也。惟能修明讲贯，以实意行乎其间，则格上下、感鬼神，教化之成即在是矣。安见后世之礼，必不可上追三代哉？"④

那么，宋儒对礼之作用有哪些阐发？以下我们分而论之。

首先，礼能稳定社会秩序。礼既是经邦治国之大法，又是社会的道德规范，因此，礼有利于保持社会正常有序地运转。苏轼即言："君子以礼治天下之分，使尊者习为尊，卑者安为卑，则夫民之慢上者，非所忧也。"⑤李觏认为"以阳礼教让，则民不争，阳礼谓乡射、饮酒之礼也"⑥，也就是说乡饮酒、射礼可以培养人们的谦让美德。程颐则从学理层面进行了论述，认为"礼教未立，则人心不服而俗乱，国何以安乎"⑦，强调了礼对于维持社会秩序的重要性。

其次，礼可以抵制佛教。佛教在宋代已经泛滥于整个社会，影响甚大，以至清人全祖望说道："两宋诸儒，门庭径路，半出入于佛老。"⑧然而，以儒治国乃是宋朝的立国之本。面对佛教泛滥，宋儒奋起反击者也有之。如欧阳修就对佛教进行过大力抨击与抵制，其曰："佛法为中国患千余岁，世之卓然不惑而有力者，莫不欲去之。已尝去矣，而复大集，攻之暂破而愈坚，

---

① 石介：《徂徕石先生文集》卷7《二大典》，北京：中华书局，1984年，第77页。
② 张载：《张载集》卷5《礼乐》，北京：中华书局，1978年，第264页。
③ 《传家集》卷24《上谨习疏》，第247页。
④ 张廷玉：《明史》卷47《礼志一》，北京：中华书局，1974年，第1223页。
⑤ 《东坡全集》卷40《礼义信足以成德论》，文渊阁《四库全书》本，第1107册，第556页。
⑥ 《李觏集》卷13《教道第三》，第113页。
⑦ 程颢、程颐：《二程集》，北京：中华书局，1981年，第1060页。
⑧ 全祖望：《鲒埼亭集》外编卷31《题真西山集》，《续修四库全书》本，第1430册，第56页。

扑之未灭而愈炽,遂至于无可奈何。是果不可去邪? 盖亦未知其方也……然则礼义者,胜佛之本也。今一介之士,知礼义者尚能不为之屈,使天下皆知礼义,则胜之矣"①,礼家李觏亦认为"礼职于儒,儒微而礼不宗,故释老夺之……儒之强则礼可复,虽释老其若我何"②。可见,欧阳修认为礼是抵制佛教的最好武器,有了礼,人们心中即有所守而无暇顾及佛法。其实,尽管宋儒好佛,然他们确实也有大量反佛言论,这是众所周知之事,无须多加赘言。

再次,礼作为科考内容,可搜罗治国安邦人才。王安石认为"今之进士,古之文吏也",而古所谓文吏者,必也"习礼法",因此他主张以经取士,强调"礼乐之损益,何宜"、"礼器之制度,何尚"③,然后据其水准作为升黜根据。司马光反对以文取士,认为"就使自作诗得如曹、刘、沈、宋,其于立身、治民有何所用"④,因此,建议将《周礼》、《仪礼》等经世之籍列为科举考试内容⑤,以便选取人才。

再次,礼有助于修身养性,造就人之圣贤气质。缘情而制礼,是历代儒家所倡导;造就圣贤气质,是历代儒家所追求,因此,常人之气质之性亦"须礼以变化之"⑥。王安石曰:"夫动、言、视、听苟有不合于礼者,则不足以为大贤人"⑦,李觏则说:"贤人者,学礼而后能者也。圣人率其仁、义、智、信之性,会而为礼,礼成而后仁、义、智、信可见矣。仁、义、智、信者,圣人之性也。"⑧甚至张载还认为礼涵养心性,可以迅速提升个人素质,"进人之速无如礼学"⑨,因此反复强调礼是"变化气质之道"⑩。由此,张载还主张自幼教以礼,说"又古人于提孩时已教之礼,今世学不讲,男女从幼便骄惰坏了,到长益凶狠,只为未尝为子弟之事,则于其亲己有物我,不肯屈下"⑪,强调自幼施以礼教的重要性。可见,一些宋儒认为:如果认真习礼,能够提高自己的道德修养,乃至达到圣贤的地步,这无疑对儒家知识分子有着极大的诱惑,同时也会促使他们更加积极地践行礼制。

---

① 《文忠集》卷17《本论中》,第136、138页。
② 《李觏集》卷22《孝原》,第246页。
③ 《临川文集》卷69《取材》,第572页。
④ 《传家集》卷42《再乞资荫人试经义札子》,第392页。
⑤ 详参《传家集》卷30《贡院定夺科场不用诗赋状》,第296~297页。
⑥ 《李觏集》卷28《与胡先生书》,第318页。
⑦ 《临川文集》卷64《三圣人》,第519页。
⑧ 《李觏集》卷2《礼论第四》,第11页。
⑨ 《张载集》卷5《礼乐》,第265页。
⑩ 《张载集》附录,第383页。
⑪ 《张载集》卷6《义理》,第280~281页。

除礼具有上述诸方面的作用外,宋儒认为礼还有其他一些作用。例如认为礼有助于纳贤。欧阳修曾声称:"惟陛下能以非常之礼待人,人臣亦将以非常之效报国"①,认为帝王以礼待臣下,那么大臣便会尽力报效国家,所谓"上之礼其下者厚,故下之自守者重,上非厚礼不能以得士,士非自重不能以见礼于上"②,强调君臣之间通过礼之运用可以形成良好的互动。又如宋儒认为礼有助于外交,强调合理的运用礼仪,可使自身在外交中处于优势地位。如苏轼通判杭州时,高丽"使者发币于官吏,书称甲子。公却之曰:'高丽于本朝称臣,而不禀正朔,吾安敢受!'使者亟易书称熙宁,然后受之。时以为得体"③。此外,礼还有助于刑判等。囿于篇幅,不再赘述。

综上所述,欧阳修所谓"三代而下"当指春秋战国至唐这一时期④,他所指是刑政、礼乐分为二途,因此后世王朝重视礼乐的外在形式而忽视其内在的礼义实质,如此才为"虚名",而实际上,礼乐为经邦治国之大法,其实用价值是非常大的,欧阳修本人也没有否定这一点。此问题亦非笔者发明,刘丰、吴丽娱等已有所论证⑤,笔者以为是,并认为陈寅恪等人的观点确有可斟酌之处。不过,人们在具体运用礼时也需要便宜从事。如对于西夏,范仲淹主张如唐高祖、太宗隆礼敦信,但"以盟好为权宜;选将练兵,以攻守为实事。彼不背盟,我则抚纳无倦;彼将负德,我则攻守皆宜"⑥,显然此处范仲淹对外交礼使用的建议十分灵活。自然,宋儒也借礼以达到某种政治目的,四库馆臣评王安石时明确指出:"然《周礼》之不可行于后世,微特人人知之,安石亦未尝不知也。安石之意本以宋当积弱之后而欲济之以富强,又惧富强之说必为儒者所排击。于是附会经义以钳儒者之口,实非真信《周礼》为可行"⑦,即反映了此种现象。

由上可知,礼之用既关乎社会秩序之稳定,又关乎个人身心的发展;既是抵制佛教的有力武器,又是延揽人才的重要工具,显然礼并非为"虚",而是有实在的作用与意义的。

---

① 《文忠集》卷46《准诏言事上书》,第354页。
② 《文忠集》卷48《问进士策四首》,第371页。
③ 《东坡全集》,文渊阁《四库全书》本,第1107册,第20页。
④ 因春秋、战国时已呈礼崩乐坏之势,故不符合"治出于一"的标准。
⑤ 分参刘丰《先秦礼学思想与社会的整合》,北京:中国人民大学出版社,2003年;吴丽娱《"礼与中国古代社会"成果介绍》,汤勤福、范立舟主编:《中国礼制变迁及其现代价值》(东南卷),上海:上海三联书店,2014年。
⑥ 《范仲淹全集》之《奏陕西河北和守攻备四策》,第588页。
⑦ 永瑢、纪昀:《周官新义提要》,文渊阁《四库全书》本,第91册,第2页。

三、宋儒努力：礼之名实转化

上文表明礼非但不是虚名，而且作用巨大。但古礼何者宜于宋？这也是宋儒所关注的问题。王安石即言："如欲用先王之礼乐，则何者宜于世邪？"[1]可见如何使古礼适应宋代的社会形势，从而发挥其实际作用，也是礼之名实转化所不得不面对的课题。查稽史籍，可知宋儒对古礼如何"宜于世"，进行过积极而有效的探索，对后世有着有益的启示，且为后世行礼提供了理论基础。归纳起来有以下几个方面。

一是亲身践履。"礼者，履也"[2]，因此，亲身践履是礼的本质要求。同时，只有践履，才能从中切实受益。诚如刘敞所言"熊蹯之美，不食则不知其美。知熊蹯之美者，必其食之者也。先王之礼，其犹熊蹯乎？"[3]对于礼文繁琐难懂，历代儒者不但对礼文进行详细注释，而且身体力行，起到示范作用，从而促使周近之人效而行之。宋代儒者也是如此，如张载，史载"先生继遭期功之丧，始治丧服，轻重如礼；家祭始行四时之荐，曲尽诚洁。闻者始或疑笑，终乃信而从之，一变从古者甚众，皆先生倡之。"[4]这种重视礼的践履，确实能够起到倡导作用。

二是礼以时大。绝大多数宋儒并非墨守成规，而是认为礼应从宜或从今世之礼，之所以如此，既是孔子所倡导的"损益"之法，也确是因为时制体现了礼仪的可行性，便于人们遵循。苏轼所说"盖三代之时席地而食，是以其器用各因其所便而为之高下大小之制。今世之礼，坐于床而食于床上，是以其器不得不有所变。虽正使三代之圣人生于今，而用之亦将以为便安"[5]。苏轼之言体现了今制对古制损益的合理性与可操作性。又，关于冠服，程子言："今行冠礼，若制古服而冠，冠了又不常著，却是伪也，必须用时之服"[6]，也是强调行时礼。

三是权变或据实而行。行礼以权，是灵活遵循礼制的体现。宋儒在实施礼制时也曾发扬此一古礼精神。如关于为师制服，张载曰："师不立服，

---

① 《临川文集》卷70《策问·六》，第584页。
② 朱熹：《朱熹集》卷74《讲礼记序说》，成都：四川教育出版社，1996年，第3892页。
③ 《公是弟子记》卷1，第448页。
④ 《张载集》，第383页。
⑤ 《东坡全集》卷41《礼论》，第565页。
⑥ 《二程集》卷17，第180页。

不可立也,当以情之厚薄事之大小处之。如颜闵于孔子,虽斩衰三年可也,其成己之功与君父并。其次各有浅深,称其情而已。下至曲艺莫不有师,岂可一概制服。"①又,关于郊礼的实施,司马光说:"国朝之制,天子三岁一郊,仍于其间改用他礼者甚众,岂奉天之意有所倦略哉? 盖事有不得已者也……昔太宗太平兴国九年下诏东封,寻以火灾而止,更用郊礼。又淳化三年下诏祀圆丘,亦以事故更用明年祈谷。今灾变至大,国用不足,臣谓不可不小有变更。"②可见,礼仪在实际施行时,应该根据客观形势的变化而做出相应的调整。

四是主张礼俗结合。缘俗制礼是古礼的重要原则,同时也说明不少礼源于俗,故从俗在一定程度上也就是循礼,这也是不少宋儒的共识。王安石即说:"俗则上之所以因乎民也……无所因乎民,则民偷而礼不行,故驭其民当以礼俗也。"③范仲淹认为,"礼皆从俗",则"熙熙无不获之人"④。不过,也有部分儒者认为从俗需要一定的条件,程颐即认为从俗需要符合义理,若不害义理,即可从俗。如拜扫之礼,有人问其何据,程颐曰:"此礼古无,但缘习俗,然不害义理。"⑤

五是删简礼节。宋代儒者以为"礼之所以亡,正以其太繁而难行耳"⑥,因此简化繁琐的礼乐仪式是许多宋儒的努力方向,他们不但从理论上加以论证,也从实际操作上予以规范。如苏轼认为:"礼节繁多而君臣之义薄……圣人知其然,是以去苛礼而务至诚,黜虚名而求实效。"⑦为推行礼制,宋儒撰写了一些简单易行的礼书,如《书仪》、《袁氏家范》、《家礼》等,对民众遵循礼制作出了一些规范与要求。在宋儒看来,简化礼节、适合时用是推行礼制的重要手段,否则,民众对那些繁琐的礼制是难以一一遵行的。如关于丧礼,《书仪》曰:"古者士袭衣三称,大夫五称,诸侯七称,公九称,小敛,尊卑通用十九称;大敛,士三十称,大夫五十称,君百称。此非贫者所办也,今从简易。"⑧关于婚礼,《家礼》则曰:"古礼有问名、纳吉,今不

---

① 《张载集》,第 301 页。
② 《传家集》卷 36《乞改郊礼札子》,第 344 页。
③ 王安石:《周官新义》卷 1,文渊阁《四库全书》本,第 91 册,第 12 页。
④ 《范仲淹全集》,第 20 页。
⑤ 《二程集》卷 18,第 241 页。
⑥ 《朱子语类》卷 84,第 2178 页。
⑦ 《东坡全集》卷 46《策略五》,文渊阁《四库全书》本,第 1107 册,第 642 页。
⑧ 司马光:《书仪》卷 5《小敛》,文渊阁《四库全书》本,第 142 册,第 490 页。

能尽用,止用纳采、纳币,以从简便。"①这些简易的礼仪,确实使民众能够遵行。

六是提出宗法概念。②随着门阀制度的衰败与宋代经济、科举等的变革,不同阶层间由贵到贱、由贱到贵的变化,已不再受严格的等级限制。这些变化使得不少身居高官者惶恐不安,深感个人地位之不稳,于是他们纷纷采取各种措施来达到保家保族的目的。宗法制即在此一背景下应运而生。宋儒所说宗法主要内容即以宗子主祭,从而达到敬宗收族,维系人心的目的。而其重要意义,张载认为"宗子之法不立,则朝廷无世臣"③,程颐认为"若立宗子法,则人知尊祖重本。人既重本,则朝廷之势自尊"④。同时,为了使人们遵行宗子法,二程还对宗子进行了神化,认为"宗子有君子道,岂有殇之理?"⑤

七是习惯。一些宋儒认为:只有对礼娴熟于心,成为习惯,那么礼便会深入人心而不废。苏轼所说"夫古之人何其知礼而行之不劳也,当此之时,天下之人惟其习惯而无疑。衣服、器皿、冠冕、佩玉,皆其所常用也,是以其人入于其间,耳目聪明而手足无所忤,其身安于礼之曲折而其心不乱"⑥,就反映了习惯对行礼的重要性。张载也认为"人道之交贵乎中礼,且久渐而成也"⑦。欧阳修曰:"至于礼义之事……莫若为之以渐,使其不知而趣焉"⑧,强调使之习惯是推行礼的法宝。

八是古今融合。宋儒为了适今之势,同时不失古礼之意,故主张采用古今结合。如关于丧服,张载认为"父在,母服三年之丧,则家有二尊,有所嫌也",故"处今之宜,但可服齐衰,一年外可以墨衰从事,可以合古之礼,全今之制"⑨。又如圜丘、方泽合祭,苏轼认为"本朝祖宗钦崇祭祀,儒臣、礼官讲求损益,非不知圆丘、方泽皆亲祭之为是也。盖以时不可行,是故参酌古今,上合典礼,下合时宜,较其所得,已多于汉唐矣"⑩。融合古今,使礼

---

① 朱熹:《家礼》卷3《婚礼》,载朱杰人主编《朱子全书》(第七册),上海:上海古籍出版社;合肥:安徽教育出版社,2002年,第897页。
② 晁福林认为宗法概念是宋儒提出的,参见氏著《周代宗法制问题研究展望》,《历史教学问题》2007年第3期,第35页。
③ 《张载集》,第259页。
④ 《二程集》卷18,第242页。
⑤ 《二程集》卷17,第180页。
⑥ 《东坡全集》卷41《礼论》,第565页。
⑦ 《张载集》,第127页。
⑧ 《文忠集》卷17《本论下》,第138页。
⑨ 《张载集》卷8《丧纪》,第300页。
⑩ 《东坡全集》卷63《上圆丘合祭六议札子》,文渊阁《四库全书》本,第1108册,第58页。

能够落到实处,如此礼便可得以推行。

综而言之,宋儒对礼之名实转化的思考,既有继承前人的地方,也有适时而变的创造。其中,亲身履礼、礼以时大、据实而行等,可谓对古礼精神的继承与发扬,而删简礼节、宗法概念、强调习惯、古今融合等则是宋儒的创新之处。但宋代诸儒这些顺应时势且极为先进的礼制思想,大多没有获得政府的明确支持与推广,因此在宋代社会并未产生重大影响。然而宋儒的这些言论却为后世礼家制礼、行礼提供了充分的思想依据与理论支撑。

需要说明的是,关于礼之名实的探索是宋儒直面社会政治、经济及民族等形势变化而做出的回应。总体而言,其特点是反对名而强调实。尽管名在不少时候也是礼之不可或缺的组成部分,但通观宋儒之论,其趋势是向礼之实或礼之用而努力的,也唯有如此才能真正实现其修身、齐家、治国、平天下的政治理想。

此外,有关宋儒对礼之名实的探索,我们还应从更深层次进行理解:首先,宋儒对礼之名实的探索具有不可替代的历史地位。唐及之前的朝代重视官方礼制之名的变革,蒙元尤其明清注重民间礼制实用的挖掘,只有宋儒对官方及民间礼制之名实均进行了颇为深入、全面的考察。其次,宋儒对礼之名实的探索,是宋儒希图以礼来扭转浮躁文风、防止佛教侵袭、挽回日渐沦丧的礼义,体现了他们经世致用的思想。最后,宋儒对礼之沦为虚名的原因如礼文繁琐、礼实不符、礼不关己等,礼之实用如涵养心性、吸纳贤才等,礼之名实转化的手段如删简仪节、礼俗结合、强调习惯等论述,在今天看来仍然具有强烈的警世作用与借鉴意义。

明代文官恤典中的祠祀

宋继刚　赵克生

恤典是中国古代国家对已故官员及家属进行的褒奖和抚恤,包括赐祭葬、祠祀、荫子入监、赐给谥号等。祠祀是恤典中非常重要的一项内容,明人曾说:"恤典以谥、祠为重。祭、葬,特常格耳。"①祠祀包括两项内容:修建祠宇,并定期举行祭祀活动。

恤典是一套复杂的体系,名目繁多,涉及文武。为了防止出现挂一漏万的问题,本文主要讨论明代文官的恤典祠祀问题,从明代文官恤典祠祀的一般概况入手,探究明代国家如何运用行政力量为已故文官构建身后的荣耀,如何激励在世官员,以及如何通过定期的祠祀向广大民众推广忠义教化。

一、明代文官恤典祠祀概况

由于祠祀在恤典体系中的重要地位,有明一代能够获得恤典祠祀的文官皆是于国于民有大功德者。大致可分为几类:有功于国的重臣、忠义殉国的烈士、施惠于民的地方官以及发扬儒学的大儒。

刘基辅佐明太祖成就帝业,朝廷嘉其开国辅弼之功,生予御史中丞之职,封诚意伯之爵,死后为其建祠奉祀,甚至入祀太庙。天顺二年(1458年),"命浙江处州府建故开国翊运守正文臣资善大夫护军诚意伯刘基祠堂"②。嘉靖时,朝廷增刘基于太庙功臣配享之列。③ 明代内阁"三杨"杨荣、杨溥、杨士奇对于稳固政局贡献尤多,三人死后分别得到恤典祠祀。成

---

① 《明神宗实录》卷414,万历三十三年冬十月己未。《明熹宗实录》卷42,天启三年十二月庚戌。
② 《明英宗实录》卷289,天顺二年三月癸丑。
③ 申时行等:《(万历)明会典》卷86《庙祀一》,北京:中华书局,1989年,第499页。

化三年(1467年),杨荣过世二十七年之后,朝廷批准修建祠宇,"以废仓址建今祠,有司祭之。"①弘治十一年(1498年),"命立祠祀故少保礼部尚书兼武英殿大学士杨溥于湖广石首县,从知县李鸿请也。"②弘治十二年(1499年),朝廷为杨士奇修建祠宇,春秋祭祀。嘉靖三十二年(1544年),又赐祠额曰褒功以及春秋祭文,同时下令地方官重新修缮祠宇。③

  明代因忠义殉国而获得恤典祠祀的第一位文官是洪武年间的歧宁卫经历熊鼎。洪武九年(1376年),朝廷召熊鼎回京复命,途中遇到西戎叛乱,"鼎以大义切责之,遂与赵成及知事杜寅俱被害。上闻而悼惜之,遣使葬之于黄羊川,立祠致祭,仍以所食禄米给其家。"④嘉靖中期以来,倭患猖獗,许多沿海地方官员牺牲在在抗倭御倭的第一线,朝廷为褒奖其尽忠职守,力保一方安宁,特赐恤典祠祀。常熟县知县王鈇及乡宦钱泮率领耆民家丁追贼,不幸中伏亡殁,"巡按御史金浙上其事,上悯二臣死事……立祠死所,有司岁时享祭。"⑤倭寇进犯两浙,温州府同知黄钏战死于绍兴桐山,皇帝下令褒奖,在亡殁之地建祠奉祀。⑥明末西南土司奢崇明叛乱,原任安定县知县董尽伦率军支援重庆府,孤军深入,中伏而亡。朝廷下令"行四川建祠致祭",特赐血食。⑦不但有战死殉国者得恤典祠祀,亦有捍卫道义而忠谏殉国者得以享受朝廷建祠奉祀。嘉靖时,谏官杨继盛直言进谏,触怒了宰辅严嵩和明世宗,被捕入狱惨死。隆庆初年,"穆宗立,恤直谏诸臣,以继盛为首……又从御史郝杰言,建祠保定,名旌忠"⑧。

  洪武年间龙阳县水患频仍,逋赋数十万,民众苦不堪言,而典史青文胜赴南京为民请命却不得回应,"击登闻鼓以进,遂自经于鼓下,帝闻大惊,悯其为民杀身,诏宽龙阳租二万四千余石,定为额。"当地人感怀其爱民之心,为其建祠奉祀。万历十四年(1586年),朝廷下诏赐祠额曰惠烈,命地方官春秋致祭再行嘉奖。⑨万历初年,工部尚书朱衡治理黄河有功,民众感念

---

① 《嘉靖建宁府志》卷11《祀典·国朝·赠太师杨文敏公祠》,《天一阁藏明代方志选刊续编》第27册,上海:上海书店出版社,1990年,第671页。
② 《明孝宗实录》卷145,弘治十一年十二月甲寅。
③ 《明孝宗实录》卷148,弘治十二年三月癸未。《明世宗实录》卷395,嘉靖三十二年三月癸巳。《乾隆江西通志》卷108《祠庙·吉安府·褒功祠》,文渊阁《四库全书》本,第516册,台北:台湾商务印书馆1986年,第582页。
④ 《明太祖实录》卷106,洪武九年五月戊申。
⑤ 《明世宗实录》卷422,嘉靖三十四年六月丙子。
⑥ 《明世宗实录》卷437,嘉靖三十五年七月己未。
⑦ 《明熹宗实录》卷26,天启二年九月丙辰。
⑧ 《明史》卷209《杨继盛传》,北京:中华书局,1974年,第5542页。
⑨ 《明史》卷140《青文胜传》,北京:中华书局,1974年,第4010~4011页。

其恩建祠奉祀,万历十八年(1590年),"都御史潘季驯请加修葺,改为敕建祠宇,从之。"①万历三十三年(1605年)巡抚江西兵部右侍郎兼右佥都御史夏良心死于任上,江西民众感念其安抚惠民之德,陈请于江西巡按徐元正,"徐元正以恤典请,并述士民之意,乞准建祠赐额。诏赠兵部尚书,予全葬,祭有加等,祠名褒德"②。

天顺朝礼部左侍郎兼翰林院学士薛瑄是明代为数不多可以从祀孔庙的本朝大儒,"隆庆五年(1571年),以本朝薛瑄从祀,万历十二年(1584年),以本朝王守仁、陈献章、胡居仁从祀。"③弘治九年(1496年),明孝宗应臣下之请,特赐薛瑄祠额曰正学。"薛瑄以性理之学,继宋诸儒后,实我朝名儒,卿等奏欲建祠秩祀,并刊行文集,悉准行,其祠额特名正学。"④同样能够以身作则,践行儒学忠孝之义的嘉靖朝大学士刘珝,死后也获得了朝廷恩赐祠祀,"皇上锡号昭贤,命有司岁祭"⑤。

由上观之,明代能够过获得恤典祠祀者不独在朝重臣,也有基层官员。朝廷为已故文官建祠奉祀,主要参考的是其功业、品德。其他恤典内容如赠官、赐谥属于一次性荣誉,荫子、赐丧葬费是仅仅给予死者家属的小范围恩赏,而祠祀则不同,它通过一个长时段的祭祀活动向更多的人传达死者不世的功业、崇高的品德以及朝廷对于死者的重视和报偿,具有相当的开放性和连续性。

二、恤典祠宇的修建与维护

朝廷通过祠祀,赐予了已故文官无上的荣耀,令其永享血食。但是,恩典从诏书变成实际的建筑和定期的祭祀活动需要国家力量的介入。由于恤典祠宇不像官员的坟墓可以按照官品而分等级修建,在具体的修建过程和维护中不得不借鉴其他类型的祠庙规制和祭祀规定。

---

① 《明神宗实录》卷230,万历十八年十二月壬申。
② 《明神宗实录》卷406,万历三十三年二月戊午。
③ 申时行等:《(万历)明会典》卷91《群祀一·先师孔子》,北京:中华书局,1989年,第521页。
④ 《明孝宗实录》卷120,弘治九年十二月己卯。
⑤ 崔铣:《洹词》卷5《休集·昭贤祠记》,文渊阁《四库全书》本,第1267册,台北:台湾商务印书馆1986年,第487页。

(一) 祠宇的修建

修建祠宇要面临许多问题,首先是资金的筹措、物料的备办以及人工的征调,其次是祠宇规制,最后是祭祀的仪式、频次以及祭品数量。这些内容在公文中均有不同程度的提及,以嘉靖年间为河南归德府检校董纶建祠事宜为例,"备行河南抚按衙门转行该府动支无碍官钱建立祠宇,岁时并祭,其合用羊豕品物,俱令该府出办,就遣掌印官行礼"[1]。朝廷并不直接提供修建祠宇所需资金,只下发公文命当地政府自行筹措,但是修建祠宇属于临时派发的任务,而地方上"钱粮各有正项,库藏类属空虚,无碍官银何从取给?"[2]所以,正项钱粮之外的赃罚银、没官银以及富户、士绅、普通民众的捐款就成为填补资金缺口的重要经济来源。鉴于朝廷公文中明确指出"动支无碍官钱",为筹措资金,必须清查本地钱款,赃罚银等正项钱粮之外的官府进项均属可以动支的范畴。隆庆时,保定府容城县要为忠谏而死的杨继盛修建旌忠祠,保定府特拨库银一百二十两予以资助,明确指出此为可以支用的政府额外收入。[3] 若有本地富商、缙绅、民众愿意捐款出力兴修,则会大大减轻地方政府的财政压力。天顺朝监察御史伍骥率兵御贼保民,病故于福建上杭县,县民郭明德等感念其恩德,自备财物,创立祠宇[4],"军民哀之如父母,旦夕临者数千人,争出财立祠"[5]。在朝廷下旨为杨继盛在保定府修建旌忠祠之前,商人白受采等曾表示愿意捐赀在京师为其修建祠宇。[6]

资金筹措完毕之后,祠宇占地便亟待解决。天顺五年(1461年),新任知府刘钺为修建杨荣的祠宇积极奔走,获得了监察御史伍体训的支持,首先解决建祠的用地问题。"予(指刘钺)素相其居之东有废廪间地一区,可以建祠,顾不敢私与,必合上司公议,而后可与,具可以实对,伍君然之。景通(指杨荣嫡孙杨泰,字景通)即日令男畔具承佃状白于府,府以达按治,御史下于府,府下于县,委吏核实其地,果空间,即许之。景通乃请诸朝,允

---

[1] 欧阳德:《欧阳南野先生文集》卷15《奏疏·恤典·董纶陈闻诗建祠》,《四库全书存目丛书》本,第80册,济南:齐鲁书社,1995年,第581页。
[2] 《明神宗实录》卷121,万历十年二月甲寅。
[3] 杨继盛:《杨忠愍集》卷4《敕赐旌忠祠》,文渊阁《四库全书》本,第1278册,台北:台湾商务印书馆1986年,第694页;卷4《敕赐旌忠祠碑》,第697页。
[4] 《明宪宗实录》卷137,成化十一年正月壬申。
[5] 张廷玉等:《明史》卷165《伍骥传》,北京:中华书局,1974年,第4471页。
[6] 杨继盛:《杨忠愍集》卷4《敕赐旌忠祠》,文渊阁《四库全书》本,第1278册,台北:台湾商务印书馆1986年,第694页。

之。"单单一项用地就需要县、府、布政司、监察御史层层上报，逐级复核方可允准。当得到朝廷允许建祠的指令文书之后，开始破土动工，三月兴工，六月落成。① 同样，嘉靖朝为修建顾鼎臣祠宇时，顾鼎臣之孙顾谦亨上奏表示"臣有空地一取，合自营建，不敢冒用公役，贻累桑梓。"② 建祠所需物料只需动用资金购买即可，当然，优质石料也需前往外地采买，以求垂诸久远，"石之足以垂久者，莫良于吴产"③。

在资金、物料、占地诸问题都得以顺利解决之后，便可破土动工了。兴建过程中尽量选在农闲时节，减少扰民之举。以嘉靖年间南昌府重新修建旌忠祠为例，此祠奉祀死节于正德朝宁王之乱的巡抚都御史孙燧和江西按察司副使许逵。都御史盛应期指挥有方，"乃委南昌府同知刘守愚率县丞彭龄董其役，经始于嘉靖癸未秋九月，迄甲申春二月而落成矣……凡木石工役之费皆出自官帑，于民无秋毫之扰，经画调度，纤悉毕举，皆盛公所指授也"④。

恤典祠宇的规制参考了品官家庙、宗祠和部分神祠，大致包括正堂三楹，中间奉祠主之像，两旁或有厅有堂，以围墙划定空间，有条件者植以花草，修建小路等等，威严之中，不乏雅致。⑤ 弘治四年（1491年），建宁府知府刘玙为已故建宁府知府张瑛重修祠宇，"适像公遗像，遂命工肖而塑之，择吉奉于中堂，祀以少牢，而妥厥灵焉"⑥。万历时为于谦在京师修祠奉祀，"于少保忠肃祠，在崇文门内东裱背巷，公故赐宅也。祠三楹，祀少保兵部尚书于谦，塑公像危坐，岁春秋遣太常等官致祭"⑦。鉴于品官家庙、宗

---

① 《嘉靖建宁府志》卷11《祀典·国朝·赠太师杨文敏公祠·知府刘钺〈太师杨文敏公祠堂记〉》，见《天一阁藏明代方志选刊》第27册，上海：上海古籍书店，1961~1966年，第671~674页。
② 《光绪苏州府志》卷38《舆地志·坛庙祠宇三·昆山县·附已废坛庙祠宇·崇功祠》，《中国方志丛书·华中地方》第5册，台北：成文出版社，1968年，第1116页。
③ 程敏政：《篁墩文集》卷51《大祥告文》，文渊阁《四库全书》本，第1253册，台北：台湾商务印书馆1986年，第221页。
④ 谢迁：《归田稿》卷2《旌忠祠记》，文渊阁《四库全书》本，集部1256册，台北：台湾商务印书馆1986年，第17~19页。
⑤ 《嘉靖江西通志》卷1《藩省·祠庙·旌忠祠》，《四库全书存目丛书》本，第182册，济南：齐鲁书社，1995年，第27页。吴宽：《家藏集》卷34《胡忠简公祠记》，文渊阁《四库全书》本，第1255册，台北：台湾商务印书馆1986年，第277页。王祎：《王忠文集》卷10《东阳县新建文昌祠记》，文渊阁《四库全书》本，第1226册，台北：台湾商务印书馆1986年，第222页。
⑥ 《嘉靖建宁府志》卷11《祀典·国朝·赠按察使张公祠》，《天一阁藏明代方志选刊》第27册，上海：上海古籍书店，1961~1966年，第676页。
⑦ 孙承泽著，王剑英点校：《春明梦余录》卷22《于少保忠肃祠》，北京：北京古籍出版社，1992年，第324页。

祠与神祠等规制基本相同,所以出现了以原有的宗祠、神祠以及其他宗教建筑作为恤典祠宇基址乃至直接换像改为恤典祠宇的情况。供奉张瑛的祠宇,"在府城紫芝上坊,以旧毁明教堂改建"①。赵志皋的恤典祠宇就是申请将家庙直接归入祀典。"现有家祠,不烦官帑,倘沾特典,庶慰舆情。"②昆山知县杨名父为修建已故吏部左侍郎叶盛的祠宇,值皇帝颁诏撤天下私建佛庐之时,将本地应撤佛庐毁其像而改作叶盛的祠宇,岁时率僚属师生拜而祀之③。而南昌府最初的旌忠祠是利用旧有土神庙所建,"旧有土神庙一区,父老撤去土神位,奉二公祀之,号曰全大节祠,以时谒祷"④。

(二) 祠宇的维护

祠宇建成后,其日常维护需要官民共同努力,方可使祠祀香火不绝。因恤典祠祀的官方背景,政府要提供源源不断的经济支持,如果不能从国库或地方府库直接拨付相应款项,则国家要提前为祠宇置办一定数额的产业,以所生之利润来支付相应开销。

通常情况下,产业以田地为主。万历时,朝廷特赐祭田给供奉夏良心的褒德祠,"褒德祠,在南浦驿南香巷,祀巡抚江西都御史夏公良心……有特赐祭田"⑤。杭州府供奉王守仁的勋贤祠,"原多置祠田,作经久计,至是门人萧廪适巡抚两浙,复有助费,除造祠外,共置祠田二百余亩,皆勒石载志"⑥。洪武时刑部尚书吴云死节云南,后朝廷下诏允其子吴黼送遗体归葬于江夏金口镇,行至应山县井子铺而不能进,于是葬于此处。"嘉靖元年,黼之孙凤翔来省,白于官,为立碣石,建飨廊,并以官田十有五亩为祭田。凤翔复贸居民何伦之田三十余亩以益之,令伦守墓且佃之田,而岁入其租以供祭需,及理葺之费。"后朝廷将其祭祀归于官方祀典,"祭以清明,

---

① 《嘉靖建宁府志》卷 11《祀典·国朝·赠按察使张公祠》,《天一阁藏明代方志选刊》第 27 册,上海:上海古籍书店,1961～1966 年,第 674～678 页。
② 庄起元:《漆园卮言·政部·推荐类·赵文懿相公专祠勘语》,《四库全书存目丛书》本,第 184 册,济南:齐鲁书社,1996 年,第 632 页。
③ 吴宽:《家藏集》卷 36《叶文庄公祠记》,文渊阁《四库全书》本,第 1255 册,台北:台湾商务印书馆 1986 年,第 300 页。
④ 谢迁:《归田稿》卷 2《旌忠祠记》,文渊阁《四库全书》本,集部 1256 册,台北:台湾商务印书馆 1986 年,第 18 页。
⑤ 陈弘绪:《江城名迹》卷 3《证今一·褒德祠》,文渊阁《四库全书》本,第 588 册,台北:台湾商务印书馆 1986 年,第 365 页。
⑥ 毛奇龄:《西河集》卷 8《请定勋贤祠产典守公议(绍兴府合府乡绅会稿)》,文渊阁《四库全书》本,第 1320 册,台北:台湾商务印书馆 1986 年,第 58 页。

县官主之,牲醴品物,取给于租,不支官物"①。在墓室旁立碣石、建飨廊,实际上是新建了一个祠宇,符合在墓旁立祠的传统。明仁宗追念少詹事邹济、左春坊左赞善徐善述,"命有司立祠墓侧,岁以春秋祭之"②。"仍敕有司营建享堂,设置坟户,岁时致祭,著为常典。"③以上事例表明,官府和民间都在以置办田产收取租税的方式来为祠宇提供持续的经济支持。

为祠宇设置负责人员也是祠宇维护的重要事项,上文提及吴云祠宇由居民何伦负责。伍骥褒忠祠修于弘治三年(1490年),为使祭祀得以长久,官民共同筹措钱财买田以供祭祀。"知事周琛修祠,乃谋于众,必得田数十亩以奉祠事,庶可经久。时寮属及义士闻命感激,各出白金共买邑民张虇等田,择民人林稳为祝户,俾岁收田租赡其家,专一奉祠,随时修葺。"④杭州供奉王守仁的勋贤祠因其由原来的天真书院改建,所以保留讲学迎宾之风。"大抵祠中置守祠僧一人,或合徒仆不过三人,立主教生一人,使之讲学,而主接四方来游之宾客,且可授徒其中,然身不过一人,而以典祠校官领之。典祠校官者,钱塘学斋之训导师也,明代学斋不一,师或推在官一人,借名典祠,虽身不居祠,而管领祠事。"⑤

恤典祠祀最重要的活动就是每年定期举行的祭祀,祭祀时间、频次、祭品数量皆有严格的规定。"岳文肃公正祠在文庙东,嘉靖十年敕建,春秋二仲月上丁以少牢致祭。"⑥少牢是此类祠祀的最高标准,"凡祭用少牢,羊一,豕一。"有时附带果蔬和酒,"果蔬各十,酒如其神之数"。多人合祀之祠,酒的供奉相应增多。⑦ 具体日期也有差别。地处京畿且列入国家祀典的恤典祠祀,由太常寺等部门主持。如姚广孝的祠宇,"岁春秋二仲,先十

---

① 《嘉靖应山县志》卷上《丘墓·吴云墓》,《天一阁藏明代方志选刊》第55册,上海:上海古籍书店,1961~1966年,第80页。
② 《明仁宗实录》卷10,洪熙元年正月丙子。
③ 《乾隆浙江通志》卷235《陵墓一·杭州府·余杭县·明少詹事谥文敏邹济墓》,文渊阁《四库全书》本,第525册,台北:台湾商务印书馆1986年,第375页。
④ 《嘉靖汀州府志》卷9《祠庙·上杭县·褒忠祠》,《天一阁藏明代方志选刊续编》第39册,第462~463页。
⑤ 毛奇龄:《西河集》卷8《请定勋贤祠产典守公议(绍兴府合府乡绅会稿)》,文渊阁《四库全书》本,第1320册,台北:台湾商务印书馆1986年,第58~59页。
⑥ 于敏中等:《钦定日下旧闻考》卷110《京畿·通州三》,北京:北京古籍出版社,2001年,第1830页。
⑦ 《嘉靖吴邑志》卷6《境内坛庙祠宇·群祀六·国朝夏周二公祠》,见《四库全书存目丛书》本,第181册,第320页。对于恤典祠宇的祭品供奉规格要参考本地乡贤祠,不可逾越。"凡祭各用豕一,果蔬酒并同前(指乡贤祠祭品)。"《嘉靖永丰县志》卷3《祀典·永丰县·忠节祠》,见《天一阁藏明代方志选刊》第39册,上海:上海古籍书店,1961~1966年,第146页;卷3《祀典·永丰县·乡贤祠》,149页。

日,太常寺题遣本寺堂上官行礼"①。地方政府也会以祠主诞辰或亡殁之日作为祭祀日期,将春秋二祭改为诞、殁一祭。嘉靖时汀州府官员在忠爱祠祭祀故推官王得仁,"岁以五月初二日,有司致祭,侯生辰也"②。而明宪宗命令云南地方官对死节云南的王祎"有司岁于死事之日祭之。"③祠宇祭祀的频次也有严格的规定,不可因私情而擅自违反。洪熙元年(1425年),明仁宗感念永乐朝身为皇太子时,故詹事府少詹事邹济、左春坊左赞善徐善述等人辅佐有功,却冤死狱中,如今自己荣登大宝,要为他们平反昭雪,赠官,赐谥,且欲立祠于坟墓之侧,春夏秋冬四时祭祀。④ 皇帝出于个人情感对东宫旧属特别恩赐本属常事,但最后一项恩赐引发了争议。大学士杨士奇认为四时祭祀专属于天子宗庙,其他如社稷、孔子的祭祀也不过春秋二祭,皇帝不能用对待先祖的礼仪对待臣下,"礼贵得中,朝廷惟宗庙以四时享,社稷、孔子皆春秋二祀,济等虽有旧劳,不得过社稷、孔子,而与宗庙等"。明仁宗感悟,承认自己因念旧劳而忘规矩,命礼部改赐春秋二祭。后人评价杨士奇诤言持礼,匡正主失。⑤

祠宇难免破损,需要日常的维护、修葺甚至是重建,以确保国家恩礼不坠。以杭州府钱塘县供奉于谦的旌功祠为例。"弘治三年(1490年),训导储衍、礼科给事中孙孺、谦子府尹冕先后陈情,命下建祠墓所,赐额。汀州知府海宁张宁为记。嘉靖十六年(1528年),巡按御史周汝员属钱塘知县李念新之嗣是,而巡按御史傅凤翔、阎邻王绅、巡盐御史高辀相继协修,提学副使南昌张鳌为记。"⑥嘉靖三十九年(1551年),鉴于祠宇又变残破,总督胡宗宪特批专款拨付地方予以维修,但因工程较大,银两不敷使用,还拖欠工料银近二百两,以致九年之后,"日复坍损"⑦,不得不重建。

---

① 《万历顺天府志》卷4《政事志·祠典·敕祭姚少师》,《四库全书存目丛书》本,第208册,第190页。
② 《嘉靖汀州府志》卷18《祠翰·序·汀州府·忠爱祠序》,见《天一阁藏明代方志选刊续编》第40册,上海:上海书店出版社,1990年,第475页。
③ 《明宪宗实录》卷229,"成化十八年七月甲申"条。
④ 《明仁宗实录》卷10,洪熙元年正月丙子。
⑤ 杨士奇:《东里别集》卷2《圣谕录上》,文渊阁《四库全书》本,第1239册,台北:台湾商务印书馆1986年,第635页。黄佐:《翰林记》卷8《诤得失》,文渊阁《四库全书》本,第596册,台北:台湾商务印书馆1986年,第947页。
⑥ 张潜万:《于公祠墓录》卷1《祠墓·旌功祠》,《武林掌故丛编》第32集,北京:京华书局,1967年,第39页。
⑦ 王世贞:《弇州四部稿》卷109《公移·议处于肃愍公谥号后裔修葺祠墓稿》,文渊阁《四库全书》本,第1280册,台北:台湾商务印书馆1986年,第728页。

三、恤典祠祀与国家礼教

恤典祠祀是恤典的一部分,褒奖死者、激励生者是其基本功能。"古今忠义之臣,能为国家建大议、决大事而成非常之功者,生则有旌擢之恩,没则有褒恤之典,非特酬其一时之功,实以为后来人臣之劝也。"①没有官员生前的功业,就不存在国家给予的身后荣恩。天顺朝讨论为刘基修建祠宇时,姚夔表示"如先生者,虽百世祀可也,况祠堂乎?是宜我皇上特垂意于斯,岂惟昭崇德报功之礼,又将兴起其子孙,俾得以贤其贤而亲其亲,可谓仁之至、义之尽也欤!"②国家希望通过壮丽的祠宇和庄严、隆重的祭祀仪式向民众传达的也是朝廷崇德报功之举,以最直观的方式宣讲官员践行忠义之凛凛大节以及能够得到的报偿。由于官方祀典具有的权威性和稳定性,使得许多地方官倾向于申请将本地恤典祠祀入列官方祀典,享受无上的国家荣耀。成化十八年(1482年),巡抚云南右副都御史吴诚表示"不载祀典,于礼为阙"③。建宁府知府刘钺公开表示如不能将前任知府张瑛祠祀列入祀典,则属于自己为官失职。"安成刘侯来为知府,叹曰:'此于礼合,在祀典顾缺而不举,责其在我。'乃具为奉,事下所司,覆验得实。"④从经济利益出发,恤典祠祀如果列入官方祀典,可以获得中央政府或地方政府持续不断的行政庇护和钱物支持,祠祀亦能长久发展。不入官方祀典,则每年的开销不属于正项开支,难免捉襟见肘,有时甚至要妨害民生。如地方官曾经商议如何应对嘉靖名臣席书祠宇的祭祀开销,"允议编徭办祀需"⑤。建宁县指出本地诸祠庙祭仪开支费用不赀,"恐非经久之计,今入杂办纲银"⑥。一旦列入官方祀典,拥有了专项的钱款,财物短缺的情况便能得到扭转,各项祭祀仪式也可顺利进行。

---

① 《明孝宗实录》卷33,弘治二年十二月辛卯。
② 姚夔:《姚文敏公遗稿》卷7《敕建诚意伯祠堂记》,《四库全书存目丛书》本,第34册,济南:齐鲁书社,1995年,第529页。
③ 《明宪宗实录》卷229,成化十八年七月甲申。
④ 《嘉靖建宁府志》卷11《祀典·国朝·赠按察使张公祠》,《天一阁藏明代方志选刊》第27册,上海:上海古籍书店,1961~1966年,第676页。
⑤ 胡直:《衡庐精舍藏稿》卷21《席文襄公祠堂碑》,文渊阁《四库全书》本,第1287册,台北:台湾商务印书馆1986年,第495页。
⑥ 《嘉靖建宁县志》卷4《祠祀志·国朝巡检许缙祠》,《天一阁藏明代方志选刊续编》第38册,上海:上海书店出版社,1990年,第581~582页。

另外,国家批准祠主的后人和部分民众参与到恤典祠宇的经营之中,获得一定的经济收益,也是一种彰显国家恩典、宣传国家礼教的方式。汀州忠爱祠供奉因保境安民而病故的推官王得仁,"有田以给守者……官田一十二亩,该米一石八斗六升,在张陂,佃人郑迪吉耕种,民田四十一亩二分,该米二石八升,坐落六处,地名大铺。上等四处,系佃人傅惟金、张文凤、颜时珣承种二处,金斗山口竹排坑等处,本祠道人自耕"①。杭州勋贤祠供奉明代著名政治家王守仁,名下田土二百亩,为多位租佃者提供衣食。同时在推广教化方面贡献颇多,"祠事之方盛也,有典祠之官,有守祠之僧,有主教之人,有四方来学之贤士大夫"②。

国家将恤典祠祀定位为一项慰死劝生的国恩,而且祠宇也是一个向民众宣讲忠义的场所。上节提及明代虽有大量的文官恤典祠祀,但多数祠宇在短时间内即走向衰落,失去了官方力量支持的祠宇甚至最后陷于荒废。那么,这是否证明了明代文官恤典祠祀政策是失败的呢?答案是否定的,因为国家在批准修建恤典祠宇和举行祭祀活动之时,最初的目的已然达到。死者得到了褒奖和安慰,虽然有些建祠奉祀的指令只存在于诏书和公文之中尚未来得及落实③,但是当时确实表达了国家对于死者品行、功业的认可,足以慰藉已故之人,也激励鼓舞了在世的文官见贤思齐之心。前人功业德行以及朝廷恩典也成为后世参考的重要依据。后人在为恪尽职守,以身殉国诸臣题请恤典祠祀之时,特别强调亡者德行堪得祠祀,永享血食。景泰元年(1450年),都察院右佥都御史杨信民招抚南海盗贼,确保广东一方安宁,死于任上。"广东耆民相率赴京乞立祠祀之。"④后归于官方祀典,每年以其忌日三月十二日令地方官致祭,仪式等同于本地名宦祠。⑤

---

① 《嘉靖汀州府志》卷9《祠庙·府城内·忠爱祠》,《天一阁藏明代方志选刊续编》39册,上海:上海书店出版社,1990年,台北:台湾商务印书馆1986年,第452~453页。
② 毛奇龄:《西河集》卷8《请定勋贤祠产典守公议(绍兴府合府乡绅会稿)》,文渊阁《四库全书》本,第1320册,第58~63页。明清易代之后,佃户与冒充王守仁直系后人的田主私相授受,瓜分田产,"祠中田产,半被侵占",而祠产却不见举行,以致引起王守仁直系后人王先遴诉讼于杭州官府。地方官"审定典守,且为召佃收租,立一经久不坏之良法,永传碑碣,勋贤幸甚,名教幸甚"。
③ 如明初岐宁卫经历熊鼎恤典祠宇其实并未如《明太祖实录》和《明史》中记载的那样,在其殉节之处建祠奉祀。参考同时代翰林学士宋濂为其撰写的墓志铭,文中并未提及建祠奉祀一事,熊鼎亡殁后数日,"乱兵就擒,获君所佩囊中公牍,始知君卒,迹其骸骨葬于某地。西凉卫以闻,上感悼,遣使吊祭,命临川恤其家。"宋濂:《文宪集》卷19《故岐宁卫经历熊府君墓铭》,文渊阁《四库全书》本,第1224册,台北:台湾商务印书馆1986年,第153页。
④ 《明英宗实录》卷190《废帝郕戾王附录第八》,景泰元年三月乙卯。
⑤ 《乾隆广东通志》卷8《礼乐志·杨信民谥恭惠祠》,文渊阁《四库全书》本,第562册,台北:台湾商务印书馆1986年,第345页。

成化元年(1465年),福建汀州府奏:"本府故推官王得仁,当邓茂七作乱时,奋力杀贼,卒于行营,民心思慕,久而不忘,请顺民心作祠宇,以昭报祀。事下,礼部亦以为合祭法'以死勤事'之义,宜如广东杨信民故事,俾有司立祠致祭,从之。"①所谓"以死勤事"来源于儒家经典《礼记》,《礼记·祭法》规定了五种情况可以获得官民祭祀,享受供奉。"夫圣王之制祭祀也,法施于民则祀之,以死勤事则祀之,以劳定国则祀之,能御大菑则祀之,能捍大患则祀之。"②凡符合上述五种情况之官员,可以获得由"圣王"制定的血食,建祠奉祀以期垂于久远。尤其在国家战事频仍之时,为褒奖"以死勤事"的官员,朝廷往往不限于其品级如何,特赐祠祀以示褒奖。嘉靖、天启、崇祯朝,有大量的基层文官在与倭寇、农民军、西南土司、辽东后金(清)军的战斗中英勇殉国,许多人得到了朝廷下令为其建祠奉祀的恩典。嘉靖时,崇明县知县唐一岑御倭而死,得建祠于县。"同时死事者多立祠,不悉载。"③天启时,西南土司安邦彦叛乱,贵阳府通判杨以成殉国,"礼部疏言杨以成捐躯报国,阖家死难,情事甚惨,其葬、赠、谥、荫与建祠、立坊,乞照例赐给,以慰忠魂"④。崇祯九年(1636年),清兵攻破定兴县,原任太仆寺少卿鹿善继殉国,"事闻,赠善继大理卿,谥忠节,敕有司建祠"⑤。天启时长兴知县石有恒抵御农民军身死,朝廷予以厚恤。抚恤过厚甚至引起了明末清初著名史学家谈迁的不满。"长兴虽有治声,猝死于盗,平昔之扞捍谓何,而赠、荫、祠、祭,得荷全典,于法滥矣,繁缨之惜,末季谁其人哉?"⑥谈迁的不满从另一个角度证明了祠祀在当时官员心目中的重要地位,而朝廷更是接连下旨批准建祠奉祀来抚慰忠魂,激劝生者。

明人认为恤典"以谥、祠为重",但赐谥与祠祀又有不同。纵观有明一代获得谥号的文官,大多数是三品及以上官员,低品级官员少有谥号荣身。⑦但考察明代获得恤典祠祀的官员构成,则不独高官,甚至多位基层地方官也能获得此项国恩。并不以官员品级来确定恩赏,只凭官员此时

---

① 《明宪宗实录》卷13,成化元年正月乙亥。
② 李学勤编:《十三经注疏》标点本第6册《礼记注疏》卷46《祭法》,北京:北京大学出版社,2001年,第1506页。
③ 张廷玉等奉敕撰,嵇璜、刘墉等奉敕撰,纪昀等校订:《钦定续文献通考》卷85《群庙考·崇明知县唐一岑祠》,文渊阁《四库全书》本,第628册,台北:台湾商务印书馆1986年,第376页。
④ 《崇祯长编》卷4,天启七年十二月己未。应为"乙未"。
⑤ 张廷玉等:《明史》卷267《鹿善继传》,北京:中华书局,1974年,第6890页。
⑥ 谈迁著,张宗祥校点:《国榷》卷86,天启四年五月戊寅,北京:中华书局,1958年,第5238页。
⑦ 田冰:《明代官员得谥因素探析》,《郑州大学学报》2011年第5期,第115~116页。

此举是否称得上有功于国、有德于民。较之赐谥恩典的相对严格，祠祀囊括了上至宰辅下到县丞、乡官的众多文官，朝廷以一种更为包容的心态对他们的功德进行褒奖。尽管也有某些官员或因轻敌冒进而中伏身亡，或囿于才干见识而为贼所杀，但若能在临死之时做到尽忠职守、身卫社稷、不辱国恩，朝廷仍会建祠奉祀以示嘉奖，激励更多的人效法其忠义之举。

四、民众对恤典祠祀的认知

民众对于文官恤典祠祀的认知既有与官方契合的一面，也有出于切身利益考量而与之背离的一面。县民郭明德等积极推动伍骥的祠宇入列祀典，"乞载诸祀典，令有司岁时致祭，以慰众情，以为人臣之劝"①。此举可视为民众认可国家宣扬忠义价值观，积极接受教化的表现。但更多时候，民众对于恤典祠祀、神祠祭祀甚至淫祠禳灾并无认识上的差别，他们既可以在韩雍、王得仁、杨信民的恤典祠宇中祈祷风调雨顺，又可以在城隍庙、龙王祠甚至供奉五通神的淫祠中祈求福祉与财运。

官方提供了一个意图宣扬忠义教化的场所，并于春秋二季或祠主诞殁之日以隆重的仪式进行实践。普通民众则不受限于时日，随时可向祠主献祭，表达崇敬怀念之情的同时，将现实生活中无法独立解决的事情求助于冥界的祠主。或许民众最初与官方一样，感怀祠主忠义大节，但随着时间的推移，祠主是否显灵成为民众前往祠宇祭拜求福的最重要的原因②，后世即使有恤典祠宇香火鼎盛，免于破败，多源于其祠主时常显灵降福，并伴有当世神话与传说，祠主的忠义大节反居于末。这并不是恤典祠祀发生了异化，成为神祠或沦为淫祠，而是官方和民众出于不同的目的和理解方式，各自选择了最有利于己方的解读。如杭州府钱塘县供奉于谦的旌功祠衍生出了祈梦功能，"每秋月，杭人蠲洁于祠中，祈梦最验"③。广西梧州韩雍

---

① 《明宪宗实录》卷137，成化十一年正月壬申。
② 美国学者韩森指出"在整部中国历史中，学问僧与哲学家们辩论、诠释着经籍的含义，而多数不识字的百姓与士人求助于神祇，却是出于日常生活之需：病痛、子嗣、饥荒、蝗灾、洪水、旱暵，以及外族入侵等。"，而灵验与否是他们选择继续奉祀还是别投他神的唯一标准，包伟民总结为"为灵是信"。韩森著，包伟民译：《变迁之神——南宋时期的民间信仰》，杭州：浙江人民出版社，1999年，第12、2页。
③ 蒋廷锡等：《大清一统志》卷217《杭州府二·陵墓·于谦墓》，文渊阁《四库全书》本，第479册，台北：台湾商务印书馆1986年，第33页。

祠:"敕下立祠梧州,至今雨旸水旱疾病灾祥,祷公祠辄应焉。"①福建汀州王得仁祠:"旱涝疫疠,禳祷多应。"②广东广州杨信民祠:"水旱疫疾必祷焉。"③

官方认为恤典祠宇供奉的是本朝已故人物,不是神灵,在一定程度上摒斥了神迹、当世神话与传说,力图彰显祠宇传播儒家忠义教化的目的,而神迹、神话与传说却是祠宇得以香火延续、世代供奉的重要原因。美国学者杨庆堃认为神话和传说的出现强化了集体记忆,尽管记忆实际上已被修饰得面目全非,但对于祠主从人鬼向天神的转变起到了至关重要的作用。④

以于谦为例,即使难以从人鬼变为天神,但是民间退而求其次,认为于谦是宋代名臣文天祥的转世⑤,同样具有神性,当其感到自己塑像破损严重时,会托梦于庠生张杰,请其代为修复。⑥民众一方面对于谦奉若神明,一方面又出于自身经济利益考虑,坐视其祠宇荒废,以维修祠宇的工匠最为典型。杭州旌功祠在隆庆三年(1569年)得以维修,而在此之前竟是如斯光景:

> 据委钱塘县典史袁溶查得本祠内堂三间,坍损大半,正堂三间,三角损坏,头门三门,上面坍塌,又一间半,原系估修未完,左右碑亭倒塌,周围墙垣坍倒二十五丈,后捲蓬左右厢房、小祠堂以后三司府县厅,共九间,俱各梁柱杭条川枋椽木等项朽坏,俱应脱换修饬。⑦

为何会呈现如此不堪的景象?直接原因在于官府拖欠工人维修费用,

---

① 皇甫汸:《皇甫司勋集》卷47《吴韩襄毅公祠碑(代吕中丞作)》,文渊阁《四库全书》本,第1275册,台北:台湾商务印书馆1986年,第810页。
② 《嘉靖汀州府志》卷18《祠翰·记·汀州府·忠爱祠记》,《天一阁藏明代方志选刊续编》第40册,上海:上海书店出版社,1990年,第516页。
③ 姚之骃:《元明事类钞》卷10《官品门三·巡抚·单骑谕降》,文渊阁《四库全书》本,第884册,台北:台湾商务印书馆1986年,第161页。
④ 杨庆堃著,范丽珠等译:《中国社会中的宗教——宗教的现代社会功能与其历史因素之研究》,上海:上海人民出版社,2007年,第165~166页。杨庆堃注意到广州地区对于汉代将军马援的崇拜已经从最初的尚武精神转变为拜神求福,神灵有求必应成为人们前来祭拜的最重要的原因。
⑤ 《于少保萃忠全传》描述了庠生张杰得于谦托梦,于谦自称是文天祥转世。"子不知吾,吾即文丞相再世也。"见孙高亮、怀石甫:《于少保萃忠全传》第38传《张庠生修神公像,姚盐台建忠节坊》,清道光二年翻刻明万历本。
⑥ 孙高亮、怀石甫:《于少保萃忠全传》第38传《张庠生修神公像姚盐台建忠节坊》,清道光二年翻刻明万历本。
⑦ 王世贞:《弇州四部稿》卷109《公移·议处于肃愍公谥号后裔修葺祠墓稿》,文渊阁《四库全书》本,第1280册,台北:台湾商务印书馆1986年,第728页。

"以致旋修旋坏"①。工作在第一线的工匠们以谋生为要务,不能因为政府的问题而枵腹为公,不求回报,况且物料的备办也需要钱银开销,一旦缺钱,工程自然没有进展或者敷衍了事。面对这种破败的恤典祠宇和业已停止的祭祀活动,往往有怀揣忠义教化、感念祠主生前大节的新任地方官,重修祠宇、再塑金身,动用官方力量意图恢复甚至超越往日规模。以旌功祠为例,明清两代都曾经数次大力维修乃至重建。②虽然有心之人大力整饬祠宇,暂时令其焕然一新,但正如它曾经遭遇到的尴尬一样,官方唯一可见的大动作是一年之中或两天或一天,举行祭祀活动,实际上官方处于长时间缺位的状态。官方的缺位给了民众从自己利益角度出发去理解恤典祠祀,从而衍生出许多神迹、传说,使恤典祠祀产生变化,向神祠发展。至于部分恤典祠宇在发展演变过程中逐渐具备了神祠的功效,地方官员并非一概不知,只是希望拥有部分神祠特性的恤典祠祀仍能起到慰死劝生、教化民众的作用,这也可视作秉承儒家思想的官员在具体施政过程中的一种变通。坛庙祭神事鬼的最终目的仍是关注现世,而非真正以鬼神为依托。

  论曰:先王深明祭义。其坛庙之设,岂直(真)以寔道能祸福人,为警动之具哉?其所以致力于民,则有政矣。取予敛散,劝董诛赏,所以与民从事,皆散于社,窃于山川,以为降。其施设出于仁义之尽,而感通动于精诚之极。玉帛之沉燎,血毛之割瘗,犹其文之所为享,而非义之所存也。③

小　　结

  明代文官恤典祠祀从属于整个明代礼制建设,也是礼教推广进程中的

---

① 王世贞:《弇州四部稿》卷109《公移·议处于肃愍公谥号后裔修葺祠墓稿》,文渊阁《四库全书》本,第1280册,台北:台湾商务印书馆1986年,第728页。
② 《光绪杭州府志》记载:"旌功祠,在三台山,祀明少保赠忠肃于谦。国朝康熙三十一年,知府李铎重建。雍正七年,总督李卫重修。乾隆十一年重修。嘉庆二十五年,杭嘉湖道林则徐重修。咸丰二年,郡人周澍等重葺绘堂。十一年,毁于寇。同治八年,郡人吴煦、濮诒孙等请款重建。"张澒万:《于公祠墓录》卷1《祠墓·旌功祠》,《武林掌故丛编》第32集,北京:京华书局,1967年,第46～47页。
③ 《万历湖广总志》卷42《坛庙·论》,《四库全书存目丛书》本,第195册,济南:齐鲁书社,1995年,第321页。

重要环节。朝廷通过为已故文官修建祠宇并保持每年的定时祭祀,甚至列入官方祀典。与赠给官职、赐予谥号等阶段性褒奖、恩赏相较,这是一种相对长期的褒奖、纪念,与恩荫直系子孙为官、赐予丧葬费等仅仅限于死者家属的小范围恩赏相比,它通过长时段、开放性、持久性的祭祀活动向更多的人传达死者不世的功业、崇高的品德以及朝廷对于死者的重视和报偿。恤典祠祀只注重功业与品德,不以死者官阶品级为硬性标准使得此类祠祀可以囊括上至宰辅下到基层官员的广泛文官群体,扩大了国家恩典的覆盖面。

由于恤典祠祀鲜明的官方特色,其兴起和发展有赖于国家力量的强势介入和长期支持,而一旦国家对此不再关注或重心转移,失去国家力量护佑的恤典祠祀非常容易衰落甚至最终破败荒废。恤典祠祀旨在凸显国家力量的存在,祭奠奉祀死者只是一种手段,这是对于往者的一种追思,而礼仪活动的组织者和执行者才是整个礼仪的关键,着眼于生者是一切礼仪的出发点,即便是丧礼,感动生者才是礼仪的最终目的。恤典祠祀作为国家礼制建设的组成部分,其内容都要服务于国家制礼作乐所宣扬的基本价值理念,个人的优秀行为成了国家制定和宣传正确的主流价值观、恩养士人、教育士人的结果。民众自发为死者修建的略带神祠性质的祠宇及祭祀活动更多是从赞美、崇敬死者个人的角度出发,不涉及官员背后的国家,国家将民间自发修建的祠祀纳入国家祭祀体系即是置其于国家管控之中,从而宣传和推广国家的忠义教化。

恤典祠祀最直接的功效是对已故官员的嘉奖和对在世官员的激励、鼓舞,至于祠宇和祭祀活动能否做到长久延续,并达到教化民众的预期功效,并非制度制定者所能控制。尽管有诸多祠宇修建之后趋于荒废,但是官员们并没有放弃对于恤典祠祀的题请,请求立祠奉祀的奏疏络绎不绝,尤其是在战争时期用以鼓舞士气,新旧政权交替之际期望稳定人心。所以,官民人等一再请求国家批准建祠奉祀或赐额以示承认,乃至归入官方祀典,首先是对于国家权威的认可,其次是对于国家所宣传的忠义价值的认同。这些都表明有明一代文官恤典祠祀政策在总体上还是取得了成功。

唐宋时期落第士人问题研究综述

黄云鹤

落第士人是分散于社会各层面,与社会各阶层、各领域联系密切的群体,具有极强的开放性、流动性和强烈的政治诉求。他们对普通百姓、政府、甚至整个社会都具有一定的影响力。其生存境遇、价值取向与社会稳定及政权存亡紧密相关。关注落第士人生存状况,研究该群体与社会、政权之间关系,为解读中国古代社会问题开辟一条新的路径。唐宋时期是落第士人群体初步形成和发展时期,作为科举制度的产物,科举制度本身、及第者和落第者共同构成科举学的完整体系。在这个完整链条中,学术界对于科举制度层面问题的研究已经十分深入,甚至是细枝末节;对于及第者的研究也已连篇累牍,基本完备;而对于落第者的研究则相对比较薄弱,成果不多。从科举制度施行伊始,关于落第的记载就散见于各种文献,多数只是描述,研究的内容很少。2007年李世愉先生曾发表专文《科举落第——一个被忽视的研究领域》,认为"在以往对科举制度的研究中,专门针对落第问题的研究很少,至今没有一部关于科举落第问题的研究专著,相关论文的数量也很有限,而且大多不是从落第的角度,或者说不是从制度的角度去探讨的。总之,科举落第问题的研究目前还是很薄弱,应该引起我们的重视。"[①]这是对整个落第领域研究的呼吁,唐宋时期落第问题研究情况亦是如此。"我们还应当看到那时举子的大部分是落第的,由于他们是科场的失败者,有些人考了十几年、几十年,可能终于无成,因此关于他们的情况,就很少记载,也就不大为人所知。如果我们要全面研究唐代的科举制,全面探讨唐代文人的生活,那么较及第者要多出好几倍的这部分士人的命运和出路,是应当加以研究的。但是这方面的材料还不是太多,限制了我们的认识。我们只能大略地说,有些人累举不第,有的就应藩镇和地方州府的辟召,作为他们的幕职;有的归居田里,有的漂泊各地,有

[①] 李世愉:《科举落第——一个被忽视的研究领域》,《探索与争鸣》2007年第3期。

的则坎坷困顿,以至贫病而死。"①傅璇琮先生只是提到了研究唐代落第士人的必要性、意义和存在的困难,而没有做进一步研究。吴宗国先生在《唐代科举制度研究》中也涉及到落第士人,但他是将落第士人涵盖在举子层中。他认为:"乡贡进士、乡贡明经虽然没有取得做官的出身资格,但士的身份是确定无疑的……乡贡进士、乡贡明经作为士的一部分,人数越来越多。他们上面连着已经及第的进士、明经,而在他们的后面,则还有一大批连贡举资格都没有取得的读书人。正是在及第者和读书人之间,出现了贡举人这样一个社会群体、社会层面。"②吴先生对该阶层并没有展开说明,只是作为第十四章第四节,粗略地谈及其势力的壮大、落第后的流向和对社会的危害,提出问题而没有解决。

目前,国内一些学术界中青年学者对唐宋时期落第士人群体问题有所关注,出现一批研究成果。目力所及的电子版文献中,以"落第"、"下第"为核心词的文章大约七十篇左右,还有一些专著涉及到落第问题。为进一步深入研究唐宋时期落第问题,有必要对现有成果进行系统梳理,明晰现今研究存在的问题和今后的研究方向。

一、唐宋时期落第士人的整体性研究

落第士人作为一个群体,具有一定的群体特征和共性。学术界对唐宋时期落第士人整体性研究成果不多,以学位论文为主,主要有潘学军硕士论文《论唐五代笔记小说中的落第举子形象》、史春香《唐代落第士子研究》、郭鹏《浅谈中唐落第文人的生存状态》、吴诤强的《宋代的落第者》、王鹏硕士论文《宋代落第士人初探》和黄云鹤博士论文《唐宋时期落第士人研究》。

潘学军《论唐五代笔记小说中的落第举子形象》是以唐五代笔记小说为文本,探讨唐五代落第举子的各方面生活状况,第二章《落第后的主要活动轨迹》"对举子落第后的活动轨迹作详细的论述。具体拟从两方面入手,一是介绍落第举子寓居京城,为图来年应试而所进行的干谒投献等社会活动。二是描述举子下第后在各处的游历情况,着重提出其经历、见闻和感受。将'落第'作为切入点,从人物活动情况着手对落第举子形象进行研

---

① 傅璇琮:《唐代科举与文学》,西安:陕西人民出版社,2003 年。
② 吴宗国:《唐代科举制度研究》,沈阳:辽宁大学出版社,1997 年。

究,以突出人物的群体特征。"第三章《落第后的生存状态和最终出路》"通过对唐五代笔记小说中材料的收集,介绍举子落第后在家庭及社会中的尴尬地位和无奈境况,以及落第举子放弃科考后的最终出路,对他们下第后的生存状态展开追踪,做出分析。"第四章《落第举子落第后的心态》"着眼于他们落第后的复杂心态,从他们再次应举前对前途的希冀和对命运的揣测,干谒求人时流露出的狂傲不羁、谦卑、愤懑、怨毒等各种情绪等方面,对他们的心态进行探讨。"[1]这篇文章虽以落第举子形象为题,基本上对唐五代落第举子与科举相关的生活进行了梳理。文章基于笔记小说资料进行的阐释,多是一些描述性语言,文学色彩比较浓厚。

郭鹏《浅谈中唐落第文人的生存状态》[2]是一篇短文,对中唐时期落第文人生存状态进行粗略讨论,认为中唐时期"落第文人也已丧失了盛唐文人那般强烈的报国之志,他们的人生态度已流于颓废。由于多数落第文人连基本的生存都难以保证.因而他们无法像盛唐文人那般胸怀天下、追求宏大的理想,其精神境界普遍没落。"

史春香的《唐代落第士子研究》一文篇幅很短,根本没有对唐代落第士子展开研究,只是就唐代落第士子落第原因进行简单泛论。认为"唐代落第者多为寒门士子,寒门士子落第是有着深刻的社会原因的:在科举入仕之路上,寒门细族受到名门望族的排挤;在门荫入仕之路上,寒门细族被排斥在游戏规则之外。然而,寒门士子却屡败屡试。这既有寒门士子对科举及第外在现实物质利益的追求,也有寒门士子对'士'传统的内在精神膜拜。"[3]上述两篇文章对于研究唐代落第问题无多少参考价值。

与唐代落第士人整体研究相关的研究还有刘琴丽的《唐代举子科考生活研究》[4]一书,虽是对唐朝举子整体生活情况进行的研究,但也包含落第者。全书共分五章,从经济生活、科考旅寓生活、社会交往、家庭生活和精神生活五个方面对唐代举子群体进行研究。作者通过详细的资料梳理分析,认为唐代举子科考生活独具特色,即常年"旅寓漂泊、旅途奔波";"经济忧虑程度普遍高于宋、明、清举子";"极端重视社会交往和人际关系";精神信仰"带有浓厚地域特色和时代特色"。作者从科考生活角度切入,对唐代举子整体生存状况进行梳理,总结唐代举子生活中面临的具有共性的问题,并得出相应的结论,这为研究唐代落第士人生存状态提供借鉴。

---

[1] 潘学军:《论唐五代笔记小说中的落第举子形象》,湖南科技大学硕士论文,2010年。
[2] 郭鹏:《东京文学》2010年第8期。
[3] 史春香:《唐代落第士子研究》,《金田》2002年第4期。
[4] 刘琴丽:《唐代举子科考生活研究》,北京:社会科学文献出版社,2010年。

关于宋代落第士人整体研究，主要有2004年北京大学王鹏硕士论文《宋代落第士人初探》和吴铮强《宋代的落第者》两篇文章。王鹏《宋代落第士人初探》主要从入仕途径、落第士人与宋代教育、落第士人与宋代地方社会三个方面研究宋代落第士人。在入仕途径问题中，总结落第者入仕渠道主要有广南摄官、举遗逸与举荐、应募、出使、进纳、恩荫、从军。附表《宋代落第士人举荐授官表》详细列举通过举荐而入仕的落第者。在落第士人与宋代教育问题中，对落第士人在官学、私学和家庭教育方面的作用给予评价，对他们在宋代文化教育事业发展中的贡献给予肯定。在落第士人与宋代地方社会问题中，从维持地方秩序、解决地方争端、参与地方事业角度总结落第士人在地方社会作用，并探讨落第士人在地方社会名望及与地方官府之间的关系。这篇文章涉及的方面有限，对于宋代落第士人的日常生活、经济状况以及制度方面均未涉及，正如文章"初探"之名，多数问题都是进行资料的初步收集运用，缺少高度和论证。但这篇尝试性文章为后来的研究提供了资料上的帮助。吴铮强《宋代的落第者》一文收在包伟民主编的《宋代社会史论稿》[①]书中，落第者叛逆部分问题收在吴铮强所著《科举理学化：均田制崩溃以来的君民整合》[②]书中，该文主要关注宋代落第者的"比较特别的两种行为取向，他们在科举失败之后，或者孜孜于通过其他途径自进于统治者，或者转而反叛朝廷"[③]。即落第者的政治出路问题，包括两个方面：一是关于落第者入仕渠道问题，即宋代落第者的自进，包括求荐自进、上书自进、军功自进；二是宋代落第者的叛逆，包括叛国、谋逆，还有范寥其人个案研究。文中附表：宋代落第者经举荐被授教学性官职一览；落第者上书自进事例一览；落第者军功自进事例一览。对通过荐举、自进、军功等途径入仕的落第士人进行统计，为进一步量化分析做好准备。关于落第者自进问题，部分借鉴了王鹏论文《宋代落第士人初探》，并进行资料方面补充和角度的调整；在文章结语中，对落第者两种行为进行理论高度的分析，认为"科举的落第者，往往就在士大夫与'流氓'之间，'贵族阶级'与'游民阶级'之间，在乱世，他们可以自由地自进于统治者，而获得成为'贵族阶级'的机会，在治世，他们也不想放过这样的机会，于是除了科举，他们也试图通过乱世时的方式，自进于统治者。而一旦不能进入士大夫的行列，他们也就成了游民与流氓，这个群体是乱世创立政权之主力，他们转

---

① 包伟民主编：《宋代社会史论稿》，太原：山西古籍出版社，2005年。
② 吴铮强：《科举理学化：均田制崩溃以来的君民整合》，上海：上海辞书出版社，2008年。
③ 包伟民主编：《宋代社会史论稿》，第106页。

而反叛朝廷,也就不足为奇了"①。

唐代落第士人与宋代落第士人群体之间有共性,也有自身的特点,将唐代落第士人与宋代落第士人进行比较,则更能反映出落第士人群体的发展与变化。在这方面,黄云鹤博士论文《唐宋时期落第士人研究》进行了初步探讨。文章从政治生活、经济生活、文化生活和社会生活四个方面对落第士人进行研究。在政治生活方面,主要阐释落第士人与政权关系。认为"唐宋时期落第士人与政府关系大致分三种,一是积极入仕,与政权合作;二是退隐山林,与政权保持中立;三是反抗叛逆,反对现政权。从这三个层面揭示出唐宋时期落第士人政治生活的全貌,并总结唐宋落第士人在政治上的差异,分析其发展趋势"。在经济生活方面,主要描述唐宋时期落第士人经济生活状态及其经济地位。"从唐宋时期落第士人谋生途径及经济收入入手,详细分析唐宋落第士人经济来源及生活水平的差别,认为从唐至宋,落第士人的经济状况呈下降之趋势,落第士人经济生活贫困程度加剧。"在文化生活方面,"主要从文化的传播、发展、保留三个方面,论述唐宋时期落第士人在文化上的作用。认为唐宋两朝落第士人在文化上的作用是相同的,但贡献有所侧重,并各具时代特色"。在社会生活方面,"主要叙述唐宋时期落第士人社会交往、社会作用和日常生活。认为科举对落第士人社会生活产生重大冲击,无论社会交往还是日常生活,都因科举而发生改变。落第士人的社会地位呈下降之趋势,他们逐步由悬浮在社会上层而下沉至基层社会,但他们在地方事务中找到发挥自己作用的领域,逐步成为一股新的基层社会力量"②。文章试图对唐宋落第士人进行全方位的研究,但"基于唐宋时期落第士人研究现状和可资利用资料等诸多因素的考虑……论文主要采取描述的方式,而不是主要采取考证或论述的方式……这是研究唐宋时期落第士人的最初步的工作,还有更多的问题需要进一步深入研究,今后需要用更长的时间来完成"③。

综上所述,在对于唐宋时期落第士人群体的整体研究上,唐代落第士人整体性研究相对薄弱,宋代落第士人群体研究则更关注落第者的出路和政治性问题,具象性和资料性研究较多,对于不同时期群体特征、发展规律、制度变化等方面尚显薄弱,尤其是缺乏理论性的探讨,有很大研究空间。

---

① 包伟民主编:《宋代社会史论稿》,第180页。
② 黄云鹤博士论文《唐宋时期落第士人研究》,第11页。
③ 黄云鹤博士论文《唐宋时期落第士人研究》,第11页。

二、专题性研究

落第士人的全面研究是一个系统工程,需要大量的专题研究为支撑。学术界对于唐宋时期落第士人专题性取得一定成果,主要集中在以下几个方面:

1. 对落第士人出路问题研究

唐代落第举子出路问题,刘琴丽在《试论唐代落第举子的出路选择》一文中,归纳唐代落第举子出路主要有寻求入仕、回家归耕、经营商业、皈依宗教、隐居他乡以及从事教育等。而落第举子寻求入仕的主要途径为入幕、门荫入仕、荐举做官、上书获得出身或职事官、从军入仕。[1] 苏锟在其文章《略论唐代落第士子的仕进选择》中认为,唐代落第士子有多样仕进选择,包括异地取解入仕、门荫入仕、入幕为吏、荐举、军功入仕等,并分析其产生原因[2]。对于宋代落第士人入仕问题,北京大学王鹏硕士论文《宋代落第士人初探》第一章《宋代落第士人的入仕途径》,包伟民主编的《宋代社会史论稿》中吴铮强所撰第二章"宋代落第者",其第一节宋代落第者的自进,指出宋代落第者选择"求荐自进"、"上书自进"、"军功自进"等路径入仕[3]。黄艳、杨轶群在《宋代士人落第后的选择》一文中认为:宋代士人落第后主要选择为继续科举(包括入太学、改科从武举)、门荫入仕、荐举入仕、上书言事入仕、隐逸制举、充摄官、纳粟得官等。[4] 黄云鹤在《唐宋时期落第士人研究》中,对于唐五代时期落第士人入幕问题、宋代落第士人因教而仕等具有时代特色的入仕渠道进行论述。朝廷有多少选官渠道,落第者就有多少入仕渠道。唐宋时期落第者多途入仕,上述文章基本从各个方面都谈及,但缺乏系统性和量化分析,有待于进一步研究。

入幕是唐、五代时期落第士人重要的政治出路,幕府是落第者重要的生存场所。学术界关于唐、五代时期落第士人入幕及在幕府中状况,在研究幕府问题的专著中有所涉及,如石云涛的《唐代幕府制度研究》,将落第举子游幕现象作为幕府制度的一个组成部分进行研究,主要谈及唐末幕府

---

[1] 刘琴丽:《试论唐代落第举子的出路选择》,《五邑大学学报》2007年第3期。
[2] 苏锟:《略论唐代落第士子的仕进选择》,《榆林学院学报》2012年第3期。
[3] 二表亦见于吴铮强的《科举理学化:均田制崩溃以来的君民整合》,上海:上海辞书出版社,2008年。
[4] 黄艳、杨轶群:《宋代士人落第后的选择》,《文博》2005年第6期。

失控后"关于辟请'未有出身者'入幕"、落第士人入幕后生活及出路问题。①严耕望《唐方镇使府僚佐考》②、戴伟华《唐方镇文职僚佐考》③中所考证的文职僚佐包含落第入幕者。以唐代落第士人入幕为主题的研究只有黄云鹤《中晚唐时期落第士人入幕问题探究》一文,"探讨他们入幕的动机、实现入幕的条件、与幕主之间的关系及他们在幕府中所处的地位,认为中晚唐时期幕府为落第士人提供了一条入仕途径,并解决了一部分落第士人的生存问题。在一定程度上缓解了来自落第士人对中央政府的压力"④。还有一些研究幕府中文人整体状况的文章,也涵盖了落第者,如杨国宜、陈慧群《唐代文人入幕成风的原因》⑤、杨国宜、陈慧群《唐代幕府文人的境遇》⑥、卢建荣《中晚唐藩镇文职幕僚职位的探讨》⑦、戴伟华《唐代使幕文人心态试析》⑧、盛菊《试析唐代幕府文人的历史作用》⑨、刘琳《唐末幕府文人心态及其诗歌创作》⑩等。

落第者的反抗与叛逆问题,也属于政治出路问题。黄云鹤《唐宋落第士人抗争及其政府对策》一文总结了唐宋落第者叛逆产生的原因、叛逆的形式、以及唐宋政府为解决这一问题所采取的的政策。叛逆的根本原因是"一是科举不公,二是入仕无门"。反抗形式"首先是利用合法手段,反对科举中不合程序及录取不公问题,争取自身权益"、"其次是围攻主考官,聚众闹事"、"再次是投靠反政府势力,成为政府敌对力量"、"最后是揭竿而起,举起造反大旗"。政府解决的策略,"首先是不断完善科举制度本身,力求在最大程度上解决科举考试程式方面的不公"。"其次是增加科举录取名额,尤其是实行特奏名制度,充分发挥科举制度的縻士功效。"⑪吴诤强《宋代落第者的叛逆》将宋代落第者的叛逆分为叛国和谋逆两类,文中梳理宋代各时期的叛国和谋逆案例,结合范寥个案研究,应用游民理论,对落第者的行为进行分析。认为"对于某些应举者而言,加入政权就是他们应举的

---

① 石云涛:《唐代幕府制度研究》,北京:中国社会科学出版社,2003年。
② 严耕望:《唐方镇使府僚佐考》,《新亚学报》第7卷第2期。
③ 戴伟华:《唐方镇文职僚佐考》,天津:天津古籍出版社,1994年。
④ 黄云鹤:《中晚唐时期落第士人入幕问题探究》,《社会科学战线》2012年第4期。
⑤ 杨国宜、陈慧群:《唐代文人入幕成风的原因》,《安徽师大学报》1991年第3期。
⑥ 杨国宜、陈慧群:《唐代幕府文人的境遇》,《天府新论》1991年第5期。
⑦ 卢建荣:《中晚唐藩镇文职幕僚职位的探讨》,《第二届国际唐代学术会议论文集》,天津:天津出版社,1993年。
⑧ 戴伟华:《唐代使幕文人心态试析》,《扬州师院学报》1996年第3期。
⑨ 盛菊:《试析唐代幕府文人的历史作用》,《淮北煤炭师院学报》1998年第4期。
⑩ 刘琳:《唐末幕府文人心态及其诗歌创作》,曲阜师范大学硕士论文,2011年。
⑪ 黄云鹤:《唐宋落第士人抗争及其政府对策》,《社会科学战线》2009年第1期。

终极目标,如果不能通过科举加入此政权,他们就会背叛此政权,而加入另一政权,或者,建立暴力集团反对政权,甚至试图凭借自己力量再建立一个政权。对于一个士人而言,有才就要求加入政权,不能加入此政权,就要求加入彼政权,不能加入政权就要反抗此政权,说明此类士人在很大程度上保留了乱世游士的性质,他们个人价值,完全需要通过政权得以体现"①。

上述文章归纳了唐宋时期士子落第后所选择的主要入仕途径,但整体而言,文章所涉及的内容相对有些简单,一些问题没有展开论述,更缺少唐与宋两个朝代的落第士人入仕情况的比较,没有反映出落第者入仕途径选择的时代特色,还有必要进一步延展研究。

2. 对唐宋落第士人群体心态、情感问题研究

心态和情感问题是落第问题研究的重点领域,多数文章都集中于此。较早研究该问题的是房锐《从王铎的死因看晚唐藩镇之祸及落第士人的心态》②,从王铎被杀事件总结出晚唐时期"广大寒门子弟对把持选举权的朝中权贵的深刻不满及其与朝廷的对立情绪"。"屡试不利、学而优被'弃'的遭遇,使晚唐众多寒门士子仕进的希望日趋破灭,并由此产生了不满甚至怨恨的情绪,且渐渐演化为一种具有代表性的社会心理。"房锐在《从〈北梦琐言〉看晚唐落第士人的心态》③中进一步阐释落第者心态,认为"从《北梦琐言》的记载可以看出,进士科是晚唐士人普遍关注和追求的目标,不少有真才实学的士人遭到黜落后,对唐王朝怨望不已,一些被黜落的无才无识之辈,亦因求名不遂,心怀不满,伺机报复。当唐王朝面临崩溃之际,一些落第士人便纷纷寻找发泄渠道,实施报复计划,他们的所作所为,加速了唐王朝灭亡的步伐"。持此观点的还有蔡静波、杨东宇的《论晚唐科举与落第士子的心态——以〈北梦琐言〉为例》④和徐乐军的《怨毒心态与唐末落第士子的人生选择》⑤。在这组文章中,强调了唐末落第举子的不满、怨恨、甚至是怨毒的心态。这种心态使他们采取报复朝廷或社会的行为,走向朝廷的对立面,给社会带来极大的危害。

落第士子的心态应该是多样的,学者们也对此进行论述,如沈文雪的

---

① 吴诤强:《宋代落第者的叛逆》,参见包伟民主编《宋代社会史论稿》,第 176 页。
② 房锐:《从王铎的死因看晚唐藩镇之祸及落第士人的心态》,《天津大学学报》2002 年第 2 期。
③ 房锐:《从〈北梦琐言〉看晚唐落第士人的心态》,《社会科学家》2004 年第 5 期。
④ 蔡静波、杨东宇:《论晚唐科举与落第士子的心态——以〈北梦琐言〉为例》,《唐都学刊》2005 年第 4 期。
⑤ 徐乐军:《怨毒心态与唐末落第士子的人生选择》,《山东省青年管理干部学院学报》2009 年第 1 期。

《唐代落第诗折射的士文化心态》:唐代落第诗展示士人文化心态是"文场蹉跎、失意怀羞的心理;羁旅行役之感与怀乡念国之思;怀才不遇、感伤意绪的流露;进取归隐、儒道意识的转换等"[1]。还有一些相似文章,李精一的《唐代落第诗所反映的士人情感特质》[2]、卓洪艳的《从唐代文言小说看落第士子的文化心态》[3]、韩鹤进、黄梅的《唐代落第士人心态探微》[4]、滕云的《羞惭与怨恨——从唐代落第文学看落第举子的双重心态》[5]等。

特殊时节特殊事象而引发的情感问题:落第举子是敏感人群,落第的经历使他们对一些时间节点和与科举相关的事象产生联想而生发感伤。滕云的《有情天地内,多感是诗人——论唐代落第举子的节日敏感》和《杏花开与槐花落,愁去愁来过几年——论唐代落第举子的槐杏情结》关注了落第举子的节日情感和槐杏情结:"在寒食清明节至时他们方逢下第,想起此时那象征科举登第的杏园中的杏花开得正盛,他们见花而落泪。中秋之夜赏月时,他们仰望一轮明月便更加渴盼蟾宫折桂。除夕之夜新旧年交接之际,他们感叹流年易逝而功名无成。这些节日的来临会给落第举子带来异于常人的心灵感受,那是应考落第的伤痛在他们心灵上留下的特殊印记,也记录下了他们执着追求人生价值的心路历程。"[6]"由于唐代科举考试解送举子与试后杏园放榜的时间分别与槐树与杏树开花时节相重合,因此……他们在年复一年的反复煎熬中,睹槐花开而发愁,见杏花放而落泪,条件反射地对槐花与杏花滋生出一种愁怨忧惧而异于常人的特殊情绪,这是他们的心灵为科场利刃所穿刺后留下的不灭伤痕,在此称之为槐杏情结。"[7]

落第给读书人心灵带来的伤痛是毋庸置疑的,落第后的士人心态复杂,失意、不满、甚至怨恨具有一定的共性。但有些文章以落第诗和小说文献为文本,探讨落第士人的心态和情感,存在夸张放大成分,尤其是过分强调落第者的负面心态以及对政权和社会的危害,是有一定偏颇的,这也是

---

[1] 沈文雪:《唐代落第诗折射的士文化心态》,《郑州大学学报》2003年第5期。
[2] 李精一:《唐代落第诗所反映的士人情感特质》,《学术交流》2005年第3期。
[3] 卓洪艳:《从唐代文言小说看落第士子的文化心态》,《南平师专学报》2007年第4期。
[4] 韩鹤进、黄梅:《唐代落第士人心态探微》,《云南民族大学学报》2008年第5期。
[5] 滕云:《羞惭与怨恨——从唐代落第文学看落第举子的双重心态》,《柳州师专学报》2013年第3期。
[6] 滕云:《有情天地内,多感是诗人——论唐代落第举子的节日敏感》,《桂林师范高等专科学校学报》2009年第6期。
[7] 滕云:《杏花开与槐花落,愁去愁来过几年——论唐代落第举子的槐杏情结》,《名作欣赏》2010年第5期。

我们在运用文学资料研究历史问题所应该注意的。另外,学术界对宋代落第士人心态及唐宋落第士人心态的变化缺少研究,这是亟待填补的领域。

3. 社会交往问题研究

社会交往是落第士人生活的重要组成部分,是确定其社会地位、活动场域及群体需求的重要参考。目前学术界关于唐宋时期落第士人社会交往问题研究成果较少,主要集中于唐代,如黄云鹤《唐代下层士人社会交往及其心态》,以唐代下层士人为研究对象,主体是落第士人,分析他们社会交往的特征、原因以及在社会交往过程中所表现的心态。社会交往的特征归结为:"在唐朝,下层士人社会交往一个最突显的特征是以科举为社交中心,以能够帮助他们实现科举愿望的人为主要结交对象。"这一特征产生的原因:"是当时特定历史时期的产物。唐朝下层士人的重要社交活动'觅举'就是科举制度不健全情况下出现的独特社会交往。""唐朝下层士人围绕入幕而展开的社交活动,与唐朝幕府制度直接相关。""唐朝下层士人社会交往特征的形成不仅与制度有关,而且还与士阶层的构成有关。"社会交往中的心态分为两种:"在觅举时,一些孤寒之士为了能得到上层官宦的荐引,难免会表现出谦卑、奉承巴结乃至取媚的心态。""唐朝下层士人中出身世族或高官显宦之家者,由于他们有显赫的出身和强硬的社会关系做后盾,在与上层社会交往过程中则时常表现出一些自信傲慢之心态。"[①]

黄云鹤《试析唐代落第士人的游历之风》一文分析唐代落第士人独特的社会交往——游历,分析了唐代落第士人游历的主要区域、产生的原因和影响。游历的地区主要有"京城西安和洛阳及其附近地区"、"重要藩镇幕府所在地"、"文化名人所寓居地区"、"巴蜀地区"、"江淮地区"、"其他地区"。归纳游历的原因"主要是唐代科举制度本身的设计缺欠、规定执行不利、唐朝特有的政治格局和社会大环境为落第士人留有很大的流动空间等因素造成的"。游历的影响是"给社会带来一些不安定因素,对社会和政权的稳定构成一些潜在的危险"。"对自己家庭经济和生活影响也很大。""落第士人游历也有其积极作用。对于落第士人个体而言,走出书斋,扩大和各个阶层的社会交往,积累了必要的社会关系资源,增加了他们未来科举折桂和入仕的机遇,也会增加其人生阅历,加深对社会各方面的认识,为未来入仕储备必要的社会知识和经验。另一方面,在客观上也促进唐代的文化繁荣发展。"[②]

---

① 黄云鹤:《唐代下层士人社会交往及其心态》,《史学月刊》2005 年第 1 期。
② 黄云鹤:《试析唐代落第士人的游历之风》,《东北师大学报》2013 年第 3 期。

此外，还有一些对涵盖落第士人其他群体的研究，如刘琴丽的《唐代举子科考生活研究》第三章《社会交往》，以唐代所有举子为研究对象，研究他们社交群体、社交路径和社交场域。① 王新立的《唐代文人的交游活动及其文学影响》，以唐代文人整体为研究对象，认为"唐代文人的交游活动目的主要是为结识某一个人，而进行针对性比较强的干谒、行卷，以及为扩大人际关系、结识名人、提高名声而参与的各种唱和、宴会活动等。这些交游活动在中晚唐尤其盛行"②。对于唐代文人社会交往的研究主要集中于文人干谒问题上，干谒是唐代文人为仕宦、为科举而进行的社会交往，独具特色。这方面研究也比较成熟，如王佺的《唐代干谒与文学》③、滕云的《略论唐代举子的干谒》④等。

宋代落第士人社会交往方面研究更为薄弱，还没有以落第士人社会交往为主题的文章，这是亟需填补的领域。

关于唐宋时期落第士人社会交往个案研究成果颇多，如对罗隐、李山甫、卢纶、方干、姜夔、苏洵、刘过等一些著名的落第士人的社会交往研究。

4. 制度方面的研究

与落第相关的制度问题主要有录取名额、乡试、省试中取解问题、宋代特奏名制度、落第后政府对落第者的照顾政策等。关于录取名额、取解问题和特奏名制度是科举学研究的重要组成部分，也是学术界研究的重点，在研究唐宋时期科举制度的专著、文章中都有涉及，基本成熟。对于唐宋时期落第贡举人再次参加科举是否需要重新取解问题、在哪里取解、如何取解以及一些临时性的照顾政策等问题，研究相对较弱。徐晓峰先生的《论唐代落第举子"再次取解"制度的存在及意义》认为"唐代科举存在'再次取解'的制度，即落第举子需再次取解州府以谋取新的荐送资格。由于州府荐送人数有限定，所以此项制度的实施，使得每年应试礼部的人数维持在一定规模，有利于整个科举系统的稳定"⑤。黄云鹤的《唐宋时期省试落第者再试权力考》认为："唐、五代时期省试落第者再试需要重新取解，但相对容易"，"唐、五代再试者取解地点要求比较宽松"，"五代、宋落第者再试享有免解权利"。⑥

---

① 刘琴丽：《唐代举子科考生活研究》，北京：社会科学文献出版社，2010年。
② 王新立：《唐代文人的交游活动及其文学影响》，《甘肃联合大学学报》2013年第1期。
③ 王佺：《唐代干谒与文学》，北京：中华书局，2011年。
④ 滕云：《略论唐代举子的干谒》，《广西社会科学》2008年第6期。
⑤ 徐晓峰：《论唐代落第举子"再次取解"制度的存在及意义》，《北京大学学报》2011年第4期。
⑥ 黄云鹤：《唐宋时期省试落第者再试权力考》，《古籍整理研究学刊》2010年第1期。

关于落第士人"拔解"问题，徐晓峰在《唐代科举中的"拔解"》中对拔解地点、拔解科目、拔解含义变化等问题进行论述。① 陶绍清的《唐代科举的"拔解"》总结了唐代拔解资格、时间、范围及影响，认为"有这种资格的，是'外府'，像京兆这样的都城是不享有这样的条件的，这也可以看作是唐代科举制度中对地方人才的一种照顾措施"。"下第举子赴诸州求拔解的时间是早于府州解试的，这为拔解不成还可参加州府解试留出了时间差。""举子求拔解不需要通过考试，而是主要取决于推荐者和府主的个人态度，这给选拔过程羼入了一定的人为主观因素，妄荐妄举者越来越多换言之，至晚唐季，拔解已经对正常的科举程序造成很大的负面影响""到五代后梁初建制，拔解旋即废止"②。宋社洪的《唐五代乡贡"拔解"考论》认为："'拔解'没有身份限制，却有明显的等级烙印；不合法，却公开而流行，其存废与当时贡举制度的不完备、社会重进士的风尚、诗赋取士局面的形成、京兆进士的特殊地位、一年一试的选拔频率等不无关系。"③

还有一些其他政府对落第者的照顾政策和措施，黄云鹤的《唐朝政府对下层士人的赋役政策与实存状态》一文"以唐朝与下层士人有关的赋税和徭役制度为切入点，探究唐朝下层士人经济生活中制度层面与生活现实之间的背离，进而研究这一时期下层士人的整体经济状态"。认为在赋税制度上，下层士人不享有赋税和徭役的复除权，只有中央官学的学生享有赋役的复除权。贡举人落第后可以进入四门学，即享有复除权。④ 滕云的《论唐代朝廷对科举落第者的人文关怀》一文从人文关怀的视角，谈及唐朝政府的一些临时性安抚措施："对于如何安抚科举考试中的失意者，使这一庞大的弱势群体对社会的逆反心理和由此可能产生的社会危害性降至最低，唐朝廷曾采取过一些临时性的措施，包括礼遇落第者、给落第而有志再考者创造学习条件、追赐有才华却终生不第者及第名衔并授予官职、特放老龄考生及第、增加录取名额等措施，显示出朝廷对落第举子这一弱势群体的人文关怀。这些举措对宋代科举制度的改革和完善，包括对落第者的政策性关怀，起了引导的作用。"⑤

5. 文化教育及地方社会事务方面研究

文化是士人的身份标识，落第士人从事文化教育事业是他们最擅长的

---

① 徐晓峰：《唐代科举中的"拔解"》，《文史知识》2009 年第 9 期。
② 陶绍清：《唐代科举的"拔解"》，《文史知识》2012 年第 7 期。
③ 宋社洪：《唐五代乡贡"拔解"考论》，《学术研究》2012 年第 4 期。
④ 黄云鹤：《唐朝政府对下层士人的赋役政策与实存状态》，《社会科学战线》2004 年第 5 期。
⑤ 滕云：《论唐代朝廷对科举落第者的人文关怀》，《玉林师范学院学报》2011 年第 2 期。

领域和最基本的职业选择,唐宋时期落第士人在文化创造与传承方面的贡献已被关注,如黄云鹤的《论唐代落第士人著述的动机与特点》总结唐代落第士人著述动机"为以科举和入仕为目的的著述、以社会交往为目的的著述、以为自我表达和兴趣爱好目的的著述;其著述特点是具有地方特色、有通俗化、平民化之趋势、有一定的功利性和投机性"①。黄云鹤的《论唐宋下层士人在文化传承中的作用》以落第士人为主体的下层士人做研究对象,"认为下层士人通过地方官学、私学、书院、家学等途径传承文化,通过游历、游学等方式交流传播文化,促进本土文化的外传和异域文化的引进;通过说唱等通俗形式,加强文化的大众性传播和普及,他们对唐宋文化的传承起到重要作用"②。黄云鹤的《唐宋时期下层士人与地方私学》分析唐宋时期下层士人兴办私学的特点,认为这些私学"将办学的目的、内容与科举紧密结合在一起"、"教学内容具有明显的私人倾向"、"私学形式具有多样性"、"对学生身份无任何规定"③。黄云鹤的《宋代落第士人参与基层社会事务问题探究》认为:"宋代基层社会势力构成发生变化,日益庞大的落第士人群体回归基层社会,利用自身文化资源,占据地方教育舞台;知礼、守礼、行礼,身体力行儒家礼法,移风易俗,对百姓进行道德教化;从事各种地方公益慈善事业,树立在基层社会中的威信。他们通过有效占有地方社会事务领域,分割地方政府的公权力,逐步确立他们在基层社会中的地位,成为政府之外一股不可忽视的社会力量。"④

6. 其他方面问题研究

关于落第士人形象问题:杭勇的《论唐代小说中的落第士人形象》⑤,将唐代落第士人大致分为三类:第一类是屡屡落第,有坚持不懈而终成正果者;第二类是落第后,饥寒交迫漂泊他乡,甚至魂归异乡者;第三类是经受落第的打击后,归隐或甚至出家者。其中第一类主要出现在盛唐到中唐的小说中,反映了当时士人积极进取和乐观向上的精神,后两类主要出现在中唐以后,特别是晚唐的小说中,从一个方面反映了唐代走向衰败过程中士人的精神面貌。

关于落第者屡败屡战的原因:滕云的《从唐代落第文学看落第举子屡败屡战的原因》一文,归纳唐代落第举子屡败屡战的外在客观原因是"社会

---

① 黄云鹤:《论唐代落第士人著述的动机与特点》,《古籍整理研究学刊》2013年第2期。
② 黄云鹤:《论唐宋下层士人在文化传承中的作用》,《兰州学科》2013年第3期。
③ 黄云鹤:《唐宋时期下层士人与地方私学》,《社会科学战线》2002年第3期。
④ 黄云鹤:《宋代落第士人参与基层社会事务问题探究》,《广西社会科学》2013年第8期。
⑤ 杭勇:《论唐代小说中的落第士人形象》,《黑龙江社会科学》2009年第4期。

对科举的重视和崇拜"、"肩负着家族的殷切期望";内在原因是"依赖坚定的信念支撑着在科场上一往无前"、"相信世道会给他们一个公道的结局,功到自然成"、"认为人生的追求除科举及第之外别无选择"。[1]

关于落第士人婚姻生活方面:敬连旺的《唐宋时期落第对士人婚姻生活的影响》[2]认为"唐宋时期科举制度对婚姻观念产生影响,婚姻由"尚贵胄"转变为"尚冠盖",及第与否成为人才的评判标准,也是择偶的重要条件。落第对士人婚姻生活产生很大影响,未婚落第举子降低婚姻标准,并影响婚期;已婚落第士人家庭生活、夫妻关系及亲属关系亦受影响"。"唐宋时期落第对一个士人婚姻的影响是方方面面的,随着科举的发展,其影响也日益加重。当科举成为朝廷主要选官渠道后,落第就意味着失去了入仕的机会,落第举子婚姻也因此缩小了选择的范围,失去了与官宦结合以换取政治资本的机会。"

7. 个案落第问题研究

关于落第士人个案问题研究很多,主要集中于著名的落者和事件上,如唐代的杜甫、罗隐、李山甫、方干,宋代的苏洵、姜夔、刘过等,探讨这些人落第的原因、文学创作等,如邝健行的《杜甫府试下第研究》[3]、林启兴的《罗隐的"十举不第"与晚唐科举》[4]、陈国威的《析"刘蕡不第"与"士志于道"》[5]、许庆江的《欧阳修的落第与干谒》[6]、钱建状的《苏轼元祐三年科场舞弊辨伪——兼论李廌落第原因》[7]等。个案研究多数不是从落第角度出发,落第只是他们人生经历而已,是其他研究的附属品,更多关注的是这些人的作品或其他问题。

三、唐代落第诗研究

唐宋时期有大量的落第诗,从存世情况看,唐代落第诗大约600多首,宋代大约300余首,这是研究落第士人的重要资料库。目前学术界对唐宋

---

[1] 滕云:《从唐代落第文学看落第举子屡败屡战的原因》,《柳州师专学报》2012年第6期。
[2] 敬连旺:《唐宋时期落第对士人婚姻生活的影响》,《吉林省教育学院学报》2013年第4期。
[3] 邝健行:《杜甫府试下第研究》,《唐代文学研究》1996年第5期。
[4] 林启兴:《罗隐的"十举不第"与晚唐科举》,《北京师范大学学报》1994年第2期。
[5] 陈国威:《析"刘蕡不第"与"士志于道"》,《枣庄师范专科学校校报》2003年第5期。
[6] 许庆江:《欧阳修的落第与干谒》,《赣南师范学院学报》2011年第2期。
[7] 钱建状:《苏轼元祐三年科场舞弊辨伪——兼论李廌落第原因》,《浙江大学学报》2008年第3期。

落第诗已展开研究,主要集中于唐代落第诗,全面研究者主要是博硕论文,有2006年湘潭大学硕士论文龙丽的《晚唐落第诗研究》、2007年安徽大学硕士论文叶伟的《唐代落第诗研究》、2007年华东师范大学硕士论文任斌的《唐代落第诗研究》、2008年内蒙古师范大学硕士论文吕改梅的《落第才子笔玲珑,千载独步儒林间——唐代落第诗论略》、2008年华东师范大学博士论文滕云的《唐代落第诗研究》。这些研究成果有很多共性,一是从文学角度对落第诗文本的特点进行分析,如落第诗的内容分类、艺术特色、写作特点等;二是结合落第诗内容和时代背景,对落第士人生存状态、情感世界以及科举制度存在的问题进行分析和批判。问题是多是描述性语言,文学色彩重于史学,对落第士人的境遇充满同情,过分感情化,难免对问题本质认识产生偏颇,这是我们应用落第诗所应该注意的问题。以成文较晚的2008年华东师范大学博士论文滕云的《唐代落第诗研究》为例,文章没有像其他研究落第诗者那样进行文本问题的分析,而是直接研究落第诗所反映的落第问题。全文共分五部分,第一章概述唐代科举状况"唐代开科取士,从朝廷到民间,人们对科举考试极为重视,士人以高度的热情积极应考,全社会形成科举热潮。少数科举登第者的强烈喜悦和全社会对成名者的极端宠爱,反衬出绝大多数落第者的伤骨之痛和绝望情绪"。第二章考析了落第原因"由于唐代科举制度的不完善,一些非常因素导致许多贤良之才意外落第,引致科场取人不公,以及一系列社会问题"。第三章分析了落第者的各色心态"落第者被科场利刃所伤后的羞惭、怨恨、愁苦、疑惑、反思以及对功名的执着追求,折射出落第者的所思所感,所怨所求,以及他们对人生意义的思考和对人生价值的追求"。第四章描述了落第者由各色心态引发的各种活动"他们因为不服录取结果而闹事;借行迷信活动而缓释心中疑惑;为准备考试及干渴行卷而居京苦读赋诗;为干渴求荐而四方漫游;带着失意的愧疚艰难地还家"。第五章概括了落第者几种主要的归宿:"一些落第者累败累举,终致及第或不第而卒;一些人落第后转而寻求其他入仕途径,或寻求别样的生存方式;一些人在失意心态的支配下走上对抗社会的路途。面对落第的困境,对不同的人生道路的选择导致不同的人生结局。"余论部分论及了唐代朝廷对科举落第者这一弱势群体所作的人文关怀。[①]从其论述的内容看,涉及了落第举子科考生活的方方面面,但着笔最多的还是落第举子的心理和情感,多是站在落第举子的角度看待科举和落第问题,缺少社会角度和制度层面的分析。

---

① 滕云:《唐代落第诗研究》,华东师范大学博士论文,2008年,第1页。

一些学者也对落第诗某一方面资料价值进行了探讨,如李精一的《唐代落第诗所反映的士人情感特质》①、黄云鹤的《本望文字达,今因文字穷——唐代落第诗中落第举子的经济生活》②、滕云的《从唐代落第诗看落第举子对科举的怀疑和反思》③,以落第诗为基本资料,研究唐代落第举子的情感生活、经济生活和落第者对科举的思考。这种研究落第诗的方式是新视角和新思路,落第诗中蕴含着大量的资料,可以用于某些专题的研究,使研究更加深入。

还有学者对落第诗创作主体进行探讨,如黄荣煌的《唐代落第诗的创作主体研究》和张丽丽的《安史之乱前后至晚唐落第诗人研究》④。在黄荣煌的《唐代落第诗的创作主体研究》一文中,作者从"落第诗创作主体的主要构成"、"落第诗创作主体的地域分布"两方面对落第诗创作主体进行分析,认为:"从出身构成情况来看,唐代落第诗的创作主体基本以寒族士人为主。""落第诗的创作主体以江南人氏为主。"⑤张丽丽的《安史之乱前后至晚唐落第诗人研究》一文探讨安史之乱前后至晚唐"诗人境遇的变迁及生活内容的转移,还有他们在此期间的诗歌创作",以及"落第后的情怀、生活和创作的转变"。上述两篇文章的视角比较新颖,但存在一些问题。作为研究对象的落第诗创作主体实际是由两部分组成,一部分是落第者,一部分是其他群体,二者是完全不同的两个群体,不能不加区分地整体讨论。若作为一个整体讨论,得出的结论可能偏颇。如黄荣煌文章认为,"唐代落第诗的创作主体基本以寒族士人为主",其根据是及第者多是世族出身,"笔者对唐代落第诗的创作主体进行了统计,从中可以看出,创作了落第诗的诗人也大都是寒族,占 66.9%,占三分之二;只有少部分是世族,占 34.1%,只占三分之一,而这三分之一有一些还是破落了的世族"。落第诗的创作者出身比较复杂,不能简单地归为世族和寒族两类,人为地将其强行划分是不符合历史实际的。及第士人中世族占有高比例,也并不意味着落第者中寒族就一定占高比例。

有关宋代落第诗研究,目前所见只有诸葛忆兵的《论宋人落第诗》,文章从"落第之悲苦愤懑"、"劝勉之激励昂扬"、"诗风之含蓄淡约"、"宋人落

---

① 李精一:《唐代落第诗所反映的士人情感特质》,《学术交流》2005 年第 3 期。
② 黄云鹤:《本望文字达,今因文字穷——唐代落第诗中落第举子的经济生活》,《古籍整理研究学刊》2008 年第 5 期。
③ 滕云:《从唐代落第诗看落第举子对科举的怀疑和反思》,《学术交流》2012 年第 3 期。
④ 张丽丽:《安史之乱前后至晚唐落第诗人研究》,上海师范大学硕士论文,2007 年。
⑤ 黄荣煌:《唐代落第诗的创作主体研究》,《柳州师专学报》2012 年第 6 期。

第诗的风格"四个方面对宋代落第诗的内容、形式、特点及作用进行论述。认为宋人落第诗淋漓抒发落第者的"失望、痛苦、凄怨、悲愤"情绪;宋人落第诗中更常见的话题是"鼓励落第者不要灰心,刻苦读书,再接再厉。这类勉励的话语,表现了宋代文化特有的风貌。两宋时期是中国古代社会及其文化的一个转型期,就官僚体制而言,则是从贵族政治转向文官政治。宋代文人入仕途径大大拓宽,入仕热情极度高涨,逐渐形成'进退皆忧'的精神风貌"。宋代落第诗的风格"近似唐诗,情景交融,含蓄蕴藉;其所展现的精神面貌却与唐人不同,带有显著的时代特征"[1]。

还有一些落第诗的个案研究,如康扎西的《晚唐诗人李山甫研究》[2]主要集中在唐代罗隐的诗歌研究,韩爱平的《生命的呐喊——唐末诗人罗隐"落第诗"初探》[3]、李泠波的《罗隐落第后诗歌研究》[4]等。

总之,唐宋时期落第诗的研究已走出简单文本研究阶段,进入到内容背后社会问题的分析。落第诗中丰富的有关科举的内容还有进一步挖掘的必要,尤其是宋代落第诗的研究更需要丰富,有很大的研究空间和前景。

四、研究展望

唐宋时期是落第士人群体形成和定型时期,群体的共性与特征都在这一时期初见端倪和逐步完成。从上述所展示的成果看,目前的研究琐碎,缺少系统化和整体性,即使是具体问题的研究也存在一些不足,还有很大的挖掘空间。具体的细节问题在此无须多谈,需要进一步研究的领域大致可以归纳一下几个方面:

一是理论层面问题研究,目前的研究都是感性的,缺乏理论深度和制度支撑。落第士人群体出现与定型是在唐宋社会变革的大背景之下完成的,如何将对落第士人群体特征及其变化的研究纳入到社会变革之中,从大的视角去探究该群体的社会地位和价值,构成自身的理论体系。是今后需要深入研究的问题。

二是制度层面问题研究,落第作为科举制度的产品,与科举制度是紧

---

[1] 诸葛忆兵:《论宋人落第诗》,《文史哲》2011年第4期。
[2] 康扎西:《晚唐诗人李山甫研究》,四川大学硕士论文,2012年。
[3] 韩爱平:《生命的呐喊——唐末诗人罗隐"落第诗"初探》,《河南广播电视大学学报》2004年第5期。
[4] 李泠波:《罗隐落第后诗歌研究》,内蒙古大学硕士论文,2009年。

密相关的,目前的落第问题研究多是将科举制度作为背景,而缺少从制度的角度研究。对于科举制度对落第者的影响、落第者对科举制度的影响等方面研究尚显薄弱。

三是群体规模问题研究,如何估计唐宋时期落第士人群体规模非常重要,因为量化分析关系到评价该群体的力量和影响,无论是落第贡举人数量还是落第群体总数量都有待于统计和推论。

四是落第士人群体总体特征和共性分析问题,这需要在所有研究基础上进行高度概括和总结,是对于落第士人群体研究的终结性结论,对于整个中国举子发展史研究起到范式作用。

百年来大陆两宋礼制研究综述
(1911—2013 年)

汤勤福

自 1911 年清王朝土崩瓦解,至今已整整过了 103 年。社会形态改易,经济形势巨变,学术研究发生深刻的变化。具体到两宋礼制研究而言,其取得的成就是非常巨大的。笔者所见,2000 年之前大陆共发表两宋礼制论文 50 篇,2001 年至 2013 年共 203 篇。[①] 另外,2000 年之前相关论著 3 部,2001 年至 2013 年共 21 部。[②] 显然,改革开放以来,尤其是新世纪以来取得的成果非常丰硕。近年来,杨华对古代家训文化进行了综述[③],朱瑞熙、程郁《宋史研究》第五章第六节中对宋代丧葬礼俗及其相关问题的研究情况进行了介绍和评述,时间止于 2006 年前。[④] 冯兵对朱子礼乐思想作了述评[⑤],不过所评述论文时段都不长。马强才等人对 60 年来宋辽西夏火葬研究作了综述[⑥],对了解有关研究有一定的参考价值。本文则力图反映百余年来对两宋礼制的基本面貌,以求给同行们以参考。

一、礼制文献整理与研究。20 世纪 60 年代,中华书局组织点校的《宋史》是最重要成果,其中《礼志》28 卷。《礼志》一向号称难读,然点校者广泛征引资料,使 28 卷《礼志》终于面目比较清晰地呈现在读者面前,其功至伟,无须赘言。自然,点校过程中难免出现一些疏漏与错误,汤勤福、王志

[①] 包括大陆学者在海外发表、海外学者在大陆的论文。著作类统计相同。
[②] 据笔者统计,自 2001 年到 2013 年,国内大学以辽宋西夏金为博士论文有 17 篇,涉及该历史时期礼制内容的博士论文 7 篇;自 2002 年到 2013 年辽宋西夏金礼制硕士论文 64 篇。这些数据显示出其指导教师及研究生们的学术兴趣所在,但由于都是学位论文,未正式发表,本论文不作具体评述。
[③] 杨华:《90 年代以来古代家训文化研究综述》,《甘肃农业》2006 年第 5 期。
[④] 朱瑞熙、程郁:《宋史研究》,福州:福建人民出版社,2006 年。
[⑤] 冯兵:《我国近年来朱子礼乐思想研究述评》,《渭南师范学院学报》2011 年第 5 期。
[⑥] 马强才、姚永辉:《近六十年宋辽西夏金火葬研究综述与反思》,《中国史研究动态》2012 年第 1 期。

跃撰著的《宋史礼志辨证》①,引证大量资料,逐卷逐条对《礼志》进行辨析,从史源角度纠正了《礼志》中不少缺失,为读者正确使用《宋史·礼志》提供了一些帮助。《宋会要辑稿》的影印与整理工作也是一项重要成果。中华书局1957年影印出版《宋会要辑稿》,其中涉及礼制者有"礼"62卷、"乐"8卷、"舆服"6卷、"仪制"13卷。② 影印本给学者带来许多方便,但此书编排较乱,错误百出,王云海《宋会要辑稿考校》③作了一些考订、整理,可为阅读此书之参考。近年来,大陆一批学者对《宋会要辑稿》进行点校、整理④,到2014年之前零星出版者有"刑法"、"崇儒"、"蕃夷道释"等部分⑤。

除此之外,汤勤福、王志跃对《宋史》28卷《礼志》的南郊记载、《礼志》史源、价值、编纂、讹误等问题做过一些研讨。⑥ 陈戍国对《宋刑统》进行了研究,认为赵宋承袭唐制,但《宋刑统》不是《唐律疏议》的简单翻版,增加了部分内容,因此宋朝礼法不能等同于唐代礼法。⑦

二、断代史与专门史中的两宋礼制研究。两宋礼制史研究主要是陈戍国《中国礼制史》(宋辽金夏卷)⑧一书,该书分为四章,前三章分别论述了赵宋礼仪制度、辽金礼俗与礼制、西夏礼俗。其中赵宋礼仪制度较详细,虽未按五礼方式来研究,但涉及赵宋传承制度、皇帝登基与册封诸王诸臣之礼、祭礼、丧礼、军礼、巡幸宴飨及朝会礼、籍礼、养老礼、冠礼、昏礼及宫室舆服制度、刑律与礼制关系,所研讨面比较宽。此书为今后两宋礼制通

---

① 汤勤福、王志跃:《宋史礼志辨证》,上海:上海三联书店,2011年。
② 其他也有部分内容涉及礼制,如"崇儒"、"官制"、"道释"等。
③ 王云海:《宋会要辑稿考校》,开封:河南大学出版社,2007年。陈智超《解开〈宋会要〉之迷》涉及部分内容的辨析,北京:社会科学文献出版社,1995年。
④ 据笔者所知有两种整理本,一是四川大学牵头的整理本,上海古籍出版社,2014年8月已正式出版,一是中国社科院历史所陈智超先生主持的整理本,2014年以《〈宋会要〉的复原、校勘与研究》之名立为国家社科基金重大招标项目。
⑤ 分别由河南大学出版社、四川大学出版社出版。
⑥ 汤勤福、王志跃:《关于〈宋史·礼志〉记载南郊的几个问题》,《上海师范大学学报》2009年第2期;汤勤福:《〈宋史·礼志〉的主要缺陷》,《史学集刊》2011年第5期;汤勤福:《略论〈宋史·礼志〉的史料价值》,《徽音永著——徐规教授纪念文集》,上海:华东师范大学出版社,2011年;汤勤福:《试论〈宋史·礼志〉的史料来源》,《漆侠与历史学》,保定:河北大学出版社,2012年;欧磊、王志跃:《〈宋史·礼志〉时间考误》,《理论界》2009年第11期;王志跃:《〈宋史·礼志〉史料价值初探》,《史学史研究》2011年第1期;王志跃:《宋代礼制专篇—〈宋史·礼志〉编纂得失考论》,《信阳师范学院学报》2011年第2期;王志跃:《〈宋史·礼志〉史源评述》,《山西师大学报》2011年第2期;王志跃:《〈宋史·礼志〉职官考误》,《图书馆理论与实践》2011年第6期。
⑦ 陈戍国:《〈宋刑统〉其书与宋代礼法》,《湖南大学学报》2001年第2期。
⑧ 陈戍国:《中国礼制史》(宋辽金夏卷),长沙:湖南教育出版社,2011年。

史研究打下了基础。漆侠《辽宋西夏金代通史》[1]有"典章制度卷",宋朝有专章,分述官私礼典的修撰、五礼基本情况,但限于体例与篇幅,研讨较为简略。惠吉兴《宋代礼学研究》[2]共8章,分别为宋代礼学形成的思想渊源与历史背景、礼经论、礼义论、礼仪论、礼治论、礼俗论、宋代礼学的历史地位和礼与中国传统文化模式,最后附录"礼学研究综述"。

三、礼乐制度沿革、变迁、礼典修撰等问题的研究。科戴维将北宋到清中叶地方官员推行国家祭礼分为四个阶段,考察了在珠江三角洲地区礼仪演变,讨论了地方社会与国家整合的过程。[3] 楼劲从宋初三朝的礼制入手,考察了宋初礼制沿袭五代而损益变化的历程,探讨了宋制取舍和借鉴唐制的形态和路向,指出"宋承唐制"说的内涵和局限。[4] 杨建宏提出:北宋前期礼制的政治诉求是确立赵宋王朝的合法性,中期侧重从制度上防范女主专权,确立一代典则,后期贯彻神宗以来的政治改革路线,规范社会秩序[5]。郑庆寰、包伟民从礼仪活动展开的空间为切入点,指出宋代地方官在出迎诏敕过程中,许多场所的诸多仪式规范体现了君主专制政治。[6] 王志跃对《宋史·礼志》所载宋代官方礼制的实施情况作了考察。[7] 刘晓萍、王国平认为宋代君主集权的越来越强烈,礼制的发展更加凸显"礼法合流"、"礼制下移"的特点,对服饰文化带来了影响。[8] 陈怀宇从礼法、礼制与礼仪角度研究了唐宋时期的圣节产生与演变情况。[9] 郭声波详细考察了宋代历次明堂大礼五使。[10] 李克华等人研究了宋代外交礼仪活动的经费申请、使用、监督诸问题。[11] 唐春生认为两宋时期翰林学士撰写郊庙和

---

[1] 漆侠:《辽宋西夏金代通史》二"典章制度卷",北京:人民出版社,2010年。
[2] 惠吉兴:《宋代礼学研究》,保定:河北大学出版社,2011年。
[3] 科戴维:《国家与礼仪:宋至清中叶珠江三角洲地方社会的国家认同》,《中山大学学报》1999年第5期。
[4] 楼劲:《宋初礼制沿革及其与唐制的关系——兼论"宋承唐制"说之兴》,《中国史研究》2008年第2期。
[5] 杨建宏:《礼制背后的政治诉求解读——以北宋官方礼书制作为中心》,《船山学刊》2009年第1期。
[6] 郑庆寰、包伟民:《礼仪空间与地方统治——以宋代地方官出迎诏敕为中心》,《浙江社会科学》2012年第11期。
[7] 王志跃:《宋代官方礼制实施情况考述——以〈宋史·礼志〉为中心》,《船山学刊》2011年第2期。
[8] 刘晓萍、王国平:《宋朝礼制发展变革对服饰文化的影响》,《求索》2013年第10期。
[9] 陈怀宇:《礼法、礼制与礼仪:唐宋之际圣节成立史论》,《唐史论丛》第13辑,西安:三秦出版社,2011年。
[10] 郭声波:《宋大礼五使系年》,《宋代文化研究》第3辑,成都:四川大学出版社,1993年。
[11] 李克华、崇庆:《宋代外交礼仪活动的经费保障》,《阴山学刊》2013年第1期。

明堂乐章、撰写乐律、充任礼职、详定仪注等方面阐明他们对礼乐文化多有贡献。[①] 邱源媛认为宋朝君臣对雅乐制作进行过六次改制，其出发点是"复古"、"正雅"，忽略了真正的音乐艺术性。[②] 吕肖奂指出：宋代内外制虽说涉及朝廷各种政治要务，但其政治功能要通过礼仪化表达才能实现，以至有时礼仪功能甚至高于其政治功能。内外制作为公文，除实用功能外，又因其承载礼仪功能、文化意蕴，当时人十分重视其文饰化、审美性，以至于审美性常超过实用性能；加上学士舍人强烈的政治主体意识，使内外制充满了个性化色彩，使其成为与今人公文理念完全不同的美文，无疑颠覆了今人的公文观念。[③] 有两篇论文分别研究礼制与茶的关系。[④]

有学者注意到两宋时期的礼典修撰和修礼机构。雷博对神宗熙宁时期修撰的《南郊式》进行过研究，认为它作为"敕令格式"之一种，其性质介于法令和礼典之间，具有可操作的规范性与实效性，为后来的礼文变革提供了基础。神宗礼文变革的整体思路既包含"回复三代制度"的理想，也从政治实践出发综合考虑礼文沿革与现实可操作性，体现出较为鲜明的时代特征。[⑤] 柏晶晶等人指出《政和五礼新仪》具有划时代的意义，打破了"礼不下庶人"的礼典传统，堪称古代官修礼典的典范。该书编撰过程和礼文内容充满了礼仪教化的社会功能，反映了宋徽宗的个人思想。由于礼文内容不适合当时的民间社会，影响了礼书在各州县的推行[⑥]。王美华对《太常因革礼》也进行过研究。[⑦] 王凤对宋代修礼机构进行了研究，认为宋代皇帝通过建立不同名目的修礼机构，编撰礼文，将自己意志渗透到国家字礼典和仪注中，以此强化皇权。[⑧]

四、郊祀、封禅、太庙、濮议等相关问题的研究。改革开放之后，日本学者山内宏一首先在大陆发表了有关北宋的郊祀制度研究的论文。[⑨] 此后，杨倩描对宋代郊祀进行了研究，认为其形式以唐代为骨架而兼摭前代某些礼仪，内容则沿袭五代；常祀地位下降，亲祀地位上升。亲祀中的宗教

---

① 唐春生：《宋代翰林学士与礼乐文化》，《重庆师范大学学报》2008年第5期。
② 邱源媛：《宋代宫廷雅乐的复古之风》，《故宫博物院院刊》2013年第3期。
③ 吕肖奂：《论宋代内外制的礼仪功能与审美性能》，《江海学刊》2013年第4期。
④ （韩）吴元敬：《宋代聘礼与茶》，《宋史研究论丛》第9辑，保定：河北大学出版社，2008年；沈鲁：《宋代礼仪制度中的茶研究——以解读〈宋史·礼志〉中的茶内容为核心》，《茶叶通讯》2011年第4期。
⑤ 雷博：《北宋神宗朝熙宁时期的礼文建设考论》，《青岛科技大学学报》2013年第2期。
⑥ 柏晶晶、王凤：《〈政和五礼新仪〉探析》，《重庆交通大学学报》2013年第6期。
⑦ 王美华：《〈太常因革礼〉与北宋中期的礼书编纂》，《古籍整理研究学刊》2014年第1期。
⑧ 王凤：《宋代修礼机构研究》，《河北科技师范学院学报》2013年第1期。
⑨ 山内宏一：《北宋时期的郊祀制度》，《大庆师专学报》1986年第1期。

活动,如祭天地等仅作形式而存在,原为次要的政治附加,如赦免等却成为主要内容。① 朱溢则连续撰文论述了郊祀主神位变化、祭祀等级变迁、皇帝亲祀等问题②,其撰文视野较为开阔、论证常有独到之处。研究祭祀的学者还有杨高凡、吴铮强、王志跃等人。③

有关太庙研究的论文,较早者有李衡眉、唐俊杰等人④。李衡眉认为宋代典章制度上承盛唐,下启明清,灿然可观。李氏对宋代兄弟相继为君的昭穆异同、宗庙中谁为始祖、昭穆位次变化、昭穆尊卑四个问题提出了自己见解。张焕君认为太庙祭祀在古代中国有着极为重要的作用。太庙祭祀体系中始祖地位最高,然宋代百余年间为此聚讼不断,直到熙宁五年确定僖祖为始祖,但未被群臣普遍接受。南渡之后又聚讼不已,恢复太祖的始祖地位成为焦点,直到绍熙五年才最终实现。张氏认为这个礼学问题曲折变化,具有广泛的意义。⑤ 郭善兵对宋儒有关"天子七庙"、"四时祭"、"禘"、"祫"礼制问题的学说进行了分析,指出宋儒或遵循汉代郑玄、三国魏王肃、唐赵匡有关学说;或在遵循上述儒者学说的基础上,又有所补充、完善;或依据自己对经典文义的理解,别出心裁,另创新见,将中国古代经典诠释学推向一个新的高度。⑥ 朱溢先后撰文论述了唐宋时期太庙庙数与禘祫礼仪的变迁。⑦ 凌郁之对南宋洪迈与杨万里等人之间的高庙配享人选争论进行了梳理,涉及到了宋代重要官员薨卒后的配享制度。⑧ 与庙祭制度相关的御容奉祀礼仪也有学者注意到了。刘兴亮指出:奉安、祭祀御容是宋代国家一项重要的礼仪活动,国家对御容绘制、奉安地点、奉安程序、日常祭祀规格、等级都做了严格的规定。作者进一步分析了御容奉安

---

① 杨倩描:《宋代郊祀制度初探》,《世界宗教研究》1988年第4期。
② 朱溢:《从郊丘之争到天地分合之争——唐至北宋时期郊祀主神位的变化》,《汉学研究》(台)2009年第2期;《唐至北宋时期的大祀、中祀和小祀》,《清华学报》(台)2009年第2期;《唐至北宋时期的皇帝亲郊》,《国立政治大学历史学报》(台)2010年第11期。
③ 杨高凡:《宋代祭天礼中三岁一亲郊制探析》,《求是学刊》2011年第6期;吴铮强、杜正贞:《北宋南郊神位变革与玉皇祀典的构建》,《历史研究》2011年第5期;王志跃:《唐宋祭礼变化及实施考论》,《广西社会科学》2011年第9期。
④ 李衡眉:《宋代宗庙中的昭穆制度问题》,《河南大学学报》1994年第4期。收入氏著《先秦史论集》,济南:齐鲁书社,1999年;唐俊杰:《南宋太庙研究》,《文博》1999年第5期。
⑤ 张焕君:《宋体太庙中的始祖之争——以绍熙一年为中心》,《中国文化研究》2006年第2期。
⑥ 郭善兵:《略述宋儒对周天子宗庙礼制的诠释——以宗庙庙数、祭祀礼制为考察中心》,《东方论坛(青岛大学学报)》2006年第5期。
⑦ 朱溢:《唐宋时期太庙庙数的变迁》,《中华文史论丛》2010年第2期;《唐至北宋时期的太庙禘祫礼仪》,《复旦学报》2012年第1期。
⑧ 凌郁之:《南宋高庙配享之争考实》,《苏州铁道师范学院学报》2001年第4期。

与祭祀的政治功能。①

有关濮议之争问题有数篇论文。王才中认为濮议之争是关系到北宋皇朝的纲纪礼法,关系到政治局势的安危,是与北宋统治阶级长远利益相关的重大事件。作者分析了司马光在此争论中的基本观点。② 丁功谊分析了濮议之争中的欧阳修,指出欧阳修过于强调人情的普遍性,忽视了《仪礼·丧服》的宗法精神,以及英宗继承帝统的特殊性。欧阳修以强硬的态度,向太后进呈《奏慈寿宫札子》,促使其转变立场。虽然欧阳修最终获胜,但濮议之争给他带来极大的道德压力。③ 另外,夏东平、袁晓阳、郭艳丽等人从不同角度进行了研究。④

五、宋代家族祭祀、家庙等研究。王善军认为:古代中国普遍的宗教是家族社会之宗教,宋代是宗族组织的奠基阶段,在宗族祭祀方面形成并确立了新体系。主要表现是:重在始迁祖以下的历代祖先、以祠祭和墓祭为主、核心是祖先崇拜。祖先崇拜决定宗族祭祀,宗族祭祀又加强了祖先崇拜观念,宗族祭祀具有收族功能,强化了族权。⑤ 游彪指出:宋代是中国古代新型宗族体系得以确立的最重要时期,中国基层社会组织从此出现了根本性的转变。唐宋社会经济出现巨大变化,为适应这一社会环境,宋代出现了新型宗族组织理论,提出了很多切实可行而又具有规范意义的模式,并逐渐获得民间的认同,使祠堂等设施得以普遍化,祠堂成为民间极其普遍的家族活动场所。⑥ 庆历元年、皇佑二年和大观四年对家庙制度进行过讨论,杨建宏认为庆历元年的讨论揭开了家庙建设之序幕,但没制订出可行的文本,后两次讨论形成两个文本,宋政府依此进行过实际操作,宋代的确恢复了家庙制度。⑦ 赵旭、刘雅萍也对家庙制度作过探研。⑧ 魏峰研究了地方先贤祭祀问题,认为宋代先贤祠与明代乡贤祠在选择祭祀对象时的标准不同,说明宋明两代由于科举制度的变化,地方社会势力的成熟程

---

① 刘兴亮:《论宋代的御容及奉祀制度》,《历史教学》2012 年第 3 期。
② 王才中:《司马光与濮议》,《晋阳学刊》1988 年第 5 期。
③ 丁功谊:《人情与礼制的冲突——濮议中的欧阳修》,《宁夏社会科学》2013 年第 3 期。
④ 夏东平:《从濮议之争看宋朝的重文轻武政策》,《历史学习》2005 年第 3 期;袁晓阳《略论北宋英宗时代的濮议之争》,《濮阳职业技术学院学报》2010 年第 4 期;郭艳丽《从濮议之争看北宋对传统礼制的承传与变通》,《绵阳师范学院学报》2012 年第 9 期。
⑤ 王善军:《宋代的宗族祭祀和祖先崇拜》,《世界宗教研究》1999 年第 3 期。
⑥ 游彪:《宋代的宗族祠堂、祭祀及其他》,《安徽师范大学学报》2006 年第 3 期。
⑦ 杨建宏:《宋代家庙制度文本与运作考论》,《求索》2005 年第 11 期。
⑧ 赵旭:《唐宋时期私家祖考祭祀礼制考论》,《中国史研究》2008 年第 3 期;刘雅萍《宋代家庙制度考略》,《兰州大学学报》2009 年第 1 期。

度有很大差异。①

六、礼制下移、地方教化、礼制与礼俗关系、淫祀研究。王美华对唐宋时期礼制下移、地方教化问题的研究取得较多成果。她指出：唐宋时期，官方礼制中庶民礼仪逐步得到注重，官方礼制的庶民化倾向出现。这种倾向是唐宋礼制体系逐步完善的结果，也是唐宋礼制下移的表现。在这一过程中，朝廷的社会控制力逐步深入到社会的各个层面。② 地方官教化职能的规范和朝廷的强调和敦促，促使地方官的教化行为全面展开。地方官的教化措施逐步接近百姓生活，官员品级逐步降低，地方官主动性明显提高。社会风俗的移易取得了明显的进步，边州外郡尤其是南方地区的文明程度不断提高，开始被中原文化认同和接纳。③ 唐宋时期礼法合流、以法入礼、违礼即罚。在司法审判层面上，唐宋君主"伸礼屈法"的审判模式渐趋稳定，地方官则持"教化为先"、"惩恶本欲人惧"的态度，反映了礼法威慑在基层社会的延伸和扩展。④ 她强调：唐宋时期，通过地方官社会教化活动的不断展开，官方礼制推向民间，逐步实现了礼制的下移，朝廷的统治力量也下延到基层社会民众之间。⑤ 礼制下移与各地礼俗有相当大的关系，杨志刚、李书有、范荧等人对此作了研究。⑥

宋代礼制对地方祠庙祭祀有严格规定，然而地方民间祠庙祭祀并非严格遵循国家礼制规定。对此，一些学者进行了探研。孔妮妮认为南宋后期理学迅速向国家化和世俗化迈进，对祠庙体系进行重新审视并有效掌控，是理学官员面临的重要课题。他们在重视民生、民俗、民愿的前提下，以务实的态度对旧有祠庙体系进行柔性掌控，通过保障民生与引导民俗的方式，建构能稳定发展的祠庙体系，使化民成俗的社会理想深入民间。⑦ 冯大北认为宋代封神活动盛行是地方社会及其信仰文化兴起的结果，与统治者的支持也分不开。封神是神道设教的产物，以祈、报为双重目的，既把它

---

① 魏峰：《从先贤祠到乡贤祠——从先贤祭祀看宋明地方认同》，《浙江社会科学》2008年第9期。
② 王美华：《官方礼制的庶民化倾向与唐宋礼制下移》，《济南大学学报》2006年第1期。
③ 王美华：《唐宋时期地方官教化职能的规范与社会风俗的移易》，《社会科学辑刊》2006年第3期。
④ 王美华：《礼法合流与唐宋礼制的推行》，《社会科学辑刊》2008年第4期。
⑤ 王美华：《地方官社会教化实践与唐宋时期的礼制下移》，《辽宁大学学报》2010年第3期。
⑥ 杨志刚：《宋代礼俗与文化略论》，《宋代思想和中华文明》，上海：学林出版社，1995年；李书有：《儒家礼乐思想与中华礼仪文明》，《宋代思想和中华文明》，上海：学林出版社，1995年；范荧：《试论宋代社会中的礼俗矛盾》，《民俗研究》1996年第2期，收入《徐规教授九十华诞纪念文集》，杭州：浙江大学出版社，2009年。
⑦ 孔妮妮：《论南宋后期理学官员对祠庙体系的再认识》，《历史教学》2012年第3期。

看成是对神祇灵应的回报,又作为获取更多感应的一种激励性手段。封神审批手续复杂和繁琐,所封神既有祀典内神,也有大量非祀典之神,它是官方确定正祀的重要途径之一。①

民间祭祀繁杂且混乱,有不少祭祀违反国家礼制规定,史书记载宋政府也对此进行过清理与处罚。在这一方面,既有综合性研究,也有专题性研究,确实有所突破。刘黎明指出:宋代民间淫祠泛滥成灾,成为一种严重的社会公害。民间淫祠泛滥与民间巫风盛行有互为因果的关系,与商业活动兴盛相关联的地方性俗神迅速增多有关,国家对外软弱无力而使得民众寄希望于神灵。两宋政权为了维持社会的稳定,持续对民间淫祠的打击,但最终无法杜绝它们。② 杨建宏认为:淫祀指不在国家祀典中、不在国家权力控制范围内的神灵祭祀。宋代基层社会淫祀流行,有些具有黑社会性质,迫使地方官员对之屈服,与国家政权争夺地方控制。宋政府一方面加大了打击淫祀力度,在某些不得已的情况下也承认淫祀的地位。③ 梁聪从法律层面研究了两宋政府对民间祠祀的控制问题,认为两宋政府对民间祠祀的法律控制,一是通过编修祀典及神祇位阶赐额加封制度将部分民间祠祀合法化,纳入官方祀典体系;二是不断针对祭祀对象、祭祀行为和祭祀组织,颁行禁令,取缔禁止"淫祠淫祀"。④ 皮庆生对宋人的正祀、淫祀观作过研究,指出在大部分宋人心中,正祀与淫祀之间存在一个广阔的"中间地带",这与学界将正、淫祀对立二分的观点有很大不同。⑤ 郑丽航从朝廷赐额封号、祀典等级、祭祀规格三方面分别论述了妈祖在宋至清代国家祭祀体系中的发展进行了研究,指出妈祖于北宋宣和五年已纳入国家祭祀体系,并进入部分地方祀典。祭祀规格属元代最高,其他时期的朝廷祭祀大都以少牢祭。作为一民间神祇,妈祖在宋、元、明、清各朝国家祭祀体系中享有殊荣。⑥ 郑衡泌从地理空间分布、扩散态势、与不同信仰人群的关联等方面对宋代妈祖信仰传播作了分析,认为民间信仰的传播和扩散途径是从较低的社会阶层逐步向较高的社会阶层扩散,不同信仰人群有不同行为方式和活动空间特征,并形成不同的地理空间分布特征。宋代妈祖信仰在渔民、海员海商和地方士绅官员中传播,地域逐步扩展,信仰人群逐步扩

---

① 冯大北:《宋代封神制度考述》,《世界宗教研究》2011年第5期。
② 刘黎明:《论宋代民间淫祠》,《四川大学学报》2004年第5期。
③ 杨建宏:《略论宋代淫祀政策》,《贵族社会科学》2005年第3期。
④ 梁聪:《两宋时期民间祠祀的法律控制》,《重庆师范大学学报》2005年第6期。
⑤ 皮庆生:《宋人的正祀、淫祀观》,《东岳论丛》2005年第4期。
⑥ 郑丽航:《宋至清代国家祭祀体系中的妈祖综考》,《世界宗教研究》2010年第2期。

散、信仰等级也逐步增多。不同的传播类型与分布态势与各人群活动地域和行为方式密切相关。①

此外李玉昆、陈达生、汪志良分别研究祈风、祭海问题,②陆敏珍研究了唐宋变革与民间地方神祇如何演变、确立问题,③张朝霞等对屏南四平戏中祭神礼仪传播线路、仪式、功能进行了研究。④

七、对具体礼仪的研究。这方面研究主要集中在婚礼、丧礼方面。婚礼研究论文,方建新认为两宋的婚姻礼仪大都由纳采、纳币、亲迎三个过程组成,每一过程又有很多具体仪式。⑤朱瑞熙根据司马光《书仪》以及《政和五礼新仪》,认为宋代的婚仪有纳采、问名、纳吉、纳币、请期、亲迎六礼,妇见祖祢和舅姑,婿见妇之父母。⑥张邦炜认为宋代婚姻制度具有禁止族际婚、提倡中表婚、反对异辈婚、废止收继婚四大特色。⑦吕友仁则认为宋代婚礼礼仪随时而异,不是一成不变的。⑧刘迎春专门研究了北宋东京的婚俗,涉及婚姻观念的更新、程序的简化、婚俗礼仪的变化,以及解除婚约、改嫁等问题。⑨郝美田则研讨了东京婚程礼仪。⑩邓莉丽等研究了宋代城市婚嫁与金银饰品盛行的关系,认为具有城市商品经济发达,庶民生活富裕的时代特征。⑪相对比较综合性的研究有吴宝琪《试析宋代育婚丧俗的成因》⑫,对人从生到死的礼俗进行了论述。

丧礼研究方面成果颇多。著述方面论及者,朱瑞熙、张邦炜等的《辽宋西夏金社会生活史》第十一章对当时丧葬禁忌、习俗、火葬三方面进行了介绍。⑬徐吉军的《中国丧葬史》第七章"宋元时期的丧葬",对宋元时期的丧葬观、宋代盛行火葬及其原因、宋代盛行厚葬和宋代流行的相墓术进行了研

---

① 郑衡泌:《宋代妈祖信仰传播的地理过程及其推力分析》,《地理科学》2010年第2期。
② 李玉昆:《试论宋元时期的祈风与祭海》,《海交史研究》1983年第5期;陈达生:《宋元时期泉州穆斯林祈风祭海之踪迹》,《海交史研究》1986年第1期;汪志良:《〈剑南诗稿〉中的绍兴祭神风俗》,《陆游论集》,杭州:杭州大学出版社,1993年。
③ 陆敏珍:《从宋人胡则的神化看民间地方神祇的确立》,《浙江社会科学》2003年第6期。
④ 张朝霞、章军华:《屏南四平戏神祭礼述源》,《江西师范大学学报》2007年第5期。
⑤ 方建新:《宋代婚姻礼俗考述》,《文史》第24辑,北京:中华书局,1985年。
⑥ 朱瑞熙:《宋代的婚姻礼仪》,《文史知识》1988年第12期。
⑦ 张邦炜:《宋代婚姻制度的种种特色》,《社会科学研究》1989年第3期,收入氏著《宋代婚姻家族史论》第二章,北京:人民出版社,2003年。
⑧ 吕友仁:《宋代婚礼概述》,《殷都学刊》1991年第4期。
⑨ 刘春迎:《试论北宋东京婚俗的几个特点》,《河南大学学报》1997年第2期。
⑩ 郝美田:《北宋东京的婚程礼仪》,《华夏文化》1999年第3期。
⑪ 邓莉丽、顾平:《金银饰品与宋代城市婚嫁礼俗》,《民族艺术》2012年第4期。
⑫ 吴宝琪:《试析宋代育婚丧俗的成因》,《北京师范大学学报》1989年第5期。
⑬ 朱瑞熙、张邦炜等:《辽宋西夏金社会生活史》,北京:中国社会科学出版社,1998年。

究。① 丁凌华的《中国丧服制度史》对宋代官员守丧有比较简单研讨。② 张剑光《入土为安：图说中国古代丧葬文化》第十五至十八章，研究了薄葬风气、丧葬陋习、火葬和佛事习俗、宋陵的风水等问题。③ 游彪的《宋代荫补制度研究》第六章、第十一章也分别讨论了宋代遗表荫补制度、殁于王事的荫补制度进行了研究，涉及到礼制问题。④ 吴怀祺的《中国文化通史》（两宋卷）第十二章"宋代社会时尚"也有宋代"丧葬礼俗"。⑤ 规模最大者当属吴丽娱《终极之典：中古丧葬制度研究》，该书研讨中古丧葬制度，虽以唐代为主，但也涉及不少宋代相关内容。⑥ 吴丽娱《敦煌书仪与礼法》对书仪与礼法关系作了比较深入的研究，是书仍侧重在唐代，但上承魏晋、下及两宋，着力探索礼仪之变化，以阐释唐宋时期礼制庶民化趋势。⑦

论文方面，邓小南较早地研究了出殡前的堂祭。⑧ 徐吉军撰文认为宋代风行厚葬，以帝王丧事最为突出。⑨ 朱瑞熙则持相反意见，认为"从宋文献记载及文物发掘来看，薄葬已成为宋代的风气"。他认为宋代丧葬包括丧和葬两个方面，在社会经济和科学技术发展的基础上，受到佛教、道教和民间其他迷信习俗的严重影响，又受到正在形成体系中的理学以及周邻少数民族的影响，与前代有很多不同。他还对宋代丧葬中"击钟"习俗进行了初步解读。⑩ 张邦炜将宋代盛行避回煞、看风水、做道场等丧葬陋俗，并对其产生原因进行了剖析。⑪ 秦大树从墓葬等级制度和丧葬观念的角度，将宋代与唐代丧葬制度进行对比，探讨了唐宋之间的变化。⑫ 游彪指出，丧礼就是中国最为隆重的礼仪之一，宋代也不例外。宋代士大夫提倡规范的丧葬礼节，他们在继承总结先秦以来儒家的丧葬制度与理念的前提下，也

---

① 徐吉军：《中国丧葬史》，南昌：江西高校出版社，1998年。徐吉军、方建新《中国风俗通史》（宋代卷）第八章"丧葬风俗"与此基本一致，上海：上海文艺出版社，2001年。
② 丁凌华：《中国丧服制度史》，上海：上海人民出版社，2001年。
③ 张剑光：《入土为安：图说中国古代丧葬文化》，扬州：广陵书社，2004年。
④ 游彪：《宋代荫补制度研究》，北京：中国社会科学出版社，2001年。游彪、尚衍斌、吴晓亮《中国民俗史》（宋辽金元卷）第四章有"丧葬民俗"，涉及宋人的丧礼和葬礼，北京：人民出版社，2008年。
⑤ 吴怀祺：《中国文化通史》（两宋卷），北京：北京师范大学出版社，2009年。
⑥ 吴丽娱：《终极之典：中古丧葬制度研究》，北京：中华书局，2012年。
⑦ 吴丽娱：《敦煌书仪与礼法》，兰州：甘肃教育出版社，2013年。
⑧ 邓小南：《略谈宋代的堂祭》，《史学月刊》1990年第4期。
⑨ 徐吉军：《论宋代厚葬》，《浙江学刊》1992年第6期。
⑩ 朱瑞熙：《宋代的丧葬习俗》，《学术月刊》1997年第2期。
⑪ 张邦炜：《两宋时期的丧葬陋习》，《四川师范大学学报》1997年第3期。
⑫ 秦大树：《宋代丧葬习俗的变革及其体现的社会意义》，《唐研究》第11卷，北京：北京大学出版社，2005年。

依据宋代社会的实际状况加以改进完善。这些礼仪很大程度上得到了统治者的认可,有些甚至成为朝廷颁布的政策或法规。但"礼法"未必完全符合两宋社会现实,因而民间丧葬之"俗"便成为庶民百姓约定俗成的惯例,二者之间既有矛盾,也相互协调共存,这是宋代丧葬民俗的总体特征。①杨建宏认为宋代政府规范民间丧葬与祭祀礼仪,有明确的等级规定,以此确立民间精英及大家族的地方权力场域,形成地方社会整合的核心权力,而宋代民间大家族则通过家族墓祭与祠祭礼,团结家族成员,建构族长权力,加强对宗族成员控制。②吴敬认为宋代治丧行为"厚"而随葬之物"薄"的丧葬习俗,并对产生这种"厚丧薄葬"特色的原因进行了分析,认为这是宋代政策和社会等多种原因导致的,也是中国古代礼制发展到一定阶段的表现形式之一。③吴丽娱除前述《终极之典:中古丧葬制度研究》一书研究了丧制外,还发表过一系列专题论文,④如对唐宋时期诏葬与敕葬,认为汉代以降诏葬作为皇帝对亲贵大臣丧葬所特有的饰荣之典,是一种特殊的礼仪制度,但作为按照一定官品等级实行的制度始见于唐初功臣陪陵制度。宋代大多将诏葬改称为敕葬,推广到三品之外,并且不止于京官,但敕葬分有等级。⑤她还对举哀成服等问题进行了研究⑥,其成果受到广泛关注。王铭考察了唐宋丧葬卤簿、车舆仪制的具体特征及其演变,认为唐宋葬礼带有强烈的趋吉意味,成为一种炫耀权势地位和财富的现象。⑦郭文佳对宋代官员优恤进行了论述,涉及天子临丧、遣使视丧、恩荫子孙、辍朝、赠谥、赐赙等等礼仪,认为朝廷优恤举措既是对官员一生活动的肯定,又是对官员后事给以保障的一种形式。⑧另外,郝怡研究了宋代火葬盛行的原因⑨,龙晓添研究了丧礼中的女性⑩。

八、礼制与佛道两教关系。礼制与道教关系中最引人注目者是真宗封禅问题,学者们的见解各有不同。封禅始于汉武帝,后世真正沿袭者并

---

① 游彪:《"礼""俗"之际——宋代丧葬礼俗及其特征》,《云南社会科学》2005年第1期。
② 杨建宏:《论宋代民间丧葬、祭祀礼仪与基层社会控制》,《长沙大学学报》2006年第4期。
③ 吴敬:《宋代厚丧薄葬和葬期过长的考古学考察》,《贵州社会科学》2010年第8期。
④ 具体可参见吴丽娱《敦煌书仪与礼法》"参考文献"部分。
⑤ 吴丽娱:《唐宋时代的诏葬与敕葬》,《中国社会科学院院报》2006年11月28日第3版。
⑥ 吴丽娱:《葬礼的炫耀——关于天圣〈丧葬令〉的启迪》,《文史知识》2007年第3期;《说说"举哀成服"与"举哀挂服"》,《文史知识》2007年第6期。
⑦ 王铭:《辇舆与威仪:唐宋葬礼车舆仪制的等级性与世俗化》,《民俗研究》2013年第5期。
⑧ 郭文佳:《宋代官员优恤述论》,《求索》2005年第6期。
⑨ 郝怡:《宋代丧礼中火葬盛行的原因分析》,《黑龙江史志》2013年第23期。
⑩ 龙晓添:《丧礼中的女性——以〈仪礼〉〈朱子家礼〉记述为例》,《广西师范大学学报》2013年第2期。

不多,在宋代,真宗却举行过封禅大典,且与道教密切关系。丁庆运较早考订泰山封禅过程及其遗迹①,其后,汤其领撰文指出,北宋初年太祖、太宗推崇道教,真宗为了洗刷澶渊之盟的耻辱,采纳道士王铁若的建议,东封泰山,西祀汾阴,在全国掀起拜神、造神运动,使宋代道教更为兴盛。②葛剑雄撰文介绍封禅背景、过程,认为此次封禅是一场闹剧。③何立平则反对涤耻说,认为真宗东封西祀在于整合礼制和调适政治秩序、强化意识形态和构建精神信仰。④胡小伟从北宋与契丹的文化竞争角度来分析真宗封禅,认为宋朝最终弱化了契丹文化正统的心理及武力统一的意愿,达到了自己的战略目的;保持了中华文化对于北方地区的影响,复经辽、金、元三代经营,以北京为中心的格局终于融合南北多个民族,从根本上改变了中国政治文化版图。从大历史视野看,对于整个中华民族而言,仍然是一个双赢的结局。⑤徐威明、仝晰纲、张其凡等人也作过研究。⑥

宋代道教、佛道与礼制关系问题也有一些论文。汪圣铎对宋代道教作了分析,尤其对景灵宫、天庆观及其中的神御殿问题作了较为深入的研讨。⑦吴羽对宋代太一宫中的十神太一作了比较深入的研究,认为它不同于汉唐道教经典中的太一、汉代国家祭祀中的太一、晋南朝梁两宋国家郊祀神位中的太一、唐宋时代的九宫贵神。十神太一信仰始于晚唐五代,与当时诸割据势力和地区的地方主体意识紧密相联。宋初祭祀十神太一是要消弭晚唐以降的地方主体意识,是宋初重建国家认同和社会秩序的一项政治措施。宋代国家祭祀系统对十神太一进行了道教化,但在太一宫里举行的礼仪中,道教仪式和道士不占主导地位。⑧王志跃从国家礼制与道教兴盛的关系切入,对宋代道教进行分析,指出了道教对礼制的危害。⑨唐

---

① 丁庆运:《宋真宗泰山封禅及其遗迹》,《泰安师专学报》1987年第1期。
② 汤其领:《涤耻封禅与北宋道教的兴盛》,《河南大学学报》1995年第3期。
③ 葛剑雄:《十一世纪初的天书封禅运动》,《读书》1995年第11期。
④ 何立平:《宋真宗东封西祀略论》,《学术月刊》2005年第2期。
⑤ 胡小伟:《"天书降神"新议——北宋与契丹的文化竞争》,《西北民族研究》2003年第1期。
⑥ 徐威明:《宋代的封禅泰山仪式》,《民俗》1990年第3期;仝晰纲、迟少丽:《宋真宗东封西祀浅论》,《山东师大学报》1994年第6期;张其凡:《宋真宗"天书封祀"闹剧之剖析》,《历史文献与传统文化》第4辑,广州:广东人民出版社,1994年。
⑦ 汪圣铎:《宋朝礼与道教》,《学术月刊》1990年第5期,收入氏著《宋朝社会生活研究》,北京:人民出版社,2007年。
⑧ 吴羽:《宋代太一宫及其礼仪——兼论十神太一信仰与晚唐至宋的政治、社会变迁》,《中国史研究》2011年第3期。
⑨ 王志跃:《宋代国家、礼制与道教的互动考论——以〈宋史·礼志〉为中心的考察》,《殷都学刊》2012年第2期;《宋代国家、礼制与道教的互动考论》,《世界宗教文化》2012年第3期。

代剑数文主要从道教角度来研讨,较少涉及礼制问题。①

汪圣铎研究了宋代礼制与佛教的关系,认为宋朝帝王对佛教既非尊崇亦非排斥。宋代重文轻武,儒学迅猛发展。撰史者大都是受道学、理学影响很深,对国家活动中与佛教相关的事物取轻视、回避或掩饰的态度。②此外,王元林等研究了民间俗神泰山玉女发展成为国家祭祀中的灵碧霞元君,涉及了道教与礼制的关系。③

九、两宋礼学思想研究。最早注意到宋代礼学思想的是台湾的钱穆先生④,大陆学者大致从20世纪80年代后开始对宋代礼学思想进行研究。此下以专人展开介绍。

姜国柱最早注意到李觏的礼学思想,但由于时代关系,论文仍用唯物、唯心两分法来加以研究。⑤赖井洋认为李觏的礼论是对荀子学说的延续和引申,但又比荀子的研究探讨深入广泛得多。⑥陈大勇指出:治国方略是李觏政治思想的重要内容,社会规范又是治国方略中的核心内容。在李觏的治国方略中,"礼""法"是两个基本范畴,而李觏关于"礼""法"的理论与现代社会综合治理中的软规范和硬规范的基本内容是一致的。⑦赵军政等人比较了李觏与荀子的礼论,认为两者在"礼"的起源、作用、行为价值取向等方面有诸多的关系。⑧郭树森等人则对李觏"礼乐观"与孔子的关系进行了剖析,认为李觏"礼乐观"承续了孔子的传统,又大异其趣,尤其是李氏重内外之统一、倡礼乐之实用、顺人情之自然的主张,以及重视通变疏达、人事功利、礼乐教化等思想,都可归之于极具实用精神的"礼统观"。李觏的观点对宋代儒学与明清实学产生了较大的影响。⑨朱人求指出:李觏在承接传统的基础上,进一步凸现"礼"的价值与意义,乐、刑、政是礼的外在规范,仁、义、智、信则是礼的内在精神。李觏论"法",主要发挥礼的"规

---

① 唐代剑:《北宋神霄宫及其威仪钩稽》,《中国道教》1994年第3期;《宋代道冠紫衣、师号制度》,《宗教学研究》1997年第1期;《宋代道冠披戴制度》,《宗教学研究》1998年第3期。
② 汪圣铎:《宋朝礼与佛教》,《学术月刊》1990年第5期,收入氏著《宋朝社会生活研究》,北京:人民出版社,2007年。
③ 王元林、孟昭锋:《论碧霞元君信仰扩展与道教、国家祭祀的关系》,《世界宗教研究》2010年第1期。
④ 钱穆:《朱子之礼学》,原台湾三民书局1971年出版,1982年再版;大陆出版则有成都巴蜀书社,1986年本。该书涉及朱熹考证礼制沿革、具体礼仪、礼学主张、议祧庙、论乐、修礼书、《家礼》诸方面,然以考证为主,归纳较少。
⑤ 姜国柱:《李觏的"礼论"思想》,《江汉论坛》1983年第6期。
⑥ 赖井洋:《略论李觏对荀子〈礼论〉的继承与发展》,《韶关大学学报》1999年第6期。
⑦ 陈大勇:《"礼""法"并举——李觏治国方略初探》,《抚州师专学报》2000年第1期。
⑧ 赵军政、张斌、赖井洋:《李觏与荀子礼论的异同》,《汉中师范学院学报》2000年第1期。
⑨ 郭树森、赖功欧:《李觏礼乐观辨析》,《江西社会科学》2002年第10期。

范于人"的功能,提出"一致于法"、"王法必本于农"、"刑罚世轻世重"等法律思想,把我国礼法合流的思想向前推进了一步。① 除此,夏微、焦秀萍等人也对李觏的礼学思想进行了研究。② 王启发则从《内治》篇出发对李觏有关婚姻伦理进行了探索,指出从传统儒家"齐家"思想出发,结合历史上成败得失的经验与教训,阐明和发挥"欲治其国者,先齐其家"和"家不齐则国不治"之道理的思想倾向,也可见李觏对礼学经典诠释的别样风格。③

张载礼学思想也是研究热门。殷慧等人认为北宋礼学思想呈现出两条鲜明的路径。李觏、王安石尝试以《周礼》为资源,寻求一条趋向礼学制度建设的富民强国之路;以张载、二程为代表的理学学者倾向于走一条对礼进行道德思索、哲学建构的路径。二重路径都强调礼的重要性,李、王等人持"礼是总名"的观点,张、程则阐发"礼即理"的思想。④ 杨建宏指出:张载的礼学不同于先秦秦汉的礼学,他把"礼"由形而下之器,发展为形而上之道,以此作为宋代社会与国家秩序重构的哲学依据。张载不仅对礼进行了形上的研究,而且受到其经世思想的影响,曾尝试在民间推行礼制,并在一定范围内改变了民风民俗。⑤ 魏涛指出:张载思想中有一个非常重要的方面便是"以礼为教",也是整个关学宗风重要特征的体现。论文还着重探讨张载"以礼为教"思想的形成过程,辨明其源流。⑥ 他还从伦理实践的角度对"以礼为教"思想进行了探索,认为张载通过"上学与下达者两得之"的理论架构方法,将礼真正引入到修养工夫论中,从而解决了"礼论"界长期悬而未解的礼的内外问题与道德理想向世俗伦理的转化问题。⑦ 杨永亮等人指出张载的哲学体系中有着丰富的"礼"学思想,"以礼为教"和"精思力践"是他把传统"礼"学思想向实学方向转化的主要方式,从而完成了他把礼仪思想融入现实的需要之中,努力地实现着他济世宽民的政治理想。⑧ 林乐昌对张载礼学思想进行过一系列研究,认为张载礼学是由两套

---

① 朱人求:《李觏的礼法观》,《孔子研究》2007年第6期。
② 夏微:《李觏〈周礼〉学述论》,《史学月刊》2008年第5期、焦秀萍:《李觏的"礼顺人情"论——兼与胡瑗反人情论的比较》,《兰州学刊》2008年第5期。
③ 王启发:《从宫廷后妃伦理到民间家庭伦理及昏礼的意义——李觏〈周礼致太平论·内治〉析论》,《湖南大学学报》2014年第2期。
④ 殷慧、肖永明:《北宋礼学思想发展的二重路径》,《中国宝鸡张载关学与东亚文明学术研讨会论文集》,2007年。
⑤ 杨建宏:《论张载的礼学思想及其实践》,《湖南大学学报》2006年第2期。
⑥ 魏涛:《张载"以礼为教"思想渊源探析》,《西安文理学院学报》2007年第1期。
⑦ 魏涛:《张载"以礼为教"思想体系刍议——在工夫论视角下的考察》,《宝鸡文理学院学报》2006年第5期。
⑧ 杨永亮、巩君慧:《试论张载的礼学思想》,《西藏民族学院学报》2008年第2期。由

系统构成的：一是关于礼的基本观念和礼学结构功能的学理系统，一是突出礼在教学过程中的作用和意义的实践系统。他还比较深入地研究了张载礼之多重根源和体系定位、礼学结构功能、"以礼为教"的教学主题等礼学主要特征。① 刘平中也分析了张载礼学体系的结构：认为张载从宇宙本体的角度为礼的存在寻求理论依据，强调礼源于"太虚"、"天"。张载把人性区分为"天地之性"和"气质之性"，提倡克己复礼，主张变化气质，从而永保天地之性。张载主张以礼治国，以礼化俗，从而使社会井然有序，以维护社会秩序的稳定与发展。② 李会军则从礼仪教育角度对张载"以礼为教"学说进行了分析，强调张载充分把握了礼的本质规定性，提出"进人之速无如礼"的主张，凸显礼仪教育的必然性和现实紧迫性。其"知礼成性"的个体功夫论，"以礼成俗"的社会功能论对于我们今天的礼仪教育仍然有重要的现实意义。③ 郝保权也讨论了张载礼学的社会教化功能与现实意义。④

刘丰探讨二程的礼学思想，认为二程从义理之学的角度对理与礼的关系作了深入阐述，认为理与礼的形上形下关系、也是体用的关系、礼即理，他们从哲学本体论上确立了礼的思想基础，从礼学思想发展的角度来看有重要的意义，丰富、发展了儒家礼学思想，同时也是他们理学思想的重要组成部分，是礼学发展史上的一个飞跃。二程的主要观点被朱熹所接受。⑤

对司马光的礼学思想也有两篇论文，王立军认为司马光的礼学思想在其整个思想体系中占有非常重要的地位，是其史学、政治和哲学思想的最根本的出发点。论文分析和总结了司马光礼学思想的基本特征及其形成原因，认为"重视家礼"和"折中古今"是司马光礼学思想的典型特色。⑥ 杨建宏也对司马光礼学思想与史学思想、政治思想的关系作了分析，认为司马光以礼学思想为基础广泛地研究历史，评论历史人物，同时以礼学思想为基础，参与北宋的政治实践。⑦

对朱熹礼学思想的研究又是学术界十分关注的课题。李禹阶认为朱

---

① 林乐昌：《张载礼学三论》，《唐都学刊》2009年第3期。林氏另有《张载礼学论纲》，《哲学研究》2007年第12期，《张横渠礼学思想的基本特征及其对朝鲜曹南冥学派的影响》，《中国哲学史》2007年第3期。
② 刘平中：《张载礼学体系结构探论》，《江西社会科学》2010年第1期。
③ 李会军：《张载"以礼为教"学说的现实意义》，《昭通师范高等专科学校学报》2009年第2期。
④ 郝保权：《论张载礼学的社会教化功能与现实意义》，《西北大学学报》2010年第3期。
⑤ 刘丰：《论宋代礼学的新发展》，《中国哲学史》2013年第4期。
⑥ 王立军：《试论司马光礼学思想的基本特征》，《唐都学刊》2001年第3期。
⑦ 杨建宏：《略论司马光的礼学思想与实践》，《长沙大学学报》2005年第1期。

熹顺应宋代重建平民化乡村宗法组织的思潮,强调建立平民化的宗族及家族制度,重建新的家族、宗族的礼仪,是"有补治道"的工作。朱熹以为首先应确立"礼"出于天这一重要的道德立法及伦理规则,其次应建设乡村宗族、家族之礼,再次是要重视社会转型期乡村家族、宗族礼仪、规则与国家礼法的一致性与共同性,第四是强调孝、悌、节的礼仪规范,第五是主张由家族伦理向国家、社会伦理扩充,使家族礼仪成为教化民众的工具。[①] 安国楼指出:朱熹注重家庭礼仪规范的研究和立制,认为家礼要与时俱进,随着时代发展、民俗风情的变化而改变。[②] 罗秉祥认为朱熹《家礼》中祠堂及祖先扮演了非常重要的角色,祭祖只是其表现方式之一而已。朱子编修这本《家礼》,希望能培养人对祖先"爱敬"、"崇爱敬"、有"谨终追远之心"、"报本反始之心",这都可说是一种宗教情怀。[③] 彭林研究了朱熹的礼学观[④],黄娜讨论了朱熹礼学的经世倾向。[⑤] 潘斌则以朱熹《礼记》研究作了探讨[⑥],殷慧等人研究了朱熹的《周礼》学思想与祧庙之议[⑦],孙显军研究了朱熹对《大戴礼记》的研究[⑧],余瑞霞研究了朱熹的《仪礼经传通解》[⑨],叶纯芳讨论了朱熹、黄榦及杨复祭礼学的形成[⑩]。除此,殷慧对朱熹的鬼神观与祭祀思想关系进行了探讨,认为朱熹是从义理层面来论述祭祀与鬼神的关系:强调鬼神的本体论意义,重视其天地转化的功能;认为鬼神既是阴阳二气物质,也是二气相互作用、转化的功用与性质。[⑪]

对两宋思想家的礼学思想的研究还有杨胜宽[⑫]、聂明[⑬]、杨世文[⑭]、符海

---

① 李禹阶:《朱熹的家族礼仪论与乡村控制思想》,《重庆师范大学学报》2004年第4期。
② 安国楼:《朱熹的礼仪观与〈朱子家礼〉》,《郑州大学学报》2005年第1期。
③ 罗秉祥:《儒礼之宗教意涵——以朱子〈家礼〉为中心》,《兰州大学学报》2008年第2期。
④ 彭林:《论朱熹的礼学观》,《宋代经学国际研讨会论文集》,中央研究院中国文哲研究所2006年。
⑤ 黄娜:《朱熹礼学的经世倾向》,《四川教育学院学报》2008年第12期。
⑥ 潘斌:《朱熹〈礼记〉学述论》,《宋代文化研究》第15辑,成都:四川大学出版社,2008年。
⑦ 殷慧、肖永明:《朱熹的〈周礼〉学思想》,《湖南大学学报》2008年第1期,殷慧、肖永明《学术与政治纠结中的朱熹祧庙之议》,《湖南大学学桃庙报》2009年第4期。
⑧ 孙显军:《朱熹的〈大戴礼记〉研究》,《苏州大学学报》2009年第1期。
⑨ 余瑞霞:《关于朱熹〈仪礼经传通解〉的梳理》,《太原城市职业技术学院学报》2011年第3期。
⑩ 叶纯芳:《朱熹、黄榦及杨复祭礼学的形成》,《文史》2013年第4期。
⑪ 殷慧:《祭之理的追索——朱熹的鬼神观与祭祀思想》,《湖南大学学报》2012年第1期。
⑫ 杨胜宽:《论苏轼以人为本的礼制观——兼论其合祭天地之主张》,《西华大学学报》2008年第2期。
⑬ 聂明:《刘敞礼制思想管窥》,《河南师大学报》1993年第6期。
⑭ 杨世文:《魏了翁〈周礼折衷〉析论》,《蜀学》第6辑,成都:巴蜀书社,2011年。

潮①、姚永辉②等人。

十、乡规民约与家训、家礼研究。乡规民约与家训是目前宋代礼制研究的热点之一,取得成果非常可观。大致统计,研究乡规民约与家训的论文至少有数十篇之多,大致分为三个方面,一是文献角度的考察,二是具体家训著作的学术价值或伦理价值,三是结合当代,研究家训对当代社会的借鉴价值。

文献研究以朱子《家训》研究最为热门,取得一些突破。如对《家礼》真伪的考辨,陈来、束景南、杨志刚等人都进行过考订,认为《家礼》确为朱熹所著。③ 粟品孝通过对朱熹的家礼行为与《家礼》文本进行比照,发现其言行相顾,《家礼》的规定基本上在其家庭生活中得到了实现,但由于现实境遇和思想的变化,朱熹的一些行为也与《家礼》的要求明显不合。而最受后人重视的《家礼》"祠堂"部分则可能并非朱熹所定。④ 汤勤福则考订了《家礼》传承情况,指出今本《家礼》不但是朱熹所作,而且对后世影响极大,作者还指出以《家礼》为伪的始作俑者是元人陈栎,最为激进者是王懋竑,而影响最大者则为四库馆臣。⑤ 另外,杨志刚认为《家礼》是一种封建社会后期的民间通用之礼⑥,还对司马光《书仪》与朱熹《家礼》进行了比较研究,认为士庶通礼出现于唐、完善在宋,《书仪》《家礼》使士庶通礼不断完善与发展,从内容分析,《家礼》来源于《书仪》,但稍加损益⑦。王志跃探讨了《宋史·礼志》与朱熹《家礼》在传承过程中的不同情况⑧,也对《朱子家礼》和《满洲四礼集》作了比较研究⑨。陈志勇探索了唐宋家训发展演变的模式问题⑩,赵振研究了唐宋家训文献的转型与特点⑪。

---

① 符海潮:《韩琦祭祀活动与祭祀思想之探讨》,《宋史研究论丛》第10辑,保定:河北大学出版社,2012年。
② 姚永辉:《从"偏向经注"到"实用仪注":〈司马氏书仪〉与〈家礼〉之比较——兼论两宋私修士庶仪典的演变》,《孔子研究》2013年第2期。
③ 陈来:《朱子家礼真伪考议》,《北京大学学报》1989年第3期;束景南:《朱熹〈家礼〉真伪考辨"》载《朱熹佚文辑考》,扬州:江苏古籍出版社,1991年;杨志刚:《论〈朱子家礼〉及其影响》,《朱子学刊》(总第6期),合肥:黄山书社,1995年。
④ 粟品孝:《文本与行为:朱熹〈家礼〉与其家礼活动》,《安徽师范大学学报》2004年第1期。
⑤ 汤勤福:《朱熹〈家礼〉的真伪及对社会的影响》,《宋史研究论丛》第11辑,保定:河北大学出版社,2010年。
⑥ 杨志刚:《〈朱子家礼〉:民间通用礼》,《传统与现代化》1994年第4期。
⑦ 杨志刚:《〈司马氏书仪〉与〈朱子家礼〉研究》,《浙江学刊》1993年第1期。
⑧ 王志跃:《〈宋史·礼志〉与〈朱子家礼〉的不同命运探源》,《江汉大学学报》2010年第1期。
⑨ 王志跃:《〈朱子家礼〉与〈满洲四礼集〉对比研究》,《历史教学》2011年第9期。
⑩ 陈志勇:《唐宋家训发展演变模式探析》,《福建师范大学学报》2007年第3期。
⑪ 赵振:《试论唐宋家训文献的转型与特点》,《安阳工学院学报》2007年第2期。

对家训文化的特点也有不少学者进行了探索。徐秀丽认为家训是中国传统文化中的一种重要现象,古代家训的产生和存在不是偶然的,"家"、"国"、"天"三位一体的统治机制,传统家庭中成员的社会化过程,家族的生存竞争,家庭内部的人际矛盾和家务的繁杂,是这种特殊文化现象传承不绝的历史根据。家族性与社会性的统一,经验性与规范性的统一,劝导性与强制性的统一、历史性与代传性的统一,是这种文化现象的显著特征。① 党红星认为中国家训文化具有四个特点:教育对象上具有从贵族向平民发展的特点,体现了家族教育向平民化发展的趋势;教育内容上由从重道德到重视道德、治生并重的发展特点,体现了家族教育的社会化趋势;表达形式上具有从只言词组到成文成系统发展的特点,体现了家族教育向规范化发展的趋势;表现形式上具有从粗糙到细腻发展的特点,体现了家族教育思想渗透性发展的趋势。② 杨华星指出传统社会后期的家训十分重视田界的确定,反映出土地产权制度的确立对家庭经济观念的影响;家训越来越肯定工商业作用,体现富民阶层的崛起对家庭经济观念的影响;家训同居析财和分居析产思想的矛盾与并存,表明当时经济观念变化对家庭伦理观念的冲击。③ 王美华认为唐宋家礼有一个"承古"、"远古"到"变古适今"的变迁过程,影响在不断扩大,并研讨了唐宋家礼的演变及与社会变迁的关系。④ 王立军、陆敏珍等人也对宋代家礼问题进行了研究。⑤

在家训的历史价值和伦理价值研究方面,也取得丰硕成果。李禹阶指出:朱熹从"有补治道"出发对重建宗族、家族制度和礼仪作了一些努力。他首先强调"礼"出于天是道德立法及伦理规则;其次强调应该注重宗族、家族之礼的建设;第三应重视家族、宗族礼仪、规则与国家礼法的一致性与共同性,倡导随时变易;第四应该对孝、悌、节的礼仪作出规范;最后主张由家族伦理向国家、社会伦理扩充,使家族礼仪成为教化民众的工具。这一理论的目的是保证国家意识形态及政治伦理纲常对乡村社会的控制。⑥ 杨建宏撰写了系列论文阐述宋代乡规民约及家训与社会控制的关系问题。他认为:宋代的家训家范突破家庭家族之范围,在民间充当"家法"角色,与

---

① 徐秀丽:《中国古代家训通论》,《学术月刊》1995 年第 7 期。
② 党红星:《试论中国家训文化的特点》,《东岳论丛》2006 年第 1 期。
③ 杨华星:《从家训看中国传统家庭经济观念的演变——以宋代社会为中心的分析》,《思想战线》2006 年第 4 期。
④ 王美华:《承古、远古与变古适今:唐宋时期的家礼演变》,《辽宁大学学报》2013 年第 4 期。
⑤ 王立军:《宋代的民间家礼建设》,《河南社会科学》2002 年第 2 期;陆敏珍《宋代家礼与儒家日常生活的重构》,《文史》2013 年第 4 期。
⑥ 李禹阶:《朱熹的家族礼仪论与乡村控制思想》,《重庆师范大学学报》2004 年第 4 期。

国家的"王法"互为表里,有效地加强了封建国家对民间社会的控制;①家训体现的是民间士绅阶层的权力场域,是他们自发地以礼治教化为手段的基层控制形式。这种基层控制与君主专制之间由于权力生成机制的不同,最终造成两者之间尖锐的矛盾冲突,使得乡约难以实行。②刘欣认为宋代家礼是当时文化整合的一种范式,家礼的功能由家族延伸到了社会,成为封建国家控制社会的有力的思想文化武器。③王美华通过对《颜氏家训》和司马光《家范》两者的篇目设置、关注重点、治家原则以及家族命运的担忧与期望诸问题进行比较与研究,分析中古家训的社会价值,以阐释中古社会历史发展的趋势特征。④

不少研究者注意到宋代家训的现代价值,这可从两个方面来介绍。一是从总体上研讨家训对当时社会及后代的价值和影响。李景文指出中国古代家训文化精华是:为官清廉,勤政爱民;为人坦荡无私,诚实守信;治学刻苦勤奋,立志成才;齐家孝亲敬长,善于理财;生活勤劳俭朴,慎独自省;交往扶危济贫,德洽乡里;其糟粕主要是:宣传明哲保身的中庸之道、男尊女卑的观念和宿命论思想,应进行批判地继承。⑤沈时蓉认为中国古代家训从先秦至清代大致经历了五个发展阶段,家训著作中精华与糟粕并存,如果善加利用,对建设当今社会的精神文明建设的积极作用。⑥孔令慧的观点也大致相同。⑦王双梅则指出中国传统家训带有浓厚的封建性和其他历史局限性,但其积极方面包含着丰富的道德教育资源,借鉴传统家训中德育的优良传统,对现代道德建设具有重要意义。⑧杨华探讨了宋朝家训文献中涉及的德教内容,分析了它注重道德教育的主要原因。⑨曾凡贞也对中国传统家训的起源、特征及现代意义进行了探索。⑩戴素芳研究了传统家训伦理道德教育实践理念与当下伦理道德教育的关系,指出传统家训中的伦理道德教育的基本原则、主要措施及重要方法,强调道德教育中的主客统一、知行统一、共性与个性的统一、早教与渐进性的统一,在当今

---

① 杨建宏:《论宋代家训与民间社会控制》,《船山学刊》2005年第1期。
② 杨建宏:《〈吕氏乡约〉与宋代民间社会控制》,《湖南师范大学学报》2005年第5期。
③ 刘欣:《宋代"家礼"——文化整合的一个范式》,《河南理工大学学报》2006年第4期。
④ 王美华:《中古家训的社会价值分析》,《古籍整理研究学刊》2006年第1期。
⑤ 李景文:《中国古代家训文化透视》,《河南大学学报》1998年第6期。
⑥ 沈时蓉:《中国古代家训著作的发展阶段及其当代价值》,《北京化工大学学报》2002年第4期。
⑦ 孔令慧:《传统家训与构建中国特色现代家训文化》,《山西师大学报》2003年第2期。
⑧ 王双梅:《中国古代家训中德育资源探析》,《船山学刊》2005年第3期。
⑨ 杨华:《简论宋朝家训文献的道德教育》,《甘肃理论学刊》2005年第6期。
⑩ 曾凡贞:《论中国传统家训的起源、特征及其现代意义》,《怀化学院学报》2006年第4期。

社会具有重要的现实意义和实践价值。①宋冬霞认为宋代家训除以调整家庭、家族成员之间的关系外,更在于调适父子、夫妻、兄弟等"六亲"关系,规范其本分,明确其职责,以实现家庭或家族的和谐,具有鲜明的和谐因素。在调适"六亲"关系时,对家庭成员中的父子、夫妇、兄弟均有其相应的约束。②赵璐等人以为:传统家训族规是中国古代官方文化和儒家社会意识形态普及化的一种重要教化方式。儒家"重义轻利"的价值观对传统家训族规影响极深。③余祖红着重对宋代家训中的治家思想作了研讨,认为宋代家训中的治家思想对当今社会建立良好家风仍具有重要意义。④梁巍等人则指出:"礼"作为中国封建政权提倡和遵守的道德规范和行为准则,对中华民族精神素质的修养起了重要作用。宋代教育家们从日常生活中体悟和践履道德,宋代的蒙学教育在我国历史上占据了非常重要的地位,直至今日仍有较大的借鉴作用。⑤刘晓平、刘欣等人也对宋代家训的具体价值进行了探索。⑥

二是具体研究某一家训著作的价值和影响。陈瑞研究了朱熹《家礼》在明清时期徽州社会中的影响与作用,指出徽州宗族大多依据《家礼》进行本族内部的制度设计和制度建设,还重视对礼仪的执行与监督,旨在以此实现以礼治族、维持宗族社会秩序的目的。⑦靳惠考析了朱熹《家礼》广为流传的原因。⑧史向前、陈彩云、周永健等人也撰有相关论文。⑨

一些学者也注意到朱熹《家礼》对海外的影响。彭林对金沙溪的《丧礼备要》与朱熹《家礼》进行了比较研究,指出《朱子家礼》在高丽朝末期东传至朝鲜半岛,并为高丽有识之士所推崇,金沙溪的《丧礼备要》实际是朱熹

---

① 戴素芳:《论传统家训伦理教育的实践理念与当下价值》,《学术界》2007年第2期。
② 宋冬霞:《浅析宋代家训的和谐因子》,《青海师范大学学报》2008年第2期。
③ 赵璐,李鹏飞:《重义轻利:中国传统家训族规教化的价值选择》,《晋中学院学报》2008年第4期。
④ 余祖红:《浅谈宋代家训的治家思想》,《安徽文学》2009年第7期。
⑤ 梁巍、刘毅:《宋代蒙学阶段礼仪教育的现代特征及其意义》,《大众文艺》(理论版)2009年第6期。
⑥ 刘晓平、刘欣:《略论宋代社会经济观念的变化在家训中的反映——以家训中的"俭"为例》,《船山学刊》2007年第1期;刘欣:《略论宋代家训中的"女教"》,《中华女子学院学报》2009年第5期。
⑦ 陈瑞:《朱熹〈家礼〉与明清徽州宗族以礼治族的实践》,《史学月刊》2007年第3期。
⑧ 靳惠:《〈朱子家礼〉广为流传之原因考析》,《大家》2011年第14期。
⑨ 史向前:《朱子〈家礼〉与道德建设》,《合肥学院学报》2007年第6期;陈彩云:《朱子〈家礼〉中的标奢思想及对后世的影响》,《孔子研究》2008年第4期;周永健:《论朱熹〈家礼〉的社会教化功能》,《兰台世界》2011年第19期。

《家礼》的朝鲜化著作。① 金顺今等人对金长生礼学思想进行研究,认为金氏把毕生的精力都致力于朱熹《家礼》的完善和制定适合本国人情、时宜的礼学。他的礼学是在朝鲜本土上达到较高学术水平的、系统的礼学思想。② 张立文也指出:宋明理学家重礼并开创礼学的新时代,朱熹是其代表人物;李退溪是朝鲜李朝朱子学大家。李退溪基于"缘人情"而制礼,主张礼有因有革、有常有变;礼在践履中从俗、从宜、从权,从而逐渐使其民族化。李退溪、李栗谷、金长生与金集父子对礼作了精深研究,使礼的韩民族化进程趋于完善,形成李朝性理学的礼学派。③ 郑肯植则从法律角度对高丽末朝鲜初期吸收朱熹《家礼》进行了研究。④ 刘永连研究了中国家训对朝鲜半岛的影响。⑤ 潘畅和、张品端等人也有相关研究。⑥ 王维先等研讨了朱熹《家礼》对日本近世丧葬礼俗的影响。⑦

对司马光家训的研究也有一些论文。李宏勇等人指出:在中国古代家训的发展历程中,司马光的家训在中国古代家训中承前启后,对宋及其以后的影响是深远的。司马光治家主张"以礼为先"、以圣贤为范、以教子为本、以勤俭为务、以睦亲为上。这对推动当代家庭美德建设,强化家庭的教化功能,促进社会稳定,构建和谐社会具有积极的借鉴价值和启迪意义。⑧ 孔令慧认为司马光家训核心内容是修身、齐家、治国、平天下,具有鲜明的德育特色,对公民道德建设具有不可低估的文化价值。⑨

梁太济先生最早注意到《袁氏世范》,他对该书反映出的宋代封建关系进行了研究。⑩ 赵忠祥等人认为:《袁氏世范》堪与《颜氏家训》相媲美,显著特点是强调以均爱睦家、以和易处世、以公心理财,提倡幼教、业有所成、

---

① 彭林:《金沙溪〈丧礼备要〉与〈朱子家礼〉的朝鲜化》,《中国文化研究》1998年第2期。
② 金顺今、全锦子:《金长生礼学思想的特点及其意义》,《延边党校学报》2005年第2期。
③ 张立文:《礼仪与民族化——论退溪以后礼的民族化进程》,《学术研究》2005年第6期。
④ 郑肯植:《宗法制祭祀的继承和家族的变化》,《法律史学研究》第1辑,北京:法律出版社,2006年
⑤ 刘永连:《从韩国文集中的家训文献看朝鲜半岛家庭教育与中国传统文化的关系》,《东北史地》2011年第4期。
⑥ 潘畅和、朴晋康:《韩国儒教丧礼文化的确立及其生死观》,《延边大学学报》2011年第5期;张品端:《〈朱子家礼〉与朝鲜礼学的发展》,《中国社会科学院研究生院学报》2011年第1期。
⑦ 王维先、宫云维:《朱子〈家礼〉以日本近世丧葬礼俗的影响》,《浙江大学学报》2003年第6期。
⑧ 李宏勇、孔令慧:《浅析司马光家训中的治家思想》,《运城学院学报》2008年第4期。
⑨ 孔令慧:《论司马光家中特色及当代启示》,《运城学院学报》2008年第1期。
⑩ 梁太济:《读〈袁氏世范〉并论宋代封建关系的若干特点》,《内蒙古大学学报》1978年第2期。

合于情理、约于法度、修身向善、克己持德等。这些都是现代家庭伦理建设的文化资源。[1] 陈延斌指出《袁氏世范》在中国家训发展史上占有重要的地位,它有丰富的家庭伦理教化和社会教化思想,将中国古代家庭教育提高到一个新的高度,对当今道德文明建设具有很好的借鉴意义。[2]

十一、其他具体礼仪研究也有不少论文。刘秉果对宋代赏花钓鱼中的礼制作了介绍与初步研究。[3] 祝尚书研究了宋代的鹿鸣宴与鹿鸣诗,指出此宴在北宋主要是为得解举子饯行、励志,南宋则更多强调该宴仪制和政教功能,其繁文缛节加重了地方的经济负担;现存宋人鹿鸣宴诗总体成就不高,但作为一种文化现象尚有阅读的价值。[4] 张若衡认为官员七十致仕最初是被当作一种礼来执行的,但到宋代致仕制度则向法制倾斜。[5] 其他如杨高凡、于赓哲、吕博对金鸡肆赦制度作了研究[6],孙雅静研究了救日伐鼓仪式[7],董杰等人研究了两浙地区的宴饮礼俗[8],王志跃考证了《宋史·礼志》中所载赏赐的内容[9],王美华研究了宋代耕籍礼[10],杨高凡考证宋代明堂大礼举行的次数[11],申万里认为乡饮酒礼原是上古盛行的显现宾贤、敬老、谦让的礼仪制度,之后逐渐演变为以地方儒学为中心的社会文化活动。宋代乡饮酒礼由于四明等地儒士的大力提倡,流行全国;元代的乡饮酒礼成为激励儒士自强、自立,维系儒学发展和传承的重要因素之一。[12] 王美华则从礼制下移及国家对基层控制的角度研究了乡饮酒礼。[13] 王美

---

[1] 赵忠祥,方海茹:《〈袁氏世范〉的家庭教育思想及现代价值》,《河北师范大学学报》2005年第1期。

[2] 陈延斌:《〈袁氏世范〉的伦理教化思想及其特色》,《道德与文明》2000年第5期。陈氏另有数文:《中国传统家训教化与公民道德素质养成》,《高校理论战线》2002年第7期;《中国传统家训的"仁爱"教化与21世纪的道德文明》,《道德与文明》1998年第2期,其主要观点相似。

[3] 刘秉果:《宋代的赏花钓鱼礼制》,《中国钓鱼》1994年第8期。

[4] 祝尚书:《论宋代的鹿鸣宴与鹿鸣宴诗》,《学术研究》2007年第5期。

[5] 张若衡:《北宋官员七十而致仕的礼与法》,《法制与社会》2009年第18期。

[6] 杨高凡:《宋代金鸡肆赦制度研究》,《焦作师范高等专科学校学报》2011年第2期;于赓哲、吕博:《中古放赦文化的象征——金鸡考略》,《陕西师范大学学报》2010年第3期;吕博《唐宋金鸡礼俗漫谈》,《寻根》2008年第5期。

[7] 孙雅静:《浅析宋代救日伐鼓》,《河南北方学院学报》2013年第5期。

[8] 董杰、曹金发:《浅谈南宋两浙地区的宴饮礼俗》,《安徽广播电视大学学报》2008年第4期。

[9] 王志跃:《〈宋史·礼志〉所载赏赐考论》,《北方论丛》2011年第3期。

[10] 王美华:《宋代皇帝耕籍礼的演进》,《社会科学战线》2013年第11期。

[11] 杨高凡:《宋代历次明堂大礼考》,《华北水利水电学院学报》2011年第2期。

[12] 申万里:《宋元乡饮酒礼考》,《史学月刊》2005年第2期。

[13] 王美华:《乡饮酒礼与唐宋地方社会》,《社会科学辑刊》2010年第4期;王美华:《唐宋时期乡饮酒礼演变探析》,《中国史研究》2011年第2期。

华还对唐宋时期养老礼进行了研究。①

对两宋旌表问题,有数文进行了研讨。王美华从唐宋变革角度研究了旌表与孝悌行为的变异②,杨建宏从国家权力在基层运作分析了宋代旌表③。王善军等人认为:旌表作为统治者用作美化社会习俗、维护地方秩序的有效手段。宋代旌表制度与前代相比更加完善,范围更加广泛,皇帝通过多种方式进行旌表,对宋代社会习俗的养成、人们文化心理的形成都有着重要的作用。但这项制度也存在着弊病,带来了一些负面影响。④

"讲武礼"属于军礼,陈峰、刘缙对这一问题进行了研究,他们认为宋代讲武礼最初依然发挥着炫耀国威、激励军功的作用,但随着北宋"崇文抑武"国策的推行,讲武礼走向形式化和边缘化,并最终因朝政的紊乱而在王朝的礼制和政治中完全消失。⑤ 之后刘缙先后发表两文对讲武礼进行了研究,总体观点没有大的突破。⑥ 陈峰、胡文宁对宋代武成王庙作过研讨,认为宋代武成王庙是沿袭唐代而来,但礼仪内容却发生了较大的变化,特别是其中陪祀、从祀武将的标准与人选发生多次变动。而这种变化,恰与当时朝政以及意识形态的演变存在密切的联系,由此也从一个侧面展示出其时代价值观的演进轨迹。⑦ 胡文宁还研究了武成王庙中管仲陪祀地位。⑧ 钱俊岭等人对宋代抚恤阵亡士卒进行了一些探讨。⑨ 时胜斋研究了宋代的服饰礼制规范⑩,宋军风研究了唐宋商人舆服⑪。

两宋时期的礼制研究取得重要进展是无可怀疑的,但存在问题也十分明显,大致可以概括为以下几个方面:

其一,礼制典籍整理与研究尚待进一步开展。尽管宋代礼制典籍的整理与研究已有初步成果,其成果主要是《宋史·礼志》部分,《宋会要辑稿》"礼"部分的整理尚待时日。而其他礼典如《宋史·舆服志》、《宋史·乐

---

① 王美华:《唐宋时期的皇帝养老礼》,《文史知识》2007年第12期。
② 王美华:《官方旌表与唐宋两代孝悌的变异》,《东北师大学报》2003年第2期。
③ 杨建宏:《论宋代的民意旌表与国家权力的基层运作》,《中州学刊》2006年第3期。
④ 王善军、徐召霞:《宋代旌表制度述略》,《宋史研究论丛》第14期,保定:河北大学出版社,2013年。
⑤ 陈峰、刘缙:《北宋讲武礼初探》,《清华大学学报》2007年第5期。
⑥ 刘缙:《南宋讲武礼的动态考察》,《殷都学刊》2009年第2期;刘缙:《南宋现实政治与"阅武"之关系》,《求索》2010年第2期。
⑦ 陈峰、胡文宁:《宋代武成王庙与朝政关系初探》,《中国史研究》2012年第2期。
⑧ 胡文宁:《礼制与政治:宋代武成王庙中管仲陪祀地位探析》,《科学经济社会》2013年第2期。
⑨ 钱俊岭、张春生:《简论宋代抚恤阵亡士卒的举措》,《保定学院学报》2013年第5期。
⑩ 时胜斋:《宋代的服饰规定》,《史学月刊》1982年第4期。
⑪ 宋军风:《唐宋商人舆服演变考述》,《重庆社会科学》2006年第6期。

志》、欧阳修的《太常因革礼》、官修的《政和五礼新仪》、清人徐松辑的《中兴礼书》等重要文献尚未开展整理，更谈不上研究。因此，加紧开展宋代礼典的整理与研究显得极其必要与紧迫。

其二，断代礼制史研究不足。目前仅有陈戍国的《中国礼制史》（宋辽金夏卷），显然断代礼制史研究成果不多。其实完全可以按国别进行礼制研究，然后再汇集成辽宋夏金整个历史时期的礼制史著述。在这一方面，尚待学者们努力。

其三，礼学思想尚待系统研究。就目前而言，宋代礼学思想已有初步成果，但集中在个别学者上，没有全局性研究。正因如此，我们难以形成对宋代整体的礼学思想发展形成清晰的线索。因而有必要扩大到其他学者的礼学思想的研究，如王安石、陈襄等等。只有对这些学者逐一进行比较深入地研究，才能真正弄清整个宋代礼学思想发展的脉络。当然，辽西夏金三朝的礼学思想究竟如何，也是值得化力气去研究的，否则，作为一个历史阶段的礼学思想，汉族与其他少数民族如何在礼学上互动便不可能弄清楚的。

其四，制礼机构与具体礼仪制度的研究尚有许多扩展的余地。目前对制礼机构的研究几乎是空白，两宋制礼机构的演变究竟如何，没有学者认真研究过。因此亟需改变这一状况。而具体礼仪制度的研究也大致集中在婚丧礼仪制度方面，其他方面虽有涉及，但数量不多，有大量具体礼仪制度还未涉及。

其五，具体研究多，价值判断少。就目前论文或著述来说，大多局限于某一礼仪的演变或具体情况的研究，考订多，分析少，尤其对它们当时的价值、意义分析不够，至于对现代社会的借鉴价值就论述得更少了。因此有必要加强这方面的研讨。

其六，研究范围狭窄，有待拓宽。例如，对家礼、家训研究多，对具体礼仪制度研究相对较少，宋代礼制对元明清礼制的影响、对日本的影响、对越南的影响几乎没有涉及，对两宋礼学派别的研究尚未开展。

其七，文献数据运用较多，出土资料运用不够。例如对两宋的考古发掘已不少，也涉及许多礼制问题，这一时期留下的礼制实物也有一些，需要去辨别和运用这些数据，以拓展研究数据范围，加深了解该时期的具体礼制，以期使研究结论更加扎实。

后 记

　　国家社科基金重大招标项目"中国礼制变迁及其现代价值研究"(12&ZD134)自立项后,课题组成员除进行认真研究外,还定下每年在一地召开一个学术研讨会,并邀请当地及周边著名的相关专家、学者参加,请他们对我们的研究成果进行批评指正,以提高我们的学术研究水准。

　　2013年秋季,在杭州师范大学何俊副校长与范立舟副院长的协助下,课题组在杭州召开了第一次学术研讨会,会后汇编成《中国礼制变迁及其现代价值研究》(东南卷),该书已由上海三联书店于2015年正式出版。在公开我们初步研究成果的同时,更为重要的是以此向学界同仁求教,使我们研究能够更上一层楼。基于同样的原因,2014夏季,在辽宁大学历史学院石庆环院长、耿元骊副院长的大力支持下,课题组成功地举办了第二次学术研讨会,这本论文集便是这次学术研讨会的成果。

　　立项以来,我深深体会到,我们的每一细微进步,都与学界同仁的支持与帮助分不开,当然也是在课题组全体成员与兼职教授共同努力下获得的。对此,我向帮助过我们的学界诸位朋友表示由衷的谢意;同时也向与我共同奋斗的课题组全体成员和兼职教授致以谢忱!当然,我也应该向曾经为研讨会服务过的诸位老师、同学表示感谢!

　　最后,还需要补充的是我校人文与传播学院院长苏智良教授始终关心课题研究的进展,并给予了不少帮助,本论文集的出版便获得他领衔的上海市高峰高原学科建设项目的关心与支持,对此我表示衷心的感谢!

汤勤福
2016年2月20日于沪西南郊寓所

图书在版编目(CIP)数据

中国礼制变迁及其现代价值研究. 东北卷/汤勤福主编. —上海：上海三联书店，2016.4
ISBN 978-7-5426-5537-0

Ⅰ.①中… Ⅱ.①汤… Ⅲ.①礼仪-制度-东北地区-文集 Ⅳ.①K892.9-53

中国版本图书馆CIP数据核字(2016)第060059号

中国礼制变迁及其现代价值研究

主　　编 / 汤勤福

责任编辑 / 黄　韬
装帧设计 / 鲁继德
监　　制 / 李　敏
责任校对 / 张大伟

出版发行 / 上海三联书店
　　　　　(201199)中国上海市都市路4855号2座10楼
网　　址 / www.sjpc1932.com
邮购电话 / 021-22895559
印　　刷 / 上海肖华印务有限公司

版　　次 / 2016年4月第1版
印　　次 / 2016年4月第1次印刷
开　　本 / 710×1000　1/16
字　　数 / 300千字
印　　张 / 17.75
书　　号 / ISBN 978-7-5426-5537-0/K·367
定　　价 / 45.00元

敬启读者，如发现本书有印装质量问题，请与印刷厂联系 021-66012351